일반공개채용/제한경쟁채용 동시대비

코레일
한국철도공사

NCS 직업기초능력평가

코레일(한국철도공사)

NCS 직업기초능력평가

초판 인쇄		2023년 2월 15일
초판 발행		2023년 2월 17일

편 저 자 | 취업적성연구소

발 행 처 | ㈜서원각

등록번호 | 1999-1A-107호

주   소 | 경기도 고양시 일산서구 덕산로 88-45(가좌동)

교재주문 | 031-923-2051

팩   스 | 031-923-3815

교재문의 | 카카오톡 플러스 친구[서원각]

영상문의 | 070-4233-2505

홈페이지 | www.goseowon.com

PREFACE

우리나라 기업들은 1960년대 이후 현재까지 비약적인 발전을 이루었다. 이렇게 급속한 성장을 이룰 수 있었던 배경에는 우리나라 국민들의 근면성 및 도전정신이 있었다. 그러나 빠르게 변화하는 세계 경제의 환경에 적응하기 위해서는 근면성과 도전정신 이외에 또 다른 성장 요인이 필요하다.

최근 많은 공사·공단에서는 기존의 직무 관련성에 대한 고려 없이 인·적성, 지식 중심으로 치러지던 필기전형을 탈피하고, 산업현장에서 직무를 수행하기 위해 요구되는 능력을 산업부문별·수준별로 체계화 및 표준화한 NCS를 기반으로 하여 채용공고 단계에서 제시되는 '직무 설명자료'상의 직업기초능력과 직무수행능력을 측정하기 위한 직업기초능력평가, 직무수행능력평가 등을 도입하고 있다.

코레일에서도 업무에 필요한 역량 및 책임감과 적응력 등을 구비한 인재를 선발하기 위하여 NCS 기반의 필기시험을 치르고 있다. 본서는 코레일 신입사원 채용대비를 위한 필독서로 코레일 직무능력 필기시험의 출제경향을 철저히 분석하여 응시자들이 보다 쉽게 시험유형을 파악하고 효율적으로 대비할 수 있도록 구성하였다.

신념을 가지고 도전하는 사람은 반드시 그 꿈을 이룰 수 있습니다. 처음에 품은 신념과 열정이 취업 성공의 그 날까지 빛바래지 않도록 서원각이 수험생 여러분을 응원합니다.

STRUCTURE

NCS 직무능력

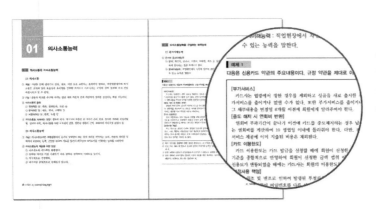

영역별 핵심이론을 체계적으로 정리하고 수험생의 실력을 단기간에 효율적으로 향상시킬 수 있도록 다양한 유형의 문제들을 최다 수록하였습니다.

샘플문항 & 기출유형

기업체에서 공개한 샘플문항 및 최신 기출문제를 분석하여 실제 시험의 출제경향을 확실하게 파악할 수 있습니다.

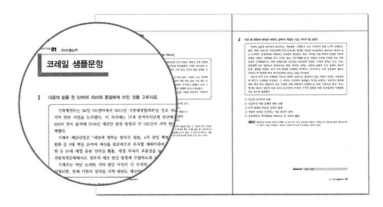

실전 모의고사

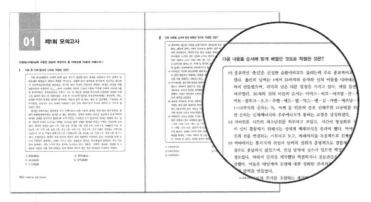

실제 시험과 동일한 유형의 모의고사를 5회분 수록하여 충분한 문제풀이를 통한 효과적인 학습이 가능하도록 하였습니다.

CONTENTS

PART **01**

NCS직업기초능력평가

CHAPTER 01 의사소통능력

1 의사소통과 의사소통능력

(1) 의사소통

① **개념** : 사람들 간에 생각이나 감정, 정보, 의견 등을 교환하는 총체적인 행위로, 직장생활에서의 의사소통은 조직과 팀의 효율성과 효과성을 성취할 목적으로 이루어지는 구성원 간의 정보와 지식 전달 과정이라고 할 수 있다.

② **기능** : 공동의 목표를 추구해 나가는 집단 내의 기본적 존재 기반이며 성과를 결정하는 핵심 기능이다.

③ **의사소통의 종류**
  ㉠ 언어적인 것 : 대화, 전화통화, 토론 등
  ㉡ 문서적인 것 : 메모, 편지, 기획안 등
  ㉢ 비언어적인 것 : 몸짓, 표정 등

④ **의사소통을 저해하는 요인** : 정보의 과다, 메시지의 복잡성 및 메시지 간의 경쟁, 상이한 직위와 과업지향형, 신뢰의 부족, 의사소통을 위한 구조상의 권한, 잘못된 매체의 선택, 폐쇄적인 의사소통 분위기 등

(2) 의사소통능력

① **개념** : 의사소통능력은 직장생활에서 문서나 상대방이 하는 말의 의미를 파악하는 능력, 자신의 의사를 정확하게 표현하는 능력, 간단한 외국어 자료를 읽거나 외국인의 의사표시를 이해하는 능력을 포함한다.

② **의사소통능력 개발을 위한 방법**
  ㉠ 사후검토와 피드백을 활용한다.
  ㉡ 명확한 의미를 가진 이해하기 쉬운 단어를 선택하여 이해도를 높인다.
  ㉢ 적극적으로 경청한다.
  ㉣ 메시지를 감정적으로 곡해하지 않는다.

2 의사소통능력을 구성하는 하위능력

(1) 문서이해능력

① 문서와 문서이해능력
  ○ 문서 : 제안서, 보고서, 기획서, 이메일, 팩스 등 문자로 구성된 것으로 상대방에게 의사를 전달하여 설득하는 것을 목적으로 한다.
  ○ 문서이해능력 : 직업현장에서 자신의 업무와 관련된 문서를 읽고, 내용을 이해하고 요점을 파악할 수 있는 능력을 말한다.

예제 1

다음은 신용카드 약관의 주요내용이다. 규정 약관을 제대로 이해하지 못한 사람은?

> **[부가서비스]**
> 카드사는 법령에서 정한 경우를 제외하고 상품을 새로 출시한 후 1년 이내에 부가서비스를 줄이거나 없앨 수가 없다. 또한 부가서비스를 줄이거나 없앨 경우에는 그 세부내용을 변경일 6개월 이전에 회원에게 알려주어야 한다.
> **[중도 해지 시 연회비 반환]**
> 연회비 부과기간이 끝나기 이전에 카드를 중도해지하는 경우 남은 기간에 해당하는 연회비를 계산하여 10 영업일 이내에 돌려줘야 한다. 다만, 카드 발급 및 부가서비스 제공에 이미 지출된 비용은 제외된다.
> **[카드 이용한도]**
> 카드 이용한도는 카드 발급을 신청할 때에 회원이 신청한 금액과 카드사의 심사기준을 종합적으로 반영하여 회원이 신청한 금액 범위 이내에서 책정되며 회원의 신용도가 변동되었을 때에는 카드사는 회원의 이용한도를 조정할 수 있다.
> **[부정사용 책임]**
> 카드 위조 및 변조로 인하여 발생된 부정사용 금액에 대해서는 카드사가 책임을 진다. 다만, 회원이 비밀번호를 다른 사람에게 알려주거나 카드를 다른 사람에게 빌려주는 등의 중대한 과실로 인해 부정사용이 발생하는 경우에는 회원이 그 책임의 전부 또는 일부를 부담할 수 있다.

① 혜수 : 카드사는 법령에서 정한 경우를 제외하고는 1년 이내에 부가서비스를 줄일 수 없어.
② 진성 : 카드 위조 및 변조로 인하여 발생된 부정사용 금액은 일괄 카드사가 책임을 지게 돼.
③ 영훈 : 회원의 신용도가 변경되었을 때 카드사가 이용한도를 조정할 수 있어.
④ 영호 : 연회비 부과기간이 끝나기 이전에 카드를 중도 해지하는 경우에는 남은 기간에 해당하는 연회비를 카드사는 돌려줘야 해.

[출제의도]
주어진 약관의 내용을 읽고 그에 대한 상세 내용의 정보를 이해하는 능력을 측정하는 문항이다.
[해설]
② 부정사용에 대해 고객의 과실이 있으면 회원이 그 책임의 전부 또는 일부를 부담할 수 있다.

답 ②

② 문서의 종류

  ⑦ **공문서** : 정부기관에서 공무를 집행하기 위해 작성하는 문서로, 단체 또는 일반회사에서 정부기관을 상대로 사업을 진행할 때 작성하는 문서도 포함된다. 엄격한 규격과 양식이 특징이다.

  ⓒ **기획서** : 아이디어를 바탕으로 기획한 프로젝트에 대해 상대방에게 전달하여 시행하도록 설득하는 문서이다.

  ⓒ **기안서** : 업무에 대한 협조를 구하거나 의견을 전달할 때 작성하는 사내 공문서이다.

  ⓔ **보고서** : 특정한 업무에 관한 현황이나 진행 상황, 연구·검토 결과 등을 보고하고자 할 때 작성하는 문서이다.

  ⓜ **설명서** : 상품의 특성이나 작동 방법 등을 소비자에게 설명하기 위해 작성하는 문서이다.

  ⓗ **보도자료** : 정부기관이나 기업체 등이 언론을 상대로 자신들의 정보를 기사화 되도록 하기 위해 보내는 자료이다.

  ⓢ **자기소개서** : 개인이 자신의 성장과정이나, 입사 동기, 포부 등에 대해 구체적으로 기술하여 자신을 소개하는 문서이다.

  ⓞ **비즈니스 레터(E-mail)** : 사업상의 이유로 고객에게 보내는 편지다.

  ⓩ **비즈니스 메모** : 업무상 확인해야 할 일을 메모형식으로 작성하여 전달하는 글이다.

③ **문서이해의 절차** : 문서의 목적 이해 → 문서 작성 배경·주제 파악 → 정보 확인 및 현안문제 파악 → 문서 작성자의 의도 파악 및 자신에게 요구되는 행동 분석 → 목적 달성을 위해 취해야 할 행동 고려 → 문서 작성자의 의도를 도표나 그림 등으로 요약·정리

(2) 문서작성능력

① 작성되는 문서에는 대상과 목적, 시기, 기대효과 등이 포함되어야 한다.

② **문서작성의 구성요소**

  ⑦ 짜임새 있는 골격, 이해하기 쉬운 구조

  ⓒ 객관적이고 논리적인 내용

  ⓒ 명료하고 설득력 있는 문장

  ⓔ 세련되고 인상적인 레이아웃

다음은 들은 내용을 구조적으로 정리하는 방법이다. 순서에 맞게 배열하면?

ㄱ 관련 있는 내용끼리 묶는다.
ㄴ 묶은 내용에 적절한 이름을 붙인다.
ㄷ 전체 내용을 이해하기 쉽게 구조화한다.
ㄹ 중복된 내용이나 덜 중요한 내용을 삭제한다.

---

① ㄱㄴㄷㄹ   ② ㄱㄴㄹㄷ
③ ㄴㄱㄷㄹ   ④ ㄴㄱㄹㄷ

[출제의도]
음성정보는 문자정보와는 달리 쉽게 잊혀 지기 때문에 음성정보를 구조화 시키는 방법을 묻는 문항이다.
[해설]
내용을 구조적으로 정리하는 방법은 'ㄱ 관련 있는 내용끼리 묶는다. → ㄴ 묶은 내용에 적절한 이름을 붙인다. → ㄹ 중복된 내용이나 덜 중요한 내용을 삭제한다. → ㄷ 전체 내용을 이해하기 쉽게 구조화한다.'가 적절하다.

답 ②

③ 문서의 종류에 따른 작성방법

  ㄱ 공문서

- 육하원칙이 드러나도록 써야 한다.
- 날짜는 반드시 연도와 월, 일을 함께 언급하며, 날짜 다음에 괄호를 사용할 때는 마침표를 찍지 않는다.
- 대외문서이며, 장기간 보관되기 때문에 정확하게 기술해야 한다.
- 내용이 복잡할 경우 '-다음-', '-아래-'와 같은 항목을 만들어 구분한다.
- 한 장에 담아내는 것을 원칙으로 하며, 마지막엔 반드시 '끝'자로 마무리 한다.

  ㄴ 설명서

- 정확하고 간결하게 작성한다.
- 이해하기 어려운 전문용어의 사용은 삼가고, 복잡한 내용은 도표화 한다.
- 명령문보다는 평서문을 사용하고, 동어 반복보다는 다양한 표현을 구사하는 것이 바람직하다.

  ㄷ 기획서

- 상대를 설득하여 기획서가 채택되는 것이 목적이므로 상대가 요구하는 것이 무엇인지 고려하여 작성하며, 기획의 핵심을 잘 전달하였는지 확인한다.
- 분량이 많을 경우 전체 내용을 한눈에 파악할 수 있도록 목차구성을 신중히 한다.
- 효과적인 내용 전달을 위한 표나 그래프를 적절히 활용하고 산뜻한 느낌을 줄 수 있도록 한다.
- 인용한 자료의 출처 및 내용이 정확해야 하며 제출 전 충분히 검토한다.

ⓔ 보고서
- 도출하고자 한 핵심내용을 구체적이고 간결하게 작성한다.
- 내용이 복잡할 경우 도표나 그림을 활용하고, 참고자료는 정확하게 제시한다.
- 제출하기 전에 최종점검을 하며 질의를 받을 것에 대비한다.

예제 3

다음 중 공문서 작성에 대한 설명으로 가장 적절하지 못한 것은?

① 공문서나 유가증권 등에 금액을 표시할 때에는 한글로 기재하고 그 옆에 괄호를 넣어 숫자로 표기한다.
② 날짜는 숫자로 표기하되 년, 월, 일의 글자는 생략하고 그 자리에 온점(.)을 찍어 표시한다.
③ 첨부물이 있는 경우에는 붙임 표시문 끝에 1자 띄우고 "끝."이라고 표시한다.
④ 공문서의 본문이 끝났을 경우에는 1자를 띄우고 "끝."이라고 표시한다.

[출제의도]
업무를 할 때 필요한 공문서 작성법을 잘 알고 있는지를 측정하는 문항이다.
[해설]
공문서 금액 표시
아라비아 숫자로 쓰고, 숫자 다음에 괄호를 하여 한글로 기재한다.
예) 금 123,456원(금 일십이만삼천사백오십육원)

답 ①

---

④ 문서작성의 원칙
  ㉠ 문장은 짧고 간결하게 작성한다(간결체 사용).
  ㉡ 상대방이 이해하기 쉽게 쓴다.
  ㉢ 불필요한 한자의 사용을 자제한다.
  ㉣ 문장은 긍정문의 형식을 사용한다.
  ㉤ 간단한 표제를 붙인다.
  ㉥ 문서의 핵심내용을 먼저 쓰도록 한다(두괄식 구성).

⑤ 문서작성 시 주의사항
  ㉠ 육하원칙에 의해 작성한다.
  ㉡ 문서 작성시기가 중요하다.
  ㉢ 한 사안은 한 장의 용지에 작성한다.
  ㉣ 반드시 필요한 자료만 첨부한다.
  ㉤ 금액, 수량, 일자 등은 기재에 정확성을 기한다.
  ㉥ 경어나 단어사용 등 표현에 신경 쓴다.
  ㉦ 문서작성 후 반드시 최종적으로 검토한다.

⑥ 효과적인 문서작성 요령

    ㉠ **내용이해** : 전달하고자 하는 내용과 핵심을 정확하게 이해해야 한다.

    ㉡ **목표설정** : 전달하고자 하는 목표를 분명하게 설정한다.

    ㉢ **구성** : 내용 전달 및 설득에 효과적인 구성과 형식을 고려한다.

    ㉣ **자료수집** : 목표를 뒷받침할 자료를 수집한다.

    ㉤ **핵심전달** : 단락별 핵심을 하위목차로 요약한다.

    ㉥ **대상파악** : 대상에 대한 이해와 분석을 통해 철저히 파악한다.

    ㉦ **보충설명** : 예상되는 질문을 정리하여 구체적인 답변을 준비한다.

    ㉧ **문서표현의 시각화** : 그래프, 그림, 사진 등을 적절히 사용하여 이해를 돕는다.

(3) 경청능력

① **경청의 중요성** : 경청은 다른 사람의 말을 주의 깊게 들으며 공감하는 능력으로 경청을 통해 상대방을 한 개인으로 존중하고 성실한 마음으로 대하게 되며, 상대방의 입장에 공감하고 이해하게 된다.

② **경청을 방해하는 습관** : 짐작하기, 대답할 말 준비하기, 걸러내기, 판단하기, 다른 생각하기, 조언하기, 언쟁하기, 옳아야만 하기, 슬쩍 넘어가기, 비위 맞추기 등

③ **효과적인 경청방법**

    ㉠ **준비하기** : 강연이나 프레젠테이션 이전에 나누어주는 자료를 읽어 미리 주제를 파악하고 등장하는 용어를 익혀둔다.

    ㉡ **주의 집중** : 말하는 사람의 모든 것에 집중해서 적극적으로 듣는다.

    ㉢ **예측하기** : 다음에 무엇을 말할 것인가를 추측하려고 노력한다.

    ㉣ **나와 관련짓기** : 상대방이 전달하고자 하는 메시지를 나의 경험과 관련지어 생각해 본다.

    ㉤ **질문하기** : 질문은 듣는 행위를 적극적으로 하게 만들고 집중력을 높인다.

    ㉥ **요약하기** : 주기적으로 상대방이 전달하려는 내용을 요약한다.

    ㉦ **반응하기** : 피드백을 통해 의사소통을 점검한다.

예제 4

다음은 면접스터디 중 일어난 대화이다. 민아의 고민을 해소하기 위한 조언으로 가장 적절한 것은?

지섭 : 민아씨, 어디 아파요? 표정이 안 좋아 보여요.

민아 : 제가 원서 넣은 공단이 내일 면접이어서요. 그동안 스터디를 통해서 면접 연습을 많이 했는데도 벌써부터 긴장이 되네요.

지섭 : 민아씨는 자기 의견도 명확히 피력할 줄 알고 조리 있게 설명을 잘 하시니 걱정 안하셔도 될 것 같아요. 아, 손에 꽉 쥐고 계신 건 뭔가요?

민아 : 아, 제가 예상 답변을 정리해서 모아둔거예요. 내용은 거의 외웠는데 이렇게 쥐고 있지 않으면 불안해서

지섭 : 그 정도로 준비를 철저히 하셨으면 걱정할 이유 없을 것 같아요.

민아 : 그래도 압박면접이거나 예상치 못한 질문이 들어오면 어떻게 하죠?

지섭 : _____

---

① 시선을 적절히 처리하면서 부드러운 어투로 말하는 연습을 해보는 건 어때요?
② 공식적인 자리인 만큼 옷차림을 신경 쓰는 게 좋을 것 같아요.
③ 당황하지 말고 질문자의 의도를 잘 파악해서 침착하게 대답하면 되지 않을까요?
④ 예상 질문에 대한 답변을 좀 더 정확하게 외워보는 건 어떨까요?

[출제의도]
상대방이 하는 말을 듣고 질문 의도에 따라 올바르게 답하는 능력을 측정하는 문항이다.
[해설]
민아는 압박질문이나 예상치 못한 질문에 대해 걱정을 하고 있으므로 침착하게 대응하라고 조언을 해주는 것이 좋다.

답 ③

---

(4) 의사표현능력

① **의사표현의 개념과 종류**

　㉠ **개념** : 화자가 자신의 생각과 감정을 청자에게 음성언어나 신체언어로 표현하는 행위이다.

　㉡ **종류**

　　• **공식적 말하기** : 사전에 준비된 내용을 대중을 대상으로 말하는 것으로 연설, 토의, 토론 등이 있다.

　　• **의례적 말하기** : 사회·문화적 행사에서와 같이 절차에 따라 하는 말하기로 식사, 주례, 회의 등이 있다.

　　• **친교적 말하기** : 친근한 사람들 사이에서 자연스럽게 주고받는 대화 등을 말한다.

② **의사표현의 방해요인**

　㉠ **연단공포증** : 연단에 섰을 때 가슴이 두근거리거나 땀이 나고 얼굴이 달아오르는 등의 현상으로 충분한 분석과 준비, 더 많은 말하기 기회 등을 통해 극복할 수 있다.

ⓛ **말** : 말의 장단, 고저, 발음, 속도, 쉼 등을 포함한다.

ⓒ **음성** : 목소리와 관련된 것으로 음색, 고저, 명료도, 완급 등을 의미한다.

ⓔ **몸짓** : 비언어적 요소로 화자의 외모, 표정, 동작 등이다.

ⓜ **유머** : 말하기 상황에 따른 적절한 유머를 구사할 수 있어야 한다.

③ **상황과 대상에 따른 의사표현법**

㉠ **잘못을 지적할 때** : 모호한 표현을 삼가고 확실하게 지적하며, 당장 꾸짖고 있는 내용에만 한정한다.

㉡ **칭찬할 때** : 자칫 아부로 여겨질 수 있으므로 센스 있는 칭찬이 필요하다.

㉢ **부탁할 때** : 먼저 상대방의 사정을 듣고 응하기 쉽게 구체적으로 부탁하며 거절을 당해도 싫은 내색을 하지 않는다.

㉣ **요구를 거절할 때** : 먼저 사과하고 응해줄 수 없는 이유를 설명한다.

㉤ **명령할 때** : 강압적인 말투보다는 '○○을 이렇게 해주는 것이 어떻겠습니까?'와 같은 식으로 부드럽게 표현하는 것이 효과적이다.

㉥ **설득할 때** : 일방적으로 강요하기보다는 먼저 양보해서 이익을 공유하겠다는 의지를 보여주는 것이 좋다.

㉦ **충고할 때** : 충고는 가장 최후의 방법이다. 반드시 충고가 필요한 상황이라면 예화를 들어 비유적으로 깨우쳐주는 것이 바람직하다.

㉧ **질책할 때** : 샌드위치 화법(칭찬의 말 + 질책의 말 + 격려의 말)을 사용하여 청자의 반발을 최소화한다.

| **예제 5**

당신은 팀장님께 업무 지시내용을 수행하고 결과물을 보고 드렸다. 하지만 팀장님께서는 "최대리 업무를 이렇게 처리하면 어떡하나? 누락된 부분이 있지 않은가."라고 말하였다. 이에 대해 당신이 행할 수 있는 가장 부적절한 대처 자세는?

① "죄송합니다. 제가 잘 모르는 부분이라 이수혁 과장님께 부탁을 했는데 과장님께서 실수를 하신 것 같습니다."

② "주의를 기울이지 못해 죄송합니다. 어느 부분을 수정보완하면 될까요?"

③ "지시하신 내용을 제가 충분히 이해하지 못하였습니다. 내용을 다시 한 번 여쭤보아도 되겠습니까?"

④ "부족한 내용을 보완하는 자료를 취합하기 위해서 하루정도가 더 소요될 것 같습니다. 언제까지 재작성하여 드리면 될까요?"

[출제의도]
상사가 잘못을 지적하는 상황에서 어떻게 대처해야 하는지를 묻는 문항이다.
[해설]
상사가 부탁한 지시사항을 다른 사람에게 부탁하는 것은 옳지 못하며 설사 그렇다고 해도 그 일의 과오에 대해 책임을 전가하는 것은 지양해야 할 자세이다.

답 ①

④ 원활한 의사표현을 위한 지침

    ㉠ 올바른 화법을 위해 독서를 하라.

    ㉡ 좋은 청중이 되라.

    ㉢ 칭찬을 아끼지 마라.

    ㉣ 공감하고, 긍정적으로 보이게 하라.

    ㉤ 겸손은 최고의 미덕임을 잊지 마라.

    ㉥ 과감하게 공개하라.

    ㉦ 뒷말을 숨기지 마라.

    ㉧ 첫마디 말을 준비하라.

    ㉨ 이성과 감성의 조화를 꾀하라.

    ㉩ 대화의 룰을 지켜라.

    ㉪ 문장을 완전하게 말하라.

⑤ 설득력 있는 의사표현을 위한 지침

    ㉠ 'Yes'를 유도하여 미리 설득 분위기를 조성하라.

    ㉡ 대비 효과로 분발심을 불러 일으켜라.

    ㉢ 침묵을 지키는 사람의 참여도를 높여라.

    ㉣ 여운을 남기는 말로 상대방의 감정을 누그러뜨려라.

    ㉤ 하던 말을 갑자기 멈춤으로써 상대방의 주의를 끌어라.

    ㉥ 호칭을 바꿔서 심리적 간격을 좁혀라.

    ㉦ 끄집어 말하여 자존심을 건드려라.

    ㉧ 정보전달 공식을 이용하여 설득하라.

    ㉨ 상대방의 불평이 가져올 결과를 강조하라.

    ㉩ 권위 있는 사람의 말이나 작품을 인용하라.

    ㉪ 약점을 보여 주어 심리적 거리를 좁혀라.

    ㉫ 이상과 현실의 구체적 차이를 확인시켜라.

    ㉬ 자신의 잘못도 솔직하게 인정하라.

    ㉭ 집단의 요구를 거절하려면 개개인의 의견을 물어라.

    ⓐ 동조 심리를 이용하여 설득하라.

    ⓑ 지금까지의 노고를 치하한 뒤 새로운 요구를 하라.

    ⓒ 담당자가 대변자 역할을 하도록 하여 윗사람을 설득하게 하라.

    ⓓ 겉치레 양보로 기선을 제압하라.

    ⓔ 변명의 여지를 만들어 주고 설득하라.

    ⓕ 혼자 말하는 척하면서 상대의 잘못을 지적하라.

(5) 기초외국어능력

① 기초외국어능력의 개념과 필요성
  ㉠ **개념** : 기초외국어능력은 외국어로 된 간단한 자료를 이해하거나, 외국인과의 전화응대와 간단한 대화 등 외국인의 의사표현을 이해하고, 자신의 의사를 기초외국어로 표현할 수 있는 능력이다.
  ㉡ **필요성** : 국제화 · 세계화 시대에 다른 나라와의 무역을 위해 우리의 언어가 아닌 국제적인 통용어를 사용하거나 그들의 언어로 의사소통을 해야 하는 경우가 생길 수 있다.

② 외국인과의 의사소통에서 피해야 할 행동
  ㉠ 상대를 볼 때 흘겨보거나, 노려보거나, 아예 보지 않는 행동
  ㉡ 팔이나 다리를 꼬는 행동
  ㉢ 표정이 없는 것
  ㉣ 다리를 흔들거나 펜을 돌리는 행동
  ㉤ 맞장구를 치지 않거나 고개를 끄덕이지 않는 행동
  ㉥ 생각 없이 메모하는 행동
  ㉦ 자료만 들여다보는 행동
  ㉧ 바르지 못한 자세로 앉는 행동
  ㉨ 한숨, 하품, 신음소리를 내는 행동
  ㉩ 다른 일을 하며 듣는 행동
  ㉪ 상대방에게 이름이나 호칭을 어떻게 부를지 묻지 않고 마음대로 부르는 행동

③ 기초외국어능력 향상을 위한 공부법
  ㉠ 외국어공부의 목적부터 정하라.
  ㉡ 매일 30분씩 눈과 손과 입에 밸 정도로 반복하라.
  ㉢ 실수를 두려워하지 말고 기회가 있을 때마다 외국어로 말하라.
  ㉣ 외국어 잡지나 원서와 친해져라.
  ㉤ 소홀해지지 않도록 라이벌을 정하고 공부하라.
  ㉥ 업무와 관련된 주요 용어의 외국어는 꼭 알아두자.
  ㉦ 출퇴근 시간에 외국어 방송을 보거나, 듣는 것만으로도 귀가 트인다.
  ㉧ 어린이가 단어를 배우듯 외국어 단어를 암기할 때 그림카드를 사용해 보라.
  ㉨ 가능하면 외국인 친구를 사귀고 대화를 자주 나눠 보라.

코레일 샘플문항

1 다음의 밑줄 친 단어의 의미와 동일하게 쓰인 것을 고르시오.

> 기획재정부는 26일 OO센터에서 '2017년 지방재정협의회'를 열고 내년도 예산안 편성 방향과 지역 현안 사업을 논의했다. 이 자리에는 17개 광역자치단체 부단체장과 기재부 예산실장 등 500여 명이 참석해 2018년 예산안 편성 방향과 약 530건의 지역 현안 사업에 대한 협의를 진행했다.
>
> 기재부 예산실장은 "내년에 정부는 일자리 창출, 4차 산업 혁명 대응, 저출산 극복, 양극화 완화 등 4대 핵심 분야에 예산을 집중적으로 투자할 계획이라며 이를 위해 신규 사업 관리 강화 등 10대 재정 운용 전략을 활용, 재정 투자의 효율성을 높여갈 것"이라고 밝혔다. 이어 각 지방자치단체에서도 정부의 예산 편성 방향에 부합하도록 사업을 신청해 달라고 요청했다.
>
> 기재부는 이날 논의한 지역 현안 사업이 각 부처의 검토를 <u>거쳐</u> 다음달 26일까지 기재부에 신청되면, 관계 기관의 협의를 거쳐 내년도 예산안에 반영한다.

① 학생들은 초등학교부터 중학교, 고등학교를 <u>거쳐</u> 대학에 입학하게 된다.
② 가장 어려운 문제를 해결했으니 이제 특별히 <u>거칠</u> 문제는 없다.
③ 이번 출장 때는 독일 베를린을 <u>거쳐</u> 오스트리아 빈을 다녀올 예정이다.
④ 오랜만에 뒷산에 올라 보니, 무성하게 자란 칡덩굴이 발에 <u>거친다</u>.
⑤ 일단 기숙사 학생들의 편지는 사감 선생님의 손을 <u>거쳐야</u> 했다.

> **✔ 해설** 제시된 지문은 공문서의 한 종류인 보도자료에 해당한다. 마지막 문단에 밑줄 친 '거처'의 앞뒤 문맥을 파악해 보면, 지방재정협의회에서 논의한 지역 현안 사업은 각 부처의 검토 단계를 밟은 뒤 기재부에 신청되고, 이후 관계 기관의 협의를 거쳐 내년도 예산안에 반영함을 알 수 있다. 즉, 밑줄 친 '거처'는 '어떤 과정이나 단계를 겪거나 밟다.'의 의미로 사용되었다. 보기 중 이와 동일한 의미로 쓰인 것은 ①이다.
> ② 마음에 거리끼거나 꺼리다
> ③ 오가는 도중에 어디를 지나거나 들르다.
> ④ 무엇에 걸리거나 막히다
> ⑤ ('손을'과 함께 쓰여) 검사하거나 살펴보다.

2 다음 중 본문에 제시된 '사회적 경제'의 개념과 가장 거리가 먼 것은?

> 자연과 공존을 중시하며 환경오염, 기후변화, 자원부족 등을 극복하기 위한 노력이 증대되고 있다. 또한 자본주의 시장경제의 전개 과정에서 발생한 다양한 사회문제에 대응하여 대안적 삶을 모색하고 공생사회를 지향하는 가치관이 확산되고 있다. 이러한 흐름 속에서 부상한 사회적 경제는 이윤의 극대화를 최고 가치로 삼는 시장경제와 달리, 사람의 가치에 우위를 두는 사람 중심의 경제활동이자, 여러 경제주체를 존중하는 다양성의 경제다. 사회적 경제는 국가, 시장, 공동체의 중간 영역으로 정의되기도 한다. 이러한 정의는 사회적 경제가 공식 경제와 비공식 경제, 영리와 비영리, 공과 사의 경계에 존재함을 의미하고, 궁극적으로 국가 공동체가 새로운 거버넌스의 원리에 따라 재구성되어야 한다는 것을 의미한다.
>
> 최근에 들어 우리 사회뿐만 아니라 세계적 흐름으로 발전하고 있는 사회적 경제는 시장경제에 위기가 도래하면 부상하고, 그 위기가 진정되면 가라앉는 특징을 보인다. 복지국가 담론에 대한 회의 혹은 자본주의 시장 실패에 대한 대안이나 보완책으로 자주 거론되고 있다. 또한, 양극화 해소나 일자리 창출 등의 공동이익과 사회적 가치의 실현을 위한 상호협력과 사회연대라는 요구와 관련된다.

① 기존의 복지국가 담론
② 자본주의 시장 실패의 대안 모델
③ 공식 경제와 비공식 경제의 경계
④ 사람의 가치를 존중하는 사람 중심의 경제
⑤ 상호협력과 사회연대를 바탕으로 한 경제적 활동

> ✔**해설** 제시문에 따르면 사회적 경제는 궁극적으로 국가 공동체가 새로운 거버넌스의 원리에 따라 재구성되어야 한다는 것을 의미한다. 따라서 기존의 복지국가 담론과는 거리가 멀다.

3 다음 글을 읽고 내용을 포괄하는 문장으로 가장 적절한 것은?

> 정의(正義)라는 것은 우리에게 주어진 절대적인 실질성을 가지고 있는 것이 아니라 인간이 그 실질성을 위하여 노력하는 목표라고 볼 수 있다. 그러므로 이것도 역시 우리의 영원한 과제일 수밖에 없다. 그렇다고 법의 이념이 정의라는 것을 부인하는 것은 아니며, 이것은 법 자체가 매우 주체적인 것이라는 데서 오는 필연적인 결말이라고도 할 수 있다. 정의가 구체적 사안에서 어떻게 작용하는가에 따라 헌법에서 이것을 기본권으로 보장한 것만으로는 화중지병(畵中之餠)에 불과하다. 이것이 실질적으로 보장되어야 하며, 그것을 보장하는 것이 사법 과정의 임무일지도 모른다. 미국 연방 대법원의 현관에 '법 아래 평등한 정의'라는 글귀도 고전적, 시민적 정의를 나타낸 것이다. 자유와 평등은 법의 이념으로서의 정의의 내용이면서 어떤 의미에서는 이율배반적인 면을 가지고 있다. 즉, 자유를 극대화하면 불평등이 나타나고 평등을 극대화하면 부자유가 나타난다. 따라서 이 양자의 모순점을 어디에서 조화시켜 실질적인 자유와 평등을 아울러 실현시킬 것인가 하는 것은 법이 풀어야 할 또 하나의 과제라고 하겠다.
>
> 정의에 모순이 내재한다고 하더라도 정의는 자의(恣意)를 배척한다. 이 점에서 정의는 원칙적으로 일반화적(一般化的) 정의로서 나타난다. 이 일반화적 정의가 개개의 구체적 사안에 부딪쳐 오히려 부정의(不正義)의 결과가 될 수도 있다. 이리하여 개별화적(個別化的) 정의라는 관념이 나온다. 이 양자는 추상(秋霜)과 같은 날카로움을 가진 것이다. "세계는 망하더라도 정의는 일어서야 한다.'라는 격언은 그것을 나타낸 것이며, 사형을 선고받고 탈옥을 거부하고 옥리(獄吏)가 준 독배를 마시고 죽은 소크라테스의 고사는 수동적인 정의의 실현이다. 그러나 법은 사회 규범이므로 성인이나 영웅이 아닌 평균인을 기준으로 한다. 일반화적 정의는 때로 성인이나 영웅에게나 기대할 수 있는 행위를 요구하나, 그것은 개별화적 정의의 수정을 받지 않을 수 없다.

① 법의 이념인 정의는 절대적인 실질성을 갖지 않으므로 일반화적 정의는 개별화된 정의를 통해 수정되어 나가야 한다.

② 자유와 평등이라는 정의의 이념은 모순을 내포하고 있으므로 양자를 조화하여 실현하는 것이 법의 과제이다.

③ 정의의 규정이 자의를 배척한다고 해서 일반화적 정의를 그대로 따르는 것은 수동적인 정의의 실현에 불과하다.

④ 법은 성인이나 영웅이 아닌 평균인을 표준으로 해야 하므로 일반화적 정의로는 법의 이념을 충실히 구현할 수 없다.

⑤ 정의는 법의 실질적인 목표가 아니라 이념적인 목표이므로 자의적으로 해석되어서는 안 된다.

> ✔해설 첫 문단에서는 법의 이념인 정의와 정의의 상징인 자유와 평등에 대해 언급하며 화제가 정의임을 보여 준다. 둘째 문단에서는 일반화적 정의와 개별화적 정의에 대해 설명하면서 일반화적 정의는 개별화적 정의의 수정을 받지 않을 수 없다는 중심 문장을 이끌어 낸다. 따라서 답은 ①이 가장 적절하다.

4 다음 밑줄 친 문구를 어법에 맞게 수정한 내용으로 적절하지 않은 것을 고르시오.

> A : 지속가능보고서를 2007년 창간 이래 <u>매년 발간에 의해</u> 이해 관계자와의 소통이 좋아졌다.
> B : 2012년부터 시행되는 신재생에너지 공급의무제는 회사의 <u>주요 리스크로</u> 이를 기회로 승화시키기 위한 노력을 하고 있다.
> C : 전력은 필수적인 에너지원이므로 과도한 사용을 <u>삼가야 한다.</u>
> D : <u>녹색 기술 연구 개발 투자 확대 및</u> 녹색 생활 실천 프로그램을 시행하여 온실가스 감축에 전 직원의 역량을 결집하고 있다.
> E : 녹색경영위원회를 설치하여 전문가들과 함께하는 토론을 주기적으로 하고 있으며, 내·외부 <u>전문가의 의견 자문을 구하고</u> 있다.

① A : '매년 발간에 의해'가 어색하므로 문맥에 맞게 '매년 발간함으로써'로 고친다.

② B : '주요 리스크로'는 조사의 쓰임이 어울리지 않으므로, '주요 리스크이지만'으로 고친다.

③ C : '삼가야 한다'는 어법상 맞지 않으므로 '삼가해야 한다'로 고친다.

④ D : '및'의 앞은 명사구로 되어 있고 뒤는 절로 되어 있어 구조가 대등하지 않으므로, 앞 부분을 '녹색 기술 연구 개발에 대한 투자를 확대하고'로 고친다.

⑤ E : '전문가의 의견 자문을 구하고 있다'는 어법에 맞지 않으므로, '전문가들에게 의견을 자문하고 있다'로 고친다.

> ✔해설 ③ '몸가짐이나 언행을 조심하다.'는 의미를 가진 표준어는 '삼가다'로, '삼가야 한다'는 어법에 맞는 표현이다. 자주 틀리는 표현 중 하나로 '삼가해 주십시오' 등으로 사용하지 않도록 주의해야 한다.
> ① 어떤 일의 수단이나 도구를 나타내는 격조사 '-로써'로 고치는 것이 적절하다.
> ② 어떤 사실이나 내용을 시인하면서 그에 반대되는 내용을 말하거나 조건을 붙여 말할 때에 쓰는 연결어미인 '-지마는(-지만)'이 오는 것이 적절하다.
> ④ '및'은 '그리고', '그 밖에', '또'의 뜻으로, 문장에서 같은 종류의 성분을 연결할 때 쓰는 말이다. 따라서 앞뒤로 이어지는 표현의 구조가 대등해야 한다.
> ⑤ '자문하다'는 '어떤 일을 좀 더 효율적이고 바르게 처리하려고 그 방면의 전문가나, 전문가들로 이루어진 기구에 의견을 묻다.'라는 뜻으로 '~에/에게 ~을 자문하다' 형식으로 쓴다.

Answer 3.① 4.③

5 다음은 ○○기관 디자인팀의 주간회의록이다. 자료에 대한 내용으로 옳은 것은?

〈주간회의록〉					
회의일시	2017-07-03(월)	부서	디자인팀	작성자	D 사원
참석자	김 과장, 박 주임, 최 사원, 이 사원				
회의안건	1. 개인 주간 스케줄 및 업무 점검 2. 2017년 회사 홍보 브로슈어 기획				

	내용			비고	
회의내용	1. 개인 스케줄 및 업무 점검 • 김 과장 : 브로슈어 기획 관련 홍보팀 미팅, 외부 디자이너 미팅 • 박 주임: 신제품 SNS 홍보이미지 작업, 회사 영문 서브페이지 2차 리뉴얼 작업 진행 • 최 사원 : 2017년도 홈페이지 개편 작업 진행 • 이 사원 : 7월 사보 편집 작업 2. 2017년도 회사 홍보 브로슈어 기획 • 브로슈어 주제 : '신뢰' −창립 ○○주년을 맞아 고객의 신뢰로 회사가 성장했음을 강조 −한결같은 모습으로 고객들의 지지를 받아왔음을 기업 이미지로 표현 • 20페이지 이내로 구성 예정			• 7월 8일 AM 10:00 디자인팀 전시회 관람 • 7월 5일까지 홍보팀에서 2017년 브로슈어 최종원고 전달 예정	

	내용	작업자	진행일정		
결정사항	브로슈어 표지 이미지 샘플 조사	최 사원, 이 사원	2017-07-03 ∼ 2017-07-04		
	브로슈어 표지 시안 작업 및 제출	박 주임	2017-07-03 ∼ 2017-07-07		

특이사항	다음 회의 일정 : 7월 10일 • 브로슈어 표지 결정, 내지 1차 시안 논의

① ○○기관은 외부 디자이너에게 브로슈어 표지 이미지 샘플을 요청하였다.

② 디자인팀은 이번 주 금요일에 전시회를 관람할 예정이다.

③ 김 과장은 이번 주에 내부 미팅, 외부 미팅이 모두 예정되어 있다.

④ 이 사원은 이번 주에 7월 사보 편집 작업만 하면 된다.

⑤ 최 사원은 2017년도 홈페이지 개편 작업을 완료한 후, 브로슈어 표지 이미지 샘플을 조사할 예정이다.

> ✔해설 ③ 김 과장은 이번 주에 홍보팀과 내부 미팅 예정이며, 외부 디자이너와도 미팅 업무가 잡혀 있다.
> ① 브로슈어 표지 시안 작업 및 제출은 박 주임 담당이다.
> ② 회의일시에 따르면 7월 3일이 월요일이다. 따라서 디자인팀이 전시회를 관람하는 7월 8일은 토요일이다.
> ④ 이 사원은 이번 주에 7월 사보 편집 작업과 함께 브로슈어 표지 이미지 샘플 조사도 해야 한다.
> ⑤ 최 사원은 주간 스케줄로 2017년도 홈페이지 개편 작업 진행이 잡혀 있다. 그런데 주초인 7월 3~4일까지 브로슈어 표지 이미지 샘플 조사를 완료해야 하므로 홈페이지 개편 작업보다는 브로슈어 표지 이미지 샘플 조사가 먼저 진행되어야 한다.

6 ㉠의 의미와 가장 유사한 것은?

> 흔히 말하는 결단이란 용기라든가 과단성을 전제로 한다. 거센 세상을 살아가노라면 때로는 중대한 고비가 나타난다. 그럴 때 과감하게 발 벗고 나서서 자신을 ㉠ 던질 수 있는 용기를 통해 결단이 이루어질 수 있을 것이다. 그럼에도 내 자신은 사람됨이 전혀 그렇지 못하다.

① 승리의 여신이 우리 선수들에게 미소를 던졌다.

② 그는 유능한 기사였지만 결국 돌을 던지고 말았다.

③ 최동원은 직구 위주의 강속구를 던지는 정통파 투수였다.

④ 그 사건이 승승장구하던 김 대리의 앞날에 어두운 그림자를 던졌다.

⑤ 물론 인간은 이따금 어떤 추상적인 사상이나 이념에 일생을 던져 몰입하는 수가 있지.

> ✔해설 ㉠의 '던지다'는 '재물이나 목숨을 아낌없이 내놓다'의 의미로 사용되었다. 보기 중 이와 가장 유사한 의미로 사용된 것은 ⑤이다.
> ① 어떤 행동을 상대편에게 하다.
> ② 바둑이나 장기에서, 도중에 진 것을 인정하고 끝내다.
> ③ 손에 든 물건을 다른 곳에 떨어지게 팔과 손목을 움직여 공중으로 내보내다.
> ④ 그림자를 나타내다.

Answer 5.③ 6.⑤

7 다음 중 글의 내용과 일치하지 않는 것은?

시간 예술이라고 지칭되는 음악에서 템포의 완급은 대단히 중요하다. 동일곡이지만 템포의 기준을 어떻게 잡아서 재현해 내느냐에 따라서 그 음악의 악상은 달라진다. 그런데 이처럼 중요한 템포의 인지 감각도 문화권에 따라, 혹은 민족에 따라서 상이할 수 있으니, 동일한 속도의 음악을 듣고도 누구는 빠르게 느끼는 데 비해서 누구는 느린 것으로 인지하는 것이다. 결국 문화권에 따라서 템포의 인지 감각이 다를 수도 있다는 사실은 바꿔 말해서 서로 문화적 배경이 다르면 사람에 따라 적절하다고 생각하는 모데라토의 템포도 큰 차이가 있을 수 있다는 말과 같다.

한국의 전통 음악은 서양 고전 음악에 비해서 비교적 속도가 느린 것이 분명하다. 대표적 정악곡(正樂曲)인 '수체천(壽齊天)'이나 '상령산(上靈山)' 등의 음악을 들어보면 수긍할 것이다. 또한 이 같은 구체적인 음악의 예가 아니더라도 국악의 첫인상을 일단 '느리다'고 간주해 버리는 일반의 통념을 보더라도 전래의 한국 음악이 보편적인 서구 음악에 비해서 느린 것은 틀림없다고 하겠다.

그런데 한국의 전통 음악이 서구 음악에 비해서 상대적으로 속도가 느린 이유는 무엇일까? 이에 대한 해답도 여러 가지 문화적 혹은 민족적인 특질과 연결해서 생각할 때 결코 간단한 문제가 아니겠지만, 여기서는 일단 템포의 계량적 단위인 박(beat)의 준거를 어디에 두느냐에 따라서 템포 관념의 차등이 생겼다는 가설 하에 설명을 하기로 한다. 한국의 전통 문화를 보면 그 저변의 잠재의식 속에는 호흡을 중시하는 징후가 역력함을 알 수 있는데, 이 점은 심장의 고동을 중시하는 서양과는 상당히 다른 특성이다. 우리의 문화 속에는 호흡에 얽힌 생활 용어가 한두 가지가 아니다. 숨을 한 번 내쉬고 들이마시는 동안을 하나의 시간 단위로 설정하여 일식간(一息間) 혹은 이식간(二息間)이니 하는 양식척(量息尺)을 써 왔다. 그리고 감정이 격앙되었을 때는 긴 호흡을 해서 감정을 누그러뜨리거나 건강을 위해 단전 호흡법을 수련한다. 이것은 모두 호흡을 중시하고 호흡에 뿌리를 둔 문화 양식의 예들이다. 더욱이 심장의 정지를 사망으로 단정하는 서양과는 달리 우리의 경우에는 '숨이 끊어졌다'는 말로 유명을 달리했음을 표현한다.

이와 같이 확실히 호흡의 문제는 모든 생리 현상에서부터 문화 현상에 이르기까지 우리의 의식 저변에 두루 퍼져있는 민족의 공통적 문화소가 아닐 수 없다. 이와 같은 동서양 간의 상호 이질적인 의식 성향을 염두에 두고 각자의 음악을 관찰해 보면, 서양의 템포 개념은 맥박, 곧 심장의 고동에 기준을 두고 있으며, 우리의 그것은 호흡의 주기, 즉 폐부의 운동에 뿌리를 두고 있음을 알 수 있다. 서양의 경우 박자의 단위인 박을 비트(beat), 혹은 펄스(pulse)라고 한다. 펄스라는 말이 곧 인체의 맥박을 의미하듯이 서양음악은 원초적으로 심장을 기준으로 출발한 것이다. 이에 비해 한국의 전통 음악은 모음 변화를 일으켜 가면서까지 길게 끌며 호흡의 리듬을 타고 있음을 볼 때, 근원적으로 호흡에 뿌리를 둔 음악임을 알 수 있다. 결국 한국 음악에서 안온한 마음을 느낄 수 있는 모데라토의 기준 속도는, 1분간의 심장의 박동수와 호흡의 주기와의 차이처럼, 서양 음악의 그것에 비하면 무려 3배쯤 느린 것임을 알 수 있다.

① 각 민족의 문화에는 민족의식이 반영되어 있다.

② 서양 음악은 심장 박동수를 박자의 준거로 삼았다.

③ 템포의 완급을 바꾸어도 악상은 변하지 않는다.

④ 우리 음악은 서양 음악에 비해 상대적으로 느리다.

⑤ 우리 음악의 박자는 호흡 주기에 뿌리를 두고 있다.

✓해설 첫 번째 문단에서 '동일곡이지만 템포의 기준을 어떻게 잡아서 재현해 내느냐에 따라서 그 음악의 악상은 달라진다.'고 언급하고 있다. 따라서 템포의 완급을 바꾸어도 악상은 변하지 않는다는 ③은 글의 내용과 일치하지 않는다.

Answer 7.③

출제예상문제

1 다음은 '철도안전법' 제47조의 일부 내용이다. 글의 내용에 부합하는 것은 무엇인가?

> ① 여객은 여객열차에서 다음 각 호의 어느 하나에 해당하는 행위를 하여서는 아니 된다.
>   1. 정당한 사유 없이 국토교통부령으로 정하는 여객출입 금지장소에 출입하는 행위
>   2. 정당한 사유 없이 운행 중에 비상정지버튼을 누르거나 철도차량의 옆면에 있는 승강용 출입문을 여는 등 철도차량의 장치 또는 기구 등을 조작하는 행위
>   3. 여객열차 밖에 있는 사람을 위험하게 할 우려가 있는 물건을 여객열차 밖으로 던지는 행위
>   4. 흡연하는 행위
>   5. 철도종사자와 여객 등에게 성적(性的) 수치심을 일으키는 행위
>   6. 술을 마시거나 약물을 복용하고 다른 사람에게 위해를 주는 행위
>   7. 그 밖에 공중이나 여객에게 위해를 끼치는 행위로서 국토교통부령으로 정하는 행위

① 열차 밖에 있는 사람을 위험하게 할 의도가 아니라면 물건을 밖으로 던지는 행위는 용납된다.
② 기관실을 제외한 어느 곳이든 출입을 할 수 있다.
③ 객실 밖 화장실에서 전자담배를 피우는 것은 가능하다.
④ 다음 열차시간이 임박했다면, 완전 정차 전 수동개폐장치를 조작해서 문을 열고 나가도 된다.
⑤ 감기약을 먹고 잠이 든 것은 타인에게 위해를 주지 않으므로 허용한다.

> ✔ 해설 ① 의도와 상관없이 금지된 행위이다.
> ② 여객출입 금지장소를 기관실로 한정해 놓지 않았으므로 어느 곳이든 출입 할 수 있는 것은 아니다.
> ③ 흡연하는 행위 자체가 금지되어 있다.
> ④ 정당한 사유 없이 철도차량의 장치를 조작하는 행위는 금지되어 있다.

2 다음 글의 주제로 가장 적절한 것을 고른 것은?

> 유럽의 도시들을 여행하다 보면 여기저기서 벼룩시장이 열리는 것을 볼 수 있다. 벼룩시장에서 사람들은 낡고 오래된 물건들을 보면서 추억을 되살린다. 유럽 도시들의 독특한 분위기는 오래된 것을 쉽게 버리지 않는 이런 정신이 반영된 것이다.
>
> 영국의 옥스팜(Oxfam)이라는 시민단체는 헌옷을 수선해 파는 전문 상점을 운영해, 그 수익금으로 제3세계를 지원하고 있다. 파리 시민들에게는 유행이 따로 없다. 서로 다른 시절의 옷들을 예술적으로 배합해 자기만의 개성을 연출한다.
>
> 땀과 기억이 배어 있는 오래된 물건은 실용적 가치만으로 따질 수 없는 보편적 가치를 지닌다. 선물로 받아서 10년 이상 써 온 손때 묻은 만년필을 잃어버렸을 때 느끼는 상실감은 새 만년필을 산다고 해서 사라지지 않는다. 그것은 그 만년필이 개인의 오랜 추억을 담고 있는 증거물이자 애착의 대상이 되었기 때문이다. 그러기에 실용성과 상관없이 오래된 것은 그 자체로 아름답다.

① 서양인들의 개성은 시대를 넘나드는 예술적 가치관으로부터 표현된다.
② 실용적 가치보다 보편적인 가치를 중요시해야 한다.
③ 만년필은 선물해 준 사람과의 아름다운 기억과 오랜 추억이 담긴 물건이다.
④ 오래된 물건은 실용적인 가치보다 더 중요한 가치를 지니고 있다.
⑤ 오래된 물건은 실용적 가치만으로 따질 수 없는 개인의 추억과 같은 보편적 가치를 지니기에 그 자체로 아름답다.

> ✅ **해설** 작자는 오래된 물건의 가치를 단순히 기능적 편리함 등의 실용적인 면에 두지 않고 그것을 사용해 온 시간, 그 동안의 추억 등에 두고 있으며 그렇기 때문에 오래된 물건이 아름답다고 하였다.

3 다음 글을 읽고 알 수 있는 매체와 매체 언어의 특성으로 가장 적절한 것은?

> 텔레비전 드라마는 텔레비전과 드라마에 대한 각각의 이해를 전제로 하고 보아야 한다. 즉 텔레비전이라는 매체에 대한 이해와 드라마라는 장르적 이해가 필요하다.
>
> 텔레비전은 다양한 장르, 양식 등이 교차하고 공존한다. 텔레비전에는 다루고 있는 내용이 매우 무거운 시사토론 프로그램부터 매우 가벼운 오락 프로그램까지 섞여서 나열되어 있다. 또한 시청률에 대한 생산자들의 강박관념까지 텔레비전 프로그램 안에 들어있다. 텔레비전 드라마의 경우도 마찬가지로 이러한 강박이 존재한다. 드라마는 광고와 여러 문화 산업에 부가가치를 창출하며 드라마의 장소는 관광지가 되어서 지방의 부가가치를 만들어 내기도 한다. 이 때문에 시청률을 걱정해야 하는 불안정한 텔레비전 드라마 시장의 구조 속에서 상업적 성공을 거두기 위해 텔레비전 드라마는 이미 높은 시청률을 기록한 드라마를 복제하게 되는 것이다. 이것은 드라마 제작자의 수익성과 시장의 불확실성을 통제하기 위한 것으로 구체적으로는 속편이나 아류작의 제작이나 유사한 장르 복제 등으로 나타난다. 이러한 복제는 텔레비전 내부에서만 일어나는 것이 아니라 문화 자본과 관련되는 모든 매체, 즉 인터넷, 영화, 인쇄 매체에서 동시적으로 나타나는 현상이기도 하다.
>
> 이들은 서로 역동적으로 자리바꿈을 하면서 환유적 관계를 형성한다. 이 환유에는 수용자들, 즉 시청자나 매체 소비자들의 욕망이 투사되어 있다. 수용자의 욕망이 매체나 텍스트의 환유적 고리와 만나게 되면 각각의 텍스트는 다른 텍스트나 매체와의 관련 속에서 의미화 작용을 거치게 된다.
>
> 이렇듯 텔레비전 드라마는 시청자의 욕망과 텔레비전 안팎의 다른 프로그램이나 텍스트와 교차하는 지점에서 생산된다. 상업성이 검증된 것의 반복적 생산으로 말미암아 텔레비전 드라마는 거의 모든 내용이 비슷해지는 동일화의 길을 걷게 된다고 볼 수 있다.

① 텔레비전과 같은 매체는 문자 언어를 읽고 쓰는 능력을 반드시 필요로 한다.
② 디지털 매체 시대에 독자는 정보의 수용자이면서 동시에 생산자가 되기도 한다.
③ 텔레비전 드라마 시청자들의 욕구는 매체의 특성을 변화시키는 경우가 많다.
④ 영상 매체에 있는 자료들이 인터넷, 영화 등과 결합하는 것은 사실상 불가능하다.
⑤ 텔레비전 드라마는 독자들의 니즈를 충족시키기 위해 내용의 차별성에 역점을 두고 있다.

> ✔해설 인간은 매체를 사용하여 타인과 소통하는데 그 매체는 음성 언어에서 문자로 발전했으며 책이나 신문, 라디오나 텔레비전, 영화, 인터넷 등으로 발전해 왔다. 매체의 변화는 사람들 간의 소통양식은 물론 문화 양식에까지 영향을 미친다. 현대에는 음성, 문자, 이미지, 영상, 음악 등이 결합된 매체 환경이 생기고 있다. 이 글에서는 텔레비전 드라마가 인터넷, 영화, 인쇄매체 등과 연결되어 복제되는 형상을 낳기도 하고 수용자의 욕망이 매체에 드러난다고 언급한다. 즉 디지털 매체 시대의 독자는 정보를 수용하기도 하지만 생산자가 될 수도 있음을 언급하고 있다고 볼 수 있다.

4 다음 글의 빈칸에 들어갈 내용으로 가장 적절한 것은?

> 자본주의 경제체제는 이익을 추구하는 인간의 욕구를 최대한 보장해 주고 있다. 기업 또한 이익 추구라는 목적에서 탄생하여, 생산의 주체로서 자본주의 체제의 핵심적 역할을 수행하고 있다. 곧, 이익은 기업가로 하여금 사업을 시작하게 된 동기가 된다. 이익에는 단기적으로 실현되는 이익과 장기간에 걸쳐 지속적으로 실현되는 이익이 있다. 기업이 장기적으로 존속, 성장하기 위해서는 _____ 실제로 기업은 단기 이익의 극대화가 장기 이익의 극대화와 상충될 때에는 단기 이익을 과감하게 포기하기도 한다.

① 두 마리의 토끼를 다 잡으려는 생각으로 운영해야 한다.

② 당장의 이익보다 기업의 이미지를 생각해야 한다.

③ 단기 이익보다 장기 이익을 추구하는 것이 더 중요하다.

④ 장기 이익보다 단기 이익을 추구하는 것이 더 중요하다.

⑤ 아무도 개척하지 않은 길을 개척할 수 있는 도전정신이 필요하다.

✔해설 빈칸 이후의 문장에서 단기 이익의 극대화가 장기 이익의 극대화와 상충될 때에는 단기 이익을 과감하게 포기하기도 한다고 제시되어 있으므로 ③이 가장 적절하다.

Answer 3.② 4.③

5 다음 글의 중심 내용으로 적절한 것은?

> 전통은 물론 과거로부터 이어 온 것을 말한다. 이 전통은 대체로 그 사회 및 그 사회의 구성원인 개인의 몸에 배어 있는 것이다. 그러므로 스스로 깨닫지 못하는 사이에 전통은 우리의 현실에 작용하는 경우가 있다. 그러나 과거에서 이어 온 것을 무턱대고 모두 전통이라고 한다면, 인습이라는 것과의 구별이 서지 않을 것이다. 우리는 인습을 버려야 할 것이라고는 생각하지만, 계승해야 할 것이라고는 생각하지 않는다. 여기서 우리는, 과거에서 이어 온 것을 객관화하고, 이를 비판하는 입장에 서야 할 필요를 느끼게 된다. 그 비판을 통해서 현재의 문화 창조에 이바지할 수 있다고 생각되는 것만을 우리는 전통이라고 불러야 할 것이다. 이같이, 전통은 인습과 구별될뿐더러, 또 단순한 유물과도 구별되어야 한다. 현재의 문화를 창조하는 일과 관계가 없는 것을 우리는 문화적 전통이라고 부를 수가 없기 때문이다.

① 전통의 본질
② 인습의 종류
③ 문화 창조의 본질
④ 외래문화 수용 자세
⑤ 과거에 대한 비판

✔해설 전통은 과거로부터 이어온 것 중 현재의 문화 창조에 이바지할 수 있는 것만을 말한다. 인습이나 유물은 현재 문화 창조에 이바지할 수 없으므로 전통과는 구별되어야 한다는 것이 글의 중심 내용이다.

6 다음의 밑줄 친 단어의 의미와 동일하게 쓰인 것을 고르면?

코레일이 산·학·연 공동 개발로 국산화에 성공한 고속철도차량 KTX 추진제어장치인 모터블록을 본격 도입한다고 밝혔다. 모터블록은 고속열차의 핵심 장치로 KTX가 300km/h로 운행하는 데 중요한 역할을 하는 견인전동기를 제어한다. 그동안 전량을 해외에서 수입해왔다.

코레일은 2009년부터 지난 10년간 국토교통부와 국토교통과학기술진흥원의 지원을 <u>받아</u> 국가 R&D사업으로 모터블록 국산화 기술개발을 진행해 왔다. 이번에 코레일은 공개 입찰을 통해 국내업체와 28억여 원 상당의 모터블록 2대에 대한 구매 계약을 체결했다. 구성품의 교체시기에 따라 추가 구매할 계획이다.

국내 기술 도입으로 수입품 대비 30% 정도의 비용 절감이 예상된다. 또한 오류 발생 시 문제 지점을 스스로 찾는 자가진단기능을 탑재해 안전성 향상도 기대된다.

① 이번 인사평가에서 최고 등급을 <u>받았다</u>.
② 정부는 국민들로부터 세금을 <u>받아</u> 국가를 운영한다.
③ 4차 산업혁명으로 기존 산업들이 도전을 <u>받고</u> 있다.
④ 아이의 어리광을 무조건 <u>받아</u> 주는 것은 잘못된 양육법이다.
⑤ 작년에 <u>받아</u> 둔 코스모스 씨앗을 화분에 심었다.

> ✔해설 밑줄 친 '받아'는 '다른 사람이 바치거나 내는 돈이나 물건을 책임 아래 맡아 두다'의 의미로 쓰였다. 즉, 국토교통부와 국토교통과학기술진흥원에서 지원하는 자원을 코레일의 책임 아래 맡아 두고 모터블록 국산화 기술개발을 진행해 왔다는 것이다. 이와 동일하게 쓰인 것은 보기 중 ②가 해당한다.
> ① 점수나 학위 따위를 따다.
> ③ 요구, 신청, 질문, 공격, 도전, 신호 따위의 작용을 당하거나 거기에 응하다.
> ④ 다른 사람의 어리광, 주정 따위에 무조건 응하다.
> ⑤ 동식물의 씨나 알 따위를 거두어 내다.

7 밑줄 친 ㉠~㉤ 중 단어의 쓰임이 잘못 된 것은?

> 일부 비정규직 근로자들은 본인 스스로가 가지고 있는 능력을 ㉠계발하여 현재의 상황을 좀 더 나은 상황으로 ㉡개발해 나가자는 의견을 내세우긴 했지만, 그들도 이사회에서 ㉢전향적인 결론이 ㉣산출될 것이라 기대했던 것도 사실이다. 그러나 기대와는 달리, 이사회는 정규직 근로자의 근로 조건을 비정규직 근로자에게 단순 ㉤준용하라는 요구는 현실적이지 못하다고 주장했다.

① ㉠   ② ㉡

③ ㉢   ④ ㉣

⑤ ㉤

✔해설 ④ '산출'은 '계산하여 냄'이라는 의미로 문맥상 어울리지 않는다. 해당 문장에는 '판단이나 결론 따위를 이끌어 냄'이라는 뜻의 '도출'이 더 적절하다.
① 계발 : 잠재된 슬기나 재능, 사상 따위를 일깨워 줌
② 개발 : 크게 발전시키다
③ 전향적 : 어떤 대상에 대한 태도가 긍정적인 것
⑤ 준용 : 표준으로 삼아 적용함, 어떤 사항에 관한 규정을 그와 유사하지만 본질적으로 다른 사항에 적용하는 일

8 밑줄 친 ⊙, ⓒ과 동일한 의미관계를 갖는 것은?

> 우리는 영화나 드라마에서 흔히 주인공이 첫사랑을 다시 만나 심장이 두근거리는 장면을 보곤 한다. 이렇게 영화나 드라마처럼 정말 심장이 사랑하는 사람을 알아볼 수 있을까? 사실 첫사랑을 보고 심장이 뛰는 현상은 심장이 과거에 사랑했던 사람을 알아보아서 마구 뛴 것이 아니라 우리의 '뇌'가 그 사람을 기억하고 알아차려 신경을 통해 심장을 더 빠르게 뛰도록 조절했기 때문이다.
>
> 심장은 심방과 심실이라는 네 개의 작은 방으로 나누어져 있다. 오른쪽 심실에서 나온 혈액은 허파를 지나 산소가 풍부한 혈액으로 바뀌어 왼쪽 심방으로 들어온다. 이렇게 들어온 혈액은 왼쪽 심실의 펌프질을 통해 온몸으로 퍼지게 되는데, 오른쪽 심방 벽에 주기 조정자가 있다. 이곳에서 전기파를 방출하면 이로 인해 심장의 근육들은 하나의 박자에 맞춰 ⊙<u>수축</u>과 ⓒ<u>이완</u>을 반복함으로써 펌프질을 하게 되는 것이다. 즉, 심장은 뇌에서 내린 명령에 따라 오른쪽 심방 벽에서 방출하는 전기파에 맞춰 혈액을 펌프질하는 역할만 할 뿐이다.

① 동물 : 사슴

② 시계 : 바늘

③ 압축 : 복원

④ 은총 : 총애

⑤ 손(手) : 손(客)

 해설 '수축'은 '근육 따위가 오그라듦'이라는 뜻이고, '이완'은 '굳어서 뻣뻣하게 된 근육 따위가 원래의 상태로 풀어짐'이라는 뜻이다. 따라서 두 단어는 서로 대조의 의미 관계에 있다. 이와 같이 상반된 의미를 가진 단어로는 '압축'과 '복원'이 있다. '압축'은 '물질 따위에 압력을 가하여 그 부피를 줄임'이라는 뜻이고, '복원'은 '원래대로 회복함'이라는 뜻으로 의미상 대조 관계를 이룬다.
① 동물은 사슴을 포함한다. 즉, 둘은 상하 관계에 있다.
② 바늘은 시계를 구성하는 하나의 부분이다. 즉, 둘은 부분-전체 관계에 있다.
④ 은총과 총애는 서로 의미가 비슷한 유의 관계에 있다.
⑤ 손(手)과 손(客)은 소리는 같지만 의미에 유사성이 없는 동음이의 관계에 있다.

9 다음 글의 제목으로 가장 적절한 것은?

고대에는 범죄에 대해 개인적이든 집단적이든 사적 제재인 복수가 행하여졌다. 그러나 복수는 일회적인 제재에 그치지 않고 꼬리를 문 복수의 연쇄를 낳는다. 이러한 사적 복수가 공적 형벌로 대치된 것은 인류 문명이 이룬 커다란 진보라고 할 수 있다. 그런데 이러한 공적 형벌은 국가가 완전히 독점하게 되었다. 끝없는 피의 복수는 법적 평화를 근본적으로 파괴한다는 점에서 공정한 중립적 권력으로서의 국가가 형벌권을 독점한다는 것은 어느 정도 정당화될 수 있다. 그러나 왜 형벌을 가하는가 하는 문제는 여전히 남는다. 이에 관한 대표적인 관점을 살펴보자.

형벌은 어떤 목적을 달성하기 위한 수단으로서 부과되는 것이 아니라 자기 목적적으로, '악에 대한 악'으로서 부과된다는 '응보론'이 있다. 이러한 견해를 표명한 대표적인 사람은 칸트이다. 그는 이성적이고 자유로운 인간을 전제로 인간을 수단이 아니라 목적으로 대우하라고 주장하였다. 형벌의 경우에도 인간에게 형벌을 가함으로써 다른 어떤 목적을 추구한다면 그것은 인간을 수단으로 사용하는 것이라며 반대하였다. 따라서 형벌은 자기 목적적이어야 하며, 형벌의 질과 양은 저지른 해악과 똑같은 해악, 즉 응보로서의 '동해보복(同害報復)'이어야 한다고 주장하였다.

다음으로 범죄자에게 형벌을 가함으로써 일반인이 두려움을 느껴 범죄로 나아가지 못하게 하기 위하여 형벌은 부과되는 것이라고 보는 '일반 예방론'이 있다. 근대적 형태의 일반 예방론은 벤담의 공리주의 사상에 기반을 두고 있다. 벤담은 인간을 쾌를 추구하고 불쾌를 피하는 존재로 상정하고, 쾌와 불쾌의 계산을 통해 쾌가 큰 방향으로 행위를 선택한다고 생각하였다. 범죄와 관련하여서도 '범죄를 통하여 얻는 쾌'와 '형벌을 통하여 얻는 불쾌'를 비교하여 헤아려 봄으로써 공리 계산을 하는 것이 인간이란 점을 이 이론은 전제로 하고 있다.

마지막으로 형벌은 범죄자 자신이 장래에 다시 범죄를 저지르지 않는 삶을 영위하도록 하기 위하여 부과된다는 '특별 예방론'이 있다. 플라톤은 죄를 저질렀기 때문에 처벌하는 것이 아니라, 죄를 저지르지 않게 하기 위하여 처벌한다고 하였다. 이렇게 볼 때 형벌은 범죄자 자신의 속죄, 개과천선을 목적으로 부과되는 것이다.

오늘날에는 이 세 가지 관점을 절충하여 형벌을 정당화하고 있다. 우선 응보론은 형벌 부과의 대상과 형벌의 상한을 설정해 주는 의미를 갖는다. 그리고 이 상한의 범위 내에서 형벌의 종류와 내용을 구성하는 데는 일반 예방론과 특별 예방론의 관점이 원용되고 있다. 이렇듯 형벌의 목적에 관한 논의는 단순히 관념상의 관심사가 아니라 형사제도를 구성하고 운용하는 데에 중요한 현실적 의미를 갖고 있다.

① 형벌 집행의 효과와 부작용   ② 형벌 이론의 변천 과정과 현황
③ 형벌과 범죄 예방과의 상관관계   ④ 국가에 의한 형벌권의 근거와 정당성
⑤ 형벌의 목적에 대한 다양한 견해와 의의

✔해설 첫 문단 마지막에서 '왜 형벌을 가하는가'에 대한 대표적인 관점을 살펴보자고 제시한 뒤, 2~4문단에서 세 가지 관점에 대해 설명하고 있다. 그리고 마지막 문단에서 세 가지 관점이 오늘날의 형벌에서 어떤 의미를 갖는지를 언급하며 글을 마무리한다. 따라서 이 글의 제목으로 가장 적절한 것은 ⑤이다.

10 다음 중 아래 글에서 언급한 글로벌 기업의 성공적 대응 전략에 해당하지 않는 것은?

전 세계적으로 저성장이 장기화되고 있고, 낮은 가격을 무기로 개발도상국 업체들이 글로벌 기업을 추격해 오고 있다. 이와 같이 가격 경쟁이 치열해 지는 상황에서 글로벌 기업들이 성공적으로 대응하는 전략은 크게 5가지로 구분할 수 있다.

첫 번째로 차별화 전략을 들 수 있다. 제품의 디자인, 성능, 브랜드 및 사용 경험 등을 차별화하는 방법이다. 두 번째로 저가로 맞대응하는 전략이다. 전체적인 구조조정을 통한 원가 혁신으로 상대 기업에 비해서 가격 경쟁력을 확보하는 방법이다. 세 번째로 차별화와 원가 혁신의 병행 전략을 선택하는 경우이다. IT 기술의 발달로 제품 및 서비스의 비교가 쉬워지면서 제품 차별화 혹은 원가 혁신과 같은 단일 전략보다는 차별화와 원가 혁신을 동시에 추구하는 전략이 큰 호응을 얻고 있다. 네 번째는 경쟁의 축을 바꿈으로써 시장을 선도하는 경우이다. 이는 시장에 새로운 게임의 룰을 만들어서 경쟁에서 벗어나는 방법이다. 마지막으로 제품만 팔다가 경쟁의 범위를 솔루션 영역으로 확장하면서 경쟁력을 높이는 경우이다.

① A식품은 '구워먹는 치즈'라는 신제품을 통해 새로운 치즈 시장을 창출할 수 있었다.
② B항공사는 필수 서비스만 남기는 파격적 혁신으로 우수한 영업 실적을 기록했다.
③ C 제약회사는 종합비타민제의 성분보다 크기와 디자인을 강조하는 전략을 구사했다.
④ D사는 최근 IT 기기 판매 대신 기업들의 IT 서비스 및 컨설팅을 주력으로 하고 있다.
⑤ E사는 신제품 홍보에 온라인과 오프라인을 골고루 활용하여 고객의 주목을 받고 있다.

✔해설 지문은 치열해 지는 시장 환경에서 글로벌 기업들이 성공적으로 대응하는 전략 5가지에 대해 설명하고 있다. 온라인과 오프라인을 동시에 활용한 홍보는 지문에서 언급되지 않았다.
① '구워먹는 치즈'라는 신제품을 통해 경쟁의 축을 바꿈으로써 시장을 선도하였다.
② 전체적인 구조조정을 통한 원가 혁신을 단행했다.
③ 종합비타민제를 크기와 디자인적 측면을 강조하며 차별화하였다.
④ 경쟁의 범위를 솔루션 영역으로 확장하였다.

Answer 9.⑤ 10.⑤

11 다음 글에서 언급한 스마트 팩토리의 특징으로 옳지 않은 것은?

> 최근 스포츠 브랜드인 아디다스에서 소비자가 원하는 디자인, 깔창, 굽 모양 등의 옵션을 적용하여 다품종 소량생산 할 수 있는 스피드 팩토리를 선보였고, 그밖에도 제조업을 비롯해 다양한 산업에서 스마트 팩토리를 도입하면서 미래형 제조 시스템인 스마트 팩토리에 대한 관심이 커지고 있다. 과연 스마트 팩토리 무엇이며 어떤 기술로 구현되고 이점은 무엇일까?
>
> 스마트 팩토리란 ICT기술을 기반으로 제품의 기획, 설계, 생산, 유통, 판매의 전 과정을 자동화, 지능화하여 최소 비용과 최소 시간으로 다품종 대량생산이 가능한 미래형 공장을 의미한다. 스마트 팩토리가 구현되기 위해서는 다양한 기술이 적용되는데, 먼저 클라우드 기술은 인터넷에 연결되어 축적된 데이터를 저장하고 IoT 기술은 각종 사물에 컴퓨터 칩과 통신 기능을 내장해 인터넷에 연결한다. 또한 데이터를 분석하는 빅데이터 기술, AI를 기반으로 스스로 학습하고 의사결정을 할 수 있는 차세대 로봇기술과 기계가 자가 학습하는 인공지능 기술을 비롯해 수많은 첨단 기술을 필요로 한다.
>
> 스마트 팩토리의 핵심 구현 요소는 디지털화, 연결화, 스마트화이다. 디지털화는 공장 내 사물들 간에 소통이 가능하도록 물리적 아날로그 신호를 디지털 신호로 변환하는 것으로 디지털화를 하면 무한대로 데이터를 복사할 수 있어 데이터 편집이 쉬워지고 데이터 통신이 자유롭게 이루어진다. 연결화는 사람을 포함한 모든 사물, 즉 공장 안에 존재하는 부품, 완제품, 설비, 공장, 건물, 기기를 연결하는 것으로, 이더넷이나 유무선 통신으로 설비를 연결해 생산 현황과 이상 유무를 관리한다. 작업자가 제조 라인에 서면 공정은 작업자의 역량, 경험 같은 것을 참고하여 합당한 공정을 수행하도록 지도해 주는 것이 연결화의 예라고 할 수 있다. 스마트화는 사물이 사람처럼 스스로 판단하고 행동하는 것을 말하는 것으로 지능화, 자율화와 같은 의미이다. 수집된 데이터를 분석하여 스스로 판단하는 스마트화는 스마트 팩토리의 필수 전제조건이다.
>
> 스마트 팩토리의 이점은 제조 단계별로 구분해 볼 수 있다. 먼저 기획·설계 단계에서는 제품 성능 시뮬레이션을 통해 제작기간을 단축시키고, 맞춤형 제품을 개발할 수 있다는 이점이 있다. 다음으로 생산 단계에서는 설비-자재-시스템 간 통신으로 다품종 대량생산, 에너지와 설비 효율 제고의 효과가 있다. 그리고 유통·판매 단계에서는 모기업과 협력사 간 실시간 연동을 통해 재고 비용을 감소시키고 품질, 물류 등 많은 분야를 협력할 수 있다.

① 스마트 팩토리는 최소 비용과 최소 시간으로 다품종 대량생산을 추구한다.

② 스마트 팩토리가 구현되기 위해서는 클라우드 기술, IoT기술, 인공지능 기술 등이 요구된다.

③ 디지털화는 공장 내 사물들 간에 소통이 가능하도록 디지털 신호를 물리적 아날로그 신호로 변환하는 것이다.

④ 스마트화는 사물이 사람과 같이 스스로 판단하고 행동하는 것으로 스마트 팩토리의 필수 전제조건이다.

⑤ 스마트 팩토리를 도입한다면 유통·판매 단계에서 재고 비용을 감소시킬 수 있는 이점이 있다.

✔ 해설 디지털화는 공장 내 사물들 간에 소통이 가능하도록 물리적 아날로그 신호를 디지털 신호로 변환하는 것이다.
①② 두 번째 문단에서 언급하고 있다.
④ 세 번째 문단에서 언급하고 있다.
⑤ 마지막 문단에서 언급하고 있다.

12 다음 문장의 빈칸에 들어갈 단어로 적절한 것은?

> 여러 매체를 통한 허위·과대광고는 불건전한 소비문화를 (   )하기 때문에 규제의 대상이 되어야 한다.

① 勸奬
② 助長
③ 勸誘
④ 僞裝
⑤ 保障

✔ 해설 ② 허위·과대광고를 비판하는 내용이므로 '바람직하지 않은 일을 더 심해지도록 부추기다'라는 의미인 '조장(助長)'이 가장 적절하다.
① 권장(勸奬) : 권하여 장려함.
③ 권유(勸誘) : 어떤 일 따위를 하도록 권함.
④ 위장(僞裝) : 본래의 정체나 모습이 드러나지 않도록 거짓으로 꾸미다.
⑤ 보장(保障) : 어떤 일이 어려움 없이 이루어지도록 조건을 마련하여 보증하거나 보호하다.

13 다음 글의 내용과 부합하는 것을 〈보기〉에서 모두 고르면?

> 가. "회원이 카드를 분실하거나 도난당한 경우에는 즉시 서면으로 신고하여야 하고 분실 또는 도난당한 카드가 타인에 의하여 부정사용되었을 경우에는 신고접수일 이후의 부정사용액에 대하여는 전액을 보상하나, 신고접수한 날의 전날부터 15일 전까지의 부정사용액에 대하여는 금 2백만 원의 범위 내에서만 보상하고, 16일 이전의 부정사용액에 대하여는 전액지급할 책임이 회원에게 있다."고 신용카드 발행회사 회원규약에 규정하고 있는 경우, 위와 같은 회원규약을 신의성실의 원칙에 반하는 무효의 규약이라고 볼 수 없다.
>
> 나. 카드의 월간 사용한도액이 회원 본인의 책임한도액이 되는 것은 아니므로 부정사용액 중 월간 사용한도액의 범위 내에서만 회원의 책임이 있는 것은 아니다.
>
> 다. 신용카드업법에 의하면 "신용카드가맹점은 신용카드에 의한 거래를 할 때마다 신용카드 상의 서명과 매출전표 상의 서명이 일치하는지를 확인하는 등 당해 신용카드가 본인에 의하여 정당하게 사용되고 있는지 여부를 확인하여야 한다."라고 규정하고 있다. 따라서 가맹점이 위와 같은 주의의무를 게을리하여 손해를 자초하거나 확대하였다면, 그 과실의 정도에 따라 회원의 책임을 감면해 주는 것이 거래의 안전을 위한 신의성실의 원칙상 정당하다.

> 〈보기〉
>
> ㉠ 신용카드사는 회원에 대하여 카드의 분실 및 도난 시 서면신고 의무를 부과하고, 부정사용액에 대한 보상액을 그 분실 또는 도난된 카드의 사용시기에 따라 상이하게 정할 수 있다.
>
> ㉡ 회원이 분실 또는 도난당한 카드가 타인에 의하여 부정사용되었을 경우, 신용카드사는 서면으로 신고 접수한 날 이후의 부정사용액에 대한 보상액을 제한할 수 있다.
>
> ㉢ 카드의 분실 또는 도난 사실을 서면으로 신고 접수한 날의 전날까지의 부정사용액에 대해서는 자신의 월간 카드사용한도액의 범위를 초과하여 회원이 책임을 질 수 있다.
>
> ㉣ 신용카드가맹점이 신용카드의 부정사용 여부를 확인하지 않은 경우에는 가맹점 과실의 경중을 묻지 않고 회원의 모든 책임이 면제된다.

① ㉠, ㉡

② ㉠, ㉢

③ ㉡, ㉢

④ ㉡, ㉣

⑤ ㉢, ㉣

✓ **해설** ㉡ 회원이 분실 또는 도난당한 카드가 타인에 의하여 부정사용되었을 경우, 신용카드사는 서면으로 신고 접수한 날 이후의 부정사용액에 대해서는 전액 보상한다. 다만, 신고접수한 날의 전날부터 15일 전까지의 부정사용액에 대하여는 금 2백만 원의 범위로 제한할 수 있으며 16일 이전의 부정사용액에 대해서는 전액 지급할 책임이 회원에게 있다.

㉣ 신용카드가맹점이 신용카드의 부정사용 여부를 확인하지 않은 경우에는 그 과실의 정도에 따라 회원의 책임을 감면해 주는 것이지, 회원의 모든 책임이 면제되는 것은 아니다.

14 다음 글의 내용과 일치하지 않는 것은?

> 국민연금법이 정한 급여의 종류에는 노령연금, 장애연금, 유족연금, 반환일시금이 있다. 그 중 노령연금은 국민연금에 10년 이상 가입하였던 자 또는 10년 이상 가입 중인 자에게 만 60세가 된 때부터 그가 생존하는 동안 지급하는 급여를 말한다. 노령연금을 받을 권리자(노령연금 수급권자)와 이혼한 사람도 일정한 요건을 충족하면 노령연금을 분할한 일정 금액의 연금을 받을 수 있는데, 이를 분할연금이라 한다. 분할연금은 혼인기간 동안 보험료를 내는 데 부부가 힘을 합쳤으니 이혼 후에도 연금을 나누는 것이 공평하다는 취지가 반영된 것이다. 분할연금을 받기 위해서는 혼인기간(배우자의 국민연금 가입기간 중의 혼인기간만 해당)이 5년 이상인자로서, 배우자와 이혼하였고, 배우자였던 사람이 노령연금 수급권자이며, 만 60세 이상이 되어야 한다. 이러한 요건을 모두 갖추게 된 때부터 3년 이내에 분할연금을 청구하면, 분할연금 수급권자는 생존하는 동안 분할연금을 수령할 수 있다. 한편 공무원연금, 군인연금, 사학연금 등에서는 연금가입자와 이혼한 사람에게 분할연금을 인정하고 있지 않다.

① 요건을 모두 갖추었더라도 3년 내에 청구하지 않으면 분할연금을 받을 수 없다.

② 국민연금 가입기간이 10년째인 남자와 결혼한 여자가 4년 만에 이혼한 경우 여자는 남자가 받는 노령연금의 분할연금을 받을 수 있다.

③ 이혼자가 분할연금을 받을 수 있는 이유는 혼인기간동안 보험료를 내는데 부부가 힘을 합쳤기 때문이다.

④ 모든 연금법에서 이혼자에 대한 분할연금을 인정하고 있지는 않다.

⑤ 국민연금법이 정한 급여의 종류에는 노령연금 외에도 장애연금과 유족연금, 반환일시금이 있다.

✔ 해설 ② 여자는 지문에서 나타난 '혼인기간(배우자의 국민연금 가입기간 중의 혼인기간만 해당)이 5년 이상인 자라는 요건을 갖추지 못했다.

|15~16| 다음은 우리나라의 공적연금제도와 관련된 설명이다. 물음에 답하시오.

사람들은 은퇴 이후 소득이 급격하게 줄어드는 위험에 처할 수 있다. 이러한 위험이 발생할 경우 일정 수준의 생활(소득)을 보장해 주기 위한 제도가 공적연금제도이다. 우리나라의 공적연금제도에는 대표적으로 국민의 노후 생계를 보장해 주는 국민연금이 있다. 공적연금제도는 강제가입을 원칙으로 한다. 연금은 가입자가 비용은 현재 지불하지만 그 편익은 나중에 얻게 된다. 그러나 사람들은 현재의 욕구를 더 긴박하고 절실하게 느끼기 때문에 불확실한 미래의 편익을 위해서 당장은 비용을 지불하지 않으려는 경향이 있다. 또한 국가는 사회보장제도를 통하여 젊은 시절에 노후를 대비하지 않은 사람들에게도 최저생계를 보장해준다. 이 경우 젊었을 때 연금에 가입하여 성실하게 납부한 사람들이 방만하게 생활한 사람들의 노후생계를 위해 세금을 추가로 부담해야 하는 문제가 생긴다. 그러므로 국가가 나서서 강제로 연금에 가입하도록 하는 것이다.

공적연금제도의 재원을 충당하는 방식은 연금 관리자의 입장과 연금 가입자의 입장에서 각기 다르게 나누어볼 수 있다. 연금 관리자의 입장에서는 '적립방식'과 '부과방식'의 두 가지가 있다. '적립방식'은 가입자가 낸 보험료를 적립해 기금을 만들고 이 기금에서 나오는 수익으로 가입자가 납부한 금액에 비례하여 연금을 지급하지만, 연금액은 확정되지 않는다. '적립방식'은 인구 구조가 변하더라도 국가는 재정을 투입할 필요가 없고, 받을 연금과 내는 보험료의 비율이 누구나 일정하므로 보험료 부담이 공평하다. 하지만 일정한 기금이 형성되기 전까지는 연금을 지급할 재원이 부족하므로, 제도 도입 초기에는 연금 지급이 어렵다. '부과방식'은 현재 일하고 있는 사람들에게서 거둔 보험료로 은퇴자에게 사전에 정해진 금액만큼 연금을 지급하는 것이다. 이는 '적립방식'과 달리 세대 간 소득재분배 효과가 있으며, 제도 도입과 동시에 연금 지급을 개시할 수 있다는 장점이 있다. 다만 인구 변동에 따른 불확실성이 있다. 노인 인구가 늘어나 역삼각형의 인구구조가 만들어질 때는 젊은 세대의 부담이 증가되어 연금 제도를 유지하기가 어려워질 수 있다.

연금 가입자의 입장에서는 납부하는 금액과 지급 받을 연금액의 관계에 따라 확정기여방식과 확정급여방식으로 나눌 수 있다. 확정기여방식은 가입자가 일정한 액수나 비율로 보험료를 낼 것만 정하고 나중에 받을 연금의 액수는 정하지 않는 방식이다. 이는 연금 관리자의 입장에서 보면 '적립방식'으로 연금 재정을 운용하는 것이다. 그래서 이 방식은 이자율이 낮아지거나 연금 관리자가 효율적으로 기금을 관리하지 못하는 경우에 개인이 손실 위험을 떠안게 된다. 또한 물가가 인상되는 경우 확정기여에 따른 적립금의 화폐가치가 감소되는 위험도 가입자가 감수해야 한다. 확정급여방식은 가입자가 얼마의 연금을 받을 지를 미리 정해 놓고, 그에 따라 개인이 납부할 보험료를 정하는 방식이다. 이는 연금 관리자의 입장에서는 '부과방식'으로 연금 재정을 운용하는 것이다. 나중에 받을 연금을 미리정하면 기금 운용 과정에서 발생하는 투자의 실패는 연금 관리자가 부담하게 된다. 그러나 이 경우에도 물가상승에 따른 손해는 가입자가 부담해야 하는 단점이 있다.

15 공적연금의 재원 충당 방식 중 '적립방식'과 '부과방식'을 비교한 내용으로 적절하지 않은 것은?

	항목	적립방식	부과방식
①	연금 지급 재원	가입자가 적립한 기금	현재 일하는 세대의 보험료
②	연금 지급 가능 시기	일정한 기금이 형성된 이후	제도 시작 즉시
③	세대 간 부담의 공평성	세대 간 공평성 미흡	세대 간 공평성 확보
④	소득 재분배 효과	소득 재분배 어려움	소득 재분배 가능
⑤	인구 변동 영향	받지 않음	받음

✔해설 ③ 받을 연금과 내는 보험료의 비율이 누구나 일정하여 보험료 부담이 공평한 것은 적립방식이다. 부과 방식은 현재 일하고 있는 사람들에게서 거둔 보험료를 은퇴자에게 사전에 정해진 금액만큼 연금을 지급하는 것으로, 노인 인구가 늘어날 경우 젊은 세대의 부담이 증가할 수 있다고 언급하고 있다.

16 위 내용을 바탕으로 다음 상황에 대해 분석할 때 적절하지 않은 결론을 도출한 사람은?

> A회사는 이번에 공적연금 방식을 준용하여 퇴직연금 제도를 새로 도입하기로 하였다. 이에 회사는 직원들이 퇴직연금 방식을 확정기여방식과 확정급여방식 중에서 선택할 수 있도록 하였다.

① 확정기여방식은 부담금이 공평하게 나눠지는 측면에서 장점이 있어.
② 확정기여방식은 기금을 운용할 회사의 능력에 따라 나중에 받을 연금액이 달라질 수 있어.
③ 확정기여방식은 기금의 이자 수익률이 물가상승률보다 높으면 연금액의 실질적 가치가 상승할 수 있어.
④ 확정급여방식은 물가가 많이 상승하면 연금액의 실질적 가치가 하락할 수 있어.
⑤ 확정급여방식은 투자 수익이 부실할 경우 가입자가 보험료를 추가로 납부해야 하는 문제가 있어.

✔해설 ⑤ 확정급여방식의 경우 나중에 얼마의 연금을 받을 지 미리 정해놓고 보험료를 납부하는 것으로 기금 운용 과정에서 발생하는 투자의 실패를 연금 관리자가 부담하게 된다. 따라서 투자 수익이 부실한 경우에도 가입자가 보험료를 추가로 납부해야 하는 문제는 발생하지 않는다.

Answer 15.③ 16.⑤

17 다음 글의 내용과 일치하는 것은?

코레일은 노사화합이야말로 기업의 존립과 지속적인 성장을 위한 필수 조건임을 인식하고 끊임없는 대화와 소통을 이어가고 있습니다. 그 결과 오랜 적폐였던 근속승진제를 폐지하고 2년 연속 임금 및 단체협약 무쟁의 타결을 이끌어낼 수 있었습니다. 임금피크제 도입 시에는 전 직원 의견을 반영한 합리적 제도설계와 노사공동 토론회 개최로 신뢰를 확보하기도 했습니다. 앞으로도 코레일은 다양한 채널을 통해 현장과의 소통을 강화하고 정책 공감대를 형성하여 전 임직원이 함께 코레일의 전성시대를 열어가겠습니다.

코레일의 사명은 철도로 국민을 행복하게 하는 일입니다. 코레일은 모바일 앱 개선, 열차 정시율 제고 등 국민편의 향상을 위해 끊임없이 노력해 왔습니다. 그 결과 2015년 공공기관 고객만족도 조사에서 역대 최고점인 96.4점을 기록하였습니다. 앞으로 코레일은 사회적 약자에 특화된 서비스를 확대하고 접점 고객서비스를 전면적으로 개편하겠습니다. 또한, 역사의 명품화와 철도문화 콘텐츠 확대를 실현하여 늘 국민 곁에서 잊지 못할 추억을 선사하는 코레일만의 감동 서비스를 만들어 나가겠습니다.

지난해 코레일은 핵심기능 위주로의 사업구조 개편과 열차운행체계 강화 등의 강도 높은 혁신을 감행하였습니다. 그 결과 2년 연속 1,000억 원대 영업 흑자를 달성하고 지속적인 부채 감축의 전환점을 확보할 수 있었습니다. 이제는 흑자경영의 기반을 토대로 재무구조가 튼튼한 기업으로 성장해 나가려고 합니다. 코레일은 철도노선 중심의 허브 시스템 구축과 열차 운행체계 최적화를 통한 신규수요 창출, 공격적인 마케팅과 사업운영체계의 효율화 등으로 영업이익을 확대하고 지속발전이 가능한 경영구조를 완성하겠습니다.

코레일에서 안전은 최우선 경영목표이자 핵심가치입니다. 안전이 담보되지 않은 열차의 속도 향상과 서비스는 아무런 의미가 없습니다. 코레일은 국민 눈높이에 맞는 철도안전 구현을 위해 철도운영 노하우와 과학적 분석기법을 도입한 선제적 관리시스템을 구축하였으며, 그 결과 2005년 공사 출범 당시보다 안전운행서비스(장애사고율)를 61.6%로 개선하는 등 역대 최고 수준의 안전성을 확보하였습니다. 이제는 안전혁신본부를 사장 직속으로 운영하여 안전취약 개소를 보다 신속히 발굴·개선하고 IT 기술을 활용해 안전시스템을 고도화하여 세계최고 수준의 철도안전을 실현하겠습니다.

지난해 코레일은 철도 5대 관광벨트의 완성과 대륙철도 진출 기반 확보 등으로 새로운 철도 발전의 토대를 닦았습니다. 이제는 세계 최고의 철도운영 기업으로 거듭나는 데 역량을 집중하고자 합니다. 철도경쟁체제라는 낯선 환경과 다가오는 대륙철도 시대에 대비한 국내외적인 경쟁력 확보에도 더욱 박차를 가하겠습니다. 각 분야 전문가들의 혁신아이디어 발굴·실현을 위한 협업체계를 구축하고 차세대 정보화시스템을 도입하는 것도 그 일환입니다. 코레일은 우리의 생각과 아이디어로 세계 철도시장을 선도해 나가는 그날까지 최선을 다하겠습니다.

① 코레일은 근속승진제를 폐지하고 2년간 임금 동결을 하기로 했다.

② 2015 공공기관 고객만족도 조사 점수는 전년도에 비해 올랐다.

③ 코레일은 안정적인 사업운용을 통해 지금의 영업이익 수준을 유지하고자 한다.

④ 안전수준을 높이기 위해 철도 최고 속도를 제한하겠다.

⑤ 다가오는 대륙철도 시대에 대비하여 국내보다는 해외 경쟁력 확보에 집중하겠다.

> ✓해설 ② 2015년 고객만족도 조사에서 역대 최고점을 기록했다고 했으므로 전년도에 비해 오른 것을 알 수 있다.
> ① 코레일은 근속승진제를 폐지하고 2년 연속 임금 및 단체협약 무쟁의 타결을 야기했다. 2년간 임금을 동결하겠다는 이야기는 찾아볼 수 없다.
> ③ 코레일은 신규수요 창출, 공격적인 마케팅, 사업운영체계의 효율화 등으로 영업이익을 확대하겠다고 했다.
> ④ 안전이 담보되지 않은 열차의 속도 향상은 의미가 없다고 했을 뿐, 속도 제한에 대한 언급은 없다.
> ⑤ 국내외적인 경쟁력 확보에 박차를 가하겠다고 했다.

18 다음 글의 빈칸에 들어갈 내용으로 가장 적절한 것은?

> 동양화의 특징인 여백의 표현도 산점 투시(散點透視)와 관련된 것이다. 동양화에서는 산점 투시를 택하여 구도를 융통성 있게 짜기 때문에 유모취신(遺貌取神)적 관찰 내용을 화면에 그대로 표현할 수 있다. 즉 대상 가운데 주제와 사상을 가장 잘 나타낼 수 있는 본질적인 부분만을 취하고, _____ 그 결과 여백이 생기게 된 것이다. 이 여백은 하늘일 수도 있고 땅일 수도 있으며, 혹은 화면에서 제거된 기타 여러 가지일 수도 있다. 그런데 여백은 단순히 비어 있는 공간은 아니다. 그것은 주제를 돋보이게 할 뿐 아니라 동시에 화면의 의경(意境)을 확대시킨다. 당나라 시대 백거이는 '비파행(琵琶行)'이라는 유명한 시에서 악곡이 쉬는 부분을 묘사할 때, "이 때에는 소리를 내지 않는 것이 소리를 내는 것보다 더 낫다."라고 하였다. 여기서 '일시적으로 소리를 쉬는 것'은 악곡 선율의 연속인데, 이는 '뜻은 다달았으되 붓이 닿지 않은 것'과 같은 뜻이다. 이로 인해 보는 이는 상상력을 발휘할 수 있는 여지를 더 많이 가질 수 있고, 동시에 작품은 예술적 공감대를 확대하게 된다.

① 풍경을 최대한 자세하게 표현한다.

② 주변 인물들의 표정을 과장되게 묘사한다.

③ 주제와 관련 없는 부분을 화면에서 제거한다.

④ 나머지는 추상적으로 표현하여 궁금증을 유발시킨다.

⑤ 화면을 여러 가지 화려한 색으로 채색한다.

> ✓해설 주어진 글은 미술, 음악 등 작품에서 본질적인 부분만을 취하고 '주제와 관련 없는 부분을 화면에서 제거하는 '여백의 미'에 대한 내용이다.

Answer 17.② 18.③

19 다음 글을 읽고 녹차와 홍차에 대한 설명으로 옳은 것을 고르면?

> 차는 차나무에서 딴 어린잎을 가공하여 만든 음료를 말한다. 차의 종류는 셀 수 없을 정도로 많지만 세계적으로 가장 사랑받는 차를 꼽자면 단연 녹차와 홍차이다. 녹차는 녹탕녹엽(綠湯綠葉), 홍차는 홍탕홍엽(紅湯紅葉)의 특징을 갖는다. 찻물과 찻잎의 색이 녹차는 녹색, 홍차는 홍색이어서 붙여진 이름이다.
>
> 녹차는 녹색을 유지하기 위해 생엽을 따서 바로 솥에 볶거나 증기를 쬐어 산화의 진행을 막는다. 그런 다음 모양을 만들어 주기 위해 찻잎을 주무르고 비비는 유념과정을 거친 후 건조하여 완성한다. 홍차는 찻잎을 따서 일정시간 동안 찻잎을 널어 말리는 위조과정과 찻잎에 물리적 힘을 가해 세포를 파괴하는 유념과정을 거쳐 마지막으로 발효시킨 후 건조하여 완성한다.
>
> 그런데 녹차든 홍차든 좋은 차를 만들기 위해서는 차나무의 품종을 가장 먼저 고려해야 한다. 차나무는 토양, 기후, 강수량 등 자라나는 환경에 의해 많은 영향을 받는다. 중국의 운남, 인도, 스리랑카 등의 더운 나라에서는 줄기가 굵고 키가 큰 교목형과 잎이 큰 대엽종이 많고 재배된다. 반대로 우리나라와 일본과 같이 겨울이 추운 나라는 줄기가 가늘고 키가 작은 관목형과 잎이 비교적 작은 중·소엽종의 차나무가 많다.
>
> 찻잎에는 폴리페놀(Polyphenol)과 아미노산(Amino Acid) 성분이 있다. 대엽종에는 쓴맛을 내는 폴리페놀이 많고, 소엽종에는 감칠맛을 내는 아미노산이 많다. 차의 품질은 폴리페놀과 아미노산에 의해 결정되는데, 이 두 성분은 마치 시소와 같아 폴리페놀이 많아지면 아미노산이 줄어들고 아미노산이 많아지면 폴리페놀이 줄어드는 특징을 보인다. 품질이 좋은 홍차는 물에 우렸을 때 매혹적인 붉은 색을 띠며 수면 가장자리에 금색의 띠, 일명 골든링이 생긴다. 이것은 찻잎 속의 폴리페놀이 산화하면서 생성되는 현상으로, 폴리페놀의 함량이 많을수록 산화물이 많아져 홍차를 더욱 아름답게 만든다.
>
> 이와 대조적으로 녹차는 투명한 푸른빛 색과 싱그러운 맛이 특징적이다. 녹차는 산화를 시키지 않기 때문에 폴리페놀이 많으면 차 맛이 써지면서 질을 떨어뜨린다. 그러므로 홍차는 폴리페놀의 함량이 많은 대엽종이 적합하고, 녹차는 폴리페놀의 함량이 낮고 아미노산의 함량이 높은 소엽종이 적합하다. 대엽종이 잘 자라는 인도, 스리랑카 등지에서는 주로 홍차(다르질링, 실론티)가 유명하고, 중·소엽종이 잘 자라는 우리나라와 일본에서 생산된 녹차가 인기가 많은 것도 이러한 이유에서이다.

① 녹차는 찻물과 찻잎의 색이 같지만, 홍차는 찻물과 찻잎의 색이 다르다.
② 녹차는 위조, 유념, 발효, 건조 과정을 거쳐서 완성된다.
③ 아미노산 성분이 많은 찻잎은 폴리페놀 성분이 적게 들어 있다.
④ 홍차 수면에 골든링이 보인다면 폴리페놀 함량이 적은 것이다.
⑤ 일본에서 차나무를 재배한다면 소엽종보다 대엽종이 적합하다.

✔ 해설 네 번째 문단에 따르면 폴리페놀과 아미노산 성분은 마치 시소와 같아 폴리페놀이 많아지면 아미노산이 줄어들고 아미노산이 많아지면 폴리페놀이 줄어드는 특징을 보인다고 언급하고 있다.

① 찻물과 찻잎의 색이 녹차는 녹색, 홍차는 홍색으로 찻물과 찻잎의 색이 같다.

② 녹차는 생엽을 바로 솥에 볶거나 증기를 쬔 후 유념, 건조하여 완성한다. 위조, 유념, 발효, 건조 과정을 거치는 것은 홍차이다.

④ 홍차 수면 가장자리에 골든링은 찻잎 속의 폴리페놀이 산화하면서 생성되는 것으로 폴리페놀의 함량이 많을수록 산화물이 많아진다.

⑤ 우리나라와 일본과 같이 겨울이 추운 나라는 잎이 비교적 작은 중·소엽종의 차나무가 적합하다.

20 다음 글을 바탕으로 하여 빈칸을 쓰되 예시를 사용하여 구체적으로 진술하고자 할 때, 가장 적절한 것은?

> 사람들은 경쟁을 통해서 서로의 기술이나 재능을 최대한 발휘할 수 있는 기회를 갖게 된다. 즉, 개인이나 집단이 남보다 먼저 목표를 성취하려면 가장 효과적으로 목표에 접근하여야 하며 그러한 경로를 통해 경제적으로나 시간적으로 가장 효율적으로 목표를 성취한다면 사회 전체로 볼 때 이익이 된다. 그러나 이러한 경쟁에 전제되어야 할 것은 많은 사람들의 합의로 정해진 경쟁의 규칙을 반드시 지켜야 한다는 것이다. 즉, ______________________________

① 농구나 축구, 마라톤과 같은 운동 경기에서 규칙과 스포츠맨십이 지켜져야 하는 것처럼 경쟁도 합법적이고 도덕적인 방법으로 이루어져야 하는 것이다.

② 21세기의 무한 경쟁 시대에 우리가 살아남기 위해서는 기초 과학 분야에 대한 육성노력이 더욱 필요한 것이다.

③ 지구, 금성, 목성 등의 행성들이 태양을 중심으로 공전하는 것처럼 경쟁도 하나의 목표를 향하여 질서 있는 정진(精進)이 필요한 것이다.

④ 가수는 가창력이 있어야 하고, 배우는 연기에 대한 재능이 있어야 하듯이 경쟁은 자신의 적성과 소질을 항상 염두에 두고 이루어져야 한다.

⑤ 모로 가도 서울만 가면 된다고 어떤 수단과 방법을 쓰든 경쟁에서 이기기만 하면 되는 것이다.

✔ 해설 경쟁은 둘 이상의 사람이 하나의 목표를 향해서 다른 사람보다 노력하는 것이며, 이 때 경쟁의 전제가 되는 것은 합의에 의한 경쟁 규칙을 반드시 지켜야 한다는 점이므로 빈칸에는 '경쟁은 정해진 규칙을 꼭 지키는 가운데서 이루어져야 한다.'는 내용이 올 수 있을 것이다. 농구나 축구, 그리고 마라톤 등의 운동 경기는 자신의 소속 팀을 위해서 또는 자기 자신을 위해서 다른 팀이나 타인과 경쟁하는 것이며, 스포츠맨십은 규칙의 준수와 관련이 있으므로 글에서 말하는 경쟁의 한 예로 적합하다.

Answer 19.③ 20.①

21 다음은 어느 공문서의 내용이다. 잘못된 부분을 수정하려고 할 때 옳지 않은 것은?

대한기술평가원

수신자 : 대한기업, 민국기업, 만세기업, 사랑기업, 서준기업 등

(경유)

제목 : 2015년 하반기 기술신용보증 및 기술평가 설명회 안내

〈중략〉

−아래−

1. 일시 : 2015년 8월 6일~8월 9일
2. 장소 : 대한기술평가원 대강당(서울 강남구 삼성동 소재)
3. 접수방법 : 대한기술평가원 홈페이지(fdjlkkl@dh.co.kr)에서 신청서 작성 후 방문 접수 및 온라인 접수

붙임 : 2015년 하반기 기술신용보증 및 기술평가 설명회 신청서 1부

대한기술평가원장

과장 홍길동   부장 임꺽정   대결 홍경래

협조자

시행 : 기술신용보증평가부−150229(2015.06.13)

접수 : 서울 강남구 삼성동 113 대한기술평가원 기술신용보증평가부/http://www.dh.co.kr

전화 : 02-2959-2225 팩스 : 02-7022-1262/fdjlkkl@dh.co.kr/공개

---

① 시행 항목의 시행일자 뒤에 수신기관의 문서보존기간을 삽입해야 한다.
② 붙임 항목 맨 뒤에 "."을 찍고 1자 띄우고 '끝.'을 기입해야 한다.
③ 일시의 연월일을 온점(.)으로 고쳐야 한다.
④ 수신자 목록을 발신명의 아래에 수신처 참조 목록으로 내려 기입해야 한다.
⑤ 보존기간의 표시로 영구, 준영구, 10년, 5년 등을 사용할 수 있다.

> ✔해설 공문서는 시행일자 뒤에 수신처에서 문서를 보존할 기간을 기입해야 하지만 행정기관이 아닌 경우에는 기재를 하지 않아도 된다.

22 다음은 출산율 저하와 인구정책에 관한 글을 쓰기 위해 정리한 글감과 생각이다. 〈보기〉와 같은 방식으로 내용을 전개하려고 할 때 바르게 연결된 것은?

> ⊙ 가임 여성 1인당 출산율이 1.3명으로 떨어졌다.
> ⓛ 여성의 사회 활동 참여율이 크게 증가하고 있다.
> ⓒ 현재 시행되고 있는 출산장려 정책은 큰 효과가 없다.
> ⓔ 새롭고 실제 가정에 도움이 되는 출산장려 정책이 추진되어야 한다.
> ⓜ 가치관의 변화로 자녀의 필요성을 느끼지 않는다.
> ⓗ 인구 감소로 인해 노동력 부족 현상이 심화된다.
> ⓼ 노동 인구의 수가 국가 산업 경쟁력을 좌우한다.
> ⓞ 인구 문제에 대한 정부 차원의 대책을 수립한다.

> 〈보기〉
> 문제 상황→상황의 원인→예상 문제점→주장→주장의 근거→종합 의견

	문제 상황	상황의 원인	예상 문제점	주장	주장의 근거	종합 의견
①	⊙, ⓛ	ⓜ	ⓒ	ⓔ	ⓗ, ⓼	ⓞ
②	⊙	ⓛ, ⓜ	ⓗ, ⓼	ⓔ	ⓒ	ⓞ
③	ⓛ, ⓜ	ⓗ	⊙	ⓒ, ⓔ	ⓞ	⓼
④	ⓒ	⊙, ⓛ, ⓜ	⓼	ⓞ	ⓗ	ⓔ
⑤	ⓔ	⊙, ⓛ, ⓞ	ⓒ	ⓜ	ⓗ	⓼

✔️해설
• 문제 상황 : 출산율 저하(⊙)
• 출산율 저하의 원인 : 여성의 사회 활동 참여율(ⓛ), 가치관의 변화(ⓜ)
• 출산율 저하의 문제점 : 노동 인구의 수가 국가 산업 경쟁력을 좌우(⓼)하는데 인구 감소로 인해 노동력 부족 현상이 심화된다(ⓗ).
• 주장 : 새롭고 실제 가정에 도움이 되는 출산장려 정책이 추진되어야 한다(ⓔ).
• 주장의 근거 : 현재 시행되고 있는 출산장려 정책은 큰 효과가 없다(ⓒ).
• 종합 의견 : 인구 문제에 대한 정부 차원의 대책을 수립한다(ⓞ).

Answer 21.① 22.②

23 다음 글에서 말하고자 하는 바로 가장 적절한 것은?

'여가'는 개인의 문제인 동시에 요즘 사회적인 뜨거운 화두이기도 하다. 주 5일 근무제로 매주 2박3일의 휴가가 생겼는데도 그 휴가를 제대로 사용하지 못하고 무의미하게 흘려보낸다면 그것은 심각한 사회문제일 수 있다. 이처럼 사회 구성원들이 여가를 어떻게 보내는가 하는 문제는 개인의 차원에서 벗어나 사회학적·심리학적·경제학적 연구 대상이 되고 있다.

'레저 사이언스'(Leisure Science)라고 불리는 여가학은 서구 사회에서는 이미 학문의 한 영역에 편입된 지 오래다. 미국의 일리노이 주립대와 조지아대, 캐나다의 워털루대 등에 학과가 개설돼 있다. 사회과학, 사회체육, 관광학 등이 여가학의 모태다. 사회과학자들은 심리학, 사회학 문화이론의 관점에서 여가학을 연구하는 데 반해, 사회체육은 '여가치료'라는 개념으로 여가학을 조망한다. 반면 관광학 쪽은 산업의 측면에서 여가학을 다루고 있다. 국내에서도 M대학에 여가정보학과가 개설되어 있다.

M대학 여가정보학과의 김 교수는 "여가를 즐기는 것은 단순히 노는 게 아니라 문화를 구성하는 과정입니다. 세계 어느 나라나 일하는 패턴은 비슷합니다. 그러나 각 나라마다 노는 방식은 천차만별이죠. 따라서 여가학은 문화연구의 한 분야라고 할 수 있습니다."라고 말한다. 그는 또 '여가에 대한 환상을 버리라'고 충고한다. 개개인이 가족과 함께 놀 수 있는 능력을 개발하지 않는 한, 긴 여가는 오히려 괴로운 시간이 될지도 모른다는 것이다. "한국의 성인 남성들은 '독수리 5형제 증후군'에 빠져 있습니다. 무언가 대단한 일을 하지 않으면 인생의 의미가 없다는 식의 시각이죠. 하지만 여가를 잘 보내기 위해서는 사소하고 작은 일에도 재미를 느끼고 그 재미를 가족과 공유할 수 있는 자세가 필요합니다."

그렇다면 왜 한국인들은 여가를 제대로 즐기지 못하는 것일까? 적잖은 기성세대는 '놀이'라고 하면 기껏해야 술을 마시거나 고스톱 정도밖에 떠올리지 못하는 것이 현실이다. 지난 91년 일찌감치 한국인의 여가문화 분야에서 박사학위를 받은 부산대의 한 교수는 여가를 규정하는 중요한 변수 두 가지로 시간과 경제적 요인, 즉 돈을 꼽았다. 휴일이 늘어난다고 해도 경제적 여유와 직업의 안정성이 함께 충족되지 않는 한, 여가를 즐길 수 있는 마음의 여유가 생겨나기는 어렵다. 결국 잠을 자거나 아무 생각 없이 몰두할 수 있는 술, 도박 등에 빠지게 된다는 것이다.

사실 진정한 의미의 여가는 주말에만 국한되는 것이 아니다. 최근의 직장인들이 느끼는 '체감정년'은 38세라고 한다. 반면 평균수명은 이미 70세를 훌쩍 넘어 80세를 넘보고 있다. 직장 은퇴 이후 30여년의 여가를 어떻게 보내는가는 어떠한 직장을 선택하느냐 못지않게 중요한 문제가 되었다. 결국 여가학은 단순히 주말을 어떻게 보내는가의 차원이 아니라 좀 더 잘살 수 있는 방법에 대한 연구, 즉 삶의 질을 높이기 위한 학문인 셈이다.

① 한국인들의 놀이문화는 한두 가지 방법에 국한되어 있다.

② 놀 줄 모르는 한국인들은 여가학에 관심을 가질 필요가 있다.

③ 국내에도 여가학을 공부할 수 있는 대학 과정이 보강되어야 한다.

④ 여가를 즐기기 위해 경제적인 독립을 이루어야 한다.

⑤ 여가를 대단한 것으로 규정하는 습관을 버려야 한다.

✔해설 ② 윗글은 한국인들의 여가를 즐길 줄 모르는 문화를 지적하며, 여가문화를 올바르게 누릴 수 있는 방안을 제시하고 있다. 따라서 서구 사회에서 이미 학문화되어 있는 여가학에 보다 많은 관심을 가져 진정한 의미의 여가를 즐길 수 있어야 한다는 것이 글에서 이야기하는 궁극적인 목적이라고 할 수 있다.

24 다음은 '전교생을 대상으로 무료급식을 시행해야 하는가?'라는 주제로 철수와 영수가 토론을 하고 있다. 보기 중 옳지 않은 것은?

> 철수 : 무료급식은 급식비를 낼 형편이 없는 학생들을 위해서 마련되어야 하는데 지금 대부분의 학교에서는 이 아이들뿐만 아니라 형편이 넉넉한 아이들까지도 모두 대상으로 삼고 있으니 이는 문제가 있다고 봐.
>
> 영수 : 하지만 누구는 무료로 급식을 먹고 누구는 돈을 내고 급식을 먹는다면 이는 형평성에 어긋난다고 생각해. 그래서 난 이왕 무료급식을 할 거라면 전교생에게 동등하게 그 혜택이 돌아가야 한다고 봐.
>
> 철수 : 음… 돈이 없는 사람은 무료로 급식을 먹고 돈이 있는 사람은 돈을 내고 급식을 먹는 것이 과연 형평성에 어긋난다고 할 수 있을까? 형평성이란 국어사전을 찾아보면 형평을 이루는 성질을 말하잖아. 여기서 형평이란 균형이 맞음. 또는 그런 상태를 말하는 것이고. 그러니까 형평이란 다시 말하면…
>
> 영수 : 아, 그래 네가 무슨 말을 하려고 하는지 알겠어. 그런데 나는 어차피 무료급식을 할 거라면 전교생이 다 같이 무료급식을 했으면 좋겠다는 거야. 그래야 서로 불화도 생기지 않으니까. 그리고 누구는 무료로 먹고 누구는 돈을 내고 먹을 거라면 난 차라리 무료급식을 안 하는 것이 낫다고 생각해.

① 위 토론에서 철수는 주제에서 벗어난 말을 하고 있다.

② 영수는 상대방의 말을 자르고 자기주장만을 말하고 있다.

③ 영수는 자신의 주장이 뚜렷하지 않다.

④ 위 토론의 주제는 애매모호하므로 주제를 수정해야 한다.

⑤ 철수는 '형평성'이라는 단어의 정의를 들고 있다.

> ✔ 해설 토론의 주제는 찬성과 반대로 뚜렷하게 나뉘어질 수 있는 주제가 좋다. 위 토론의 주제는 찬성(전교생을 대상으로 무료급식을 시행해야 한다.)과 반대(전교생을 대상으로 무료급식을 시행해서는 안 된다.)로 뚜렷하게 나뉘어지므로 옳은 주제라 할 수 있다.

25 다음 글 이후에 이어질 만한 내용으로 가장 거리가 먼 것은?

철도교통의 핵심 기능인 정거장의 위치 및 역간거리는 노선, 열차평균속도, 수요, 운송수입 등에 가장 큰 영향을 미치는 요소로 고속화, 기존선 개량 및 신선 건설시 주요 논의의 대상이 되고 있으며, 과다한 정차역은 사업비를 증가시켜 철도투자를 저해하는 주요 요인으로 작용하고 있다.

한편, 우리나라의 평균 역간거리는 고속철도 46km, 일반철도 6.7km, 광역철도 2.1km로 이는 외국에 비해 59~84% 짧은 수준이다. 경부고속철도의 경우 천안·아산역~오송역이 28.7km, 신경주역~울산역이 29.6km 떨어져 있는 등 1990년 기본계획 수립 이후 오송, 김천·구미, 신경주, 울산역 등 다수의 역 신설로 인해 운행 속도가 저하되어 표정속도가 선진국의 78% 수준이며, 경부선을 제외한 일반철도의 경우에도 표정속도가 45~60km/h 수준으로 운행함에 따라 타 교통수단 대비 속도경쟁력이 저하된 실정이다. 또한, 추가역 신설에 따른 역간거리 단축으로 인해 건설비 및 운영비의 대폭 증가도 불가피한 바, 경부고속철도의 경우 오송역 등 4개 역 신설로 인한 추가 건설비는 약 5,000억 원에 달한다. 운행시간도 당초 서울~부산 간 1시간 56분에서 2시간 18분으로 22분 지연되었으며, 역 추가 신설에 따른 선로분기기, 전환기, 신호기 등 시설물이 추가로 설치됨에 따라 유지보수비 증가 등 과잉 시설의 한 요인으로 작용했다. 이러한 역간 거리와 관련하여 도시철도의 경우 도시철도건설규칙에서 정거장 간 거리를 1km 이상으로 규정함으로써 표준 역간거리를 제시하고 있으나, 고속철도, 일반철도 및 광역철도의 정거장 위치와 역간 거리는 교통수요, 정거장 접근거리, 운행속도, 여객 및 화물열차 운행방법, 정거장 건설 및 운영비용, 선로용량 등 단일 차량과 단일 정차패턴이 기본인 도시철도에 비해 복잡한 변수를 내포함으로써 표준안을 제시하기가 용이하지 않았으며 관련 연구가 매우 부족한 상황이다.

① 외국인 노선별 역간 거리 비교
② 역간 거리가 철도 운행 사업자에게 미치는 영향 분석
③ 역간 거리 연장을 어렵게 하는 사회적인 요인 파악
④ 신설 노선 적정 역간 거리 유지 시 기대효과 및 사회적 비용 절감 요소 분석
⑤ 역세권 개발과 부동산 시장과의 상호 보완요인 파악

✔ 해설 필자는 현재 우리나라의 역간 거리가 타 비교대상에 비해 짧게 형성되어 있어 운행 속도 저하에 따른 속도경쟁력 약화를 문제점으로 지적하고 있다. 따라서 역간 거리가 현행보다 길어야 한다는 주장을 뒷받침할 수 있는 선택지 ①~④와 같은 내용을 언급할 것으로 예상할 수 있다. 다만, 역세권 문제나 부동산 시장과의 연계성 등은 주제와의 관련성이 있다고 볼 수 없다.

|26~27| 다음은 환전 안내문이다. 이를 보고 물음에 답하시오.

일반 해외여행자(해외체재자 및 해외유학생이 아닌 분)의 해외여행경비
- 관광, 출장, 방문 등의 목적으로 해외여행시 아래와 같이 외화를 환전할 수 있다.

환전 한도	제출 서류
• 금액 제한 없음(다만, 외국인 거주자는 1만 불 이내) ※ 동일인 기준 미화 1만 불 초과 환전 시 국세청 및 관세청에 통보된다. ※ 미화 1만 불 초과하여 휴대 출국시, 출국 전에 관할 세관의장에게 신고하여야 한다.	• 실명확인증표 • 여권(외국인 거주자의 경우)

해외체재자(해외유학생 포함)의 해외여행경비
- 상용, 문화, 공무, 기술훈련, 6개월 미만의 국외연수 등으로 외국에 체재하는 기간이 30일을 초과하는자(해외체재자) 및 외국의 교육기관 등에서 6개월 이상 수학, 연구, 연수목적 등으로 외국에 체재하는 자(해외유학생)에 대해 아래와 같이 외화를 환전할 수 있다.

환전 한도	제출 서류
• 금액 제한 없음 ※ 건당 미화 1만 불 초과 환전시, 지정거래은행으로부터 "외국환신고(확인)필증"을 발급 받으시기 바랍니다. ※ 연간 미화 10만 불 초과 환전 및 송금시, 국세청에 통보된다.	• 여권 • 입학허가서 등 유학사실 입증서류(해외유학생) • 소속 단체장 또는 국외연수기관장의 출장, 파견 증명서(해외체재자)

소지 목적의 외화환전
- 국민인 거주자는 소지를 목적으로 외국환은행으로부터 금액 제한 없이 외국통화 및 여행자수표를 매입할 수 있다.

환전 한도	제출 서류
• 금액 제한 없음 ※ 동일인 기준 미화 1만 불 초과 환전 시 국세청 및 관세청에 통보된다.	• 실명확인증표

북한지역 관광객 및 남북한 이산가족 방문여행자

환전 한도	제출 서류
• 미화 2천 불	• 여권 • 북한지역관광경비 지급영수증

26 관광 목적으로 미국을 여행하려는 자가 미화 1만 5천 불을 휴대하여 출국하려는 경우에는 누구에게 신고하여야 하는가?

① 한국은행 총재

② 국세청장

③ 관세청장

④ 관할 세관의장

⑤ 지정 거래은행장

✔해설 ④ 미화 1만 불 초과하여 휴대 출국시, 출국 전에 관할 세관의장에게 신고하여야 한다.

27 해외유학생이 미화 1만 5천 불을 환전하는 경우에는 지정거래은행으로부터 어떤 서류를 발급 받아야 하는가?

① 소요 경비확인서

② 외국환신고(확인)필증

③ 취득경위 입증서류

④ 수수료 지급영수증

⑤ 실명확인증표

✔해설 ② 건당 미화 1만 불 초과 환전시, 지정거래은행으로부터 "외국환신고(확인)필증"을 발급 받아야 한다.

28 다음 글을 읽고 〈보기〉의 질문에 답을 할 때 가장 적절한 것은?

다세포 생물체는 신경계와 내분비계에 의해 구성 세포들의 기능이 조절된다. 이 중 내분비계의 작용은 내분비선에서 분비되는 호르몬에 의해 일어난다. 호르몬을 분비하는 이자는 소화선인 동시에 내분비선이다. 이자 곳곳에는 백만 개 이상의 작은 세포 집단들이 있다. 이를 랑게르한스섬이라고 한다. 랑게르한스섬에는 인슐린을 분비하는 β 세포와 글루카곤을 분비하는 α 세포가 있다.

인슐린의 주된 작용은 포도당이 세포 내로 유입되도록 촉진하여 혈액에서의 포도당 농도를 낮추는 것이다. 또한 간에서 포도당을 글리코겐의 형태로 저장하게 하며 세포에서의 단백질 합성을 증가시키고 지방 생성을 촉진한다.

한편 글루카곤은 인슐린과 상반된 작용을 하는데, 그 주된 작용은 간에 저장된 글리코겐을 포도당으로 분해하여 혈액에서의 포도당 농도를 증가시키는 것이다. 또한 아미노산과 지방산을 저장 부위에서 혈액 속으로 분리시키는 역할을 한다.

인슐린과 글루카곤의 분비는 혈당량에 의해 조절되는데 식사 후에는 혈액 속에 포함되어 있는 포도당의 양, 즉 혈당량이 증가하기 때문에 β 세포가 자극을 받아서 인슐린 분비량이 늘어난다. 인슐린은 혈액 중의 포도당을 흡수하여 세포로 이동시키며 이에 따라 혈당량이 감소되고 따라서 인슐린 분비량이 감소된다. 반면 사람이 한참 동안 음식을 먹지 않거나 운동 등으로 혈당량이 70mg/dl 이하로 떨어지면 랑게르한스섬의 α 세포가 글루카곤 분비량을 늘린다. 글루카곤은 간에 저장된 글리코겐을 분해하여 포도당을 만들어 혈액으로 보내게 된다. 이에 따라 혈당량은 다시 높아지게 되는 것이다. 일반적으로 8시간 이상 공복 후 혈당량이 99mg/dl 이하인 경우 정상으로, 126mg/dl 이상인 경우는 당뇨로 판정한다.

포도당은 뇌의 에너지원으로 사용되는데, 인슐린과 글루카곤이 서로 반대되는 작용을 통해 이 포도당의 농도를 정상 범위로 유지시키는 데 크게 기여한다.

〈보기〉

인슐린에 대해서는 어느 정도 이해를 했습니까? 오늘은 '인슐린 저항성'에 대해 알아보도록 하겠습니다. 인슐린의 기능이 떨어져 세포가 인슐린에 효과적으로 반응하지 못하는 것을 인슐린 저항성이라고 합니다. 그럼 인슐린 저항성이 생기면 우리 몸속에서는 어떤 일이 일어나게 될지 설명해 보시겠습니까?

① 혈액 중의 포도당 농도가 높아지게 됩니다.

② 이자가 인슐린과 글루카곤을 과다 분비하게 됩니다.

③ 간에서 포도당을 글리코겐으로 빠르게 저장하게 됩니다.

④ 아미노산과 지방산을 저장 부위에서 분리시키게 됩니다.

⑤ 혈액의 포도당 농도가 낮아져 인슐린을 분비하게 됩니다.

> ✔해설 인슐린의 기능은 혈액으로부터 포도당을 흡수하여 세포로 이동시켜 혈액에서의 포도당의 농도를 낮추는 것인데, 인슐린의 기능이 저하될 경우 이러한 기능을 수행할 수 없기 때문에 혈액에서의 포도당 농도가 높아지게 된다.

Answer 28.①

29 다음 중 '여요론트' 부족에 대해 이해한 내용으로 적절한 것은?

19세기 일부 인류학자들은 결혼이나 가족 등 문화의 일부에 주목하여 문화 현상을 이해하고 자 하였다. 그들은 모든 문화가 '야만→미개→문명'이라는 단계적 순서로 발전한다고 설명하였 다. 그러나 이 입장은 20세기에 들어서면서 어떤 문화도 부분만으로는 총체를 파악할 수 없다 는 비판을 받았다. 문화를 이루는 인간 생활의 거의 모든 측면은 서로 관련을 맺고 있기 때문 이다. 20세기 인류학자들은 이러한 사실에 주목하여 문화 현상을 바라보았다. 어떤 민족이나 인간 집단을 연구할 때에는 그들의 역사와 지리, 자연환경은 물론, 사람들의 체질적 특성과 가 족제도, 경제체제, 인간 심성 등 모든 측면을 서로 관련지어서 고찰해야 한다는 것이다. 이를 총체적 관점이라고 한다.

오스트레일리아의 여요론트 부족의 이야기는 총체적 관점에서 인간과 문화를 이해해야 하는 이유를 잘 보여준다. 20세기 초까지 수렵과 채집 생활을 하던 여요론트 부족사회에서 돌도끼는 성인 남성만이 소유할 수 있는 가장 중요한 도구였다. 돌도끼의 제작과 소유는 남녀의 역할 구 분, 사회의 위계질서 유지, 부족 경제의 활성화에 큰 영향을 미쳤다.

그런데 백인 신부들이 여성과 아이에게 선교를 위해 선물한 쇠도끼는 성(性) 역할, 연령에 따른 위계와 권위, 부족 간의 교역에 혼란을 초래하였다. 이로 인해 여요론트 부족사회는 엄청 난 문화 해체를 겪게 되었다.

쇠도끼로 인한 여요론트 부족사회의 문화 해체 현상은 인간 생활의 모든 측면이 서로 밀접 한 관계가 있음을 잘 보여준다. 만약 문화의 발전이 단계적으로 이루어진다는 관점에서 본다면 쇠도끼의 유입은 미개사회에 도입된 문명사회의 도구이며, 문화 해체는 사회 발전을 위해 필요 한 과도기로 이해할 것이다. 하지만 이러한 관점으로는 쇠도끼의 유입이 여요론트 부족에게 가 지는 의미와 그들이 겪은 문화 해체를 제대로 이해하고 그에 대한 올바른 해결책을 제시하기가 매우 어렵다.

총체적 관점은 인간 사회의 다양한 문화 현상을 이해하는 데 매우 중요한 공헌을 했다. 여요 론트 부족사회의 이야기에서 알 수 있듯이, 총체적 관점은 사회나 문화에 대해 객관적이고 깊 이 있는 통찰을 가능하게 한다. 이러한 관점을 가지고 인간이 처한 여러 가지 문제를 바라볼 때, 우리는 보다 바람직한 해결 방향을 모색할 수 있을 것이다.

① 문명사회로 나아가기 위해 쇠도끼를 수용하였다.

② 돌도끼는 성인 남자의 권위를 상징하는 도구였다.

③ 쇠도끼의 유입은 타 부족과의 교역을 활성화시켰다.

④ 자기 문화를 지키기 위해 외부와의 교류를 거부하였다.

⑤ 총체적관심은 사회에 대해 주관적인 통찰을 가능하게 했다.

> ✔해설 ② 여요론트 부족 사회에서 돌도끼는 성인 남성만이 소유할 수 있는 가장 중요한 도구였으며, 이는 성(性) 역할, 연령에 따른 위계와 권위 등에 큰 영향을 미쳤다. 이러한 2문단의 내용을 통해 돌도끼가 여요론트 부족 사회에서 성인 남자의 권위를 상징하는 도구였다는 것을 알 수 있다.

30 다음 중 밑줄 친 어휘의 의미가 나머지와 다른 하나는 어느 것인가?

① 가끔 작년의 즐거웠던 캠핑을 <u>回想</u>한다.

② 목표를 달성하기 위해 고군분투했던 일들을 <u>反芻</u>하니 눈물이 앞을 가린다.

③ 동창회에서 오랜만에 만난 친구들과 함께 고등학교 시절을 <u>追憶</u>했다.

④ 다시 찾은 학원가에서 수험생 시절을 <u>回顧</u>하며 시간을 보냈다.

⑤ 박 작가의 새 소설은 어린 시절을 <u>抽象</u>하여 집필한 것이다.

> ✔해설 ①②③④ 회상(回想), 반추(反芻), 추억(追憶), 회고(回顧)는 모두 지나간 일을 돌이켜 생각하다의 의미로 사용되었다.
> ⑤ 추상(抽象) : 여러 가지 사물이나 개념에서 공통되는 특성이나 속성 따위를 추출하여 뽑아낸다.
> 추상(追想) : 지나간 일을 돌이켜 생각하다.

수리능력

1 직장생활과 수리능력

(1) 기초직업능력으로서의 수리능력

① 개념 : 직장생활에서 요구되는 사칙연산과 기초적인 통계를 이해하고 도표의 의미를 파악하거나 도표를 이용해서 결과를 효과적으로 제시하는 능력을 말한다.

② 수리능력은 크게 기초연산능력, 기초통계능력, 도표분석능력, 도표작성능력으로 구성된다.
   ⊙ 기초연산능력 : 직장생활에서 필요한 기초적인 사칙연산과 계산방법을 이해하고 활용할 수 있는 능력
   ⓒ 기초통계능력 : 평균, 합계, 빈도 등 직장생활에서 자주 사용되는 기초적인 통계기법을 활용하여 자료의 특성과 경향성을 파악하는 능력
   ⓒ 도표분석능력 : 그래프, 그림 등 도표의 의미를 파악하고 필요한 정보를 해석하는 능력
   ② 도표작성능력 : 도표를 이용하여 결과를 효과적으로 제시하는 능력

(2) 업무수행에서 수리능력이 활용되는 경우

① 업무상 계산을 수행하고 결과를 정리하는 경우

② 업무비용을 측정하는 경우

③ 고객과 소비자의 정보를 조사하고 결과를 종합하는 경우

④ 조직의 예산안을 작성하는 경우

⑤ 업무수행 경비를 제시해야 하는 경우

⑥ 다른 상품과 가격비교를 하는 경우

⑦ 연간 상품 판매실적을 제시하는 경우

⑧ 업무비용을 다른 조직과 비교해야 하는 경우

⑨ 상품판매를 위한 지역조사를 실시해야 하는 경우

⑩ 업무수행과정에서 도표로 주어진 자료를 해석하는 경우

⑪ 도표로 제시된 업무비용을 측정하는 경우

예제 1

다음 자료를 보고 주어진 상황에 대한 물음에 답하시오.

〈근로소득에 대한 간이 세액표〉

월 급여액(천 원) [비과세 및 학자금 제외]		공제대상 가족 수				
이상	미만	1	2	3	4	5
2,500	2,520	38,960	29,280	16,940	13,570	10,190
2,520	2,540	40,670	29,960	17,360	13,990	10,610
2,540	2,560	42,380	30,640	17,790	14,410	11,040
2,560	2,580	44,090	31,330	18,210	14,840	11,460
2,580	2,600	45,800	32,680	18,640	15,260	11,890
2,600	2,620	47,520	34,390	19,240	15,680	12,310
2,620	2,640	49,230	36,100	19,900	16,110	12,730
2,640	2,660	50,940	37,810	20,560	16,530	13,160
2,660	2,680	52,650	39,530	21,220	16,960	13,580
2,680	2,700	54,360	41,240	21,880	17,380	14,010
2,700	2,720	56,070	42,950	22,540	17,800	14,430
2,720	2,740	57,780	44,660	23,200	18,230	14,850
2,740	2,760	59,500	46,370	23,860	18,650	15,280

※ 갑근세는 제시되어 있는 간이 세액표에 따름
※ 주민세=갑근세의 10%
※ 국민연금=급여액의 4.50%
※ 고용보험=국민연금의 10%
※ 건강보험=급여액의 2.90%
※ 교육지원금=분기별 100,000원(매 분기별 첫 달에 지급)

박○○ 사원의 5월 급여내역이 다음과 같고 전월과 동일하게 근무하였으나 특별수당은 없고 차량지원금으로 100,000원을 받게 된다면, 6월에 받게 되는 급여는 얼마인가? (단, 원 단위 절삭)

(주) 서원플랜테크 5월 급여내역			
성명	박○○	지급일	5월 12일
기본급여	2,240,000	갑근세	39,530
직무수당	400,000	주민세	3,950
명절 상여금		고용보험	11,970
특별수당	20,000	국민연금	119,700
차량지원금		건강보험	77,140
교육지원		기타	
급여계	2,660,000	공제합계	252,290
		지급총액	2,407,710

① 2,443,910
② 2,453,910
③ 2,463,910
④ 2,473,910

[출제의도]
업무상 계산을 수행하거나 결과를 정리하고 업무비용을 측정하는 능력을 평가하기 위한 문제로서, 주어진 자료에서 문제를 해결하는 데에 필요한 부분을 빠르고 정확하게 찾아내는 것이 중요하다.

[해설]

기본 급여	2,240,000	갑근세	46,370
직무 수당	400,000	주민세	4,630
명절 상여금		고용 보험	12,330
특별 수당		국민 연금	123,300
차량 지원금	100,000	건강 보험	79,460
교육 지원		기타	
급여계	2,740,000	공제 합계	266,090
		지급 총액	2,473,910

답 ④

(3) 수리능력의 중요성

① 수학적 사고를 통한 문제해결

② 직업세계의 변화에의 적응

③ 실용적 가치의 구현

(4) 단위환산표

구분	단위환산
길이	$1cm = 10mm$, $1m = 100cm$, $1km = 1,000m$
넓이	$1cm^2 = 100mm^2$, $1m^2 = 10,000cm^2$, $1km^2 = 1,000,000m^2$
부피	$1cm^3 = 1,000mm^3$, $1m^3 = 1,000,000cm^3$, $1km^3 = 1,000,000,000m^3$
들이	$1m\ell = 1cm^3$, $1d\ell = 100cm^3$, $1L = 1,000cm^3 = 10d\ell$
무게	$1kg = 1,000g$, $1t = 1,000kg = 1,000,000g$
시간	$1분 = 60초$, $1시간 = 60분 = 3,600초$
할푼리	$1푼 = 0.1할$, $1리 = 0.01할$, $1모 = 0.001할$

예제 2

둘레의 길이가 4.4km인 정사각형 모양의 공원이 있다. 이 공원의 넓이는 몇 a인가?

① 12,100a

② 1,210a

③ 121a

④ 12.1a

[출제의도]
길이, 넓이, 부피, 들이, 무게, 시간, 속도 등 단위에 대한 기본적인 환산 능력을 평가하는 문제로서, 소수점 계산이 필요하며, 자릿수를 읽고 구분할 줄 알아야 한다.

[해설]
공원의 한 변의 길이는
$4.4 \div 4 = 1.1(km)$이고
$1km^2 = 10,000a$이므로
공원의 넓이는
$1.1km \times 1.1km = 1.21km^2$
$= 12,100a$

답 ①

2 수리능력을 구성하는 하위능력

(1) 기초연산능력

① 사칙연산 : 수에 관한 덧셈, 뺄셈, 곱셈, 나눗셈의 네 종류의 계산법으로 업무를 원활하게 수행하기 위해서는 기본적인 사칙연산뿐만 아니라 다단계의 복잡한 사칙연산까지도 수행할 수 있어야 한다.

② 검산 : 연산의 결과를 확인하는 과정으로 대표적인 검산방법으로 역연산과 구거법이 있다.

　㉠ 역연산 : 덧셈은 뺄셈으로, 뺄셈은 덧셈으로, 곱셈은 나눗셈으로, 나눗셈은 곱셈으로 확인하는 방법이다.

　㉡ 구거법 : 원래의 수와 각 자리 수의 합이 9로 나눈 나머지가 같다는 원리를 이용한 것으로 9를 버리고 남은 수로 계산하는 것이다.

예제 3

다음 식을 바르게 계산한 것은?

$$1 + \frac{2}{3} + \frac{1}{2} - \frac{3}{4}$$

① $\frac{13}{12}$　　　　② $\frac{15}{12}$

③ $\frac{17}{12}$　　　　④ $\frac{19}{12}$

[출제의도]
직장생활에서 필요한 기초적인 사칙연산과 계산방법을 이해하고 활용할 수 있는 능력을 평가하는 문제로서, 분수의 계산과 통분에 대한 기본적인 이해가 필요하다.

[해설]
$$\frac{12}{12} + \frac{8}{12} + \frac{6}{12} - \frac{9}{12} = \frac{17}{12}$$

답 ③

---

(2) 기초통계능력

① 업무수행과 통계

　㉠ 통계의 의미 : 통계란 집단현상에 대한 구체적인 양적 기술을 반영하는 숫자이다.

　㉡ 업무수행에 통계를 활용함으로써 얻을 수 있는 이점

　　• 많은 수량적 자료를 처리가능하고 쉽게 이해할 수 있는 형태로 축소

　　• 표본을 통해 연구대상 집단의 특성을 유추

　　• 의사결정의 보조수단

　　• 관찰 가능한 자료를 통해 논리적으로 결론을 추줄·검증

ⓒ 기본적인 통계치
- 빈도와 빈도분포 : 빈도란 어떤 사건이 일어나거나 증상이 나타나는 정도를 의미하며, 빈도분포란 빈도를 표나 그래프로 종합적으로 표시하는 것이다.
- 평균 : 모든 사례의 수치를 합한 후 총 사례 수로 나눈 값이다.
- 백분율 : 전체의 수량을 100으로 하여 생각하는 수량이 그중 몇이 되는가를 퍼센트로 나타낸 것이다.

② 통계기법
ⓐ 범위와 평균
- 범위 : 분포의 흩어진 정도를 가장 간단히 알아보는 방법으로 최곳값에서 최젓값을 뺀 값을 의미한다.
- 평균 : 집단의 특성을 요약하기 위해 가장 자주 활용하는 값으로 모든 사례의 수치를 합한 후 총 사례 수로 나눈 값이다.
- 관찰값이 1, 3, 5, 7, 9일 경우 범위는 $9 - 1 = 8$이 되고, 평균은 $\frac{1+3+5+7+9}{5} = 5$가 된다.

ⓑ 분산과 표준편차
- 분산 : 관찰값의 흩어진 정도로, 각 관찰값과 평균값의 차의 제곱의 평균이다.
- 표준편차 : 평균으로부터 얼마나 떨어져 있는가를 나타내는 개념으로 분산값의 제곱근 값이다.
- 관찰값이 1, 2, 3이고 평균이 2인 집단의 분산은 $\frac{(1-2)^2 + (2-2)^2 + (3-2)^2}{3} = \frac{2}{3}$이고 표준편차는 분산값의 제곱근 값인 $\sqrt{\frac{2}{3}}$이다.

③ 통계자료의 해석
ⓐ 다섯숫자요약
- 최솟값 : 원자료 중 값의 크기가 가장 작은 값
- 최댓값 : 원자료 중 값의 크기가 가장 큰 값
- 중앙값 : 최솟값부터 최댓값까지 크기에 의하여 배열했을 때 중앙에 위치하는 사례의 값
- 하위 25%값 · 상위 25%값 : 원자료를 크기 순으로 배열하여 4등분한 값
ⓑ **평균값과 중앙값** : 평균값과 중앙값은 그 개념이 다르기 때문에 명확하게 제시해야 한다.

예제 4

인터넷 쇼핑몰에서 회원가입을 하고 디지털캠코더를 구매하려고 한다. 다음은 구입하고자 하는 모델에 대하여 인터넷 쇼핑몰 세 곳의 가격과 조건을 제시한 표이다. 표에 있는 모든 혜택을 적용하였을 때 디지털캠코더의 배송비를 포함한 실제 구매가격을 바르게 비교한 것은?

구분	A 쇼핑몰	B 쇼핑몰	C 쇼핑몰
정상가격	129,000원	131,000원	130,000원
회원혜택	7,000원 할인	3,500원 할인	7% 할인
할인쿠폰	5% 쿠폰	3% 쿠폰	5,000원
중복할인여부	불가	가능	불가
배송비	2,000원	무료	2,500원

① A<B<C
② B<C<A
③ C<A<B
④ C<B<A

[출제의도]
직장생활에서 자주 사용되는 기초적인 통계기법을 활용하여 자료의 특성과 경향성을 파악하는 능력이 요구되는 문제이다.

[해설]
㉠ A 쇼핑몰
• 회원혜택을 선택한 경우 : 129,000 −7,000 +2,000 =124,000(원)
• 5% 할인쿠폰을 선택한 경우 : 129,000×0.95+2,000 =124,550
㉡ B 쇼핑몰 : 131,000×0.97−3,500 =123,570
㉢ C 쇼핑몰
• 회원혜택을 선택한 경우 : 130,000×0.93+2,500 =123,400
• 5,000원 할인쿠폰을 선택한 경우 : 130,000−5,000+2,500 =127,500
∴ C<B<A

답 ④

(3) 도표분석능력

① **도표의 종류**

㉠ **목적별** : 관리(계획 및 통제), 해설(분석), 보고

㉡ **용도별** : 경과 그래프, 내역 그래프, 비교 그래프, 분포 그래프, 상관 그래프, 계산 그래프

㉢ **형상별** : 선 그래프, 막대 그래프, 원 그래프, 점 그래프, 층별 그래프, 레이더 차트

② **도표의 활용**

㉠ **선 그래프**

• 주로 시간의 경과에 따라 수량에 의한 변화 상황(시계열 변화)을 절선의 기울기로 나타내는 그래프이다.

• 경과, 비교, 분포를 비롯하여 상관관계 등을 나타낼 때 쓰인다.

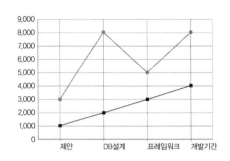

ⓛ 막대 그래프

• 비교하고자 하는 수량을 막대 길이로 표시하고 그 길이를 통해 수량 간의 대소관계를 나타내는 그래프이다.

• 내역, 비교, 경과, 도수 등을 표시하는 용도로 쓰인다.

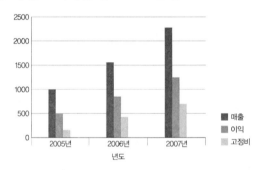

ⓒ 원 그래프

• 내역이나 내용의 구성비를 원을 분할하여 나타낸 그래프이다.

• 전체에 대해 부분이 차지하는 비율을 표시하는 용도로 쓰인다.

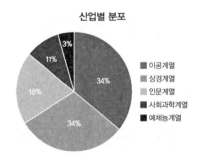

ⓔ 점 그래프

• 종축과 횡축에 2요소를 두고 보고자 하는 것이 어떤 위치에 있는가를 나타내는 그래프이다.
• 지역분포를 비롯하여 도시, 기방, 기업, 상품 등의 평가나 위치·성격을 표시하는데 쓰인다.

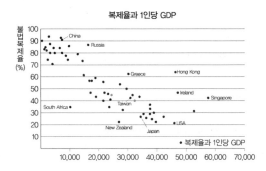

ⓜ 층별 그래프

• 선 그래프의 변형으로 연속내역 봉 그래프라고 할 수 있다. 선과 선 사이의 크기로 데이터 변화를 나타낸다.
• 합계와 부분의 크기를 백분율로 나타내고 시간적 변화를 보고자 할 때나 합계와 각 부분의 크기를 실수로 나타내고 시간적 변화를 보고자 할 때 쓰인다.

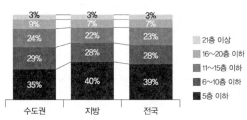

ⓗ 레이더 차트(거미줄 그래프)

• 원 그래프의 일종으로 비교하는 수량을 직경, 또는 반경으로 나누어 원의 중심에서의 거리에 따라 각 수량의 관계를 나타내는 그래프이다.
• 비교하거나 경과를 나타내는 용도로 쓰인다.

③ 도표 해석상의 유의사항

    ㉠ 요구되는 지식의 수준을 넓힌다.

    ㉡ 도표에 제시된 자료의 의미를 정확히 숙지한다.

    ㉢ 도표로부터 알 수 있는 것과 없는 것을 구별한다.

    ㉣ 총량의 증가와 비율의 증가를 구분한다.

    ㉤ 백분위수와 사분위수를 정확히 이해하고 있어야 한다.

예제 5

다음 표는 2009 ~ 2010년 지역별 직장인들의 자기개발에 관해 조사한 내용을 정리한 것이다. 이에 대한 분석으로 옳은 것은?

(단위 : %)

연도 / 지역 \ 구분	2009				2010			
	자기개발 하고 있음	자기개발 비용 부담 주체			자기개발 하고 있음	자기개발 비용 부담 주체		
		직장 100%	본인 100%	직장50%+ 본인50%		직장 100%	본인 100%	직장50%+ 본인50%
충청도	36.8	8.5	88.5	3.1	45.9	9.0	65.5	24.5
제주도	57.4	8.3	89.1	2.9	68.5	7.9	68.3	23.8
경기도	58.2	12	86.3	2.6	71.0	7.5	74.0	18.5
서울시	60.6	13.4	84.2	2.4	72.7	11.0	73.7	15.3
경상도	40.5	10.7	86.1	3.2	51.0	13.6	74.9	11.6

① 2009년과 2010년 모두 자기개발 비용을 본인이 100% 부담하는 사람의 수는 응답자의 절반 이상이다.

② 자기개발을 하고 있다고 응답한 사람의 수는 2009년과 2010년 모두 서울시가 가장 많다.

③ 자기개발 비용을 직장과 본인이 각각 절반씩 부담하는 사람의 비율은 2009년과 2010년 모두 서울시가 가장 높다.

④ 2009년과 2010년 모두 자기개발을 하고 있다고 응답한 비율이 가장 높은 지역에서 자기개발비용을 직장이 100% 부담한다고 응답한 사람의 비율이 가장 높다.

[출제의도]
그래프, 그림, 도표 등 주어진 자료를 이해하고 의미를 파악하여 필요한 정보를 해석하는 능력을 평가하는 문제이다.
[해설]
② 지역별 인원수가 제시되어 있지 않으므로, 각 지역별 응답자 수는 알 수 없다.
③ 2009년에는 경상도에서, 2010년에는 충청도에서 가장 높은 비율을 보인다.
④ 2009년과 2010년 모두 '자기 개발을 하고 있다'고 응답한 비율이 가장 높은 지역은 서울시이며, 2010년의 경우 자기개발 비용을 직장이 100% 부담한다고 응답한 사람의 비율이 가장 높은 지역은 경상도이다.

답 ①

(4) 도표작성능력

① 도표작성 절차
- ㉠ 어떠한 도표로 작성할 것인지를 결정
- ㉡ 가로축과 세로축에 나타낼 것을 결정
- ㉢ 한 눈금의 크기를 결정
- ㉣ 자료의 내용을 가로축과 세로축이 만나는 곳에 표현
- ㉤ 표현한 점들을 선분으로 연결
- ㉥ 도표의 제목을 표기

② 도표작성 시 유의사항
- ㉠ 선 그래프 작성 시 유의점
  - 세로축에 수량, 가로축에 명칭구분을 제시한다.
  - 선의 높이에 따라 수치를 파악하는 경우가 많으므로 세로축의 눈금을 가로축보다 크게 하는 것이 효과적이다.
  - 선이 두 종류 이상일 경우 반드시 그 명칭을 기입한다.
- ㉡ 막대 그래프 작성 시 유의점
  - 막대 수가 많을 경우에는 눈금선을 기입하는 것이 알아보기 쉽다.
  - 막대의 폭은 모두 같게 하여야 한다.
- ㉢ 원 그래프 작성 시 유의점
  - 정각 12시의 선을 기점으로 오른쪽으로 그리는 것이 보통이다.
  - 분할선은 구성비율이 큰 순서로 그린다.
- ㉣ 층별 그래프 작성 시 유의점
  - 눈금은 선 그래프나 막대 그래프보다 적게 하고 눈금선은 넣지 않는다.
  - 층별로 색이나 모양이 완전히 다른 것이어야 한다.
  - 같은 항목은 옆에 있는 층과 선으로 연결하여 보기 쉽도록 한다.

코레일 샘플문항

1 작년 한 해 업무평가 점수가 가장 높았던 A, B, C, D 네 명의 직원에게 성과급을 지급했다. 제시된 조건에 따라 성과급은 A 직원부터 D 직원까지 차례로 지급되었다고 할 때, 네 직원에게 지급된 성과급 총액은 얼마인지 고르시오.

> • A 직원은 성과급 총액의 1/3보다 20만 원을 더 받았다.
> • B 직원은 A 직원이 받고 남은 성과급의 1/2보다 10만 원을 더 받았다.
> • C 직원은 B 직원이 받고 남은 성과급의 1/3보다 60만 원을 더 받았다.
> • D 직원은 C 직원이 받고 남은 성과급의 1/2보다 70만 원을 더 받았다.

① 860만 원　　　　　　　　　　② 900만 원

③ 940만 원　　　　　　　　　　④ 960만 원

⑤ 1,020만 원

✔ 해설　성과급 총액을 x라고 할 때,

• A 직원 : $\dfrac{1}{3}x + 20$

• B 직원 : $\dfrac{1}{2}\left\{x - \left(\dfrac{1}{3}x + 20\right)\right\} + 10 = \dfrac{1}{2}\left(\dfrac{2}{3}x - 20\right) + 10 = \dfrac{1}{3}x$

• C 직원 : $\dfrac{1}{3}\left\{x - \left(\dfrac{1}{3}x + 20\right) - \left(\dfrac{1}{3}x\right)\right\} + 60 = \dfrac{1}{3}\left(\dfrac{1}{3}x - 20\right) + 60 = \dfrac{1}{9}x + \dfrac{160}{3}$

• D 직원 : $\dfrac{1}{2}\left\{x - \left(\dfrac{1}{3}x + 20\right) - \left(\dfrac{1}{3}x\right) - \left(\dfrac{1}{9}x + \dfrac{160}{3}\right)\right\} + 70 = \dfrac{1}{2}\left(\dfrac{2}{9}x - \dfrac{220}{3}\right) + 70 = \dfrac{1}{9}x + \dfrac{100}{3}$

따라서 $\left(\dfrac{1}{3}x + 20\right) + \left(\dfrac{1}{3}x\right) + \left(\dfrac{1}{9}x + \dfrac{160}{3}\right) + \left(\dfrac{1}{9}x + \dfrac{100}{3}\right) = \dfrac{8}{9}x + \dfrac{320}{3} = x$ 이므로

$x = 960$만 원이다.

2 해외로 출장을 가는 김 대리는 다음과 같이 이동하려고 계획하고 있다. 연착 없이 계획대로 출장지에 도착했다면, 도착했을 때의 현지 시각은?

- 서울 시각으로 5일 오후 1시 35분에 출발하는 비행기를 타고 경유지 1곳을 들러 출장지에 도착한다.
- 경유지는 서울보다 1시간 빠르고 출장지는 경유지보다 2시간 느리다.
- 첫 번째 비행은 3시간 45분이 소요된다.
- 경유지에서 3시간 50분을 대기하고 출발한다.
- 두 번째 비행은 9시간 25분이 소요된다.

---

① 오전 5시 35분   ② 오전 6시
③ 오후 5시 35분   ④ 오후 6시
⑤ 오전 7시

✔해설 서울에서 5일 오후 1시 35분에 출발한 비행기를 타고 3시간 45분 소요 후 경유지에 도착했을 때의 시간은(서울 기준) 5시 20분이다. 그런데 경유지는 서울보다 1시간 빠르다고 하였으므로 경유지 현지 시간은 5일 오후 6시 20분이 된다.
경유지에서 3시간 50분을 대기하기 하면 경유지에서 출발 시간은 5일 오후 10시 10분이 되고, 9시간 25분 소요 후 출장지에 도착했을 때의 시간은(경유지 기준) 6일 오전 7시 35분이다. 그런데 출장지는 경유지보다 2시간 느리므로, 연착 없이 계획대로 출장지에 도착했다면, 도착했을 때 현지 시각은 6일 오전 5시 35분이 된다.

3 ○○기업 영업부서 야유회에서는 4개의 팀으로 나누어서 철봉에 오래 매달리기 시합을 하였다. 각 팀 별 기록에 대한 정보가 다음과 같을 때 A팀 4번 선수와 B팀 2번 선수 기록의 평균은 얼마인가?

〈팀별 철봉 오래 매달리기 기록〉

(단위 : 초)

구분	1번 선수	2번 선수	3번 선수	4번 선수	5번 선수
A팀	32	46	42	( )	42
B팀	48	( )	36	53	55
C팀	51	30	46	45	53
D팀	36	50	40	52	42

• C팀의 평균은 A팀보다 3초 길다.
• D팀의 평균은 B팀보다 2초 짧다.

① 39초

② 40초

③ 41초

④ 42초

⑤ 43초

 • C팀의 평균은 A팀보다 3초 길다고 하였을 때, C팀의 평균이 45초이므로 A팀의 평균은 42초가 된다. 따라서 A팀의 총 시간은 210이 되어야 하므로 A팀 4번 선수의 기록은 48초이다.
• D팀의 평균은 B팀보다 2초 짧다고 하였을 때, D팀의 평균이 44초이므로 B팀의 평균은 46초가 된다. 따라서 B팀의 총 시간은 230이 되어야 하므로 B팀 2번 선수의 기록은 38초가 된다.
∴ A팀 4번 선수와 B팀 2번 선수의 평균 기록은 (48 + 38) ÷ 2 = 43초가 된다.

4 다음은 우리나라 1차 에너지 소비량 자료이다. 자료 분석 결과로 옳은 것은?

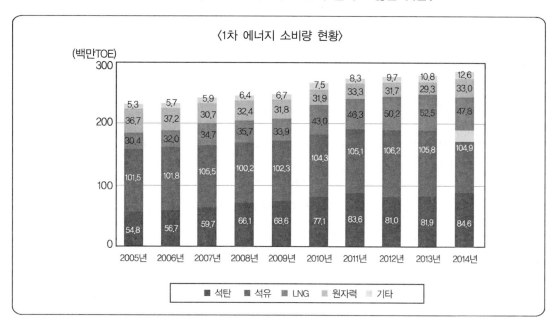

① 석유 소비량이 나머지 에너지 소비량의 합보다 많다.

② 석탄 소비량이 완만한 하락세를 보이고 있다.

③ 기타 에너지 소비량이 지속적으로 감소하는 추세이다.

④ 원자력 소비량은 증감을 거듭하고 있다.

⑤ 최근 LNG 소비량의 증가 추세는 그 정도가 심화되었다.

> **해설** ④ 원자력 소비량은 2005년에 36.7백만TOE에서 2006년에 37.2백만TOE로 증가하였다가 2007년에는 다시 30.7백만TOE로 감소하였다. 이렇듯 2006년부터 2014년까지 전년 대비 원자력 소비량의 증감 추이를 분석하면 증가, 감소, 증가, 감소, 증가, 증가, 감소, 감소, 증가로 증감을 거듭하고 있다.
> ① 2005년부터 2014년까지 1차 에너지 소비량은 연간 약 230~290백만TOE 사이이다. 석유 소비량은 연간 101.5~106.2백만TOE로 나머지 에너지 소비량의 합보다 적다.
> ② 석탄 소비량은 전체 기간으로 볼 때 완만한 상승세를 보이고 있다.
> ③ 기타 에너지 소비량은 지속적으로 증가하는 추세이다.
> ⑤ LNG 소비량은 2009년 이후로 지속적으로 증가하다가 2014년에 전년 대비 4.7백만TOE 감소하였다.

Answer 3.⑤ 4.④

5 제시된 자료는 ○○병원 직원의 병원비 지원에 대한 내용이다. 다음 중 A~D 직원 4명의 총 병원비 지원 금액은 얼마인가?

병원비 지원 기준

- ■ 임직원 본인의 수술비 및 입원비 : 100% 지원
- ■ 임직원 가족의 수술비 및 입원비
- • 임직원의 배우자 : 90% 지원
- • 임직원의 직계 존 · 비속 : 80%
- • 임직원의 형제 및 자매 : 50%(단, 직계 존 · 비속 지원이 우선되며, 해당 신청이 없을 경우에 한하여 지급한다.)
- • 병원비 지원 신청은 본인 포함 최대 3인에 한한다.

병원비 신청 내역	
A 직원	본인 수술비 300만 원, 배우자 입원비 50만 원
B 직원	배우자 입원비 50만 원, 딸 수술비 200만 원
C 직원	본인 수술비 300만 원, 아들 수술비 400만 원
D 직원	본인 입원비 100만 원, 어머니 수술비 100만 원, 남동생 입원비 50만 원

① 1,200만 원 　　　　　　　　② 1,250만 원

③ 1,300만 원 　　　　　　　　④ 1,350만 원

⑤ 1,400만 원

 해설 병원비 지원 기준에 따라 각 직원이 지원 받을 수 있는 내역을 정리하면 다음과 같다.

A 직원	본인 수술비 300만 원(100% 지원), 배우자 입원비 50만 원(90% 지원)
B 직원	배우자 입원비 50만 원(90% 지원), 딸 수술비 200만 원(직계비속→80% 지원)
C 직원	본인 수술비 300만 원(100% 지원), 아들 수술비 400만 원(직계비속→80% 지원)
D 직원	본인 입원비 100만 원(100% 지원), 어머니 수술비 100만 원(직계존속→80% 지원), 남동생 입원비 50만 원(직계존속 신청 有→ 지원 ×)

이를 바탕으로 A~D 직원 4명이 총 병원비 지원 금액을 계산하면 1,350만 원이다.

A 직원	$300 + (50 \times 0.9) = 345$만 원
B 직원	$(50 \times 0.9) + (200 \times 0.8) = 205$만 원
C 직원	$300 + (400 \times 0.8) = 620$만 원
D 직원	$100 + (100 \times 0.8) = 180$만 원

6 어떤 이동 통신 회사에서는 휴대폰의 사용 시간에 따라 매월 다음과 같은 요금 체계를 적용한다고 한다.

요금제	기본 요금	무료 통화	사용 시간(1분)당 요금
A	10,000원	0분	150원
B	20,200원	60분	120원
C	28,900원	120분	90원

예를 들어, B요금제를 사용하여 한 달 동안의 통화 시간이 80분인 경우 사용 요금은 다음과 같이 계산한다.

$$20,200 + 120 \times (80 - 60) = 22,600 원$$

B요금제를 사용하는 사람이 A요금제와 C요금제를 사용할 때 보다 저렴한 요금을 내기 위한 한 달 동안의 통화 시간은 a분 초과 b분 미만이다. 이때, $b-a$의 값은? (단, 매월 총 사용 시간은 분 단위로 계산한다.)

① 70
② 80
③ 90
④ 100
⑤ 110

✔해설 한 달 동안의 통화 시간 t $(t = 0, 1, 2, \cdots)$ 에 따른
요금제 A의 요금
$y = 10,000 + 150t$ $(t = 0, 1, 2, \cdots)$
요금제 B의 요금
$\begin{cases} y = 20,200 & (t = 0, 1, 2, \cdots, 60) \\ y = 20,200 + 120(t - 60) & (t = 61, 62, 63, \cdots) \end{cases}$
요금제 C의 요금
$\begin{cases} y = 28,900 & (t = 0, 1, 2, \cdots, 120) \\ y = 28,900 + 90(t - 120) & (t = 121, 122, 123, \cdots) \end{cases}$
㉠ B의 요금이 A의 요금보다 저렴한 시간 t의 구간은
　$20,200 + 120(t - 60) < 10,000 + 150t$ 이므로 $t > 100$
㉡ B의 요금이 C의 요금보다 저렴한 시간 t의 구간은
　$20,200 + 120(t - 60) < 28,900 + 90(t - 120)$ 이므로 $t < 170$
따라서 $100 < t < 170$ 이다.
$\therefore$ $b-a$ 의 값은 70

7 제시된 ○○기업의 재무자료를 바르게 해석하지 못한 사람은?

〈○○기업의 재무자료〉

(단위 : 억 원, %)

연도	자산	부채	자본	부채 비율
2007년	41,298	15,738	25,560	61.6
2008년	46,852	23,467	23,385	100.4
2009년	46,787	21,701	25,086	86.5
2010년	50,096	23,818	26,278	90.6
2011년	60,388	26,828	33,560	79.9
2012년	64,416	30,385	34,031	89.3
2013년	73,602	39,063	34,539	113.1
2014년	78,033	52,299	34,734	150.6
2015년	92,161	55,259	36,902	149.7
2016년	98,065	56,381	41,684	135.3

① A : 이 회사의 자본금은 2011년에 전년 대비 7,000억 원 이상 증가했는데, 이는 10년간 자본금 추이를 볼 때 두드러진 변화야.
② B : 부채 비율이 전년 대비 가장 크게 증가한 해는 2008년이네.
③ C : 10년간 평균 부채 비율은 90% 미만이야.
④ D : 2016년 기관의 자산, 자본이 10년 중 가장 많았지만 그만큼 부채도 가장 많았네.
⑤ E : 이 회사의 자산과 부채는 2009년부터 8년간 꾸준히 증가했어.

✔해설 ③ 10년간 부채 비율의 평균을 내면 105.70%로 90% 이상이다.
① 2007~2010년까지는 전년 대비 감소하거나 2,000억 원이 넘지 않는 범위에서 증가했다. 또한 2012 ~2016년 사이에도 약 500~5,000억 원이 넘지 않는 범위에서 변동이 있었다. 따라서 2011년에 전년 대비 자본금이 7,000억 원 이상 증가한 것은 두드러진 변화라고 할 수 있다.
② 부채 비율이 전년 대비 가장 크게 증가한 해는 2008년으로 약 38.8%p 증가하였다.
④⑤ 표를 보고 쉽게 알 수 있는 내용이다.

출제예상문제

1 K은행의 대출심사부에서는 가계대출 상품의 상품 설명서 내용 중 연체이자에 대한 다음과 같은 사항을 고객에게 안내하려고 한다. 다음을 참고할 때, 주택담보대출(원금 1억2천만 원, 약정이자율 연 5%)의 월납이자(50만 원)를 미납하여 연체가 발생하고, 연체 발생 후 3개월 시점에 납부할 경우의 연체이자는 얼마인가? (계산결과는 소수점 첫째자리에서 반올림한다)

■ 연체이자율은 [대출이자율+연체기간별 연체가산이자율]로 적용합니다.
  ● 연체가산이자율은 연 3%로 적용합니다.
■ 연체이자율은 최고 15%로 합니다.
■ 상품에 따라 연체이자율이 일부 달라지는 경우가 있으므로 세부적인 사항은 대출거래 약정서 등을 참고하시기 바랍니다.
■ 연체이자(지연배상금)를 내셔야 하는 경우
  ● 「이자를 납입하기로 약정한 날」에 납입하지 아니한 때
  ☞ 이자를 납입하여야 할 날의 다음날부터 1개월(주택담보대출의 경우 2개월)까지는 내셔야 할 약정이자에 대해 연체이자가 적용되고, 1개월(주택담보대출의 경우 2개월)이 경과하면 기한이익상실로 인하여 대출원금에 연체이율을 곱한 연체 이자를 내셔야 합니다.

① 798,904원
② 775,304원
③ 750,992원
④ 731,528원
⑤ 710,044원

> ✔ **해설** 주택담보대출의 경우이므로 3개월의 연체기간을 월별로 나누어 계산해 보면 다음 표와 같이 정리될 수 있다.

연체기간	계산방법	연체이자
연체발생~30일분	지체된 약정이자(50만 원) × 연8%(5%+3%) × 30/365	3,288원
연체 31일~60일분	지체된 약정이자(100만 원) × 연8%(5%+3%) × 30/365	6,575원
연체 61일~90일분	원금(1억2천만 원) × 연8%(5%+3%) × 30/365	789,041원
합계		798,904원

따라서 798,904원이 정답이 된다.

Answer   7.③ / 1.①

2 다음은 2006년 인구 상위 10개국과 2056년 예상 인구 상위 10개국에 대한 자료이다. 이에 대한 설명 중 옳지 않은 것을 고르면?

(단위 : 백만 명)

구분 순위	2006년		2056년(예상)	
	국가	인구	국가	인구
1	중국	1,311	인도	1,628
2	인도	1,122	중국	1,437
3	미국	299	미국	420
4	인도네시아	225	나이지리아	299
5	브라질	187	파키스탄	295
6	파키스탄	166	인도네시아	285
7	방글라데시	147	브라질	260
8	러시아	146	방글라데시	231
9	나이지리아	135	콩고	196
10	콩고	128	러시아	145

① 2006년 대비 2056년 콩고의 인구는 50% 이상 증가할 것으로 예상된다.
② 2006년 대비 2056년 러시아의 인구는 감소할 것으로 예상된다.
③ 2006년 대비 2056년 인도의 인구 증가율은 중국의 인구 증가율보다 낮을 것으로 예상된다.
④ 2006년 대비 2056년 미국의 인구 증가율은 중국의 인구 증가율보다 높을 것으로 예상된다.
⑤ 2006년 대비 2056년 나이지리아의 인구는 두 배 이상이 될 것으로 예상된다.

> ✔해설 ③ 2006년 대비 2056년 인도의 인구 증가율 $= \dfrac{1,628-1,122}{1,122} \times 100 \fallingdotseq 45.1\%$
>
> 2006년 대비 2056년 중국의 인구 증가율 $= \dfrac{1,437-1,311}{1,311} \times 100 \fallingdotseq 9.6\%$
>
> ① 2006년 대비 2056년 콩고의 인구 증가율 $= \dfrac{196-128}{128} \times 100 = 53.125\%$
>
> ② 2006년 러시아의 인구는 146(백만 명), 2056년 러시아의 인구는 145(백만 명)
>
> ④ 2006년 대비 2056년 미국의 인구 증가율 $= \dfrac{420-299}{299} \times 100 \fallingdotseq 40.5\%$
>
> 2006년 대비 2056년 중국의 인구 증가율 $= \dfrac{1,437-1,311}{1,311} \times 100 \fallingdotseq 9.6\%$
>
> ⑤ 2006년 나이지리아의 인구는 135(백만 명), 2056년 나이지리아의 인구는 299(백만 명)

3 다음은 지역별, 소득계층별, 점유형태별 최저주거기준 미달가구 비율에 대한 자료이다. 해당 자료를 바르게 분석하지 못한 것은?

〈지역별, 소득계층별, 점유형태별 최저주거기준 미달가구 비율〉

(단위 : %)

구분		최저주거기준 미달	면적기준 미달	시설기준 미달	침실기준 미달
지역	수도권	51.7	66.8	37.9	60.8
	광역시	18.5	15.5	22.9	11.2
	도지역	29.8	17.7	39.2	28.0
	계	100.0	100.0	100.0	100.0
소득 계층	저소득층	65.4	52.0	89.1	33.4
	중소득층	28.2	38.9	9.4	45.6
	고소득층	6.4	9.1	1.5	21.0
	계	100.0	100.0	100.0	100.0
점유 형태	자가	22.8	14.2	27.2	23.3
	전세	12.0	15.3	6.3	12.5
	월세(보증금 有)	37.5	47.7	21.8	49.7
	월세(보증금 無)	22.4	19.5	37.3	9.2
	무상	5.3	3.3	7.4	5.3
	계	100.0	100.0	100.0	100.0

① 점유형태가 무상인 경우의 미달가구 비율은 네 가지 항목 모두에서 가장 낮다.

② 침실기준 미달 비율은 수도권, 도지역, 광역시 순으로 높다.

③ 지역과 소득계층 면에서는 광역시에 거주하는 고소득층의 면적기준 미달 비율이 가장 낮다.

④ 저소득층은 중소득층보다 침실기준 미달 비율이 더 낮다. 다만 최저주거기준 미달가구는 수도권이 나머지 지역의 합보다 많다.

⑤ 고소득층의 침실기준 미달 비율은 나머지 항목의 기준 미달 비율의 합보다 많다.

✔해설 ① 점유 형태가 무상인 경우의 미달가구 비율은 시설기준 면에서 전세가 더 낮음을 알 수 있다.

4 다음은 산업재산권 유지를 위한 등록료에 관한 자료이다. 다음 중 권리 유지비용이 가장 많이 드는 것은? (단, 특허권, 실용신안권의 기본료는 청구범위의 항 수와는 무관하게 부과되는 비용으로 청구범위가 1항인 경우 기본료와 1항에 대한 가산료가 부과된다)

(단위 : 원)

구분\권리	설정등록료 (1~3년분)		연차등록료			
			4~6년차	7~9년차	10~12년차	13~15년차
특허권	기본료	81,000	매년 60,000	매년 120,000	매년 240,000	매년 480,000
	가산료 (청구범위의 1항마다)	54,000	매년 25,000	매년 43,000	매년 55,000	매년 68,000
실용 신안권	가산료	60,000	매년 40,000	매년 80,000	매년 160,000	매년 320,000
	가산료 (청구범위의 1항마다)	15,000	매년 10,000	매년 15,000	매년 20,000	매년 25,000
디자인권	75,000		매년 35,000	매년 70,000	매년 140,000	매년 280,000
상표권	211,000 (10년분)		10년 연장 시 256,000			

① 청구범위가 3항인 특허권에 대한 3년간의 권리 유지
② 청구범위가 1항인 특허권에 대한 4년간의 권리 유지
③ 청구범위가 3항인 실용신안권에 대한 5년간의 권리 유지
④ 한 개의 디자인권에 대한 7년간의 권리 유지
⑤ 한 개의 상표권에 대한 10년간의 권리 유지

 해설 ④ 75,000 + (35,000 × 3) + 70,000 = 250,000원
       ① 81,000 + (54,000 × 3) = 243,000원
       ② 81,000 + 54,000 + 25,000 = 160,000원
       ③ 60,000 + (15,000 × 3) + (10,000 × 2) = 125,000원
       ⑤ 211,000원

5 다음은 A시의 교육여건 현황을 나타낸 자료이다. 이에 대한 설명 중 옳지 않은 것을 고르면?

교육여건 학교급	전체 학교 수	학교당 학급 수	학급당 주간 수업시수(시간)	학급당 학생 수	학급당 교원 수	교원당 학생 수
초등학교	150	30	28	32	1.3	25
중학교	70	36	34	35	1.8	19
고등학교	60	33	35	32	2.1	15

① 모든 초등학교와 중학교의 학생 수 차이는 모든 중학교와 고등학교의 학생 수 차이보다 크다.

② 모든 초등학교의 교원 수는 모든 중학교와 고등학교의 교원 수의 합보다 크다.

③ 모든 초등학교의 주간 수업시수는 모든 중학교의 주간 수업시수보다 많다.

④ 모든 중학교의 교원당 학생 수는 80,000명 이상이다.

⑤ 모든 고등학교의 학급 수는 모든 중학교의 학급수의 80% 이하이다.

✔해설 ② 모든 초등학교 교원 수 : 150×30×1.3=5,850명
모든 중학교 교원 수 : 70×36×1.8=4,536명
모든 고등학교 교원 수 : 60×33×2.1=4,158명
모든 중학교와 고등학교의 총 교원 수의 합 : 4536+4158=8,694명
따라서 모든 초등학교의 교원 수는 모든 중학교와 고등학교의 교원 수의 합보다 적다.

① 모든 초등학교 학생 수 : 150×30×32=144,000명
모든 중학교 학생 수 : 70×36×35=88,200명
모든 고등학교 학생 수 : 60×33×32=63,360명
모든 초등학교 학생 수와 중학교 학생 수의 차이 : 55,800명
모든 중학교 학생 수와 고등학교 학생 수의 차이 : 24,840명

③ 모든 초등학교 주간 수업시수 : 150×30×28=126,000시간
모든 중학교 주간 수업시수 : 70×36×34=85,680시간

④ 모든 중학교의 교원당 학생 수 : 70×36×1.8×19=86,184명

⑤ 모든 중학교 학급 수 : 70×36=2,520개
모든 고등학교 학급 수 : 60×33=1,980개
$\dfrac{\text{모든 고등학교 학급 수}}{\text{모든 중학교 학급 수}} \times 100 = 78.57 \cdots$
따라서 모든 고등학교 학급 수는 모든 중학교 학급수의 약 79%이다.

Answer 4.④ 5.②

6 다음 〈그림〉은 연도별 연어의 포획량과 회귀율을 나타낸 것이다. 이에 대한 설명 중 옳지 않은 것은?

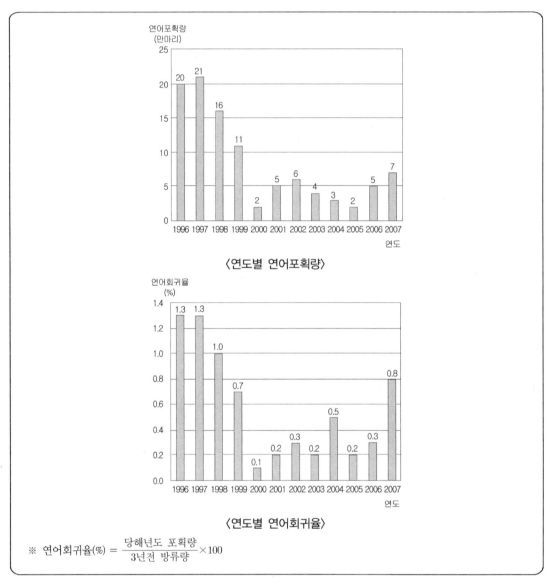

〈연도별 연어포획량〉

〈연도별 연어회귀율〉

$$※\ 연어회귀율(\%) = \frac{당해년도\ 포획량}{3년전\ 방류량} \times 100$$

① 1999년도와 2000년도의 연어방류량은 동일하다.

② 연어포획량이 가장 많은 해와 가장 적은 해의 차이는 20만 마리를 넘지 않는다.

③ 연어회귀율은 증감을 거듭하고 있다.

④ 2004년도 연어방류량은 1,500만 마리가 넘는다.

⑤ 2000년도는 연어포획량이 가장 적고, 연어회귀율도 가장 낮다.

해설 ④ 2004년도의 연어방류량을 x라고 하면

$$0.8 = \frac{7}{x} \times 100 \quad \therefore \quad x = 875$$

① 1999년도의 연어방류량을 x라고 하면

$$0.3 = \frac{6}{x} \times 100 \quad \therefore \quad x = 2,000$$

2000년도의 연어방류량을 x라고 하면

$$0.2 = \frac{4}{x} \times 100 \quad \therefore \quad x = 2,000$$

② 연어포획량이 가장 많은 해는 21만 마리를 포획한 1997이고, 가장 적은 해는 2만 마리를 포획한 2000년과 2005년이다.

③ 연도별 연어회귀율은 증감을 거듭하고 있다.

⑤ 2000년도의 연어포획량은 2만 마리로 가장 적고, 연어회귀율은 0.1%로 가장 낮다.

7 G사의 공장 앞에는 가로 20m × 세로 15m 크기의 잔디밭이 조성되어 있다. 시청에서는 이 잔디밭의 가로, 세로 길이를 동일한 비율로 확장하여 새롭게 잔디를 심었는데 새로운 잔디밭의 총면적은 432m²였다. 새로운 잔디밭의 가로, 세로의 길이는 순서대로 얼마인가?

① 24m, 18m

② 23m, 17m

③ 22m, 16.5m

④ 21.5m, 16m

⑤ 21m, 15.5m

 해설 늘어난 비율을 x라 하면, 다음 공식이 성립한다.

$$20x \times 15x = 432 \rightarrow 300x^2 = 432$$

따라서 $x^2 = 1.44$가 되어 $x = 1.2$가 된다.

이것은 원래의 가로, 세로의 길이에서 20%씩 길이가 늘어났다는 것이 되므로 결국 $20 \times 1.2 = 24$m와 $15 \times 1.2 = 18$m가 된다.

따라서 새로운 잔디밭의 가로, 세로의 길이는 24m, 18m가 되는 것을 알 수 있다.

8 다음은 세 골프 선수 갑, 을, 병의 9개 홀에 대한 경기결과를 나타낸 표이다. 이에 대한 설명으로 옳은 것을 모두 고른 것은?

홀 번호	1	2	3	4	5	6	7	8	9	타수 합계
기준 타수	3	4	5	3	4	4	4	5	4	36
甲	0	x	0	0	0	0	x	0	0	34
乙	x	0	0	0	y	0	0	y	0	( )
丙	0	0	0	x	0	0	0	y	0	36

※ 기준 타수 : 홀마다 정해져 있는 타수를 말함

※ x, y는 개인 타수 − 기준 타수의 값

※ 0은 기준 타수와 개인 타수가 동일함을 의미

> ㉠ x는 기준 타수보다 1타를 적게 친 것을 의미한다.
> ㉡ 9개 홀의 타수의 합은 갑과 을이 동일하다.
> ㉢ 세 선수 중에서 타수의 합이 가장 적은 선수는 갑이다.

① ㉠   ② ㉠, ㉡

③ ㉠, ㉢   ④ ㉡, ㉢

⑤ ㉠, ㉡, ㉢

✔ 해설 기준 타수의 합계가 36개인 상황에서
甲은 타수의 합계가 기준 타수의 합계보다 2개 적으므로 34−36=−2이고
x가 두 개 있으므로 $x=-1$이다.
丙은 타수 합계가 36으로 기준 타수의 합계와 동일한데 x와 y가 각각 하나씩이므로
$y=1$이 된다. (∵ $x=-1$)
乙은 x가 1개, y가 2개이므로 기준타수에 +1을 해야 하므로 타수의 합계가 37이 된다.
㉠ $x=-1$이므로 1타 적게 친 것을 의미한다. (○)
㉡ 9개 홀의 타수의 합은 갑은 34, 을은 37이므로 다르다. (×)
㉢ 세 선수 중에서 타수의 합이 가장 적은 선수는 갑이 맞다. (○)

9 다음은 2018년 한국인 사망 원인 '5대 암'과 관련된 자료이다. 2018년 총 인구를 5,100만 명이라고 할 때, 치명률을 구하는 공식으로 옳은 것을 고르면?

종류	환자수	완치자수	후유장애자수	사망자수	치명률
폐암	101,600명	3,270명	4,408명	2,190명	2.16%
간암	120,860명	1,196명	3,802명	1,845명	1.53%
대장암	157,200명	3,180명	2,417명	1,624명	1.03%
위암	184,520명	2,492명	3,557명	1,950명	1.06%
췌장암	162,050명	3,178명	2,549명	2,765명	1.71%

※ 환자수란 현재 해당 암을 앓고 있는 사람 수를 말한다.

※ 완치자수란 과거에 해당 암을 앓았던 사람으로 일상생활에 문제가 되는 장애가 남지 않고 5년 이내 재발이 없는 경우를 말한다.

※ 후유장애자수란 과거에 해당 암을 앓았던 사람으로 암으로 인하여 일상생활에 문제가 되는 영구적인 장애가 남은 경우를 말한다.

※ 사망자수란 해당 암으로 사망한 사람 수를 말한다.

① 치명률 $= \dfrac{완치자수}{환자수} \times 100$

② 치명률 $= \dfrac{후유장애자수}{환자수} \times 100$

③ 치명률 $= \dfrac{사망자수}{환자수} \times 100$

④ 치명률 $= \dfrac{사망자수 + 후유장애자수}{인구수} \times 100$

⑤ 치명률 $= \dfrac{완치자수 + 후유장애자수}{인구수} \times 100$

✔해설 자료에 제시된 각 암별 치명률이 나올 수 있는 공식은 보기 중 ③이다. 참고적으로 치명률은 어떤 질환에 의한 사망자수를 그 질환의 환자수로 나눈 것으로 보통 백분율로 나타내며, 치사율이라고도 한다.

10 다음은 국제결혼 건수에 관한 표이다. 이에 관한 설명으로 옳은 것은?

연도 \ 구분	총 결혼건수	국제 결혼건수	외국인 아내건수	외국인 남편건수
1990	399,312	4,710	619	4,091
1994	393,121	6,616	3,072	3,544
1998	375,616	12,188	8,054	4,134
2002	306,573	15,193	11,017	4,896
2006	332,752	39,690	30,208	9,482

① 외국인과의 결혼 비율이 점점 감소하고 있다.

② 21세기 이전에는 총 결혼건수가 증가 추세에 있었다.

③ 총 결혼건수 중 국제 결혼건수가 차지하는 비율이 증가 추세에 있다.

④ 한국 남자와 외국인 여자의 결혼건수 증가율과 한국 여자와 외국인 남자의 결혼건수 증가율이 비슷하다.

⑤ 최근 16년 동안 총 결혼건수는 약 15.8% 감소하였다.

✔해설 ① 외국인과의 결혼 비율은 점점 증가하고 있다.
② 1990년부터 1998년까지는 총 결혼건수가 감소하고 있었다.
④ 한국 남자와 외국인 여자의 결혼건수 증가율이 한국 여자와 외국인 남자의 결혼건수 증가율보다 훨씬 높다.
⑤ 최근 16년 동안 총 결혼건수는 약 16.7% 감소하였다.

11 다음 〈표〉는 A은행 ○○지점 직원들의 지난 달 상품 신규 가입 실적 현황을 나타낸 자료이다. 이에 대한 설명 중 옳은 것을 모두 고르면?

〈표〉 A은행 ○○지점 직원별 상품 신규 가입 실적 현황

구분 ＼ 직원	A	B	C	D	E	F
성별	남	남	여	남	여	남
실적(건)	0	2	6	4	8	10

ⓐ 직원들의 평균 실적은 5건이다.
ⓑ 남자면서 실적이 5건 이상인 직원 수는 전체 남자 직원 수의 50% 이상이다.
ⓒ 실적이 2건 이상인 남자 직원의 수는 실적이 4건 이상인 여자 직원의 수의 2배 이상이다.
ⓓ 여자 직원이거나 실적이 7건 이상인 직원 수는 전체 직원 수의 50% 이상이다.

① ㉠, ㉡   ② ㉠, ㉢
③ ㉠, ㉣   ④ ㉡, ㉢
⑤ ㉡, ㉣

 해설
  ㉠ 직원들의 평균 실적은 $\dfrac{2+6+4+8+10}{6}=5$건이다.

  ㉣ 여자 직원이거나 실적이 7건 이상인 직원은 C, E, F로 전체 직원 수의 50% 이상이다.

  ㉡ 남자이면서 실적이 5건 이상인 직원은 F뿐이므로 전체 남자 직원 수의 25%이다.

  ㉢ 실적이 2건 이상인 남자 직원은 B, D, F이고, 실적이 4건 이상인 여자 직원은 C, E이다.

Answer   10.③   11.③

12 다음은 A은행과 B은행을 비교한 표이다. 이에 관한 설명으로 옳지 않은 것은?

〈표 1〉

(단위 : 개)

	A은행		B은행	
	2013년	2014년	2013년	2014년
기관 수	6,679	6,395	6,809	6,508
기관 당 지점 수	3	3	14	15

〈표 2〉

(단위 : 백만 달러)

	A은행		B은행	
	2013년	2014년	2013년	2014년
기관 당 자산	161	178	2,162	2,390
총 대출	655,006	723,431	7,891,471	8,309,427
총 저축	922,033	963,115	11,190,522	11,763,780

〈표 3〉

(단위 : %)

	A은행		B은행	
	2013년	2014년	2013년	2014년
예대율	71.0	75.1	70.5	70.6
자산 대비 대출 비중	63.7	60.9	52.6	52.7
핵심 예금 비중	47.6	45.8	33.4	32.2
순 자본 비율	11.0	10.8	11.2	11.2

① 2013년 대비 2014년 B은행 기관 수의 감소폭은 같은 기간 A은행의 감소폭보다 크다.

② 2014년 B은행의 기관 당 지점 수는 A은행의 5배에 달한다.

③ 2013년 대비 2014년 예대율 증가폭은 A은행이 B은행보다 크다.

④ 2013년 대비 2014년 순 자본 비율은 A은행이 0.2%p 감소한 반면 B은행은 변화가 없다.

⑤ 2014년 자산 대비 대출 비중은 B은행이 A은행보다 8.2%p 높다.

✔해설 ⑤ 2014년 자산 대비 대출 비중은 A은행이 B은행보다 8.2%p 높다.

13 다음은 교육복지지원 정책사업 내 단위사업 세출 결산 현황을 나타낸 표이다. 2012년 대비 2013년의 급식비 지원 증감률로 옳은 것은? (단, 소수 둘째자리부터 버림한다.)

(단위 : 백만 원)

단위사업명	결산액	
	2013년	2012년
총계	5,016,557	3,228,077
학비 지원	455,516	877,020
방과후교육 지원	636,291	−
급식비 지원	647,314	665,984
정보화 지원	61,814	64,504
농어촌학교 교육여건 개선	110,753	71,211
교육복지우선 지원	157,598	188,214
누리과정 지원	2,639,752	989,116
교과서 지원	307,519	288,405
학력격차해소	−	83,622

① −2.8%
② −1.4%
③ 2.8%
④ 10.5%
⑤ 1.4%

✔해설 급식비 지원 증감률 $= \dfrac{647,314 - 665,984}{665,984} \times 100 = -2.8\%$

14 다음은 A 공사의 연도별 임직원 현황에 관한 자료이다. 이에 대한 설명 중 옳은 것을 모두 고르면?

학과 \ 연도		2013	2014	2015
국적	한국	9,566	10,197	9,070
	중국	2,636	3,748	4,853
	일본	1,615	2,353	2,749
	대만	1,333	1,585	2,032
	기타	97	115	153
	계	15,247	17,998	18,857
고용형태	정규직	14,173	16,007	17,341
	비정규직	1,074	1,991	1,516
	계	15,247	17,998	18,857
연령	20대 이하	8,914	8,933	10,947
	30대	5,181	7,113	6,210
	40대 이상	1,152	1,952	1,700
	계	15,247	17,998	18,857
직급	사원	12,365	14,800	15,504
	간부	2,801	3,109	3,255
	임원	81	89	98
	계	15,247	17,998	18,857

㉠ 매년 일본, 대만 및 기타 국적 임직원 수의 합은 중국 국적 임직원 수보다 많다.
㉡ 매년 전체 임직원 중 20대 이하 임직원이 차지하는 비중은 50% 이상이다.
㉢ 2014년과 2015년에 전년대비 임직원 수가 가장 많이 증가한 국적은 모두 중국이다.
㉣ 국적이 한국이면서 고용형태가 정규직이고 직급이 사원인 임직원은 2014년에 5,000명 이상이다.

① ㉠, ㉡   ② ㉠, ㉢
③ ㉡, ㉣   ④ ㉠, ㉢, ㉣
⑤ ㉡, ㉢, ㉣

✔해설 ㉡ 2014년은 전체 임직원 중 20대 이하 임직원이 차지하는 비중이 50% 이하이다.

15 지난 주 L사의 신입사원 채용이 완료되었다. 신입사원 120명이 새롭게 채용되었고, 지원자의 남녀 성비는 5:4, 합격자의 남녀 성비는 7:5, 불합격자의 남녀 성비는 1:1이었다. 신입사원 채용 지원자의 총 수는 몇 명인가?

① 175명

② 180명

③ 185명

④ 190명

⑤ 195명

✔ 해설   합격자 120명 중, 남녀 비율이 7:5이므로 남자는 $120/(7+5) \times 7$명이 되고, 여자는 $120/(7+5) \times 5$가 된다. 따라서 남자 합격자는 70명, 여자 합격자는 50명이 된다.

지원자의 남녀 성비가 5:4이므로 남자를 $5x$, 여자를 $4x$로 치환할 수 있다. 이 경우, 지원자에서 합격자를 빼면 불합격자가 되므로 $5x-70$과 $4x-50$이 1:1이 된다.

따라서 $5x-70=4x-50$이 되어, $x=20$이 된다.

그러므로 총 지원자의 수는 5(남자)$\times 20=100$명과 4(여자)$\times 20=80$명의 합인 180명이 된다.

┃16~17┃ 다음의 상품설명서를 읽고 물음에 답하시오.

〈거래 조건〉

구분		금리
적용금리	모집기간 중	큰 만족 실세예금 1년 고시금리
	계약기간 중 중도해지	없음
	만기 후	원금의 연 0.10%
중도해지 수수료율 (원금기준)	예치기간 3개월 미만	개인 원금의 0.38% 법인 원금의 0.38%
	예치기간 3개월 이상~6개월 미만	개인 원금의 0.29% 법인 원금의 0.30%
	예치기간 6개월 이상~9개월 미만	개인 원금의 0.12% 법인 원금의 0.16%
	예치기간 9개월 이상~12개월 미만	원금의 0.10%
이자지급방식		만기일시지급식
계약의 해지		영업점에서 해지 가능

〈유의사항〉

• 예금의 원금보장은 만기 해지 시에만 적용된다.
• 이 예금은 분할해지 할 수 없으며 중도해지 시 중도해지수수료 적용으로 원금손실이 발생할 수 있다. (중도해지수수료는 '가입금액×중도해지수수료율'에 의해 결정)
• 이 예금은 예금기간 중 지수가 목표지수변동률을 넘어서 지급금리가 확정되더라도 이자는 만기에만 지급한다.
• 지수상승에 따른 수익률(세전)은 실제 지수상승률에도 불구하고 연 4.67%를 최대로 한다.

16 석준이는 개인이름으로 최초 500만 원의 원금을 가지고 이 상품에 가입했다가 불가피한 사정으로 5개월 만에 중도해지를 했다. 이때 석준이의 중도해지 수수료는 얼마인가?

① 6,000원
② 8,000원
③ 14,500원
④ 15,000원
⑤ 19,000원

✔해설 5,000,000×0.29%=14,500원

17 상원이가 이 예금에 가입한 후 증시 호재로 인해 지수가 약 29% 상승하였다. 이 경우 상원이의 최대 수익률은 연 몇 %인가? (단, 수익률은 세전으로 한다)

① 연 1.35%   ② 연 4.67%

③ 연 14.5%   ④ 연 21%

⑤ 연 29%

> ✔해설 〈유의사항〉에 "지수상승에 따른 수익률(세전)은 실제 지수상승률에도 불구하고 연 4.67%를 최대로 한다."고 명시되어있다.

18 다음은 국민연금 보험료를 산정하기 위한 소득월액 산정 방법에 대한 설명이다. 다음 설명을 참고할 때, 김갑동 씨의 신고 소득월액은 얼마인가?

소득월액은 입사(복직) 시점에 따른 근로자간 신고 소득월액 차등이 발생하지 않도록 입사(복직) 당시 약정되어 있는 급여 항목에 대한 1년치 소득총액에 대하여 30일로 환산하여 결정하며, 다음과 같은 계산 방식을 적용한다.

입사(복직) 당시 지급이 약정된 각 급여 항목에 대한 1년간 소득총액 ÷ 365 × 30

〈김갑동 씨의 급여 내역〉

• 기본급 : 1,000,000원
• 교통비 : 월 100,000원
• 고정 시간외 수당 : 월 200,000원
• 분기별 상여금(1, 4, 7, 10월 지급) : 기본급의 100%
• 하계휴가비(매년 7월 지급) : 500,000원

① 1,645,660원   ② 1,652,055원

③ 1,668,900원   ④ 1,727,050원

⑤ 1,754,190원

> ✔해설 주어진 조건에 의해 다음과 같이 계산할 수 있다.
> {(1,000,000 + 100,000 + 200,000) × 12 + (1,000,000 × 4) + 500,000} ÷ 365 × 30 = 1,652,055원
> 따라서 소득월액은 1,652,055원이 된다.

19 다음은 N국의 연도별 교육수준별 범죄자의 현황을 나타낸 자료이다. 다음 자료를 올바르게 해석한 것은 어느 것인가?

(단위 : %, 명)

연도 \ 구분	교육수준별 범죄자 비율					범죄자 수
	무학	초등학교	중학교	고등학교	대학 이상	
1970	12.4	44.3	18.7	18.2	6.4	252,229
1975	8.5	41.5	22.4	21.1	6.5	355,416
1980	5.2	39.5	24.4	24.8	6.1	491,699
1985	4.2	27.6	24.4	34.3	9.5	462,199
1990	3.0	18.9	23.8	42.5	11.8	472,129
1995	1.7	11.4	16.9	38.4	31.6	796,726
2000	1.7	11.0	16.3	41.5	29.5	1,036,280

① 중학교 졸업자와 고등학교 졸업자인 범죄자 수의 합은 매 시기 전체 범죄자 수의 절반에 미치지 못하고 있다.

② 1970~1980년 기간 동안 초등학교 졸업자인 범죄자의 수는 계속 감소하였다.

③ 1990년과 1995년의 대학 이상 졸업자인 범죄자의 수는 약 3배가 조금 못 되게 증가하였다.

④ 매 시기 가장 많은 비중을 차지하는 범죄자들의 학력은 최소한 유지되거나 높아지고 있다.

⑤ 무학인 범죄자의 수는 매 시기 꾸준히 감소하였다.

✔해설 ④ 1980년까지는 초등학교 졸업자인 범죄자의 비중이 가장 컸으나 이후부터는 고등학교 졸업자인 범죄자의 비중이 가장 크게 나타나고 있음을 알 수 있다.
① 1985년 이후부터는 중학교 졸업자와 고등학교 졸업자인 범죄자 비중이 매 시기 50%를 넘고 있다.
② 해당 시기의 전체 범죄자의 수가 증가하여, 초등학교 졸업자인 범죄자의 비중은 낮아졌으나 그 수는 지속 증가하였다.
③ 해당 시기의 전체 범죄자의 수가 증가하여, 비중은 약 3배가 조금 못 되게 증가하였으나 그 수는 55,711명에서 251,765명으로 약 4.5배 이상 증가하였다.
⑤ 2000년에는 이전 시기보다 4천 명 이상 증가하였다.

┃20~21┃ 다음은 2019년 세계 100대 은행에 포함된 국내 5개 은행의 평균 성과지표를 비교한 표이다. 물음에 답하시오.

	자산 (억 달러)	세전 이익 (억 달러)	ROA(%)	BIS비율(%)	자산 대비 대출 비중(%)
세계 10대 은행 평균	23,329	303	1.3	14.6	47.9
국내 5개 은행 평균	2,838	8.1	0.2	13.6	58.9

20 국내 5개 은행 평균 자산은 세계 10대 은행 평균 자산의 약 몇 %에 해당하는가? (단, 소수점 둘째자리에서 반올림한다)

① 약 12.2%   ② 약 12.4%

③ 약 12.6%   ④ 약 12.8%

⑤ 약 13.0%

✔ 해설 $\frac{2838}{23329} \times 100 ≒ 12.2\%$

21 국내 5개 은행 평균 자산 대비 대출 비중은 세계 10대 은행 평균 자산 대비 대출 비중의 약 몇 배에 해당하는가?

① 약 1.2배   ② 약 1.8배

③ 약 2.4배   ④ 약 2.9배

⑤ 약 3.6배

✔ 해설 $\frac{58.9}{47.9} ≒ 1.2$배

22 다음은 2019년 분야별 상담 건수 현황에 관한 표이다. 8월의 분야별 상담 건수비율로 적절하지 않은 것은? (단, 소수점 셋째자리에서 반올림한다.)

구분	개인정보	스팸	해킹 · 바이러스	인터넷 일반	인터넷 주소	KISA 사업문의	기타	합계
5월	10,307	12,408	14,178	476	182	2,678	10,697	50,926
6월	10,580	12,963	10,102	380	199	2,826	12,170	49,220
7월	13,635	12,905	7,630	393	201	3,120	13,001	50,875
8월	15,114	9,782	9,761	487	175	3,113	11,128	49,560

① 스팸 : 19.74%

② 해킹 · 바이러스 : 19.70%

③ 인터넷 일반 : 1.3%

④ 인터넷 주소 : 0.35%

⑤ 기타 : 22.45%

 해설

③ $\dfrac{487}{49,560} \times 100 \fallingdotseq 0.98\%$

① $\dfrac{9,782}{49,560} \times 100 \fallingdotseq 19.74\%$

② $\dfrac{9,761}{49,560} \times 100 \fallingdotseq 19.70\%$

④ $\dfrac{175}{49,560} \times 100 \fallingdotseq 0.35\%$

⑤ $\dfrac{11,128}{49,560} \times 100 \fallingdotseq 22.45\%$

23 다음은 국내 은행의 당기순이익 및 당기순이익 점유비 추이를 나타낸 표이다. 2015년 C사의 점유비가 재작년보다 7.2%p 감소하였다면 2015년 A사와 B사의 당기순이익 점유비 합은?

(단위 : 억 원, %)

구분	2013년	2014년	2015년
A사	2,106(4.1)	1,624(4.7)	1,100(㉠)
B사	12,996(25.8)	8,775(25.6)	5,512(21.3)
C사	13,429(26.6)	3,943(11.5)	5,024(㉡)
D사	16,496(32.7)	13,414(39.1)	8,507(32.9)
E사	5,434(10.8)	6,552(19.1)	5,701(22.1)
총계	50461(100)	34308(100)	25844(100)

① 22.8%   ② 24.3%

③ 25.6%   ④ 27.1%

⑤ 29.7%

 • 2015년 C사의 단기순이익 점유비가 2013년도보다 7.2% 감소하였으므로, ㉡=19.4%
• 2015년 A사의 단기순이익 점유비 ㉠=4.3%
∴ 2015년 A사와 B사의 당기순이익 점유비 합은 4.3+21.3=25.6%이다.

24 A, B, C 직업을 가진 부모 세대 각각 200명, 300명, 400명을 대상으로 자녀도 동일 직업을 갖는지 여부를 물은 설문조사 결과가 다음과 같았다. 다음 조사 결과를 올바르게 해석한 설명을 〈보기〉에서 모두 고른 것은 어느 것인가?

〈세대 간의 직업 이전 비율〉

(단위 : %)

자녀 직업 부모 직업	A	B	C	기타
A	35	20	40	5
B	25	25	35	15
C	25	40	25	10

* 모든 자녀의 수는 부모 당 1명으로 가정한다.

〈보기〉

(가) 부모와 동일한 직업을 갖는 자녀의 수는 C직업이 A직업보다 많다.
(나) 부모의 직업과 다른 직업을 갖는 자녀의 비중은 B와 C직업이 동일하다.
(다) 응답자의 자녀 중 A직업을 가진 사람은 B직업을 가진 사람보다 더 많다.
(라) 기타 직업을 가진 자녀의 수는 B직업을 가진 부모가 가장 많다.

① (나), (다), (라) ② (가), (나), (라)
③ (가), (다), (라) ④ (가), (나), (다)
⑤ (가), (나), (다), (라)

✔ 해설 (가) A직업의 경우는 200명 중 35%이므로 200×0.35=70명이, C직업의 경우는 400명 중 25%이므로 400×0.25=100명이 부모와 동일한 직업을 갖는 자녀의 수가 된다. (O)
(나) B와 C직업 모두 75%로 동일함을 알 수 있다. (O)
(다) A직업을 가진 자녀는 200×0.35+300×0.25+400×0.25=245명, B직업을 가진 자녀는 200×0.2+300×0.25+400×0.4=275명이다. (X)
(라) 기타 직업을 가진 자녀의 수는 각각 200×0.05=10명, 300×0.15=45명, 400×0.1= 40명으로 B직업을 가진 부모가 가장 많다. (O)

25 서울시 유료 도로에 대한 자료이다. 산업용 도로 3km의 건설비는 얼마가 되는가?

분류	도로수(개)	총길이(km)	건설비(억 원)
관광용 도로	5	30	30
산업용 도로	7	55	300
산업관광용 도로	9	198	400
합계	21	283	730

① 약 5.5억 원

② 약 11억 원

③ 약 16.5억 원

④ 약 22억 원

⑤ 약 25.5억 원

 해설

• $1km$ 당 산업용 도로의 건설비 $= \dfrac{300}{55} ≒ 5.5$(억 원)

• $3km$ 당 산업용 도로의 건설비 $= 5.5 \times 3 ≒ 16.5$(억 원)

26 다음은 갑과 을의 시험 성적에 관한 자료이다. 이에 대한 설명으로 옳지 않은 것은?

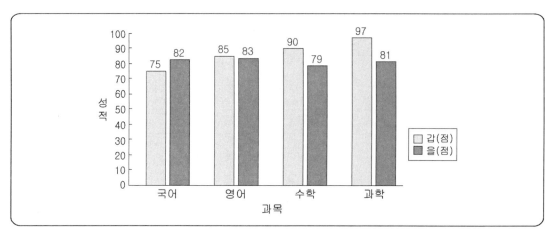

① 을이 갑보다 성적이 높은 과목은 국어이다.

② 갑의 평균 점수는 을의 평균 점수보다 낮다.

③ 을은 수학을 제외하고 모두 80점대를 기록했다.

④ 갑의 과목별 성적은 국어 점수가 가장 낮다.

⑤ 을의 시험 점수 중 가장 낮은 성적을 받은 과목은 수학이다.

✔해설 ① 을의 국어 점수는 82점으로 갑보다 높다.
② 갑의 평균 점수는 86.75점, 을의 평균 점수는 81.25점이다.
③ 을의 수학 점수는 79점이고 나머지는 80점대를 기록했다.
④ 갑의 국어 점수는 75점으로 상대적으로 다른 과목에 비해 낮은 점수이다.
⑤ 을의 시험 점수 중 가장 낮은 성적을 받은 과목은 79점인 수학이다.

27 다음은 우리나라의 2000년 경지 면적 상위 5개 시·군에 대한 자료이다. 이에 대한 설명으로 옳지 않은 것은?

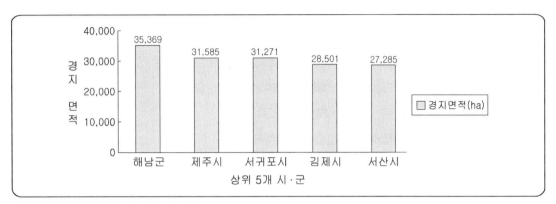

① 해남군의 경지 면적은 서산시 경지 면적의 1.2배 이상이다.

② 서귀포시의 경지 면적은 상위 3번째에 해당한다.

③ 김제시의 경지 면적은 제주시 경지 면적의 80% 미만이다.

④ 김제시와 서산시 경지 면적의 합은 해남군 경지 면적의 1.5배 이상이다.

⑤ 가장 적은 경지면적을 보유한 곳은 서산시이다.

> ✔ **해설** ① 약 1.3배 차이난다.
> ② 서귀포시의 경지 면적은 상위 3번째에 해당한다.
> ③ 김제시의 경지 면적은 제주시 경지 면적의 약 90%이다.
> ④ 김제시와 서산시 경지면적의 합이 55,786ha이므로 약 1.58배 차이난다.
> ⑤ 가장 적은 경지면적을 보유한 곳은 27,285ha의 서산시이다.

Answer 24.② 25.③ 26.② 27.③

28 월별 금융비용을 나타낸 다음 자료를 참고할 때, 전월 대비 금융비용 증가율이 가장 큰 시기와 작은 시기는 각각 언제인가?

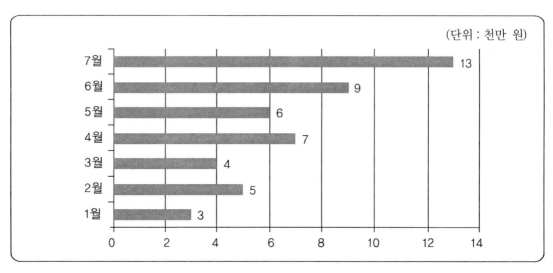

① 4월, 6월

② 4월, 7월

③ 2월, 6월

④ 2월, 4월

⑤ 6월, 7월

해설 증감률이 아닌 증가율을 묻고 있으므로 전월 대비 금융비용이 감소한 3월과 5월을 제외한 나머지 시기의 증가율을 구해 보면 다음과 같다. A에서 B로 변동된 수치의 증가율은 (B-A)÷A×100의 산식으로 계산할 수 있다.

	2월	4월	6월	7월
증가율	66.7%	75%	50%	44.4%

따라서 증가율이 가장 큰 시기와 작은 시기는 각각 4월과 7월이 된다.

|29~30| 다음 자료는 2월 공항별 운항 및 수송현황에 관한 자료이다. 물음에 답하시오.

공항 \ 구분	운항편수(편)	여객수(천 명)	화물량(톤)
인천	20,818	3,076	249,076
김포	11,924	1,836	21,512
김해	6,406	(㉠)	10,279
제주	11,204	1,820	21,137
청주	(㉡)	108	1,582
광주	944	129	1,290
대구	771	121	1,413
전체	52,822	7,924	306,289

29 위의 자료에 대한 설명으로 옳지 않은 것은?

① 김포공항의 여객수와 제주항공의 여객수의 합은 인천공항의 여객수보다 많다.

② 김포공항의 화물량은 김해공항의 화물량의 2배 이상이다.

③ 인천공항의 화물량은 전체 화물량의 80% 이상을 차지한다.

④ ㉡에 들어갈 수는 655이다.

⑤ 전체 공항 중에 화물량이 가장 적은 곳은 광주공항이다.

✔ 해설 ㉡ : 52,822−20,818−11,924−6,406−11,204−944−771=755

30 위의 자료에서 ㉠에 알맞은 수는?

① 830

② 834

③ 838

④ 842

⑤ 858

✔ 해설 ㉠ : 7,924−3,076−1,836−1,820−108−129−121=834

CHAPTER

03 문제해결능력

1 문제와 문제해결

(1) 문제의 정의와 분류

① 정의 … 문제란 업무를 수행함에 있어서 답을 요구하는 질문이나 의논하여 해결해야 되는 사항이다.

② 문제의 분류

구분	창의적 문제	분석적 문제
문제제시 방법	현재 문제가 없더라도 보다 나은 방법을 찾기 위한 문제 탐구 → 문제 자체가 명확하지 않음	현재의 문제점이나 미래의 문제로 예견될 것에 대한 문제 탐구 → 문제 자체가 명확함
해결방법	창의력에 의한 많은 아이디어의 작성을 통해 해결	분석, 논리, 귀납과 같은 논리적 방법을 통해 해결
해답 수	해답의 수가 많으며, 많은 답 가운데 보다 나은 것을 선택	답의 수가 적으며 한정되어 있음
주요특징	주관적, 직관적, 감각적, 정성적, 개별적, 특수성	객관적, 논리적, 정량적, 이성적, 일반적, 공통성

(2) 업무수행과정에서 발생하는 문제 유형

① 발생형 문제(보이는 문제) … 현재 직면하여 해결하기 위해 고민하는 문제이다. 원인이 내재되어 있기 때문에 원인지향적인 문제라고도 한다.
  ㉠ 일탈문제 : 어떤 기준을 일탈함으로써 생기는 문제
  ㉡ 미달문제 : 어떤 기준에 미달하여 생기는 문제

② 탐색형 문제(찾는 문제) … 현재의 상황을 개선하거나 효율을 높이기 위한 문제이다. 방치할 경우 큰 손실이 따르거나 해결할 수 없는 문제로 나타나게 된다.
  ㉠ 잠재문제 : 문제가 잠재되어 있어 인식하지 못하다가 확대되어 해결이 어려운 문제
  ㉡ 예측문제 : 현재로는 문제가 없으나 현 상태의 진행 상황을 예측하여 찾아야 앞으로 일어날 수 있는 문제가 보이는 문제
  ㉢ 발견문제 : 현재로서는 담당 업무에 문제가 없으나 선진기업의 업무 방법 등 보다 좋은 제도나 기법을 발견하여 개선시킬 수 있는 문제

③ 설정형 문제(미래 문제) … 장래의 경영전략을 생각하는 것으로 앞으로 어떻게 할 것인가 하는 문제이다. 문제해결에 창조적인 노력이 요구되어 창조적 문제라고도 한다.

예제 1

D회사 신입사원으로 입사한 귀하는 신입사원 교육에서 업무수행과정에서 발생하는 문제 유형 중 설정형 문제를 하나씩 찾아오라는 지시를 받았다. 이에 대해 귀하는 교육받은 내용을 다시 복습하려고 한다. 설정형 문제에 해당하는 것은?

① 현재 직면하여 해결하기 위해 고민하는 문제
② 현재의 상황을 개선하거나 효율을 높이기 위한 문제
③ 앞으로 어떻게 할 것인가 하는 문제
④ 원인이 내재되어 있는 원인지향적인 문제

[출제의도]
업무수행 중 문제가 발생하였을 때 문제 유형을 구분하는 능력을 측정하는 문항이다.
[해설]
업무수행과정에서 발생하는 문제 유형으로는 발생형 문제, 탐색형 문제, 설정형 문제가 있으며 ①④는 발생형 문제이며 ②는 탐색형 문제, ③이 설정형 문제이다.

답 ③

---

(3) 문제해결

① 정의 … 목표와 현상을 분석하고 이 결과를 토대로 과제를 도출하여 최적의 해결책을 찾아 실행 · 평가해 가는 활동이다.

② 문제해결에 필요한 기본적 사고
　㉠ 전략적 사고 : 문제와 해결방안이 상위 시스템과 어떻게 연결되어 있는지를 생각한다.
　㉡ 분석적 사고 : 전체를 각각의 요소로 나누어 그 의미를 도출하고 우선순위를 부여하여 구체적인 문제해결방법을 실행한다.
　㉢ 발상의 전환 : 인식의 틀을 전환하여 새로운 관점으로 바라보는 사고를 지향한다.
　㉣ 내 · 외부자원의 활용 : 기술, 재료, 사람 등 필요한 자원을 효과적으로 활용한다.

③ 문제해결의 장애요소
　㉠ 문제를 철저하게 분석하지 않는 경우
　㉡ 고정관념에 얽매이는 경우
　㉢ 쉽게 떠오르는 단순한 정보에 의지하는 경우
　㉣ 너무 많은 자료를 수집하려고 노력하는 경우

④ 문제해결방법

　㉠ 소프트 어프로치 : 문제해결을 위해서 직접적인 표현보다는 무언가를 시사하거나 암시를 통하여 의사를 전달하여 문제해결을 도모하고자 한다.

　㉡ 하드 어프로치 : 상이한 문화적 토양을 가지고 있는 구성원을 가정하고, 서로의 생각을 직설적으로 주장하고 논쟁이나 협상을 통해 서로의 의견을 조정해 가는 방법이다.

　㉢ 퍼실리테이션(facilitation) : 촉진을 의미하며 어떤 그룹이나 집단이 의사결정을 잘 하도록 도와주는 일을 의미한다.

2　문제해결능력을 구성하는 하위능력

(1) 사고력

① 창의적 사고 … 개인이 가지고 있는 경험과 지식을 통해 새로운 가치 있는 아이디어를 산출하는 사고 능력이다.

　㉠ 창의적 사고의 특징

　• 정보와 정보의 조합

　• 사회나 개인에게 새로운 가치 창출

　• 창조적인 가능성

예제 2

M사 홍보팀에서 근무하고 있는 귀하는 입사 5년차로 창의적인 기획안을 제출하기로 유명하다. S부장은 이번 신입사원 교육 때 귀하에게 창의적인 사고란 무엇인지 교육을 맡아달라고 부탁하였다. 창의적인 사고에 대한 귀하의 설명으로 옳지 않은 것은?

① 창의적인 사고는 새롭고 유용한 아이디어를 생산해 내는 정신적인 과정이다.

② 창의적인 사고는 특별한 사람들만이 할 수 있는 대단한 능력이다.

③ 창의적인 사고는 기존의 정보들을 특정한 요구조건에 맞거나 유용하도록 새롭게 조합시킨 것이다.

④ 창의적인 사고는 통상적인 것이 아니라 기발하거나, 신기하며 독창적인 것이다.

[출제의도]
창의적 사고에 대한 개념을 정확히 파악하고 있는지를 묻는 문항이다.
[해설]
흔히 사람들은 창의적인 사고에 대해 특별한 사람들만이 할 수 있는 대단한 능력이라고 생각하지만 그리 대단한 능력이 아니며 이미 알고 있는 경험과 지식을 해체하여 다시 새로운 정보로 결합하여 가치 있는 아이디어를 산출하는 사고라고 할 수 있다.

답 ②

ⓛ 발산적 사고 : 창의적 사고를 위해 필요한 것으로 자유연상법, 강제연상법, 비교발상법 등을 통해 개발할 수 있다.

구분	내용
자유연상법	생각나는 대로 자유롭게 발상 ex) 브레인스토밍
강제연상법	각종 힌트에 강제적으로 연결 지어 발상 ex) 체크리스트
비교발상법	주제의 본질과 닮은 것을 힌트로 발상 ex) NM법, Synectics

Point 》 브레인스토밍
ⓐ 진행방법
  • 주제를 구체적이고 명확하게 정한다.
  • 구성원의 얼굴을 볼 수 있는 좌석 배치와 큰 용지를 준비한다.
  • 구성원들의 다양한 의견을 도출할 수 있는 사람을 리더로 선출한다.
  • 구성원은 다양한 분야의 사람들로 5~8명 정도로 구성한다.
  • 발언은 누구나 자유롭게 할 수 있도록 하며, 모든 발언 내용을 기록한다.
  • 아이디어에 대한 평가는 비판해서는 안 된다.
ⓑ 4대 원칙
  • 비판엄금(Support) : 평가 단계 이전에 결코 비판이나 판단을 해서는 안 되며 평가는 나중까지 유보한다.
  • 자유분방(Silly) : 무엇이든 자유롭게 말하고 이런 바보 같은 소리를 해서는 안 된다는 등의 생각은 하지 않아야 한다.
  • 질보다 양(Speed) : 질에는 관계없이 가능한 많은 아이디어들을 생성해내도록 격려한다.
  • 결합과 개선(Synergy) : 다른 사람의 아이디어에 자극되어 보다 좋은 생각이 떠오르고, 서로 조합하면 재미있는 아이디어가 될 것 같은 생각이 들면 즉시 조합시킨다.

② 논리적 사고 … 사고의 전개에 있어 전후의 관계가 일치하고 있는가를 살피고 아이디어를 평가하는 사고능력이다.

ⓐ 논리적 사고를 위한 5가지 요소 : 생각하는 습관, 상대 논리의 구조화, 구체적인 생각, 타인에 대한 이해, 설득

ⓑ 논리적 사고 개발 방법
  • 피라미드 구조 : 하위의 사실이나 현상부터 사고하여 상위의 주장을 만들어가는 방법
  • so what기법 : '그래서 무엇이지?'하고 자문자답하여 주어진 정보로부터 가치 있는 정보를 이끌어내는 사고 기법

③ 비판적 사고 … 어떤 주제나 주장에 대해서 적극적으로 분석하고 종합하며 평가하는 능동적인 사고이다.

ⓐ 비판적 사고 개발 태도 : 비판적 사고를 개발하기 위해서는 지적 호기심, 객관성, 개방성, 융통성, 지적 회의성, 지적 정직성, 체계성, 지속성, 결단성, 다른 관점에 대한 존중과 같은 태도가 요구된다.

ⓛ 비판적 사고를 위한 태도

- 문제의식 : 비판적인 사고를 위해서 가장 먼저 필요한 것은 바로 문제의식이다. 자신이 지니고 있는 문제와 목적을 확실하고 정확하게 파악하는 것이 비판적인 사고의 시작이다.
- 고정관념 타파 : 지각의 폭을 넓히는 일은 정보에 대한 개방성을 가지고 편견을 갖지 않는 것으로 고정관념을 타파하는 일이 중요하다.

(2) 문제처리능력과 문제해결절차

① 문제처리능력 … 목표와 현상을 분석하고 이를 토대로 문제를 도출하여 최적의 해결책을 찾아 실행·평가하는 능력이다.

② 문제해결절차 … 문제 인식 → 문제 도출 → 원인 분석 → 해결안 개발 → 실행 및 평가

ⓐ 문제 인식 : 문제해결과정 중 'waht'을 결정하는 단계로 환경 분석 → 주요 과제 도출 → 과제 선정의 절차를 통해 수행된다.
- 3C 분석 : 환경 분석 방법의 하나로 사업환경을 구성하고 있는 요소인 자사(Company), 경쟁사(Competitor), 고객(Customer)을 분석하는 것이다.

| 예제 3 |

L사에서 주력 상품으로 밀고 있는 TV의 판매 이익이 감소하고 있는 상황에서 귀하는 B부장으로부터 3C분석을 통해 해결방안을 강구해 오라는 지시를 받았다. 다음 중 3C에 해당하지 않는 것은?

① Customer
② Company
③ Competitor
④ Content

[출제의도]
3C의 개념과 구성요소를 정확히 숙지하고 있는지를 측정하는 문항이다.
[해설]
3C 분석에서 사업 환경을 구성하고 있는 요소인 자사(Company), 경쟁사(Competitor), 고객을 3C (Customer)라고 한다. 3C 분석에서 고객 분석에서는 '고객은 자사의 상품·서비스에 만족하고 있는지'를, 자사 분석에서는 '자사가 세운 달성목표와 현상 간에 차이가 없는지'를 경쟁사 분석에서는 '경쟁기업의 우수한 점과 자사의 현상과 차이가 없는지'에 대한 질문을 통해서 환경을 분석하게 된다.

답 ④

- SWOT 분석 : 기업내부의 강점과 약점, 외부환경의 기회와 위협요인을 분석 · 평가하여 문제해결 방안을 개발하는 방법이다.

		내부환경요인	
		강점(Strengths)	약점(Weaknesses)
외부환경요인	기회 (Opportunities)	SO 내부강점과 외부기회 요인을 극대화	WO 외부기회를 이용하여 내부약점을 강점으로 전환
	위협 (Threat)	ST 외부위협을 최소화하기 위해 내부강점을 극대화	WT 내부약점과 외부위협을 최소화

ⓛ 문제 도출 : 선정된 문제를 분석하여 해결해야 할 것이 무엇인지를 명확히 하는 단계로, 문제 구조 파악 → 핵심 문제 선정 단계를 거쳐 수행된다.
- Logic Tree : 문제의 원인을 파고들거나 해결책을 구체화할 때 제한된 시간 안에서 넓이와 깊이를 추구하는데 도움이 되는 기술로 주요 과제를 나무모양으로 분해 · 정리하는 기술이다.
ⓒ 원인 분석 : 문제 도출 후 파악된 핵심 문제에 대한 분석을 통해 근본 원인을 찾는 단계로 Issue 분석 → Data 분석 → 원인 파악의 절차로 진행된다.
ⓔ 해결안 개발 : 원인이 밝혀지면 이를 효과적으로 해결할 수 있는 다양한 해결안을 개발하고 최선의 해결안을 선택하는 것이 필요하다.
ⓜ 실행 및 평가 : 해결안 개발을 통해 만들어진 실행계획을 실제 상황에 적용하는 활동으로 실행계획 수립 → 실행 → Follow-up의 절차로 진행된다.

예제 4

C사는 최근 국내 매출이 지속적으로 하락하고 있어 사내 분위기가 심상치 않다. 이에 대해 Y부장은 이 문제를 극복하고자 문제처리 팀을 구성하여 해결방안을 모색하도록 지시하였다. 문제처리 팀의 문제해결 절차를 올바른 순서로 나열한 것은?

① 문제 인식 → 원인 분석 → 해결안 개발 → 문제 도출 → 실행 및 평가
② 문제 도출 → 문제 인식 → 해결안 개발 → 원인 분석 → 실행 및 평가
③ 문제 인식 → 원인 분석 → 문제 도출 → 해결안 개발 → 실행 및 평가
④ 문제 인식 → 문제 도출 → 원인 분석 → 해결안 개발 → 실행 및 평가

[출제의도]
실제 업무 상황에서 문제가 일어났을 때 해결 절차를 알고 있는지를 측정하는 문항이다.
[해설]
일반적인 문제해결절차는 '문제 인식 → 문제 도출 → 원인 분석 → 해결안 개발 → 실행 및 평가로 이루어진다.

답 ④

코레일 샘플문항

1 Y 프랜차이즈 카페에서는 디저트로 빵, 케이크, 마카롱, 쿠키를 판매하고 있다. 최근 각 지점에서 디저트를 섭취하고 땅콩 알레르기가 발생했다는 민원이 제기되었다. 해당 디저트에는 모두 땅콩이 들어가지 않으며 땅콩을 사용한 제품과 인접 시설에서 제조하고 있다. 아래의 사례를 참고할 때, 다음 중 반드시 거짓인 경우는?

> 땅콩 알레르기 유발 원인이 된 디저트는 빵, 케이크, 마카롱, 쿠키 중 하나이다.
> 각 지점에서 땅콩 알레르기가 있는 손님이 섭취한 디저트와 알레르기 유무는 아래와 같다.
>
> | | |
> |---|---|
> | A 지점 | 빵과 케이크를 먹고 마카롱과 쿠키를 먹지 않은 경우, 알레르기가 발생했다. |
> | B 지점 | 빵과 마카롱을 먹고 케이크와 쿠키를 먹지 않은 경우, 알레르기가 발생하지 않았다. |
> | C 지점 | 빵과 쿠키를 먹고 케이크와 마카롱을 먹지 않은 경우 알레르기가 발생했다. |
> | D 지점 | 케이크와 마카롱을 먹고 빵과 쿠키를 먹지 않은 경우 알레르기가 발생했다. |
> | E 지점 | 케이크와 쿠키를 먹고 빵과 마카롱을 먹지 않은 경우 알레르기가 발생하지 않았다. |
> | F 지점 | 마카롱과 쿠키를 먹고 빵과 케이크를 먹지 않은 경우 알레르기가 발생하지 않았다. |

① A, B, D 지점의 사례만을 고려하면, 케이크가 알레르기의 원인이다.

② A, C, E 지점의 사례만을 고려하면, 빵이 알레르기의 원인이다.

③ B, D, F 지점의 사례만을 고려하면, 케이크가 알레르기의 원인이다.

④ C, D, F 지점의 사례만을 고려하면, 마카롱이 알레르기의 원인이다.

⑤ D, E, F 지점의 사례만을 고려하면, 쿠키는 알레르기의 원인이 아니다.

✔해설 ④ C 지점의 경우 마카롱을 먹지 않은 손님이 알레르기가 발생했고, F 지점의 경우 마카롱을 먹은 손님이 알레르기가 발생하지 않았다. 따라서 C, D, F 지점의 사례만을 고려하면, 마카롱이 알레르기의 원인이라고는 할 수 없다.

2 ○○회사에서는 신입사원이 입사하면 서울 지역 내 5개 지점을 선정하여 순환근무를 하며 업무 환경과 분위기를 익히도록 하고 있다. 입사동기인 A, B, C, D, E의 순환근무 상황에 대해 알려진 사실이 다음과 같을 때, 반드시 참인 것은?

- 각 지점에는 한 번에 한 명의 신입사원만 근무할 수 있다.
- 5개의 지점은 강남, 구로, 마포, 잠실, 종로이며 모든 지점에 한 번씩 배치된다.
- 지금은 세 번째 순환근무 기간이고 현재 근무하는 지점은 다음과 같다.
  [A – 잠실, B – 종로, C – 강남, D – 구로, E – 마포]
- C와 B는 구로에서 근무한 적이 있다.
- D의 다음 근무지는 강남이고 종로에서 가장 마지막에 근무한다.
- E와 D는 잠실에서 근무한 적이 있다.
- 마포에서 아직 근무하지 않은 사람은 A와 B이다.
- B가 현재 근무하는 지점은 E의 첫 순환근무지이고 E가 현재 근무하는 지점은 A의 다음 순환 근무지이다.

① E는 아직 구로에서 근무하지 않았다.
② C는 마포에서 아직 근무하지 않았다.
③ 다음 순환근무 기간에 잠실에서 근무하는 사람은 C이다.
④ 지금까지 강남에서 근무한 사람은 A, E, B이다.
⑤ 강남에서 가장 먼저 근무한 사람은 D이다.

✔해설 주어진 조건에 따라 신입사원별로 이미 근무한 곳과 그렇지 않은 곳을 정리하면 다음과 같다.

구분	A	B	C	D	E
현재 근무 중(세 번째)	잠실	종로	강남	구로	마포
이미 근무		구로	구로, 마포	잠실, 마포	잠실, 종로
앞으로 근무	마포	마포	잠실, 종로	강남, 종로	강남, 구로

① E는 현재 마포에서 근무 중이고 잠실과 종로에서 이미 근무했으므로 구로에서는 근무하지 않았다가 반드시 참이 된다.

Answer 1.④ 2.①

3 ○○기관 가, 나, 다, 라 직원 4명은 둥그런 탁자에 둘러앉아 인턴사원 교육 관련 회의를 진행하고 있다. 직원들은 각자 인턴 A, B, C, D를 한 명씩 맡아 교육하고 있다. 아래에 제시된 조건에 따라, 직원과 인턴이 알맞게 짝지어진 한 쌍은?

> • B 인턴을 맡고 있는 직원은 다 직원의 왼편에 앉아 있다.
> • A 인턴을 맡고 있는 직원 맞은편에는 B 인턴을 맡고 있는 직원이 앉아 있다.
> • 라 직원은 다 직원 옆에 앉아 있지 않으나, A 인턴을 맡고 있는 직원 옆에 앉아 있다.
> • 나 직원은 가 직원 맞은편에 앉아 있으며, 나 직원의 오른편에는 라 직원이 앉아 있다.
> • 시계 6시 방향에는 다 직원이 앉아있으며, 맞은편에는 D 인턴을 맡고 있는 사원이 있다.

① 가 직원 – A 인턴 　　　　　② 나 직원 – D 인턴

③ 라 직원 – A 인턴 　　　　　④ 다 직원 – C 인턴

⑤ 라 직원 – B 인턴

✔ 해설 둥그런 탁자에 직원과 인턴사원이 한 명씩 짝을 지어 앉아 있는 경우를 가정하고 제시된 조건을 하나씩 적용해 나가면 다음과 같다.
　• B 인턴을 맡고 있는 직원은 다 직원의 왼편에 앉아 있다. → 우선 B 인턴의 자리를 임의로 정한다. 조건에서 B 인턴을 맡고 있는 직원이 다 직원의 왼편에 앉아 있다고 하였으므로, 다 직원은 B 인턴을 맡고 있는 직원의 오른편에 앉아 있음을 알 수 있다.

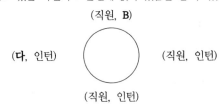

　• A 인턴을 맡고 있는 직원 맞은편에는 B 인턴을 맡고 있는 직원이 앉아 있다. → A 인턴의 자리는 B 인턴의 맞은편이 된다.

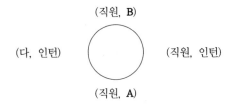

• 라 직원은 다 직원 옆에 앉아 있지 않으나, A 인턴을 맡고 있는 직원 옆에 앉아 있다. → 다 직원 옆이 아니면서 A 인턴을 맡고 있는 직원 옆이 라 직원의 자리이다.

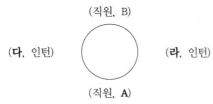

• 나 직원은 가 직원 맞은편에 앉아 있으며, 나 직원의 오른편에는 라 직원이 앉아 있다. → 나 직원의 오른편에는 라 직원이 앉아 있다고 하였으므로, 나 직원의 자리는 라 직원의 왼편이고 남은 자리가 가 직원의 자리가 된다. 여기서 직원 4명의 자리가 모두 결정된다.

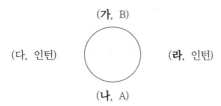

• 시계 6시 방향에는 다 직원이 앉아있으며, 맞은편에는 D 인턴을 맡고 있는 사원이 있다. → 시계 6시 방향에 다 직원이 앉아있다는 조건에 따라 위에서 임의로 정한 위치를 수정하고(참고로 이 조건을 먼저 고려하여 자리를 배치해 나간다면 위치를 수정하는 과정 없이 빠르게 문제를 해결할 수 있다), 다 직원의 맞은편에 D 인턴을 배치하면 C 인턴의 자리는 자연스럽게 남은 한 자리가 된다. 여기서 직원과 인턴사원 8명의 자리가 모두 정해진다.

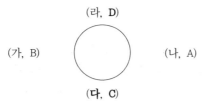

4 다음은 개인정보보호법의 일부이다. 제시된 자료를 참고할 때, 상법상 공공기관에 속하지 않는 기업에서 근무하는 개인정보처리자의 행위로 적법하다고 보기 어려운 것을 고르시오.

제15조(개인정보의 수집이용)

제1항 개인정보처리자는 다음 각 호의 어느 하나에 해당하는 경우에는 개인정보를 수집할 수 있으며 그 수집 목적의 범위에서 이용할 수 있다.

제1호 정보주체의 동의를 받은 경우

제2호 법률에 특별한 규정이 있거나 법령상 의무를 준수하기 위하여 불가피한 경우

제3호 공공기관이 법령 등에서 정하는 소관 업무의 수행을 위하여 불가피한 경우

제4호 정보주체와의 계약의 체결 및 이행을 위하여 불가피하게 필요한 경우

제2항 개인정보처리자는 제1항 제1호에 따른 동의를 받을 때에는 다음 각 호의 사항을 정보주체에게 알려야 한다. 다음 각 호의 어느 하나의 사항을 변경하는 경우에도 이를 알리고 동의를 받아야 한다.

제1호 개인정보의 수집이용 목적

제2호 수집하려는 개인정보의 항목

제3호 개인정보의 보유 및 이용 기간

제4호 동의를 거부할 권리가 있다는 사실 및 동의 거부에 따른 불이익이 있는 경우에는 그 불이익의 내용

개인정보보호법 시행규칙

제2조(공공기관에 의한 개인정보의 목적 외 이용 또는 제3자 제공의 공고)

공공기관은 개인정보를 목적 외의 용도로 이용하거나 제3자에게 제공(이하 "목적외이용등"이라 한다)하는 경우에는 「개인정보 보호법」(이하 "법"이라 한다) 제18조 제4항에 따라 개인정보를 목적외이용등을 한 날부터 30일 이내에 다음 각 호의 사항을 관보 또는 인터넷 홈페이지에 게재하여야 한다. 이 경우 인터넷 홈페이지에 게재할 때에는 10일 이상 계속 게재하되, 게재를 시작하는 날은 목적외이용등을 한 날부터 30일 이내여야 한다.

제1호 목적외이용등을 한 날짜

제2호 목적외이용등의 법적 근거

제3호 목적외이용등의 목적

제4호 목적외이용등을 한 개인정보의 항목

① 정보주체의 동의를 받아 개인정보를 수집한다.

② 개인정보를 제3자에게 제공하면 동 사항을 인터넷에 반드시 게재한다.

③ 법률에 따라 개인정보를 수집하고 이용한다.

④ 개인정보의 이용 목적이 변경된 경우 정보주체에게 알린다.

⑤ 입찰공고에 따른 낙찰자와의 계약을 체결하기 위하여 개인정보를 수집한다.

✔ 해설 ② 우선 문제에서 '상법상 공공기관에 속하지 않는 기업에서 근무하는 개인정보처리자'라고 전제하고 있음을 유념해야 한다. 개인정보보호법 시행규칙 제2조에 따르면 개인정보를 제3자에게 제공하는 경우에는 관보 또는 인터넷 홈페이지에 게재하여야 한다고 규정하고 있지만, 이는 공공기관에 의한 개인정보의 제3자 제공의 경우이다. 따라서 공공기관에 속하지 않는 기업에서 근무하는 개인정보처리자의 경우 해당되지 않으며, 기업에서 이 조항을 따른다고 하여도 관보 또는 인터넷 홈페이지에 게재하여야 하는 것이므로 반드시 인터넷에 게재해야 하는 것은 아니다.

① 제15조 제1항 제1호에 규정된 행위로 적법하다.

③ 기본적인 업무 수행 지침이라고 할 수 있다.

④ 제15조 제2항에 따르면 개인정보의 수집·이용 목적을 변경하는 경우에도 정보주체에게 이를 알리고 동의를 받아야 한다.

⑤ 제15조 제1항 제4호에 규정된 행위로 적법하다.

Answer 4.②

5 제시된 자료만을 근거로 보기 중 진위판별(참 또는 거짓)이 옳은 것을 고르시오.

> '문화지체(cultural lag)'는 광의의 문화 요소들 사이에 변화의 속도가 달라 그 사이에 괴리가 생기는 현상을 말한다. 테크놀로지, 경제, 사회조직, 가치 등 네 가지 요소를 놓고 말하자면, 이들의 변동 속도가 각기 다르다는 것이다. 이들의 변동 속도가 빠른 순서대로 보자면, 테크놀로지, 경제, 사회조직, 가치 순이다. 이들 변동 속도의 차이가 낳기 마련인 상호 간 심한 부조화는 문화적 갈등과 사회적 혼란의 요인이 된다.
> 일부 국가의 경우엔 '문화지체'에 '역사지체'까지 가세했다. '압축적 경장'과 더불어 관습적 사회체제가 인위적으로 특정 부문을 억누르고 특정 부문을 키웠기 때문에 그렇게 하지 않았어도 발생했을 '문화지체가' 훨씬 더 증폭된 형태로 나타났다는 것이다.

① [참] 문화지체는 문화적 갈등과 사회적 혼란의 요인이 된다.
② [참] 경제의 변동 속도는 가치의 변동 속도보다 느리다.
③ [거짓] 테크놀로지의 변동 속도는 가치의 변동 속도보다 빠르다.
④ [거짓] 문화지체는 문화 요소들 간의 변화 속도 차이로 발생한다.
⑤ [거짓] 문화지체는 문화 요소들 간의 괴리로 인하여 생기는 현상이다.

✔해설 ① '이들 변동 속도의 차이가 낳기 마련인 상호 간 심한 부조화는 문화적 갈등과 사회적 혼란의 요인이 된다.'는 문장에서 [참]임을 알 수 있다.
②③ 자료에 따르면 변동 속도가 빠른 순서는 테크놀로지, 경제, 사회조직, 가치 순이다. 따라서 ②는 [거짓]이고 ③은 [참]이다.
④⑤ 첫 문장에서 '문화지체(cultural lag)'는 광의의 문화 요소들 사이에 변화의 속도가 달라 그 사이에 괴리가 생기는 현상이라고 언급하고 있다. 따라서 ④⑤는 모두 [참]이다.

6 화재조사반원인 K는 2018년 12월 25일 발생한 총 6건의 화재에 대하여 보고서를 작성하고 있다. 화재 발생 순서에 대한 타임라인이 다음과 같을 때, 세 번째로 발생한 화재는? (단, 동시에 발생한 화재는 없다)

> ㉠ 화재 C는 네 번째로 발생하였다.
> ㉡ 화재 A는 화재 E보다 먼저 발생하였다.
> ㉢ 화재 B는 화재 A보다 먼저 발생하였다.
> ㉣ 화재 E는 가장 나중에 발생하지 않았다.
> ㉤ 화재 F는 화재 B보다 나중에 발생하지 않았다.
> ㉥ 화재 C는 화재 E보다 나중에 발생하지 않았다.
> ㉦ 화재 C는 화재 D보다 먼저 발생하였으나, 화재 B보다는 나중에 발생하였다.

① A   ② B
③ C   ④ D
⑤ E

✔️해설 각 조건에서 알 수 있는 내용을 정리하면 다음과 같다.
㉠ 화재 C는 네 번째로 발생하였다.

첫 번째	두 번째	세 번째	C	다섯 번째	여섯 번째

㉡ 화재 A는 화재 E보다 먼저 발생하였다. →A > E
㉢ 화재 B는 화재 A보다 먼저 발생하였다. →B > A
㉣ 화재 E는 가장 나중에 발생하지 않았다. →화재 E는 2~3번째(∵ ㉡에 의해 A > E이므로) 또는 5번째로 발생하였다.
㉤ 화재 F는 화재 B보다 나중에 발생하지 않았다. →F > B
㉥ 화재 C는 화재 E보다 나중에 발생하지 않았다. →C > E
㉦ 화재 C는 화재 D보다 먼저 발생하였으나, 화재 B보다는 나중에 발생하였다. →B > C > D
따라서 모든 조건을 조합해 보면, 화재가 일어난 순서는 다음과 같으며 세 번째로 발생한 화재는 A이다.

F	B	A	C	E	D

7 다음은 □□전자의 스마트폰 사용에 관한 조사 설계의 일부분이다. 본 설문조사의 목적으로 가장 적합하지 않은 것은?

---

1. 조사 목적

　

2. 과업 범위
① 조사 대상 : 서울과 수도권에 거주하고 있으며 최근 5년 이내에 스마트폰 변경 이력이 있고, 향후 1년 이내에 스마트폰 변경 의향이 있는 만 20~30세의 성인 남녀
② 조사 방법 : 구조화된 질문지를 이용한 온라인 조사
③ 표본 규모 : 총 1,000명

3. 조사 내용
① 시장 환경 파악 : 스마트폰 시장 동향 (사용기기 브랜드 및 가격, 기기사용 기간 등)
② 과거 스마트폰 변경 현황 파악 : 변경 횟수, 변경 사유 등
③ 향후 스마트폰 변경 잠재 수요 파악 : 변경 사유, 선호 브랜드, 변경 예산 등
④ 스마트폰 구매자를 위한 개선 사항 파악 : 스마트폰 구매자를 위한 요금할인, 사은품 제공 등 개선 사항 적용 시 스마트폰 변경 의향
⑤ 배경정보 파악 : 인구사회학적 특성 (연령, 성별, 거주 지역 등)

4. 결론 및 기대효과

---

① 스마트폰 구매자를 위한 요금할인 프로모션 시행의 근거 마련
② 평균 스마트폰 기기사용 기간 및 주요 변경 사유 파악
③ 광고 매체 선정에 참고할 자료 구축
④ 스마트폰 구매 시 사은품 제공 유무가 구입 결정에 미치는 영향 파악
⑤ 향후 출시할 스마트폰 가격 책정에 활용할 자료 구축

　✔해설　제시된 설문조사에는 광고 매체 선정에 참고할 만한 조사 내용이 포함되어 있지 않다. 따라서 ③은 이 설문조사의 목적으로 적합하지 않다.

8 甲그룹은 A~G의 7개 지사를 가지고 있다. 아래에 제시된 조건에 따라, A에서 가장 멀리 떨어진 지사는? (단, 모든 지사는 동일 평면상에 있으며, 지사의 크기는 고려하지 않는다)

- E, F, G는 순서대로 정남북 방향으로 일직선상에 위치하며, B는 C로부터 정동쪽으로 250km 떨어져 있다.
- C는 A로부터 정남쪽으로 150km 떨어져 있다.
- D는 B의 정북쪽에 있으며, B와 D 간의 거리는 A와 C 간의 거리보다 짧다.
- E와 F 간의 거리는 C와 D 간의 직선거리와 같다.
- G는 D로부터 정동쪽으로 350km 거리에 위치해 있으며, A의 정동쪽에 위치한 지사는 F가 유일하다.

① B ② D
③ E ④ F
⑤ G

✅**해설** 7개의 지사 위치를 대략적으로 나타내면 다음과 같다. 따라서 A에서 가장 멀리 떨어진 지사는 E이다.

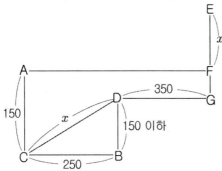

출제예상문제

1 각각 다른 지역에서 모인 갑, 을, 병, 정, 무 5명은 자신들이 거주하는 지역의 교통비에 대해서 다음과 같이 말하였는데, 이 중 4명은 진실을, 나머지 1명은 거짓말을 하였다. 다음의 주장을 근거로 거짓말을 하지 않았다고 확신할 수 있는 사람은 누구인가? (단, 교통비가 동일한 지역은 없다고 가정한다.)

> 갑 : "을이 사는 지역은 병이 사는 지역보다 교통비가 비싸다."
> 을 : "갑이 사는 지역은 정이 사는 지역보다 교통비가 비싸다."
> 병 : "무가 사는 지역은 갑이 사는 지역보다 교통비가 비싸다."
> 정 : "병이 사는 지역은 무가 사는 지역보다 교통비가 비싸다."
> 무 : "을이 사는 지역은 정이 사는 지역보다 교통비가 비싸다."

① 갑   ② 을
③ 병   ④ 정
⑤ 무

✔ **해설** 5명이 말한 내용을 근거로 교통비의 순위를 적어 보면 을 지역 > 병 지역 > 무 지역 > 갑 지역 > 정 지역의 순이다. '거짓말과 관련된 추리의 문제는 제시된 각 항목을 하나씩 대입하며 각각의 경우에 조건들이 모순이 없는지를 확인하는 방식의 문제풀이가 되어야 하므로 어느 것을 먼저 대입해 보느냐에 따라 문제풀이에 소요되는 시간이 달라질 수 있다. 이 경우, 순위가 가장 멀리 떨어진 을과 정의 대소 관계를 언급한 '무'의 말을 거짓이라고 가정해 보는 것도 하나의 문제풀이 방법이 될 수 있다.
다른 사람들은 모두 연이은 사람의 순위를 언급하고 있으므로 그들의 말이 거짓일 경우, 두 사람의 순위만 바뀌면 다른 모순점이 없게 되므로 거짓을 말하고 있어도 논리 관계에 모순을 일으키지 않게 되어 거짓인지 아닌지를 확신할 수 없게 된다. 그러나 '무'의 말이 거짓이라면 가장 큰 순위와 가장 작은 순위가 달라지기 때문에 나머지 중간에 있는 순위들 모두에 영향을 주어 4명은 진실을 말하고 1명만 거짓을 말하는 조건에 위배되므로 '무'의 말은 거짓이 될 수 없다. 따라서 '무'의 말은 적어도 진실이라고 확신할 수 있다.

2 다음 조건을 참고할 때, 5명이 입고 있는 옷의 색깔을 올바르게 설명하고 있는 것은 어느 것인가?

> • 갑, 을, 병, 정, 무 5명은 각기 빨간색, 파란색, 검은색, 흰색 옷을 입고 있으며 같은 색 옷을 입은 사람은 2명이다.
> • 병과 정은 파란색과 검은색 옷을 입지 않았다.
> • 을과 무는 흰색과 빨간색 옷을 입지 않았다.
> • 갑, 을, 병, 정은 모두 다른 색 옷을 입고 있다.
> • 을, 병, 정, 무는 모두 다른 색 옷을 입고 있다.

① 병과 정은 같은 색 옷을 입고 있다.

② 정이 흰색 옷을 입고 있다면, 병은 무와 같은 색 옷을 입고 있다.

③ 무가 파란색 옷을 입고 있다면, 갑은 검은색 옷을 입고 있다.

④ 병이 빨간색 옷을 입고 있다면, 갑은 흰색 옷을 입고 있다.

⑤ 을이 검은색 옷을 입고 있다면, 파란색 옷을 입은 사람이 2명이다.

✔해설 주어진 조건을 표로 정리하면 다음과 같다.

갑	을	병	정	무
흰색, 빨간색 검은색, 파란색	파란색, 검은색 흰색, 빨간색	파란색, 검은색 흰색, 빨간색	흰색, 빨간색 검은색, 파란색	

위와 같은 정보를 통하여 흰색과 빨간색은 병과 정이 검은색과 파란색은 을과 무가 각각 입고 있으며, 네 번째와 다섯 번째 조건에 의해서 같은 색 옷을 입고 있는 사람은 갑과 무가 되는 것을 알 수 있다. 따라서 선택지 ⑤에서 언급한 바와 같이 을이 검은색 옷을 입고 있다면 무는 파란색 옷을 입고 있는 것이 되므로, 갑도 파란색 옷을 입고 있는 것이 되어 파란색 옷을 입고 있는 사람은 2명이 된다.

Answer 1.⑤ 2.⑤

3 다음을 참고할 때, '오늘' 설정된 암호 키는 무엇인가?

> A기업은 기업의 기밀사항 유지를 위해 지하에 기밀문서보관실을 만들고, 소수의 직원만 알 수 있는 암호 키를 설정해 두었다. 암호 키는 매일 바뀌며 암호 키의 설정 방법은 다음과 같다.
> 알파벳 A~Z까지의 문자를 각각 1~26까지의 숫자에 차례로 대입한 후 문자를 뒤로 5칸 미루고(6에 해당하는 알파벳은 'A'가 된다), 대문자의 경우에는 해당 숫자의 제곱값을 갖게 한다. 매일 다른 단어를 지정해 그 단어에 쓰인 모든 알파벳의 합이 그 날의 암호키가 되며, 오늘의 단어는 'KoRail'이다.

① 352   ② 382

③ 432   ④ 482

⑤ 512

✔ **해설** 숫자와 문자를 대입하여 표를 만들면 다음과 같다.

1	2	3	4	5	6	7	8	9	10	11	12	13	14	15	16	17	18	19	20	21	22	23	24	25	26
A	B	C	D	E	F	G	H	I	J	K	L	M	N	O	P	Q	R	S	T	U	V	W	X	Y	Z

따라서 오늘의 암호 키에 해당하는 숫자는 $121(11^2)+15+324(18^2)+1+9+12=482$ 가 된다.

4 甲 주식회사의 감사위원회는 9인으로 구성되어 있다. 다음에 제시된 법률 규정에서 밑줄 친 부분에 해당하지 않는 사람은?

> 감사위원회는 3인 이상의 이사로 구성한다. 다만 <u>다음 각 호에 해당하는</u> 자가 위원의 3분의 1을 넘을 수 없다.
> 1. 회사의 업무를 담당하는 이사 및 피용자(고용된 사람) 또는 선임된 날부터 2년 이내에 업무를 담당한 이사 및 피용자이었던 자
> 2. 최대 주주가 자연인인 경우 본인, 배우자 및 직계존·비속
> 3. 최대 주주가 법인인 경우 그 법인의 이사, 감사 및 피용자
> 4. 이사의 배우자 및 직계존·비속
> 5. 회사의 모회사 또는 자회사의 이사, 감사 및 피용자
> 6. 회사와 거래관계 등 중요한 이해관계에 있는 법인의 이사, 감사 및 피용자
> 7. 회사의 이사 및 피용자가 이사로 있는 다른 회사의 이사, 감사 및 피용자

① 甲 주식회사 최대 주주 A의 법률상의 배우자

② 甲 주식회사와 하청계약을 맺고 있는 乙 주식회사의 감사 B

③ 甲 주식회사 이사 C의 자녀

④ 甲 주식회사 자재부장 D가 이사로 있는 丙 주식회사의 총무과장 E

⑤ 甲 주식회사의 모회사인 丁 주식회사의 최대 주주 F

✔해설 ① 2호 : 최대 주주가 자연인인 경우 본인, 배우자 및 직계존·비속
② 6호 : 회사와 거래관계 등 중요한 이해관계에 있는 법인의 이사, 감사 및 피용자
③ 4호 : 이사의 배우자 및 직계존·비속
④ 7호 : 회사의 이사 및 피용자가 이사로 있는 다른 회사의 이사, 감사 및 피용자

5 다음은 버블정렬에 관한 설명과 예시이다. 보기에 있는 수를 버블 정렬을 이용하여 오름차순으로 정렬하려고 한다. 1회전의 결과는?

버블정렬은 인접한 두 숫자의 크기를 비교하여 교환하는 방식으로 정렬한다. 이때 인접한 두 숫자는 수열의 맨 앞부터 뒤로 이동하며 비교된다. 맨 마지막 숫자까지 비교가 이루어져 가장 큰 수가 맨 뒷자리로 이동하게 되면 한 회전이 끝난다. 다음 회전에는 맨 뒷자리로 이동한 수를 제외하고 같은 방식으로 비교 및 교환이 이루어진다. 더 이상 교환할 숫자가 없을 때 정렬이 완료된다. 교환은 두 개의 숫자가 서로 자리를 맞바꾸는 것을 말한다.

〈예시〉

30, 15, 40, 10을 정렬하려고 한다.
• 1회전
  (30, 15), 40, 10 : 30>15 이므로 교환
  15, (30, 40), 10 : 40>30 이므로 교환이 이루어지지 않음
  15, 30, (40, 10) : 40>10 이므로 교환
  1회전의 결과 값 : 15, 30, 10, 40
• 2회전 (40은 비교대상에서 제외)
  (15, 30), 10, 40 : 30>15 이므로 교환이 이루어지지 않음
  15, (30, 10), 40 : 30>10 이므로 교환
  2회전의 결과 값 : 15, 10, 30, 40
• 3회전 (30, 40은 비교대상에서 제외)
  (15, 10), 30, 40 : 15>10이므로 교환
  3회전 결과 값 : 10, 15, 30, 40 →교환 완료

〈보기〉
9, 6, 7, 3, 5

① 6, 3, 5, 7, 9
② 3, 5, 6, 7, 9
③ 6, 7, 3, 5, 9
④ 9, 6, 7, 3, 5
⑤ 6, 7, 9, 5, 3

버블 정렬은 서로 이웃한 데이터들을 비교하여 가장 큰 데이터를 가장 뒤로 보내는 정렬이다.

㉠ 1회전

9↔6	7	3	5
6	9↔7	3	5
6	7	9↔3	5
6	7	3	9↔5
6	7	3	5	9

㉡ 2회전

6	7↔3	5	9
6	3	7↔5	9
6	3	5	7	9

㉢ 3회전

6↔3	5	7	9
3	6↔5	7	9
3	5	6	7	9

6 다음에 제시된 정보를 종합할 때, 서류장 10개와 의자 10개의 가격은 테이블 몇 개의 가격과 같은가?

> • 홍보팀에서는 테이블, 의자, 서류장을 다음과 같은 수량으로 구입하였다.
> • 테이블 5개와 의자 10개의 가격은 의자 5개와 서류장 10개의 가격과 같다.
> • 의자 5개와 서류장 15개의 가격은 의자 5개와 테이블 10개의 가격과 같다.

① 8개 ② 9개
③ 10개 ④ 11개
⑤ 12개

두 번째 정보에서 테이블 1개와 의자 1개의 가격의 합은 서류장 2개의 가격과 같음을 알 수 있다.
세 번째 정보에서 두 번째 정보를 대입하면 테이블 2개와 의자 1개는 의자 5개와 서류장 15개의 가격과 같아지게 된다. 따라서 테이블 1개는 의자 1개와 서류장 1개의 가격과 같아진다는 것을 알 수 있다. 그러므로 서류장 2개와 의자 2개는 테이블 2개와 같은 가격이 된다. 결국 서류장 10개와 의자 10개의 가격은 테이블 10개의 가격과 같다.

Answer 5.③ 6.③

7 다음은 A단체에서 지원하는 〈귀농인 주택시설 개선사업 개요〉와 〈심사 기초 자료〉이다. 이를 근거로 판단할 때, 지원 대상 가구만을 모두 고르면?

〈귀농인 주택시설 개선사업 개요〉

① 사업목적 : 귀농인의 안정적인 정착을 도모하기 위해 일정 기준을 충족하는 귀농가구의 주택 개·보수 비용을 지원

② 신청자격 : 귀농가구 중 거주기간이 신청마감일(2014. 4. 30.) 현재 전입일부터 6개월 이상 이고, 가구주의 연령이 20세 이상 60세 이하인 가구

③ 심사기준 및 점수 산정방식

  ㉠ 신청마감일 기준으로 다음 심사기준별 점수를 합산한다.

  ㉡ 심사기준별 점수

  • 거주기간 : 10점(3년 이상), 8점(2년 이상 3년 미만), 6점(1년 이상 2년 미만), 4점(6개월 이상 1년 미만)

    ※ 거주기간은 전입일부터 기산한다.

  • 가족 수 : 10점(4명 이상), 8점(3명), 6점(2명), 4점(1명)

    ※ 가족 수에는 가구주가 포함된 것으로 본다.

  • 영농규모 : 10점(1.0ha 이상), 8점(0.5ha 이상 1.0ha 미만), 6점(0.3ha 이상 0.5ha 미만), 4점(0.3ha 미만)

  • 주택노후도 : 10점(20년 이상), 8점(15년 이상 20년 미만), 6점(10년 이상 15년 미만), 4점(5년 이상 10년 미만)

  • 사업시급성 : 10점(매우 시급), 7점(시급), 4점(보통)

④ 지원내용

  ㉠ 예산액 : 5,000,000원

  ㉡ 지원액 : 가구당 2,500,000원

  ㉢ 지원대상 : 심사기준별 점수의 총점이 높은 순으로 2가구. 총점이 동점일 경우 가구주의 연령이 높은 가구를 지원. 단, 하나의 읍·면당 1가구만 지원 가능

〈심사 기초 자료(2014. 4. 30. 현재)〉

귀농가구	가구주 연령(세)	주소지(읍·면)	전입일	가족 수(명)	영농규모(ha)	주택노후도(년)	사업시급성
甲	49	A	2010. 12. 30	1	0.2	17	매우 시급
乙	48	B	2013. 5. 30	3	1.0	13	매우 시급
丙	56	B	2012. 7. 30	2	0.6	23	매우 시급
丁	60	C	2013. 12. 30	4	0.4	13	시급
戊	33	D	2011. 9. 30	2	1.2	19	보통

① 甲, 乙   ② 甲, 丙

③ 乙, 丙   ④ 乙, 丁

⑤ 丙, 戊

✔해설 甲~戊의 심사기준별 점수를 산정하면 다음과 같다.

	거주기간	가족 수	영농 규모	주택 노후도	사업 시급성	총점
甲	10	4	4	8	10	36
乙	4	8	10	6	10	38
丙	6	6	8	10	10	40
丁	신청마감일 현재 전입일부터 6개월 이상의 신청자격 미달					
戊	8	6	10	8	4	36

따라서 상위 2가구는 丙과 乙이 되는데, 2가구의 주소지가 B읍·면으로 동일하므로 총점이 더 높은 丙을 지원하고, 나머지 1가구는 甲, 戊의 총점이 동점이므로 가구주의 연령이 더 높은 甲을 지원하게 된다.

8 다음 중 논리적인 오류를 범하고 있지 않은 문장은 어느 것인가?

① 이 지역을 개발한다는 말은 결국 지역 내 하천을 모두 매립한다는 건데, 말이 됩니까?

② MSG의 유해함이 입증되지 않았으므로 MSG는 무해한 것이다.

③ '까마귀 날자 배 떨어진다.'는 말은 까마귀가 날지 않으면 배는 떨어지지 않는다는 말이 아니지.

④ 너도 담배를 피우고 있으니, 내가 쓰레기를 버리는 것은 잘못된 행위가 아니다.

⑤ 거짓말은 나쁜 일이니까 적군에게 아군이 숨어있는 곳을 솔직히 말해줘야겠군.

✔해설 논리적 오류를 범하지 않은 문장이다. 배가 떨어지는 이유를 까마귀가 날았기 때문이라고 해석한다면 '원인 판단의 오류'를 범한 경우가 될 수 있으나, 이러한 추론의 오류를 범하지 않은 경우이다.

① 상대방이 의도하지 않은 것을 강조하거나 허점을 비판하여 자신의 주장을 내세우는 '허수아비 공격의 오류'에 해당한다.

② 참이라고 밝혀지지 않았으므로 거짓이라고 주장하거나, 거짓임이 명백하지 않으므로 참이라고 주장하는 오류로서 '무지로부터의 오류'라고 일컫는다.

④ 상대방이 처한 상황도 자신과 마찬가지의 상황이므로 이를 통해 자신의 행위를 정당화하려는 오류로서 '피장파장의 오류'이다.

⑤ 한 원칙을 맥락에 대한 고려 없이 모든 상황에 무조건 적용하는 오류로 일서 '원칙 혼동의 오류'에 해당한다.

Answer   7.②   8.③

9 다음 글과 〈법조문〉을 근거로 판단할 때, 甲이 乙에게 2,000만 원을 1년간 빌려주면서 선이자로 800만 원을 공제하고 1,200만 원만을 준 경우, 乙이 갚기로 한 날짜에 甲에게 전부 변제하여야 할 금액은?

> 돈이나 물품 등을 빌려 쓴 사람이 돈이나 같은 종류의 물품을 같은 양만큼 갚기로 하는 계약을 소비대차라 한다. 소비대차는 이자를 지불하기로 약정할 수 있고, 그 이자는 일정한 이율에 의하여 계산한다. 이런 이자는 돈을 빌려주면서 먼저 공제할 수도 있는데, 이를 선이자라 한다. 한편 약정 이자의 상한에는 법률상의 제한이 있다.

〈법조문〉

제72조
① 금전소비대차에 관한 계약상의 최고이자율은 연 30%로 한다.
② 계약상의 이자로서 제1항에서 정한 최고이자율을 초과하는 부분은 무효로 한다.
③ 약정금액(당초 빌려주기로 한 금액)에서 선이자를 사전공제한 경우, 그 공제액이 '채무자가 실제 수령한 금액'을 기준으로 하여 제1항에서 정한 최고이자율에 따라 계산한 금액을 초과하면 그 초과부분은 약정금액의 일부를 변제한 것으로 본다.

① 760만 원
② 1,000만 원
③ 1,560만 원
④ 1,640만 원
⑤ 1,800만 원

✔해설 채무자인 乙이 실제 수령한 금액인 1,200만 원을 기준으로 최고연이자율 연 30%를 계산하면 360만 원이다. 그런데 선이자 800만 원을 공제하였으므로 360만 원을 초과하는 440만 원은 무효이며, 약정금액 2,000만 원의 일부를 변제한 것으로 본다. 따라서 1년 후 乙이 갚기로 한 날짜에 甲에게 전부 변제하여야 할 금액은 2,000−440=1,560만 원이다.

10 다음은 각 항공사별 수하물 규정을 표로 나타낸 것이다. 이를 잘못 이해한 것은?

	화물용	기내반입용
A항공	A+B+C=158cm이하, 각 23kg, 2개	A+B+C=115cm 이하, 10~12kg, 2개
B항공		A+B+C=115cm 이하, 10~12kg, 1개
C항공	A+B+C=158cm이하, 20kg, 1개	A+B+C=115cm 이하, 7~12kg, 2개
D항공	A+B+C=158cm이하, 각 20kg, 2개	A+B+C=115cm 이하, 14kg 이하, 1개
E항공		A+B+C=120cm 14~16kg, 1개

(A, B, C는 가방의 가로, 세로, 높이의 길이)

① 기내 반입용 가방이 최소한 2개인 사람은 A, C항공사만 이용할 수 있다.

② 가방 세 개 중 A+B+C의 합이 2개는 155cm, 1개는 118cm이니 E항공사를 이용하면 된다.

③ 무게로만 따지면 C항공사보다 B항공사를 이용하면 더 많은 짐을 챙길 수 있다.

④ 가방의 총 무게가 55kg을 넘어가면 반드시 A항공사를 이용해야 한다.

⑤ A+B+C의 합이 115cm인 13kg 가방 2개를 기내에 가지고 탈 수 있는 방법은 없다.

✔해설 ④ E항공사의 경우 화물용 가방 2개의 총 무게가 20×2=40kg, 기내반입용 가방 1개의 최대무게는 16 kg이므로 총 56kg까지 허용되기 때문에 E항공사도 이용이 가능하다. 반드시 A항공사를 이용해야만 하는 것은 아니다.
　① 기내에 가방 2개를 반입할 수 있는 항공사는 A, C항공사뿐이다.
　② E항공사를 이용해 115cm 2개는 화물용 보내고, 118cm 1개는 기내에 반입하면 된다.
　③ B항공사는 총 58kg을 허용, C항공사는 총 44kg을 허용한다.
　⑤ 2개를 기내에 반입할 수 있는 항공사는 A, C항공사지만, 둘 모두 무게제한을 12kg으로 뒀다.

11 다음은 빔 프로젝터의 A/S 규정을 정리한 것이다. 〈보기〉의 고객이 요청한 수리비용은 얼마인가?

• A/S 관련 규정
- 무상수리기간은 제품 구입 후 1년입니다.
- 제품의 볼트 구멍에 붙은 QC 스티커를 제거하시면 무상수리기간 이내라 하더라도 무상수리가 불가능합니다.
- 간단한 접촉 불량 등의 수리는 국내에서 가능하나 주요 부품의 교체를 요하는 수리는 제품을 중국으로 보내고 다시 받아야 하므로 기간이 오래 소요될 수 있습니다. (10일~20일 예상)
- 사용자의 과실이나 부주의로 인한 고장 또는 파손의 경우에는 수리대상에서 제외됩니다. (파손, 침수, 불법 프로그램 설치 등)
- LCD나 보드 관련 A/S 사항은 중국 내 별도의 A/S센터에서, 전원 및 그 외 이상증상의 경우 제조공장에서 조치됩니다.
• 유상수리비용 안내
- LCD 화면 이상 : 50,000원
- 전원 불량 : 30,000원
- 보드 불량 : 40,000원
- 기타 불량의 경우 별도의 비용이 부과됩니다.
※ 유상수리 시 교체하고 남은 불량부품은 되돌려드리지 않습니다.
• 고객부담 배송비

출발지	도착지	비용	비고
국내물류센터	중국물류센터	20,000원	국내 배송 왕복 택배비 부료
중국물류센터	제조공장	10,000원	
	A/S 센터	5,000원	

〈보기〉

안녕하세요? 저는 UC-40을 사용 중입니다. 얼마 전 회의실에서 사용하던 도중 화면이 이상하게 나와 재부팅을 해도 기계가 제대로 화면을 출력하지 못하는 것 같습니다. 해당 제품을 구입한지는 2년 정도 되었고, 화면에 문제가 있는 경우 수리비용은 얼마가 나올까요?

① 30,000원
② 35.000원
③ 40,000원
④ 45,000원
⑤ 50,000원

✔해설 LCD 화면 이상으로 수리할 경우 50,000원이 부과된다.

12 다음은 '외국인우대통장' 상품설명서 중 거래조건에 대한 내용이다. 우대조건을 충족시키지 못한 사람은 누구인가?

〈거래조건〉

구분	내용
가입자격	외국인(1인 1계좌)
대상예금	저축예금
적용금리(세전)	연 0.1%
이자지급방식	해당 예금의 결산일 익일에 지급

우대서비스	전월말 기준 우대조건 2가지 이상을 충족하는 고객을 대상으로 이번 달 11일부터 다음 달 10일까지 면제(이 통장으로 거래 시) 및 우대 • 신규 및 전환일로부터 다음 다음 달 10일까지 조건 없이 우대내용 ①, ② 면제

우대조건	우대내용
① 이 통장에 월 50만 원 이상 급여이체 실적이 있는 경우 ② 이 통장의 월 평균 잔액이 50만 원 이상인 경우 ③ 건당 미화 500불 상당액 이상의 외화송금 또는 건당 미화 500불 상당액 이상의 환전 실적이 있는 경우 ④ 당행을 외국환지정은행으로 등록한 경우 ⑤ 외국인우대적금 전월 납입 실적이 있는 경우	① 당행 인터넷(스마트)·텔레·모바일뱅킹 타행 이체 수수료 면제 ② 당행 CD/ATM기 당행 이체 및 출금 수수료 면제 ③ 해외송금수수료 60% 우대 ④ 외화현찰환전환율수수료 50% 우대

• 우대내용 ①, ②는 이 통장 거래 시 월 20회(합산) 이내에서 면제
• 우대내용 ③, ④는 이 통장 실명확인번호로 창구거래 시에만 횟수 제한 없이 면제

계약해지	영업점에서 해지 가능

① 외국인우대통장에 월 30만 원의 급여이체 실적이 있는 외국인 A씨

② 외국인우대통장의 월 평균 잔액이 65만 원인 외국인 B씨

③ 건당 미화 700불의 외화송금 실적이 있는 외국인 C씨

④ 해당은행을 외국환지정은행으로 등록한 외국인 D씨

⑤ 외국인우대적금 전월 납입 실적이 있는 외국인 E씨

✔ 해설 ① 외국인우대통장에 월 50만 원 이상의 급여이체 실적이 있는 경우 우대조건을 충족하게 된다.

▎13~14 ▎ 다음은 상품설명서 중 일부이다. 물음에 답하시오.

〈거래조건〉

구분	내용	
가입자격	신규 임관 군 간부(장교, 부사관, 군의관, 법무관, 공중보건의 등) ※ 신규 임관 기준 : 군 신분증의 임관일로부터 익년도말까지	
예금종류	자유로우대적금	
가입기간	12개월 이상 24개월 이내(월 단위)	
적립방식	자유적립식	
가입금액	초입금 및 매회 입금 1만 원 이상, 1인당 월 20만 원 이내 자유적립	
기본금리 (연 %, 세전)	자유로우대적금 가입기간별 금리에 따름	
우대금리 (%p, 세전)	아래 우대조건을 만족하는 경우 가입일 현재 기본금리에 가산하여 만기해지 시 적용	

세부조건	우대금리
이 적금 가입기간 중 만기 전월까지 "6개월 이상" A은행에 급여이체 시	0.2
가입월부터 만기 전월까지 기간 중 A은행 카드(개인 신용·체크) 월 평균 20만 원 이상 이용 시	0.2
만기일 전월말 기준으로 A은행의 주택청약종합저축(청약저축 포함) 가입 시	0.2

13 다음은 상품설명서의 일부이다. 다음 중 위 상품의 우대금리를 받을 수 있는 사람은?

① 적금 가입기간 중 만기 전월까지 5개월 동안 A은행에 급여이체를 한 민수
② 가입월부터 만기 전월까지의 기간 중 A은행 카드로 월 평균 15만 원을 이용한 진성
③ 적금 만기 후 A은행의 주택청약종합저축에 가입한 대원
④ 가입월부터 만기 전월까지의 기간 중 A은행 카드로 월 평균 10만 원을 이용한 준형
⑤ 적금 가입기간 중 만기 전월까지 7개월 동안 A은행에 급여이체를 한 경준

> ✔해설 ⑤ 적금 가입기간 중 만기 전월까지 "6개월 이상" A은행에 급여이체 시 우대금리를 받을 수 있다.

14 다음 중 위 적금에 가입할 수 없는 사람은?

① 육군 장교로 임관한 권 소위
② 공군에 입대한 전 이병
③ 군의관으로 임관한 빈 소위
④ 해병대 부사관으로 임관한 송 하사
⑤ 법무관으로 임관한 장 소위

> ✔해설 ② 해당 상품은 신규 임관 군 간부만이 가입할 수 있는 상품으로 일반 사병으로 입대한 전 이병은 가입할 수 없다.

Answer 12.① 13.⑤ 14.②

│15~16│ 표준 업무시간이 80시간인 업무를 각 부서에 할당해 본 결과, 다음과 같은 표를 얻었다. 물음에 답하시오.

부서명	투입인원(명)	개인별 업무시간(시간)	회의	
			횟수(회)	소요시간(시간/회)
A	2	41	3	1
B	3	30	2	2
C	4	22	1	4

※ 업무효율 $= \dfrac{\text{표준 업무시간}}{\text{총 투입시간}}$

※ 총 투입시간은 개인별 투입시간의 합임.

※ 개인별 투입시간＝개인별 업무시간＋회의 소요시간.

※ 부서원은 업무를 분담하여 동시에 수행할 수 있음.

※ 투입된 인원의 업무능력과 인원당 소요시간이 동일하다고 가정함.

15 다음 중 각 부서의 개인별 투입시간으로 옳은 것은?

① A 부서 : 26시간   ② A 부서 : 28시간

③ B 부서 : 31시간   ④ B 부서 : 34시간

⑤ C 부서 : 44시간

✔해설 ㉠ 개인별 투입시간＝개인별 업무시간＋회의 소요시간
ㄴ 회의 소요시간＝횟수×소요시간
• A부서의 개인별 투입시간＝41＋(3×1)＝44시간
• B부서의 개인별 투입시간＝30＋(2×2)＝34시간
• C부서의 개인별 투입시간＝22＋(1×4)＝26시간

16 어느 부서의 업무효율이 가장 높은가?

① A   ② B

③ C   ④ A, B

⑤ B, C

✔해설 ㉠ 총 투입시간이 적을수록 업무효율이 높다.
ㄴ 총 투입시간＝투입인원×개인별 투입시간
• A부서의 총 투입시간＝2×44＝88시간
• B부서의 총 투입시간＝3×34＝102시간
• C부서의 총 투입시간＝4×26＝104시간

17 갑, 을, 병, 정, 무 5명은 얼마 전 영어시험에서 A∼E에 해당하는 점수를 받았다. 아래의 조건을 참고할 때, 같은 점수를 받은 두 사람을 올바르게 짝지은 것은? (단, 최고점인 A는 한명만 받을 수 있다.)

> • 갑은 C, D, E를 받지 않았다.
> • 을은 B, C, D를 받지 않았다
> • 병은 B, D, E를 받지 않았다.
> • 정은 B, C, E를 받지 않았다.
> • 무는 A, C, E를 받지 않았다.
> • 아무도 받지 않은 점수는 C이다.

① 갑, 병   ② 을, 무
③ 갑, 정   ④ 병, 정
⑤ 정, 무

✔해설 ㉠ 병은 B, D, E를 받지 않았고, C는 아무도 받지 않았다고 했으므로 병이 받은 점수는 A가 된다.
㉡ 을은 A 또는 E, 갑은 A 또는 B, 정은 A 또는 D인 것을 알 수 있는데, 최고점 A는 이미 병이 받았으므로 을의 점수는 E, 갑의 점수는 B, 정의 점수는 D가 된다.
㉢ 무의 점수는 B 또는 D이다.
㉣ 따라서 갑과 무(B) 또는 정과 무(D)가 같은 점수를 받을 수 있다.

18 다음은 무농약농산물과 저농약농산물 인증기준에 대한 자료이다. 자신이 신청한 인증을 받을 수 있는 사람을 모두 고르면?

> 무농약농산물과 저농약농산물의 재배방법은 각각 다음과 같다.
> 1) 무농약농산물의 경우 농약을 사용하지 않고, 화학비료는 권장량의 2분의 1 이하로 사용하여 재배한다.
> 2) 저농약농산물의 경우 화학비료는 권장량의 2분의 1 이하로 사용하고, 농약은 살포시기를 지켜 살포 최대횟수의 2분의 1 이하로 사용하여 재배한다.
>
> 〈농산물별 관련 기준〉
>
> | 종류 | 재배기간 내 화학비료 권장량(kg/ha) | 재배기간 내 농약살포 최대횟수 | 농약 살포시기 |
> |---|---|---|---|
> | 사과 | 100 | 4 | 수확 30일 전까지 |
> | 감 | 120 | 4 | 수확 14일 전까지 |
> | 복숭아 | 50 | 5 | 수확 14일 전까지 |
>
> ※ 1ha=10,000㎡, 1t=1,000kg

> • 甲 : 5km²의 면적에서 재배기간 동안 농약을 전혀 사용하지 않고 20t의 화학비료를 사용하여 사과를 재배하였으며, 이 사과를 수확하여 무농약농산물 인증신청을 하였다.
> • 乙 : 3ha의 면적에서 재배기간 동안 농약을 1회 살포하고 50kg의 화학비료를 사용하여 복숭아를 재배하였다. 하지만 수확시기가 다가오면서 병충해 피해가 나타나자 농약을 추가로 1회 살포하였고, 열흘 뒤 수확하여 저농약농산물 인증신청을 하였다.
> • 丙 : 가로와 세로가 각각 100m, 500m인 과수원에서 감을 재배하였다. 재배기간 동안 총 2회 (올해 4월 말과 8월 초) 화학비료 100kg씩을 뿌리면서 병충해 방지를 위해 농약도 함께 살포하였다. 추석을 맞아 9월 말에 감을 수확하여 저농약농산물 인증신청을 하였다.

① 甲
② 甲, 乙
③ 甲, 丙
④ 乙, 丙
⑤ 甲, 乙, 丙

해설
- 甲 : 5㎢는 500ha이므로 사과를 수확하여 무농약농산물 인증신청을 하려면 농약을 사용하지 않고, 화학비료는 50,000kg(=50t)의 2분의 1 이하로 사용하여 재배해야 한다. 사용된 화학비료는 20t(20,000kg)이고, 농약을 사용하지 않았으므로 무농약농산물 인증을 받을 수 있다.
- 乙 : 복숭아의 농약 살포시기는 수확 14일 전까지이다. 저농약농산물 인증신청을 위한 살포시기를 지키지 못 하였으므로 인증을 받을 수 없다.
- 丙 : 5ha(100m×500m)에서 감을 수확하여 저농약농산물 인증신청을 하려면 화학비료는 600kg의 2분의 1 이하로 사용하고, 농약은 살포시기를 지켜(수확 14일 전까지) 살포 최대횟수인 4회의 2분의 1 이하로 사용하여 재배해야한다. 사용된 화학비료는 100kg이고, 총 2회 살포하였으므로 저농약농산물 인증을 받을 수 있다.

Answer 18.③

19 신입사원 A는 상사로부터 아직까지 '올해의 농업인 상' 투표에 참여하지 않은 사원들에게 투표 참여 안내 문자를 발송하라는 지시를 받았다. 다음에 제시된 내용을 바탕으로 할 때, A가 문자를 보내야하는 사원은 몇 명인가?

> '올해의 농업인 상' 후보에 총 5명(甲~戊)이 올랐다. 수상자는 120명의 신입사원 투표에 의해 결정되며 투표규칙은 다음과 같다.
> • 투표권자는 한 명당 한 장의 투표용지를 받고, 그 투표용지에 1순위와 2순위 각 한 명의 후보자를 적어야 한다.
> • 투표권자는 1순위와 2순위로 동일한 후보자를 적을 수 없다.
> • 투표용지에 1순위로 적힌 후보자에게는 5점이, 2순위로 적힌 후보자에게는 3점이 부여된다.
> • '올해의 농업인 상'은 개표 완료 후, 총 점수가 가장 높은 후보자가 수상하게 된다.
> • 기권표와 무효표는 없다.
>
> 현재 투표까지 중간집계 점수는 다음과 같다.
>
> | 후보자 | 중간집계 점수 |
> |:---:|:---:|
> | 甲 | 360 |
> | 乙 | 15 |
> | 丙 | 170 |
> | 丁 | 70 |
> | 戊 | 25 |

① 50명 　　　　　　　　② 45명
③ 40명 　　　　　　　　④ 35명
⑤ 30명

✔ 해설 1명의 투표권자가 후보자에게 줄 수 있는 점수는 1순위 5점, 2순위 3점으로 총 8점이다. 현재 투표까지 중간집계 점수가 640이므로 80명이 투표에 참여하였으며, 아직 투표에 참여하지 않은 사원은 120-80 =40명이다. 따라서 신입사원 A는 40명의 사원에게 문자를 보내야 한다.

20 갑, 을, 병 세 사람이 정이 새로 구입한 스마트폰의 색상에 대해 자신들의 의견을 다음과 같이 이야기하고 있다. 한 사람만 거짓말을 하고 있다면 정이 산 스마트폰의 색상으로 옳은 것은?

> ㉠ 갑 : 금색은 아니야.
> ㉡ 을 : 검은색이나 흰색 중 하나일거야.
> ㉢ 병 : 아니야, 분명이 검은색이야.

① 금색　　　　　　　　　　② 흰색
③ 검은색　　　　　　　　　④ 은색
⑤ 남색

✔**해설**　㉠ 정의 핸드폰이 금색이면 을, 병 모두 거짓이다.
　　　　㉡ 정의 핸드폰이 검은색이라면 갑, 을, 병 모두 참이다.
　　　　㉢ 정의 핸드폰이 흰색이라면 갑, 을은 참이고 병은 거짓이다.
　　　　한 사람만 거짓말을 했으므로 정의 핸드폰은 흰색이 된다.

21 H사는 이번 사내공모전에서 높은 점수를 받은 김 사원, 이 사원, 박 대리, 최 대리, 정 과장 5명의 아이디어 중 2개를 채택하여 구체화하려고 한다. 다음 조건을 참고할 때, 채택될 아이디어의 주인으로 알맞게 짝지어진 것은?

> ㉠ 김 사원이 선정되면 반드시 이 사원도 선정된다.
> ㉡ 이 사원이 선정되지 않아야만 최 대리가 선정된다.
> ㉢ 박 대리가 선정되면 김 사원은 반드시 선정된다.
> ㉣ 정 과장이 선정되지 않으면 최 대리도 선정되지 않는다.

① 김 사원, 박 대리　　　　② 최 대리, 정 과장
③ 김 사원, 정 과장　　　　④ 이 사원, 최 대리
⑤ 이 사원, 박 대리

✔**해설**　㉢ 박 대리가 선정되면 김 사원이 반드시 선정, ㉠ 김 사원이 선정되면 이 사원도 반드시 선정된다. 즉 박 대리, 김 사원, 이 사원은 반드시 세 명이 함께 선정되기 때문에 2명만 뽑는다는 조건에 맞지 않는다.
　　　　㉣ 조건의 대우명제에 따라 최 대리가 선정되면 정 과장도 선정된다. 함께 선정되는 인원, 제한 인원 모두를 충족하므로 최 대리, 정 과장이 선정되어야 한다.

22 인사부에서 근무하는 H씨는 다음 〈상황〉과 〈조건〉에 근거하여 부서 배정을 하려고 한다. 〈상황〉과 〈조건〉을 모두 만족하는 부서 배정은 어느 것인가?

〈상황〉

총무부, 영업부, 홍보부에는 각각 3명, 2명, 4명의 인원을 배정하여야 한다. 이번에 선발한 인원으로는 5급이 A, B, C가 있으며, 6급이 D, E, F가 있고 7급이 G, H, I가 있다.

〈조건〉

조건1 : 총무부에는 5급이 2명 배정되어야 한다.
조건2 : B와 C는 서로 다른 부서에 배정되어야 한다.
조건3 : 홍보부에는 7급이 2명 배정되어야 한다.
조건4 : A와 I는 같은 부서에 배정되어야 한다.

	총무부	영업부	홍보부
①	A, C, I	D, E	B, F, G, H
②	A, B, E	D, G	C, F, H, I
③	A, B, I	C, D, G	E, F, H
④	B, C, H	D, E	A, F, G, I
⑤	B, D, F	A, C	E, G, H, I

 ② A와 I가 같은 부서에 배정되어야 한다는 조건4를 만족하지 못한다.
③ 홍보부에 4명이 배정되어야 한다는 〈상황〉에 부합하지 못한다.
④ B와 C가 서로 다른 부서에 배정되어야 한다는 조건2를 만족하지 못한다.
⑤ 총무부에는 5급이 2명 배정되어야 한다는 조건1을 만족하지 못한다.

23 다음은 공공기관을 구분하는 기준이다. 다음 규정에 따라 각 기관을 구분한 결과가 옳지 않은 것은?

〈공공기관의 구분〉

제00조 제1항

공공기관을 공기업·준정부기관과 기타공공기관으로 구분하여 지정한다. 직원 정원이 50인 이상인 공공기관은 공기업 또는 준정부기관으로, 그 외에는 기타공공기관으로 지정한다.

제00조 제2항

제1항의 규정에 따라 공기업과 준정부기관을 지정하는 경우 자체수입액이 총수입액의 2분의 1 이상인 기관은 공기업으로, 그 외에는 준정부기관으로 지정한다.

제00조 제3항

제1항 및 제2항의 규정에 따른 공기업을 다음의 구분에 따라 세분하여 지정한다.

• 시장형 공기업 : 자산규모가 2조 원 이상이고, 총 수입액 중 자체수입액이 100분의 85 이상인 공기업
• 준시장형 공기업 : 시장형 공기업이 아닌 공기업

〈공공기관의 현황〉

공공기관	직원 정원	자산규모	자체수입비율
A	70명	4조 원	90%
B	45명	2조 원	50%
C	65명	1조 원	55%
D	60명	1.5조 원	45%

※ 자체수입비율 : 총 수입액 대비 자체수입액 비율

---

① A – 시장형 공기업 ② B – 기타공공기관
③ C – 준정부기관   ④ D – 준정부기관
⑤ D – 준시장형 공기업

✔해설 ③ C는 정원이 50명이 넘으므로 기타공공기관이 아니며, 자체수입비율이 55%이므로 자체수입액이 총 수입액의 2분의 1 이상이기 때문에 공기업이다. 시장형 공기업 조건에 해당하지 않으므로 C는 준시장형 공기업이다.

│24~26│ 입사면접의 면접관으로 뽑힌 6명(A, B, C, D, E, F)의 임원들이 세 명씩 두 개의 조로 나뉘어 면접에 참여하려 한다. 다음에 주어진 조건을 읽고 물음에 답하시오.

- A와 C는 같은 조에 속할 수 없다.
- B가 속한 조에는 A가 반드시 속해야 하고, F는 함께 할 수 없다.
- 모든 면접관들은 두 개의 조 중 한 조에만 들어갈 수 있다.

---

24 다음 중 같은 조에 들어갈 수 없는 면접관들을 고르면?

① A, D
② B, C
③ C, E
④ C, F
⑤ D, E

> ✔해설 ② A와 B는 한 조가 되고, C와 F는 한 조가 된다. D와 E는 어느 조에 들어가는 지 알 수 없다. 따라서 같은 조에 들어갈 수 없는 면접관은 B와 C이다.

25 다음 중 같은 조에 들어갈 수 있는 면접관들이 아닌 것은?

① A, B, D
② C, E, F
③ B, E, F
④ C, D, F
⑤ A, B, E

> ✔해설 ③ B가 속한 조에 F는 함께 할 수 없다.

26 A와 E가 같은 조에 속하는 경우 무조건 같은 팀이 되는 면접관들을 고르면?

① B, D
② A, D
③ D, E
④ C, D
⑤ B, F

> ✔해설 A, E가 같은 조에 속하는 경우 A, B, E가 한 조가 되고, C, D, F가 한 조가 된다.

27 다음의 내용을 토대로 발생할 수 있는 상황을 바르게 예측한 것은?

> 인기가수 A는 자신의 사생활을 폭로한 한 신문사 기자 B를 상대로 기사 정정 및 사과를 요구하였다. 그러나 B는 자신은 시민의 알 권리를 보장하기 위해 할 일을 한 것뿐이라며 기사를 정정할 수 없다고 주장하였다. A는 자신을 원고로, B를 피고로 하여 사생활 침해에 대한 위자료 1,000만 원을 구하는 소를 제기하였다. 민사 1심 법원은 기사 내용에 대한 진위 여부를 바탕으로 B의 주장이 옳다고 인정하여, A의 청구를 기각하는 판결을 선고하였다. 이에 대해 A는 항소를 제기하였다.
>
> • 소 또는 상소 제기 시 납부해야 할 송달료
> − 민사 제1심 소액사건(소가 2,000만 원 이하의 사건) : 당사자 수 × 송달료 10회분
> − 민사 제1심 소액사건 이외의 사건 : 당사자 수 × 송달료 15회분
> − 민사 항소사건 : 당사자 수 × 송달료 12회분
> − 민사 상고사건 : 당사자 수 × 송달료 8회분
> • 당사자 : 원고, 피고

① A가 제기한 소는 민사 제1심 소액사건 이외의 사건에 해당한다.

② 1회 송달료가 3,200원일 경우 A가 소를 제기하기 위해 내야 할 송달료는 48,000원이다.

③ A가 법원의 판결에 불복하고 항소를 제기하는데 드는 송달료는 원래의 소를 제기할 때 들어간 송달료보다 적다.

④ 1회 송달료가 2,500원일 경우 A가 납부한 송달료의 합계는 총 110,000원이다.

⑤ 민사 항소사건의 경우 송달료는 10회분을 납부해야 한다.

> **✔ 해설** ④ 1회 송달료가 2,500원일 경우 A가 납부한 송달료의 합계는 처음의 소를 제기할 때 들어간 송달료 50,000원에 항소를 제기하기 위해 들어간 송달료 60,000원을 더한 110,000원이 된다.
>   ① A가 제기한 소는 소가 2,000만 원 이하의 사건이므로 제1심 소액사건에 해당한다.
>   ② 1회 송달료가 3,200원일 경우 A가 소를 제기하기 위해 내야할 송달료는 당사자 수 × 송달료 10회분이므로, 2 × 32,000 = 64,000원이다.
>   ③ A가 원래의 소를 제기할 때 들어가는 송달료는 당사자 수 × 송달료 10회분이고, 항소를 제기할 때 들어가는 송달료는 당사자 수 × 송달료 12회분이므로, 당사자 수가 같을 경우 항소를 제기할 때 들어가는 송달료가 원래의 송달료보다 많다.
>   ⑤ 민사 항소사건의 경우 당사자수 × 송달료 12회분을 납부해야 한다.

28 한석봉은 출장 일정을 확정하려고 한다. 아래 상황의 조건을 만족 할 경우 한석봉의 출장 일정에 대한 설명으로 올바른 것은?

> 한석봉은 다음 달 3박 4일 동안 중국 출장을 가게 되었다. 회사는 출발일, 복귀일에 업무 손실을 최소화 할 수 있도록 평일에 복귀할 것을 권하고 있고, 출장 기간에 토, 일요일 모두 포함되는 일정은 지양하라고 한다. 석봉은 이번 출장의 복구 바로 다음 날, 결과 보고를 하려고 한다. 다음 달의 첫째 날은 금요일이고, 마지막 주 수요일과 13일은 석봉이 빠질 수 없는 중요 일정이 있다.

① 한석봉은 월요일이나 화요일에 출장 결과 보고를 할 수 있다.
② 금요일에 출발하는 일정도 가능하다.
③ 한석봉이 출발일로 할 수 있는 날짜는 총 4개이다.
④ 다음 달 15일 이후가 이전보다 출발 가능한 일수가 더 많다.
⑤ 한석봉은 마지막 주에 출장을 가게 될 수도 있다.

✔해설 조건에 따라 달력을 그려보면 다음과 같다.

일	월	화	수	목	금	토
					1	2
3	4	5	6	7	8	9
10	11	12	13	14	15	16
17	18	19	20	21	22	23
24	25	26	27	28	29	30

㉠ 평일복귀, 주말 모두 포함하면 안 됨, 3박4일, 이 세 가지 조건을 맞추려면 출발일이 일, 월, 화요일 이어야만 한다.
㉡ 다음날 바로 출장 결과 보고를 한다고 했기 때문에 금요일에 돌아오게 되는 화요일 출발일정은 불가능하다. 따라서 일, 월요일에만 출발이 가능하다.
㉢ 13일과 마지막 주 수요일인 27일은 빠질 수 없는 일정이 있으므로 10, 11, 24, 25일은 제외된다.
㉣ 따라서 3, 4, 17, 18일에 출발하는 4가지 일정이 가능하다.
④ 출발 가능한 일수는 15일 기준으로 이전과 이후, 동일하게 이틀씩이다.

29 지환이의 신장은 170cm, 체중은 80kg이다. 다음을 근거로 할 때, 지환이의 비만 정도를 바르게 나열한 것은?

> 과다한 영양소 섭취와 적은 체내 에너지 소비로 인한 에너지 대사의 불균형으로 지방이 체내에 지나치게 축적되어 체중이 과다해지는 것을 비만이라 한다.
>
> 비만 정도를 측정하는 방법은 Broca 보정식과 체질량지수를 이용하는 것이 대표적이다.
>
> Broca 보정식은 신장과 체중을 이용하여 비만 정도를 측정하는 간단한 방법이다. 이 방법에 의하면 신장(cm)에서 100을 뺀 수치에 0.9를 곱한 수치가 '표준체중(kg)'이며, 표준체중의 110% 이상 120% 미만의 체중을 '체중과잉', 120% 이상의 체중을 '비만'이라고 한다.
>
> 한편 체질량 지수는 체중(kg)을 '신장(m)'의 제곱으로 나눈 값을 의미한다. 체질량 지수에 따른 비만 정도는 다음 〈표〉와 같다.
>
> 〈표〉
>
> | 체질량 지수 | 비만 정도 |
> |---|---|
> | 18.5 미만 | 저체중 |
> | 18.5 이상 ~ 23.0 미만 | 정상 |
> | 23.0 이상 ~ 25.0 미만 | 과체중 |
> | 25.0 이상 ~ 30.0 미만 | 경도비만 |
> | 30.0 이상 ~ 35.0 미만 | 중등도비만 |
> | 35.0 이상 | 고도비만 |

① Broca 보정식으로는 체중과잉, 체질량 지수로는 과체중에 해당한다.
② Broca 보정식으로는 체중과잉, 체질량 지수로는 경도비만에 해당한다.
③ Broca 보정식으로는 비만, 체질량 지수로는 중등도비만에 해당한다.
④ Broca 보정식으로는 비만, 체질량 지수로는 경도비만에 해당한다.
⑤ Broca 보정식으로는 비만, 체질량 지수로는 정상에 해당한다.

✅ **해설** ㉠ Broca 보정식에 의한 신장 $170cm$의 표준체중은 $(170-100) \times 0.9 = 63kg$이므로, 지환이는 $\frac{80}{63} \times 100 = 127(\%)$로 비만에 해당한다.

㉡ 지환이의 체질량 지수는 $\frac{80}{1.7^2} = 27.7$이므로 경도비만에 해당한다.

30 다음은 특보의 종류 및 기준에 관한 자료이다. ⊙과 ⓒ의 상황에 어울리는 특보를 올바르게 짝지은 것은?

〈특보의 종류 및 기준〉

종류	주의보	경보
강풍	육상에서 풍속 14m/s 이상 또는 순간풍속 20m/s 이상이 예상될 때. 다만, 산지는 풍속 17m/s 이상 또는 순간풍속 25m/s 이상이 예상될 때	육상에서 풍속 21m/s 이상 또는 순간풍속 26m/s 이상이 예상될 때. 다만, 산지는 풍속 24m/s 이상 또는 순간풍속 30m/s 이상이 예상될 때
호우	6시간 강우량이 70mm 이상 예상되거나 12시간 강우량이 110mm 이상 예상될 때	6시간 강우량이 110mm 이상 예상되거나 12시간 강우량이 180mm 이상 예상될 때
태풍	태풍으로 인하여 강풍, 풍랑, 호우 현상 등이 주의보 기준에 도달할 것으로 예상될 때	태풍으로 인하여 풍속이 17m/s 이상 또는 강우량이 100mm 이상 예상될 때. 다만, 예상되는 바람과 비의 정도에 따라 아래와 같이 세분한다. |	3급	2급	1급
---	---	---	---
바람(m/s)	17~24	25~32	33이상
비(mm)	100~249	250~399	400이상	
폭염	6월~9월에 일최고기온이 33℃ 이상이고, 일최고열지수가 32℃ 이상인 상태가 2일 이상 지속될 것으로 예상될 때	6월~9월에 일최고기온이 35℃ 이상이고, 일최고열지수가 41℃ 이상인 상태가 2일 이상 지속될 것으로 예상될 때

⊙ 태풍이 남해안에 상륙하여 울산지역에 270mm의 비와 함께 풍속 26m/s의 바람이 예상된다.
ⓒ 지리산에 오후 3시에서 오후 9시 사이에 약 130mm의 강우와 함께 순간풍속 28m/s가 예상된다.

	㉠	㉡
①	태풍경보 1급	호우주의보
②	태풍경보 2급	호우경보+강풍주의보
③	태풍주의보	강풍주의보
④	태풍경보 2급	호우경보+강풍경보
⑤	태풍경보 3급	호우주의보

✔ 해설 ㉠ : 태풍경보 표를 보면 알 수 있다. 비가 270mm이고 풍속 26m/s에 해당하는 경우는 태풍경보 2급이다.
㉡ : 6시간 강우량이 130mm 이상 예상되므로 호우경보에 해당하며 산지의 경우 순간풍속 28m/s 이상이 예상되므로 강풍주의보에 해당한다.

PART

02

인성검사

CHAPTER 01 인성검사의 이해

1 인성(성격)검사의 개념과 목적

인성(성격)이란 개인을 특징짓는 평범하고 일상적인 사회적 이미지, 즉 지속적이고 일관된 공적 성격 (Public – personality)이며, 환경에 대응함으로써 선천적·후천적 요소의 상호작용으로 결정화된 심리적·사회적 특성 및 경향을 의미한다.

인성검사는 직무적성검사를 실시하는 대부분의 기업체에서 병행하여 실시하고 있으며, 인성검사만 독자적으로 실시하는 기업도 있다.

기업체에서는 인성검사를 통하여 각 개인이 어떠한 성격 특성이 발달되어 있고, 어떤 특성이 얼마나 부족한지, 그것이 해당 직무의 특성 및 조직문화와 얼마나 맞는지를 알아보고 이에 적합한 인재를 선발하고자 한다. 또한 개인에게 적합한 직무 배분과 부족한 부분을 교육을 통해 보완하도록 할 수 있다.

인성검사의 측정요소는 검사방법에 따라 차이가 있다. 또한 각 기업체들이 사용하고 있는 인성검사는 기존에 개발된 인성검사방법에 각 기업체의 인재상을 적용하여 자신들에게 적합하게 재개발하여 사용하는 경우가 많다. 그러므로 기업체에서 요구하는 인재상을 파악하여 그에 따른 대비책을 준비하는 것이 바람직하다. 본서에서 제시된 인성검사는 크게 '특성'과 '유형'의 측면에서 측정하게 된다.

2 성격의 특성

(1) 정서적 측면

정서적 측면은 평소 마음의 당연시하는 자세나 정신상태가 얼마나 안정하고 있는지 또는 불안정한지를 측정한다.

정서의 상태는 직무수행이나 대인관계와 관련하여 태도나 행동으로 드러난다. 그러므로 정서적 측면을 측정하는 것에 의해, 장래 조직 내의 인간관계에 어느 정도 잘 적응할 수 있을까(또는 적응하지 못할까)를 예측하는 것이 가능하다.

그렇기 때문에, 정서적 측면의 결과는 채용 시에 상당히 중시된다. 아무리 능력이 좋아도 장기적으로 조직 내의 인간관계에 잘 적응할 수 없다고 판단되는 인재는 기본적으로는 채용되지 않는다.

일반적으로 인성(성격)검사는 채용과는 관계없다고 생각하나 정서적으로 조직에 적응하지 못하는 인재는 채용단계에서 가려내지는 것을 유의하여야 한다.

① 민감성(신경도) … 꼼꼼함, 섬세함, 성실함 등의 요소를 통해 일반적으로 신경질적인지 또는 자신의 존재를 위협받는다는 불안을 갖기 쉬운지를 측정한다.

질문	그렇다	약간 그렇다	그저 그렇다	별로 그렇지 않다	그렇지 않다
• 남을 잘 배려한다고 생각한다. • 어질러진 방에 있으면 불안하다. • 실패 후에는 불안하다. • 세세한 것까지 신경 쓴다. • 이유 없이 불안할 때가 있다.					

▶측정결과

㉠ '그렇다'가 많은 경우(상처받기 쉬운 유형) : 사소한 일에 신경 쓰고 다른 사람의 사소한 한마디 말에 상처를 받기 쉽다.
• 면접관의 심리 : '동료들과 잘 지낼 수 있을까?', '실패할 때마다 위축되지 않을까?'
• 면접대책 : 다소 신경질적이라도 능력을 발휘할 수 있다는 평가를 얻도록 한다. 주변과 충분한 의사소통이 가능하고, 결정한 것을 실행할 수 있다는 것을 보여주어야 한다.

㉡ '그렇지 않다'가 많은 경우(정신적으로 안정적인 유형) : 사소한 일에 신경 쓰지 않고 금방 해결하며, 주위 사람의 말에 과민하게 반응하지 않는다.
• 면접관의 심리 : '계약할 때 필요한 유형이고, 사고 발생에도 유연하게 대처할 수 있다.'
• 면접대책 : 일반적으로 '민감성'의 측정치가 낮으면 플러스 평가를 받으므로 더욱 자신감 있는 모습을 보여준다.

② **자책성**(과민도) ··· 자신을 비난하거나 책망하는 정도를 측정한다.

질문	그렇다	약간 그렇다	그저 그렇다	별로 그렇지 않다	그렇지 않다
• 후회하는 일이 많다. • 자신이 하찮은 존재라 생각된다. • 문제가 발생하면 자기의 탓이라고 생각한다. • 무슨 일이든지 끙끙대며 진행하는 경향이 있다. • 온순한 편이다.					

▶**측정결과**

㉠ **'그렇다'가 많은 경우**(자책하는 유형) : 비관적이고 후회하는 유형이다.
- **면접관의 심리** : '끙끙대며 괴로워하고, 일을 진행하지 못할 것 같다.'
- **면접대책** : 기분이 저조해도 항상 의욕을 가지고 생활하는 것과 책임감이 강하다는 것을 보여준다.

㉡ **'그렇지 않다'가 많은 경우**(낙천적인 유형) : 기분이 항상 밝은 편이다.
- **면접관의 심리** : '안정된 대인관계를 맺을 수 있고, 외부의 압력에도 흔들리지 않는다.'
- **면접대책** : 일반적으로 '자책성'의 측정치가 낮아야 좋은 평가를 받는다.

③ **기분성**(불안도) ··· 기분의 굴곡이나 감정적인 면의 미숙함이 어느 정도인지를 측정하는 것이다.

질문	그렇다	약간 그렇다	그저 그렇다	별로 그렇지 않다	그렇지 않다
• 다른 사람의 의견에 자신의 결정이 흔들리는 경우가 많다. • 기분이 쉽게 변한다. • 종종 후회한다. • 다른 사람보다 의지가 약한 편이라고 생각한다. • 금방 싫증을 내는 성격이라는 말을 자주 듣는다.					

▶측정결과

㉠ '그렇다'가 많은 경우(감정의 기복이 많은 유형) : 의지력보다 기분에 따라 행동하기 쉽다.
 • 면접관의 심리 : '감정적인 것에 약하며, 상황에 따라 생산성이 떨어지지 않을까?'
 • 면접대책 : 주변 사람들과 항상 협조한다는 것을 강조하고 한결같은 상태로 일할 수 있다는 평가를 받도록 한다.

㉡ '그렇지 않다'가 많은 경우(감정의 기복이 적은 유형) : 감정의 기복이 없고, 안정적이다.
 • 면접관의 심리 : '안정적으로 업무에 임할 수 있다.'
 • 면접대책 : 기분성의 측정치가 낮으면 플러스 평가를 받으므로 자신감을 가지고 면접에 임한다.

④ 독자성(개인도) … 주변에 대한 견해나 관심, 자신의 견해나 생각에 어느 정도의 속박감을 가지고 있는지를 측정한다.

질문	그렇다	약간 그렇다	그저 그렇다	별로 그렇지 않다	그렇지 않다
• 창의적 사고방식을 가지고 있다. • 융통성이 있는 편이다. • 혼자 있는 편이 많은 사람과 있는 것보다 편하다. • 개성적이라는 말을 듣는다. • 교제는 번거로운 것이라고 생각하는 경우가 많다.					

▶측정결과

㉠ '그렇다'가 많은 경우 : 자기의 관점을 중요하게 생각하는 유형으로, 주위의 상황보다 자신의 느낌과 생각을 중시한다.
 • 면접관의 심리 : '제멋대로 행동하지 않을까?'
 • 면접대책 : 주위 사람과 협조하여 일을 진행할 수 있다는 것과 상식에 얽매이지 않는다는 인상을 심어준다.

㉡ '그렇지 않다'가 많은 경우 : 상식적으로 행동하고 주변 사람의 시선에 신경을 쓴다.
 • 면접관의 심리 : '다른 직원들과 협조하여 업무를 진행할 수 있겠다.'
 • 면접대책 : 협조성이 요구되는 기업체에서는 플러스 평가를 받을 수 있다.

⑤ **자신감**(자존심도) ··· 자기 자신에 대해 얼마나 긍정적으로 평가하는지를 측정한다.

질문	그렇다	약간 그렇다	그저 그렇다	별로 그렇지 않다	그렇지 않다
• 다른 사람보다 능력이 뛰어나다고 생각한다. • 다소 반대의견이 있어도 나만의 생각으로 행동할 수 있다. • 나는 다른 사람보다 기가 센 편이다. • 동료가 나를 모욕해도 무시할 수 있다. • 대개의 일을 목적한 대로 헤쳐나갈 수 있다고 생각한다.					

▶측정결과

㉠ '그렇다'가 많은 경우 : 자기 능력이나 외모 등에 자신감이 있고, 비판당하는 것을 좋아하지 않는다.

• **면접관의 심리** : '자만하여 지시에 잘 따를 수 있을까?'

• **면접대책** : 다른 사람의 조언을 잘 받아들이고, 겸허하게 반성하는 면이 있다는 것을 보여주고, 동료들과 잘 지내며 리더의 자질이 있다는 것을 강조한다.

㉡ '그렇지 않다'가 많은 경우 : 자신감이 없고 다른 사람의 비판에 약하다.

• **면접관의 심리** : '패기가 부족하지 않을까?', '쉽게 좌절하지 않을까?'

• **면접대책** : 극도의 자신감 부족으로 평가되지는 않는다. 그러나 마음이 약한 면은 있지만 의욕적으로 일을 하겠다는 마음가짐을 보여준다.

⑥ **고양성**(분위기에 들뜨는 정도) … 자유분방함, 명랑함과 같이 감정(기분)의 높고 낮음의 정도를 측정한다.

질문	그렇다	약간 그렇다	그저 그렇다	별로 그렇지 않다	그렇지 않다
• 침착하지 못한 편이다. • 다른 사람보다 쉽게 우쭐해진다. • 모든 사람이 아는 유명인사가 되고 싶다. • 모임이나 집단에서 분위기를 이끄는 편이다. • 취미 등이 오랫동안 지속되지 않는 편이다.					

▶측정결과

㉠ **'그렇다'가 많은 경우**: 자극이나 변화가 있는 일상을 원하고 기분을 들뜨게 하는 사람과 친밀하게 지내는 경향이 강하다.
  • **면접관의 심리**: '일을 진행하는 데 변덕스럽지 않을까?'
  • **면접대책**: 밝은 태도는 플러스 평가를 받을 수 있지만, 착실한 업무능력이 요구되는 직종에서는 마이너스 평가가 될 수 있다. 따라서 자기조절이 가능하다는 것을 보여준다.
㉡ **'그렇지 않다'가 많은 경우**: 감정이 항상 일정하고, 속을 드러내 보이지 않는다.
  • **면접관의 심리**: '안정적인 업무 태도를 기대할 수 있겠다.'
  • **면접대책**: '고양성'의 낮음은 대체로 플러스 평가를 받을 수 있다. 그러나 '무엇을 생각하고 있는지 모르겠다' 등의 평을 듣지 않도록 주의한다.

⑦ 허위성(진위성) … 필요 이상으로 자기를 좋게 보이려 하거나 기업체가 원하는 '이상형'에 맞춘 대답을 하고 있는지, 없는지를 측정한다.

질문	그렇다	약간 그렇다	그저 그렇다	별로 그렇지 않다	그렇지 않다
• 약속을 깨뜨린 적이 한 번도 없다. • 다른 사람을 부럽다고 생각해 본 적이 없다. • 꾸지람을 들은 적이 없다. • 사람을 미워한 적이 없다. • 화를 낸 적이 한 번도 없다.					

▶측정결과

㉠ '그렇다'가 많은 경우 : 실제의 자기와는 다른, 말하자면 원칙으로 해답할 가능성이 있다.
  • 면접관의 심리 : '거짓을 말하고 있다.'
  • 면접대책 : 조금이라도 좋게 보이려고 하는 '거짓말쟁이'로 평가될 수 있다. '거짓을 말하고 있다.'는 마음 따위가 전혀 없다 해도 결과적으로는 정직하게 답하지 않는다는 것이 되어 버린다. '허위성'의 측정 질문은 구분되지 않고 다른 질문 중에 섞여 있다. 그러므로 모든 질문에 솔직하게 답하여야 한다. 또한 자기 자신과 너무 동떨어진 이미지로 답하면 좋은 결과를 얻지 못한다. 그리고 면접에서 '허위성'을 기본으로 한 질문을 받게 되므로 당황하거나 또 다른 모순된 답변을 하게 된다. 겉치레를 하거나 무리한 욕심을 부리지 말고 '이런 사회인이 되고 싶다.'는 현재의 자신보다, 조금 성장한 자신을 표현하는 정도가 적당하다.
㉡ '그렇지 않다'가 많은 경우 : 냉정하고 정직하며, 외부의 압력과 스트레스에 강한 유형이다. '대쪽 같음'의 이미지가 굳어지지 않도록 주의한다.

(2) 행동적인 측면

행동적 측면은 인격 중에 특히 행동으로 드러나기 쉬운 측면을 측정한다. 사람의 행동 특징 자체에는 선도 악도 없으나, 일반적으로는 일의 내용에 의해 원하는 행동이 있다. 때문에 행동적 측면은 주로 직종과 깊은 관계가 있는데 자신의 행동 특성을 살려 적합한 직종을 선택한다면 플러스가 될 수 있다.

행동 특성에서 보여 지는 특징은 면접장면에서도 드러나기 쉬운데 본서의 모의 TEST의 결과를 참고하여 자신의 태도, 행동이 면접관의 시선에 어떻게 비치는지를 점검하도록 한다.

① 사회적 내향성 … 대인관계에서 나타나는 행동경향으로 '낯가림'을 측정한다.

질문	선택
A : 파티에서는 사람을 소개받는 편이다. B : 파티에서는 사람을 소개하는 편이다.	
A : 처음 보는 사람과는 어색하게 시간을 보내는 편이다. B : 처음 보는 사람과는 즐거운 시간을 보내는 편이다.	
A : 친구가 적은 편이다. B : 친구가 많은 편이다.	
A : 자신의 의견을 말하는 경우가 적다. B : 자신의 의견을 말하는 경우가 많다.	
A : 사교적인 모임에 참석하는 것을 좋아하지 않는다. B : 사교적인 모임에 항상 참석한다.	

▶측정결과

㉠ 'A'가 많은 경우 : 내성적이고 사람들과 접하는 것에 소극적이다. 자신의 의견을 말하지 않고 조심스러운 편이다.
- 면접관의 심리 : '소극적인데 동료와 잘 지낼 수 있을까?'
- 면접대책 : 대인관계를 맺는 것을 싫어하지 않고 의욕적으로 일을 할 수 있다는 것을 보여준다.

㉡ 'B'가 많은 경우 : 사교적이고 자기의 생각을 명확하게 전달할 수 있다.
- 면접관의 심리 : '사교적이고 활동적인 것은 좋지만, 자기주장이 너무 강하지 않을까?'
- 면접대책 : 협조성을 보여주고, 자기주장이 너무 강하다는 인상을 주지 않도록 주의한다.

② 내성성(침착도) ··· 자신의 행동과 일에 대해 침착하게 생각하는 정도를 측정한다.

질문	선택
A : 시간이 걸려도 침착하게 생각하는 경우가 많다. B : 짧은 시간에 결정을 하는 경우가 많다.	
A : 실패의 원인을 찾고 반성하는 편이다. B : 실패를 해도 그다지(별로) 개의치 않는다.	
A : 결론이 도출되어도 몇 번 정도 생각을 바꾼다. B : 결론이 도출되면 신속하게 행동으로 옮긴다.	
A : 여러 가지 생각하는 것이 능숙하다. B : 여러 가지 일을 재빨리 능숙하게 처리하는 데 익숙하다.	
A : 여러 가지 측면에서 사물을 검토한다. B : 행동한 후 생각을 한다.	

▶측정결과

㉠ 'A'가 많은 경우 : 행동하기 보다는 생각하는 것을 좋아하고 신중하게 계획을 세워 실행한다.
- 면접관의 심리 : '행동으로 실천하지 못하고, 대응이 늦은 경향이 있지 않을까?'
- 면접대책 : 발로 뛰는 것을 좋아하고, 일을 더디게 한다는 인상을 주지 않도록 한다.

㉡ 'B'가 많은 경우 : 차분하게 생각하는 것보다 우선 행동하는 유형이다.
- 면접관의 심리 : '생각하는 것을 싫어하고 경솔한 행동을 하지 않을까?'
- 면접대책 : 계획을 세우고 행동할 수 있는 것을 보여주고 '사려 깊다'라는 인상을 남기도록 한다.

③ **신체활동성** … 몸을 움직이는 것을 좋아하는가를 측정한다.

질문	선택
A : 민첩하게 활동하는 편이다. B : 준비행동이 없는 편이다.	
A : 일을 척척 해치우는 편이다. B : 일을 더디게 처리하는 편이다.	
A : 활발하다는 말을 듣는다. B : 얌전하다는 말을 듣는다.	
A : 몸을 움직이는 것을 좋아한다. B : 가만히 있는 것을 좋아한다.	
A : 스포츠를 하는 것을 즐긴다. B : 스포츠를 보는 것을 좋아한다.	

▶**측정결과**

㉠ 'A'가 많은 경우 : 활동적이고, 몸을 움직이게 하는 것이 컨디션이 좋다.
• 면접관의 심리 : '활동적으로 활동력이 좋아 보인다.'
• 면접대책 : 활동하고 얻은 성과 등과 주어진 상황의 대응능력을 보여준다.
㉡ 'B'가 많은 경우 : 침착한 인상으로, 차분하게 있는 타입이다.
• 면접관의 심리 : '좀처럼 행동하려 하지 않아 보이고, 일을 빠르게 처리할 수 있을까?'

④ **지속성(노력성)** … 무슨 일이든 포기하지 않고 끈기 있게 하려는 정도를 측정한다.

질문	선택
A : 일단 시작한 일은 시간이 걸려도 끝까지 마무리한다. B : 일을 하다 어려움에 부딪히면 단념한다.	
A : 끈질긴 편이다. B : 바로 단념하는 편이다.	
A : 인내가 강하다는 말을 듣는다. B : 금방 싫증을 낸다는 말을 듣는다.	
A : 집념이 깊은 편이다. B : 담백한 편이다.	
A : 한 가지 일에 구애되는 것이 좋다고 생각한다. B : 간단하게 체념하는 것이 좋다고 생각한다.	

▶측정결과

㉠ **'A'가 많은 경우** : 시작한 것은 어려움이 있어도 포기하지 않고 인내심이 높다.
 • **면접관의 심리** : '한 가지의 일에 너무 구애되고, 업무의 진행이 원활할까?'
 • **면접대책** : 인내력이 있는 것은 플러스 평가를 받을 수 있지만 집착이 강해 보이기도 한다.

㉡ **'B'가 많은 경우** : 뒤끝이 없고 조그만 실패로 일을 포기하기 쉽다.
 • **면접관의 심리** : '질리는 경향이 있고, 일을 정확히 끝낼 수 있을까?'
 • **면접대책** : 지속적인 노력으로 성공했던 사례를 준비하도록 한다.

⑤ **신중성(주의성)** … 자신이 처한 주변상황을 즉시 파악하고 자신의 행동이 어떤 영향을 미치는지를 측정한다.

질문	선택
A : 여러 가지로 생각하면서 완벽하게 준비하는 편이다. B : 행동할 때부터 임기응변적인 대응을 하는 편이다.	
A : 신중해서 타이밍을 놓치는 편이다. B : 준비 부족으로 실패하는 편이다.	
A : 자신은 어떤 일에도 신중히 대응하는 편이다. B : 순간적인 충동으로 활동하는 편이다.	
A : 시험을 볼 때 끝날 때까지 재검토하는 편이다. B : 시험을 볼 때 한 번에 모든 것을 마치는 편이다.	
A : 일에 대해 계획표를 만들어 실행한다. B : 일에 대한 계획표 없이 진행한다.	

▶**측정결과**

㉠ **'A'가 많은 경우** : 주변 상황에 민감하고, 예측하여 계획 있게 일을 진행한다.
- **면접관의 심리** : '너무 신중해서 적절한 판단을 할 수 있을까?', '앞으로의 상황에 불안을 느끼지 않을까?'
- **면접대책** : 예측을 하고 실행을 하는 것은 플러스 평가가 되지만, 너무 신중하면 일의 진행이 정체될 가능성을 보이므로 추진력이 있다는 강한 의욕을 보여준다.

㉡ **'B'가 많은 경우** : 주변 상황을 살펴보지 않고 착실한 계획 없이 일을 진행시킨다.
- **면접관의 심리** : '사려 깊지 않고, 실패하는 일이 많지 않을까?', '판단이 빠르고 유연한 사고를 할 수 있을까?'
- **면접대책** : 사전준비를 중요하게 생각하고 있다는 것 등을 보여주고, 경솔한 인상을 주지 않도록 한다. 또한 판단력이 빠르거나 유연한 사고 덕분에 일 처리를 잘 할 수 있다는 것을 강조한다.

(3) 의욕적인 측면

의욕적인 측면은 의욕의 정도, 활동력의 유무 등을 측정한다. 여기서의 의욕이란 우리들이 보통 말하고 사용하는 '하려는 의지'와는 조금 뉘앙스가 다르다. '하려는 의지'란 그 때의 환경이나 기분에 따라 변화하는 것이지만, 여기에서는 조금 더 변화하기 어려운 특징, 말하자면 정신적 에너지의 양으로 측정하는 것이다.

의욕적 측면은 행동적 측면과는 다르고, 전반적으로 어느 정도 점수가 높은 쪽을 선호한다. 모의검사의 의욕적 측면의 결과가 낮다면, 평소 일에 몰두할 때 조금 의욕 있는 자세를 가지고 서서히 개선하도록 노력해야 한다.

① 달성의욕 … 목적의식을 가지고 높은 이상을 가지고 있는지를 측정한다.

질문	선택
A : 경쟁심이 강한 편이다. B : 경쟁심이 약한 편이다.	
A : 어떤 한 분야에서 제1인자가 되고 싶다고 생각한다. B : 어느 분야에서든 성실하게 임무를 진행하고 싶다고 생각한다.	
A : 규모가 큰일을 해보고 싶다. B : 맡은 일에 충실히 임하고 싶다.	
A : 아무리 노력해도 실패한 것은 아무런 도움이 되지 않는다. B : 가령 실패했을 지라도 나름대로의 노력이 있었으므로 괜찮다.	
A : 높은 목표를 설정하여 수행하는 것이 의욕적이다. B : 실현 가능한 정도의 목표를 설정하는 것이 의욕적이다.	

▶측정결과
㉠ 'A'가 많은 경우 : 큰 목표와 높은 이상을 가지고 승부욕이 강한 편이다.
 • 면접관의 심리 : '열심히 일을 해줄 것 같은 유형이다.'
 • 면접대책 : 달성의욕이 높다는 것은 어떤 직종이라도 플러스 평가가 된다.
㉡ 'B'가 많은 경우 : 현재의 생활을 소중하게 여기고 비약적인 발전을 위하여 기를 쓰지 않는다.
 • 면접관의 심리 : '외부의 압력에 약하고, 기획입안 등을 하기 어려울 것이다.'
 • 면접대책 : 일을 통하여 하고 싶은 것들을 구체적으로 어필한다.

② **활동의욕** … 자신에게 잠재된 에너지의 크기로, 정신적인 측면의 활동력이라 할 수 있다.

질문	선택
A : 하고 싶은 일을 실행으로 옮기는 편이다. B : 하고 싶은 일을 좀처럼 실행할 수 없는 편이다.	
A : 어려운 문제를 해결해 가는 것이 좋다. B : 어려운 문제를 해결하는 것을 잘하지 못한다.	
A : 일반적으로 결단이 빠른 편이다. B : 일반적으로 결단이 느린 편이다.	
A : 곤란한 상황에도 도전하는 편이다. B : 사물의 본질을 깊게 관찰하는 편이다.	
A : 시원시원하다는 말을 잘 듣는다. B : 꼼꼼하다는 말을 잘 듣는다.	

▶측정결과

㉠ **'A'가 많은 경우** : 꾸물거리는 것을 싫어하고 재빠르게 결단해서 행동하는 타입이다.
 • **면접관의 심리** : '일을 처리하는 솜씨가 좋고, 일을 척척 진행할 수 있을 것 같다.'
 • **면접대책** : 활동의욕이 높은 것은 플러스 평가가 된다. 사교성이나 활동성이 강하다는 인상을 준다.
㉡ **'B'가 많은 경우** : 안전하고 확실한 방법을 모색하고 차분하게 시간을 아껴서 일에 임하는 타입이다.
 • **면접관의 심리** : '재빨리 행동을 못하고, 일의 처리속도가 느린 것이 아닐까?'
 • **면접대책** : 활동성이 있는 것을 좋아하고 움직임이 더디다는 인상을 주지 않도록 한다.

3 **성격의 유형**

(1) 인성검사유형의 4가지 척도

정서적인 측면, 행동적인 측면, 의욕적인 측면의 요소들은 성격 특성이라는 관점에서 제시된 것들로 각 개인의 장·단점을 파악하는 데 유용하다. 그러나 전체적인 개인의 인성을 이해하는 데는 한계가 있다.

성격의 유형은 개인의 '성격적인 특색'을 가리키는 것으로, 사회인으로서 적합한지, 아닌지를 말하는 관점과는 관계가 없다. 따라서 채용의 합격 여부에는 사용되지 않는 경우가 많으며, 입사 후의 적정 부서 배치의 자료가 되는 편이라 생각하면 된다. 그러나 채용과 관계가 없다고 해서 아무런 준비도 필요없는 것은 아니다. 자신을 아는 것은 면접 대책의 밑거름이 되므로 모의검사 결과를 충분히 활용하도록 하여야 한다.

본서에서는 4개의 척도를 사용하여 기본적으로 16개의 패턴으로 성격의 유형을 분류하고 있다. 각 개인의 성격이 어떤 유형인지 재빨리 파악하기 위해 사용되며, '적성'에 맞는지, 맞지 않는지의 관점에 활용된다.

- 흥미·관심의 방향 : 내향형 ←———————→ 외향형
- 사물에 대한 견해 : 직관형 ←———————→ 감각형
- 판단하는 방법 : 감정형 ←———————→ 사고형
- 환경에 대한 접근방법 : 지각형 ←———————→ 판단형

(2) 성격유형

① 흥미·관심의 방향(내향 ⇆ 외향) … 흥미·관심의 방향이 자신의 내면에 있는지, 주위환경 등 외면에 향하는 지를 가리키는 척도이다.

질문	선택
A : 내성적인 성격인 편이다. B : 개방적인 성격인 편이다.	
A : 항상 신중하게 생각을 하는 편이다. B : 바로 행동에 착수하는 편이다.	
A : 수수하고 조심스러운 편이다. B : 자기 표현력이 강한 편이다.	
A : 다른 사람과 함께 있으면 침착하지 않다. B : 혼자서 있으면 침착하지 않다.	

▶측정결과
㉠ 'A'가 많은 경우(내향) : 관심의 방향이 자기 내면에 있으며, 조용하고 낯을 가리는 유형이다. 행동력은 부족하나 집중력이 뛰어나고 신중하고 꼼꼼하다.
㉡ 'B'가 많은 경우(외향) : 관심의 방향이 외부환경에 있으며, 사교적이고 활동적인 유형이다. 꼼꼼함이 부족하여 대충하는 경향이 있으나 행동력이 있다.

② 일(사물)을 보는 방법(직감↹감각) … 일(사물)을 보는 법이 직감적으로 형식에 얽매이는지, 감각적으로 상식적인지를 가리키는 척도이다.

질문	선택
A : 현실주의적인 편이다. B : 상상력이 풍부한 편이다.	
A : 정형적인 방법으로 일을 처리하는 것을 좋아한다. B : 만들어진 방법에 변화가 있는 것을 좋아한다.	
A : 경험에서 가장 적합한 방법으로 선택한다. B : 지금까지 없었던 새로운 방법을 개척하는 것을 좋아한다.	
A : 성실하다는 말을 듣는다. B : 호기심이 강하다는 말을 듣는다.	

▶측정결과
㉠ 'A'가 많은 경우(감각) : 현실적이고 경험주의적이며 보수적인 유형이다.
㉡ 'B'가 많은 경우(직관) : 새로운 주제를 좋아하며, 독자적인 시각을 가진 유형이다.

③ 판단하는 방법(감정↹사고) … 일을 감정적으로 판단하는지, 논리적으로 판단하는지를 가리키는 척도이다.

질문	선택
A : 인간관계를 중시하는 편이다. B : 일의 내용을 중시하는 편이다.	
A : 결론을 자기의 신념과 감정에서 이끌어내는 편이다. B : 결론을 논리적 사고에 의거하여 내리는 편이다.	
A : 다른 사람보다 동정적이고 눈물이 많은 편이다. B : 다른 사람보다 이성적이고 냉정하게 대응하는 편이다.	

▶측정결과
㉠ 'A'가 많은 경우(감정) : 일을 판단할 때 마음·감정을 중요하게 여기는 유형이다. 감정이 풍부하고 친절하나 엄격함이 부족하고 우유부단하며, 합리성이 부족하다.
㉡ 'B'가 많은 경우(사고) : 일을 판단할 때 논리성을 중요하게 여기는 유형이다. 이성적이고 합리적이나 타인에 대한 배려가 부족하다.

④ 환경에 대한 접근방법 … 주변상황에 어떻게 접근하는지, 그 판단기준을 어디에 두는지를 측정한다.

질문	선택
A : 사전에 계획을 세우지 않고 행동한다. B : 반드시 계획을 세우고 그것에 의거해서 행동한다.	
A : 자유롭게 행동하는 것을 좋아한다. B : 조직적으로 행동하는 것을 좋아한다.	
A : 조직성이나 관습에 속박당하지 않는다. B : 조직성이나 관습을 중요하게 여긴다.	
A : 계획 없이 낭비가 심한 편이다. B : 예산을 세워 물건을 구입하는 편이다.	

▶측정결과
㉠ 'A'가 많은 경우(지각) : 일의 변화에 융통성을 가지고 유연하게 대응하는 유형이다. 낙관적이며 질서보다는 자유를 좋아하나 임기응변식의 대응으로 무계획적인 인상을 줄 수 있다.
㉡ 'B'가 많은 경우(판단) : 일의 진행시 계획을 세워서 실행하는 유형이다. 순차적으로 진행하는 일을 좋아하고 끈기가 있으나 변화에 대해 적절하게 대응하지 못하는 경향이 있다.

(3) 성격유형의 판정

성격유형은 합격 여부의 판정보다는 배치를 위한 자료로써 이용된다. 즉, 기업은 입사시험단계에서 입사 후에도 사용할 수 있는 정보를 입수하고 있다는 것이다. 성격검사에서는 어느 척도가 얼마나 고득점이었는지에 주시하고 각각의 측면에서 반드시 하나씩 고르고 편성한다. 편성은 모두 16가지가 되나 각각의 측면을 더 세분하면 200가지 이상의 유형이 나온다.

여기에서는 16가지 편성을 제시한다. 성격검사에 어떤 정보가 게재되어 있는지를 이해하면서 자기의 성격유형을 파악하기 위한 실마리로 활용하도록 한다.

① 내향 – 직관 – 감정 – 지각(TYPE A)

관심이 내면에 향하고 조용하고 소극적이다. 사물에 대한 견해는 새로운 것에 대해 호기심이 강하고, 독창적이다. 감정은 좋아하는 것과 싫어하는 것의 판단이 확실하고, 감정이 풍부하고 따뜻한 느낌이 있는 반면, 합리성이 부족한 경향이 있다. 환경에 접근하는 방법은 순응적이고 상황의 변화에 대해 유연하게 대응하는 것을 잘한다.

② 내향 – 직관 – 감정 – 사고(TYPE B)

관심이 내면으로 향하고 조용하고 쑥스러움을 잘 타는 편이다. 사물을 보는 관점은 독창적이며, 자기 나름대로 궁리하며 생각하는 일이 많다. 좋고 싫음으로 판단하는 경향이 강하고 타인에게는 친절한 반면, 우유부단하기 쉬운 편이다. 환경 변화에 대해 유연하게 대응하는 것을 잘한다.

③ 내향 – 직관 – 사고 – 지각(TYPE C)

관심이 내면으로 향하고 얌전하고 교제범위가 좁다. 사물을 보는 관점은 독창적이며, 현실에서 먼 추상적인 것을 생각하기를 좋아한다. 논리적으로 생각하고 판단하는 경향이 강하고 이성적이지만, 남의 감정에 대해서는 무반응인 경향이 있다. 환경의 변화에 순응적이고 융통성 있게 임기응변으로 대응할 수가 있다.

④ 내향 – 직관 – 사고 – 판단(TYPE D)

관심이 내면으로 향하고 주의 깊고 신중하게 행동을 한다. 사물을 보는 관점은 독창적이며 논리를 좋아해서 이치를 따지는 경향이 있다. 논리적으로 생각하고 판단하는 경향이 강하고, 객관적이지만 상대방의 마음에 대한 배려가 부족한 경향이 있다. 환경에 대해서는 순응하는 것보다 대응하며, 한 번 정한 것은 끈질기게 행동하려 한다.

⑤ 내향 – 감각 – 감정 – 지각(TYPE E)

관심이 내면으로 향하고 조용하며 소극적이다. 사물을 보는 관점은 상식적이고 그대로의 것을 좋아하는 경향이 있다. 좋음과 싫음으로 판단하는 경향이 강하고 타인에 대해서 동정심이 많은 반면, 엄격한 면이 부족한 경향이 있다. 환경에 대해서는 순응적이고, 예측할 수 없다 해도 태연하게 행동하는 경향이 있다.

⑥ 내향 – 감각 – 감정 – 판단(TYPE F)

관심이 내면으로 향하고 얌전하며 쑥스러움을 많이 탄다. 사물을 보는 관점은 상식적이고 논리적으로 생각하는 것보다도 경험을 중요시하는 경향이 있다. 좋고 싫음으로 판단하는 경향이 강하고 사람이 좋은 반면, 개인적 취향이나 소원에 영향을 받는 일이 많은 경향이 있다. 환경에 대해서는 영향을 받지 않고, 자기 페이스대로 꾸준히 성취하는 일을 잘한다.

⑦ 내향 – 감각 – 사고 – 지각(TYPE G)

관심이 내면으로 향하고 얌전하고 교제범위가 좁다. 사물을 보는 관점은 상식적인 동시에 실천적이며, 틀에 박힌 형식을 좋아한다. 논리적으로 판단하는 경향이 강하고 침착하지만 사람에 대해서는 엄격하여 차가운 인상을 주는 일이 많다. 환경에 대해서 순응적이고, 계획적으로 행동하지 않으며 자유로운 행동을 좋아하는 경향이 있다.

⑧ 내향 – 감각 – 사고 – 판단(TYPE H)

관심이 내면으로 향하고 주의 깊고 신중하게 행동을 한다. 사물을 보는 관점이 상식적이고 새롭고 경험하지 못한 일에 대응을 잘 하지 못한다. 논리적으로 생각하고 판단하는 경향이 강하고, 공평하지만 상대방의 감정에 대해 배려가 부족할 때가 있다. 환경에 대해서는 작용하는 편이고, 질서 있게 행동하는 것을 좋아한다.

⑨ 외향 – 직관 – 감정 – 지각(TYPE I)

관심이 외향으로 향하고 밝고 활동적이며 교제범위가 넓다. 사물을 보는 관점은 독창적이고 호기심이 강하며 새로운 것을 생각하는 것을 좋아한다. 좋음 싫음으로 판단하는 경향이 강하다. 사람은 좋은 반면 개인적 취향이나 소원에 영향을 받는 일이 많은 편이다.

⑩ 외향 – 직관 – 감정 – 판단(TYPE J)

관심이 외향으로 향하고 개방적이며 누구와도 쉽게 친해질 수 있다. 사물을 보는 관점은 독창적이고 자기 나름대로 궁리하고 생각하는 면이 많다. 좋음과 싫음으로 판단하는 경향이 강하고, 타인에 대해 동정적이기 쉽고 엄격함이 부족한 경향이 있다. 환경에 대해서는 작용하는 편이고 질서 있는 행동을 하는 것을 좋아한다.

⑪ 외향 – 직관 – 사고 – 지각(TYPE K)

관심이 외향으로 향하고 태도가 분명하며 활동적이다. 사물을 보는 관점은 독창적이고 현실과 거리가 있는 추상적인 것을 생각하는 것을 좋아한다. 논리적으로 생각하고 판단하는 경향이 강하고, 공평하지만 상대에 대한 배려가 부족할 때가 있다.

⑫ 외향 – 직관 – 사고 – 판단(TYPE L)

관심이 외향으로 향하고 밝고 명랑한 성격이며 사교적인 것을 좋아한다. 사물을 보는 관점은 독창적이고 논리적인 것을 좋아하기 때문에 이치를 따지는 경향이 있다. 논리적으로 생각하고 판단하는 경향이 강하고 침착성이 뛰어나지만 사람에 대해서 엄격하고 차가운 인상을 주는 경우가 많다. 환경에 대해 작용하는 편이고 계획을 세우고 착실하게 실행하는 것을 좋아한다.

⑬ 외향 – 감각 – 감정 – 지각(TYPE M)

관심이 외향으로 향하고 밝고 활동적이고 교제범위가 넓다. 사물을 보는 관점은 상식적이고 종래대로 있는 것을 좋아한다. 보수적인 경향이 있고 좋아함과 싫어함으로 판단하는 경향이 강하며 타인에게는 친절한 반면, 우유부단한 경우가 많다. 환경에 대해 순응적이고, 융통성이 있고 임기응변으로 대응할 가능성이 높다.

⑭ 외향 - 감각 - 감정 - 판단(TYPE N)

관심이 외향으로 향하고 개방적이며 누구와도 쉽게 대면할 수 있다. 사물을 보는 관점은 상식적이고 논리적으로 생각하기보다는 경험을 중시하는 편이다. 좋아함과 싫어함으로 판단하는 경향이 강하고 감정이 풍부하며 따뜻한 느낌이 있는 반면에 합리성이 부족한 경우가 많다. 환경에 대해서 작용하는 편이고, 한 번 결정한 것은 끈질기게 실행하려고 한다.

⑮ 외향 - 감각 - 사고 - 지각(TYPE O)

관심이 외향으로 향하고 시원한 태도이며 활동적이다. 사물을 보는 관점이 상식적이며 동시에 실천적이고 명백한 형식을 좋아하는 경향이 있다. 논리적으로 생각하고 판단하는 경향이 강하고, 객관적이지만 상대 마음에 대해 배려가 부족한 경향이 있다.

⑯ 외향 - 감각 - 사고 - 판단(TYPE P)

관심이 외향으로 향하고 밝고 명랑하며 사교적인 것을 좋아한다. 사물을 보는 관점은 상식적이고 경험하지 못한 새로운 것에 대응을 잘 하지 못한다. 논리적으로 생각하고 판단하는 경향이 강하고 이성적이지만 사람의 감정에 무심한 경향이 있다. 환경에 대해서는 작용하는 편이고, 자기 페이스대로 꾸준히 성취하는 것을 잘한다.

4 도형심리검사

최근 도형을 이용하여 인성검사를 실시하는 곳이 늘고 있다. 보통 선호하는 도형을 선택하라는 질문으로 이루어지며, 그 선택한 도형을 토대로 지원자의 성향을 파악하는 것이다. 도형심리검사는 간단한 검사과정과 다른 검사에서는 알 수 없는 결과를 알 수 있기 때문에 각광받고 있다. 도형심리검사는 지원자의 기질 확인뿐만 아니라 일부 신경증과 정신병에 대한 확인도 가능하다고 한다. 또한 현재의 심리적인 상태를 진단하는데 유용하다. 그렇기 때문에 기업 채용 시 도형심리검사를 일부 시행하여 결과를 지원자의 성향을 파악하고, 자신의 회사에 적합한 인재인지, 조직문화에 잘 융화될 수 있을지 파악하기 위하여 쓰이고 있다.

(2) 도형심리검사의 예시

① 도형심리검사 시 자주 쓰이는 도형으로는 정사각형, 직사각형, 원형, 삼각형, S형이 있다.

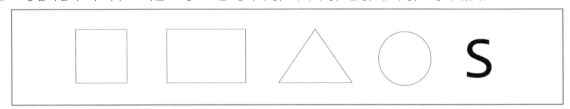

② 각 도형을 선택하였을 때, 일반적으로 평가될 수 있는 성향이다.
- ㉠ 정사각형 : 조직적이며, 성실한 사람이라고 생각되어 진다. 규칙을 지키는 것을 좋아하며, 돌발적인 상황에 대해서는 싫어하는 한편, 팀보다는 혼자서 일하는 것을 좋아하고 체계적으로 근무하는 성향을 보인다고 생각되어질 수 있다.
- ㉡ 직사각형 : 탐험가적인 성향이 있는 사람, 변화를 추구하며 새로운 것을 배우는 것을 잘 수용하는 편이라고 평가될 수 있으며 변화의 선상에 있을 때 많은 사람들이 직사각형의 성향을 겪게 된다고 생각한다.
- ㉢ 삼각형 : 목표를 향해 추구하는 지도자적 타입으로 평가 된다. 자신감이 있으며, 현실을 이야기 하는데 주저함이 없고, 많은 미국 경영인들의 성향과 흡사하다. 하지만 자기중심적이며 독단적일 수도 있다고 생각되어 진다.
- ㉣ 원형 : 사교적인 사람, 공감능력이 좋고 사려 깊음, 커뮤니케이션 능력이 좋고 외향적인 사람으로 평가된다. 하지만 강력한 계급사회를 견디기 힘들어 하기도 한다고 생각되기도 한다.
- ㉤ S형 : 구불구불한 S형은 창의적인 사람이라고 생각되어 진다. 전체를 볼 줄 알며 일상적이고 재미없는 것을 참기 힘들어 한다고 평가되며, 조직에 완벽히 융화되기 어렵다고 생각되어지기도 한다.

5 인성검사의 대책

(1) 미리 알아두어야 할 점

① 출제 문항 수 … 인성검사의 출제 문항 수는 특별히 정해진 것이 아니며 각 기업체의 기준에 따라 달라질 수 있다. 보통 100문항 이상에서 600문항까지 출제된다고 예상하면 된다.

② 출제형식

　　㉠ '예' 아니면 '아니오'의 형식

다음 문항을 읽고 자신에게 해당되는지 안 되는지를 판단하여 해당될 경우 '예'를, 해당되지 않을 경우 '아니오'를 고르시오.

질문	예	아니오
1. 자신의 생각이나 의견은 좀처럼 변하지 않는다.	○	
2. 구입한 후 끝까지 읽지 않은 책이 많다.		○

다음 문항에 대해서 평소에 자신이 생각하고 있는 것이나 행동하고 있는 것에 ○표를 하시오.

질문	그렇다	약간 그렇다	그저 그렇다	별로 그렇지 않다	그렇지 않다
1. 시간에 쫓기는 것이 싫다.		○			
2. 여행가기 전에 계획을 세운다.			○		

　　㉡ A와 B의 선택형식

A와 B에 주어진 문장을 읽고 자신에게 해당되는 것을 고르시오.

질문	선택
A : 걱정거리가 있어서 잠을 못 잘 때가 있다.	(○)
B : 걱정거리가 있어도 잠을 잘 잔다.	( )

(2) 임하는 자세

① 솔직하게 있는 그대로 표현한다 … 인성검사는 평범한 일상생활 내용들을 다룬 짧은 문장과 어떤 대상이나 일에 대한 선로를 선택하는 문장으로 구성되었으므로 평소에 자신이 생각한 바를 너무 골똘히 생각하지 말고 문제를 보는 순간 떠오른 것을 표현한다.

② 모든 문제를 신속하게 대답한다 … 인성검사는 시간제한이 없는 것이 원칙이지만 기업체들은 일정한 시간제한을 두고 있다. 인성검사는 개인의 성격과 자질을 알아보기 위한 검사이기 때문에 정답이 없다. 다만, 기업체에서 바람직하게 생각하거나 기대되는 결과가 있을 뿐이다. 따라서 시간에 쫓겨서 대충 대답을 하는 것은 바람직하지 못하다.

실전 인성검사

1 Yes or No 유형

｜1～100｜ 다음에 제시된 문장을 보고 해당 진술이 자신에게 적합하면 Yes를, 그렇지 않으면 No를 선택하시오.

	YES	NO
1. 조금이라도 나쁜 소식은 절망의 시작이라고 생각해버린다.	( )	( )
2. 언제나 실패가 걱정이 되어 어쩔 줄 모른다.	( )	( )
3. 다수결의 의견에 따르는 편이다.	( )	( )
4. 혼자서 커피숍에 들어가는 것은 전혀 두려운 일이 아니다.	( )	( )
5. 승부근성이 강하다.	( )	( )
6. 자주 흥분해서 침착하지 못하다.	( )	( )
7. 지금까지 살면서 타인에게 폐를 끼친 적이 없다.	( )	( )
8. 소곤소곤 이야기하는 것을 보면 자기에 대해 험담하고 있는 것으로 생각된다.	( )	( )
9. 무엇이든지 자기가 나쁘다고 생각하는 편이다.	( )	( )
10. 자신을 변덕스러운 사람이라고 생각한다.	( )	( )
11. 고독을 즐기는 편이다.	( )	( )
12. 자존심이 강하다고 생각한다.	( )	( )
13. 금방 흥분하는 성격이다.	( )	( )
14. 거짓말을 한 적이 없다.	( )	( )
15. 신경질적인 편이다.	( )	( )
16. 끙끙대며 고민하는 타입이다.	( )	( )
17. 감정적인 사람이라고 생각한다.	( )	( )
18. 자신만의 신념을 가지고 있다.	( )	( )
19. 다른 사람을 바보 같다고 생각한 적이 있다.	( )	( )
20. 금방 말해버리는 편이다.	( )	( )

	YES	NO

21. 싫어하는 사람이 없다. ……………………………………………………………… ( )( )

22. 대재앙이 오지 않을까 항상 걱정을 한다. ………………………………………… ( )( )

23. 쓸데없는 고생을 하는 일이 많다. ………………………………………………… ( )( )

24. 자주 생각이 바뀌는 편이다. ……………………………………………………… ( )( )

25. 문제점을 해결하기 위해 여러 사람과 상의한다. ……………………………… ( )( )

26. 내 방식대로 일을 한다. …………………………………………………………… ( )( )

27. 영화를 보고 운 적이 많다. ………………………………………………………… ( )( )

28. 어떤 것에 대해서도 화낸 적이 없다. …………………………………………… ( )( )

29. 사소한 충고에도 걱정을 한다. …………………………………………………… ( )( )

30. 자신은 도움이 안 되는 사람이라고 생각한다. ………………………………… ( )( )

31. 금방 싫증을 내는 편이다. ………………………………………………………… ( )( )

32. 개성적인 사람이라고 생각한다. …………………………………………………… ( )( )

33. 자기주장이 강한 편이다. …………………………………………………………… ( )( )

34. 뒤숭숭하다는 말을 들은 적이 있다. ……………………………………………… ( )( )

35. 학교를 쉬고 싶다고 생각한 적이 한 번도 없다. ……………………………… ( )( )

36. 사람들과 관계 맺는 것을 잘하지 못한다. ……………………………………… ( )( )

37. 사려 깊은 편이다. …………………………………………………………………… ( )( )

38. 몸을 움직이는 것을 좋아한다. …………………………………………………… ( )( )

39. 끈기가 있는 편이다. ………………………………………………………………… ( )( )

40. 신중한 편이라고 생각한다. ………………………………………………………… ( )( )

41. 인생의 목표는 큰 것이 좋다. ……………………………………………………… ( )( )

42. 어떤 일이라도 바로 시작하는 타입이다. ………………………………………… ( )( )

43. 낯가림을 하는 편이다. ……………………………………………………………… ( )( )

44. 생각하고 나서 행동하는 편이다. ………………………………………………… ( )( )

45. 쉬는 날은 밖으로 나가는 경우가 많다. ………………………………………… ( )( )

46. 시작한 일은 반드시 완성시킨다. ………………………………………………… ( )( )

47. 면밀한 계획을 세운 여행을 좋아한다. …………………………………………… ( )( )

48. 야망이 있는 편이라고 생각한다. ………………………………………………… ( )( )

49. 활동력이 있는 편이다. ……………………………………………………………… ( )( )

50. 많은 사람들과 왁자지껄하게 식사하는 것을 좋아하지 않는다. ……………… ( )( )

51. 돈을 허비한 적이 없다. ……………………………………………………………… ( )( )

52. 어릴적에 운동회를 아주 좋아하고 기대했다. ……………………………… (　)(　)

53. 하나의 취미에 열중하는 타입이다. ……………………………………… (　)(　)

54. 모임에서 리더에 어울린다고 생각한다. ………………………………… (　)(　)

55. 입신출세의 성공이야기를 좋아한다. ……………………………………… (　)(　)

56. 어떠한 일도 의욕을 가지고 임하는 편이다. …………………………… (　)(　)

57. 학급에서는 존재가 희미했다. ……………………………………………… (　)(　)

58. 항상 무언가를 생각하고 있다. …………………………………………… (　)(　)

59. 스포츠는 보는 것보다 하는 게 좋다. …………………………………… (　)(　)

60. '참 잘했네요.'라는 말을 자주 듣는다. ………………………………… (　)(　)

61. 흐린 날은 반드시 우산을 가지고 간다. ………………………………… (　)(　)

62. 주연상을 받을 수 있는 배우를 좋아한다. ……………………………… (　)(　)

63. 공격하는 타입이라고 생각한다. …………………………………………… (　)(　)

64. 리드를 받는 편이다. ………………………………………………………… (　)(　)

65. 너무 신중해서 기회를 놓친 적이 있다. ………………………………… (　)(　)

66. 시원시원하게 움직이는 타입이다. ………………………………………… (　)(　)

67. 야근을 해서라도 업무를 끝낸다. ………………………………………… (　)(　)

68. 누군가를 방문할 때는 반드시 사전에 확인한다. ……………………… (　)(　)

69. 노력해도 결과가 따르지 않으면 의미가 없다. ………………………… (　)(　)

70. 무조건 행동해야 한다. ……………………………………………………… (　)(　)

71. 유행에 둔감하다고 생각한다. ……………………………………………… (　)(　)

72. 정해진 대로 움직이는 것은 시시하다. ………………………………… (　)(　)

73. 꿈을 계속 가지고 있고 싶다. ……………………………………………… (　)(　)

74. 질서보다 자유를 중요시하는 편이다. …………………………………… (　)(　)

75. 혼자서 취미에 몰두하는 것을 좋아한다. ……………………………… (　)(　)

76. 직관적으로 판단하는 편이다. ……………………………………………… (　)(　)

77. 영화나 드라마를 보면 등장인물의 감정에 이입된다. ………………… (　)(　)

78. 시대의 흐름에 역행해서라도 자신을 관철하고 싶다. ………………… (　)(　)

79. 다른 사람의 소문에 관심이 없다. ………………………………………… (　)(　)

80. 창조적인 편이다. ……………………………………………………………… (　)(　)

		YES	NO
81. 비교적 눈물이 많은 편이다.		( )	( )
82. 융통성이 있다고 생각한다.		( )	( )
83. 친구의 휴대전화 번호를 잘 모른다.		( )	( )
84. 스스로 고안하는 것을 좋아한다.		( )	( )
85. 정이 두터운 사람으로 남고 싶다.		( )	( )
86. 조직의 일원으로 별로 안 어울린다.		( )	( )
87. 세상의 일에 별로 관심이 없다.		( )	( )
88. 변화를 추구하는 편이다.		( )	( )
89. 업무는 인간관계로 선택한다.		( )	( )
90. 환경이 변하는 것에 구애되지 않는다.		( )	( )
91. 불안감이 강한 편이다.		( )	( )
92. 인생은 살 가치가 없다고 생각한다.		( )	( )
93. 의지가 약한 편이다.		( )	( )
94. 다른 사람이 하는 일에 별로 관심이 없다.		( )	( )
95. 사람을 설득시키는 것은 어렵지 않다.		( )	( )
96. 심심한 것을 못 참는다.		( )	( )
97. 다른 사람을 욕한 적이 한 번도 없다.		( )	( )
98. 다른 사람에게 어떻게 보일지 신경을 쓴다.		( )	( )
99. 금방 낙심하는 편이다.		( )	( )
100. 다른 사람에게 의존하는 경향이 있다.		( )	( )

2 가까운 것 고르기 유형

▎1~50 ▎ 다음에 제시된 두 문장 중 자신과 더 가까운 표현 하나를 고르시오.

	예시문항	응답
1	공동체 속에서 리더 역할을 자주 맡아서 하는 편이다.	
	앞에 나서기 보다는 조력자 역할이 마음 편하다.	
2	새로 나오는 기기들에 관심이 많다.	
	유행에 둔한 편이다.	
3	대중 앞에 나서는 것은 흥분되는 일이다.	
	많은 사람들 앞에 서면 긴장해서 식은땀이 난다.	
4	구성원 간 소통은 중요한 일이다.	
	입이 무거운 사람을 좋아한다.	
5	모든 일에 끈기 있게 임한다.	
	때로는 포기할 줄도 알아야 한다.	
6	역사에 이름을 남기고 싶다.	
	평범한 인생이 가장 좋다.	
7	좋은 아이디어가 떠오르면 바로 얘기한다.	
	질문을 받으면 충분히 생각하고 나서 대답한다.	
8	외출 시 준비가 빠르다.	
	외출 시 빠뜨린 것이 없나 몇 번씩 확인한다.	
9	땀 흘리는 일은 질색이다.	
	앉아만 있는 일보다는 육체노동이 즐겁다.	
10	새로운 일에 도전하는 것은 두렵다.	
	모든 일에 과감하게 도전하는 타입이다.	
11	매우 사교적이다.	
	혼자 하는 취미를 즐긴다.	
12	예상치 못한 사건이 벌어지는 것은 골치 아프다.	
	미래를 알 수 없다는 것은 흥미롭다.	

	예시문항	응답
13	불만은 발전의 시작이다.	
	좋은 게 좋은 거라고 생각한다.	
14	한 자리에 앉으면 잘 일어나지 않는다.	
	엉덩이가 가벼운 편이다.	
15	전통은 소중한 것이다.	
	변화를 쉽게 받아들인다.	
16	현재보다 미래를 준비하는 것이 중요하다.	
	오늘을 즐기며 살아간다.	
17	괴로워하는 사람을 보면 '얼마나 힘들까?'를 먼저 생각한다.	
	괴로워하는 사람을 보면 '왜 힘들까?'를 먼저 생각한다.	
18	현실적인 편이다.	
	상상력이 풍부하다.	
19	남에게 좋은 사람이 되고 싶다.	
	남보다는 내가 우선이다.	
20	지위에 어울리는 행동이 있다.	
	허례허식은 타파해야 한다.	
21	좋아하는 연예인이 있다.	
	가십에는 흥미가 없다.	
22	같은 TV 프로그램을 여러 번 반복해서 본다.	
	모든 일에 쉽게 질리는 편이다.	
23	꿈은 클수록 좋다.	
	이룰 수 있는 목표를 세운다.	
24	얼굴에 감정이 잘 드러나는 편이다.	
	포커페이스라는 말을 듣는다.	
25	나만의 세계가 있다.	
	주변 사람들의 시선이 신경 쓰인다.	
26	쉬는 날에는 늘 집에 있는 편이다.	
	야외에서 하는 활동을 즐긴다.	

	예시문항	응답
27	미리 계획한 여행을 좋아한다.	
	계획 없이 훌쩍 떠나는 것을 좋아한다.	
28	아무리 맛있는 음식점이라도 대기시간이 길면 가지 않는다.	
	무언가를 기다리는 것은 즐거운 일이다.	
29	가만히 있는 것이 가장 힘들다.	
	하루 종일 아무것도 하지 않을 수 있다.	
30	나는 개성 있는 스타일을 추구한다.	
	너무 눈에 띄는 스타일은 지양하는 편이다.	
31	말보다는 글로 의견을 전달하는 것이 편하다.	
	글보다는 말로 의견을 전달하는 것이 편하다.	
32	나는 이성적인 사람이다.	
	나는 감성적인 사람이다.	
33	한 가지 분야에 전문가가 되고 싶다.	
	여러 분야에 능통하고 싶다.	
34	원칙은 지켜져야 한다.	
	매사 유연하게 대처하는 편이다.	
35	내 능력을 시험 받는 것을 즐기다.	
	내 능력을 의심하는 상황은 불쾌하다.	
36	스트레스가 쌓이면 다른 사람을 만나지 않는다.	
	친구들을 만나 스트레스를 푸는 것을 좋아한다.	
37	사람의 성향은 절대 바뀌지 않는다고 생각한다.	
	사람은 고쳐서 쓸 수 있다고 생각한다.	
38	경제적으로 소비하는 편이다.	
	충동구매를 한 적이 있다.	
39	몸이 아프면 바로 병원에 간다.	
	조금 아프더라도 약을 먹지 않는다.	
40	건강 하나만은 자신한다.	
	꾸준한 건강관리가 필요하다.	

	예시문항	응답
41	선물은 마음이 중요하다.	
	선물은 가격이 중요하다.	
42	등산을 하려면 먼저 장비부터 갖추어야 한다.	
	시작이 반이다.	
43	외모보다는 성격으로 사람을 판단한다.	
	성격보다는 능력으로 사람을 판단한다.	
44	회식에는 반드시 참여해야 한다.	
	회식에 반드시 참여할 필요는 없다.	
45	아침에 가장 활기차다.	
	낮보다 밤에 더 집중이 잘 된다.	
46	한 번 결정한 일은 절대 번복하지 않는다.	
	변덕스러운 편이다.	
47	가정교육은 중요하다고 생각한다.	
	부모보다 그 사람을 보고 판단해야 한다.	
48	좋고 싫음이 분명하다.	
	우유부단하다는 소리를 듣는다.	
49	모르는 분야도 아는 척을 하는 편이다.	
	모르는 분야에 대해 이야기할 때는 아무 말도 하지 않는다.	
50	월 초가 되면 늘 달력을 놓고 이번 달 스케줄을 체크한다.	
	월 말이 되면 지나간 한 달을 돌아보며 확인한다.	

┃1~100┃ 다음 문장을 읽고 자신과 어느 정도 부합하는지 선택하시오.

① 전혀 그렇지 않다	② 그렇지 않다	③ 그렇다	④ 매우 그렇다

1. 움직이는 것을 몹시 귀찮아하는 편이라고 생각한다. ······················· ① ② ③ ④
2. 특별히 소극적이라고 생각하지 않는다. ······························· ① ② ③ ④
3. 이것저것 평하는 것이 싫다. ··· ① ② ③ ④
4. 자신은 성급하지 않다고 생각한다. ··································· ① ② ③ ④
5. 꾸준히 노력하는 것을 잘 하지 못한다. ······························· ① ② ③ ④
6. 내일의 계획은 머릿속에 기억한다. ··································· ① ② ③ ④
7. 협동성이 있는 사람이 되고 싶다. ··································· ① ② ③ ④
8. 열정적인 사람이라고 생각하지 않는다. ······························· ① ② ③ ④
9. 다른 사람 앞에서 이야기를 잘한다. ··································· ① ② ③ ④
10. 행동력이 있는 편이다. ·· ① ② ③ ④
11. 엉덩이가 무거운 편이다. ··· ① ② ③ ④
12. 특별히 구애받는 것이 없다. ··· ① ② ③ ④
13. 돌다리는 두들겨 보지 않고 건너도 된다. ··························· ① ② ③ ④
14. 자신에게는 권력욕이 없다. ··· ① ② ③ ④
15. 업무를 할당받으면 부담스럽다. ······································· ① ② ③ ④
16. 활동적인 사람이라고 생각한다. ······································· ① ② ③ ④
17. 비교적 보수적이다. ·· ① ② ③ ④
18. 어떤 일을 결정할 때 나에게 손해인지 이익인지로 정할 때가 많다. ··· ① ② ③ ④
19. 전통을 견실히 지키는 것이 적절하다. ······························· ① ② ③ ④
20. 교제 범위가 넓은 편이다. ··· ① ② ③ ④
21. 상식적인 판단을 할 수 있는 타입이라고 생각한다. ··················· ① ② ③ ④
22. 너무 객관적이어서 실패한다. ··· ① ② ③ ④
23. 보수적인 면을 추구한다. ··· ① ② ③ ④
24. 내가 누구의 팬인지 주변의 사람들이 안다. ··························· ① ② ③ ④
25. 가능성보다 현실이다. ··· ① ② ③ ④
26. 그 사람이 필요한 것을 선물하고 싶다. ······························· ① ② ③ ④

27. 여행은 계획적으로 하는 것이 좋다. ……………………………………… ① ② ③ ④

28. 구체적인 일에 관심이 있는 편이다. ……………………………………… ① ② ③ ④

29. 일은 착실히 하는 편이다. ……………………………………………………… ① ② ③ ④

30. 괴로워하는 사람을 보면 우선 이유를 생각한다. ……………………… ① ② ③ ④

31. 가치기준은 자신의 밖에 있다고 생각한다. ……………………………… ① ② ③ ④

32. 밝고 개방적인 편이다. ………………………………………………………… ① ② ③ ④

33. 현실 인식을 잘하는 편이라고 생각한다. ………………………………… ① ② ③ ④

34. 공평하고 공적인 상사를 만나고 싶다. …………………………………… ① ② ③ ④

35. 시시해도 계획적인 인생이 좋다. …………………………………………… ① ② ③ ④

36. 적극적으로 사람들과 관계를 맺는 편이다. ……………………………… ① ② ③ ④

37. 활동적인 편이다. ………………………………………………………………… ① ② ③ ④

38. 몸을 움직이는 것을 좋아하지 않는다. …………………………………… ① ② ③ ④

39. 쉽게 질리는 편이다. …………………………………………………………… ① ② ③ ④

40. 경솔한 편이라고 생각한다. …………………………………………………… ① ② ③ ④

41. 인생의 목표는 손이 닿을 정도면 된다. ………………………………… ① ② ③ ④

42. 무슨 일도 좀처럼 바로 시작하지 못한다. ……………………………… ① ② ③ ④

43. 초면인 사람과도 바로 친해질 수 있다. ………………………………… ① ② ③ ④

44. 행동하고 나서 생각하는 편이다. …………………………………………… ① ② ③ ④

45. 쉬는 날은 집에 있는 경우가 많다. ……………………………………… ① ② ③ ④

46. 완성되기 전에 포기하는 경우가 많다. …………………………………… ① ② ③ ④

47. 계획 없는 여행을 좋아한다. …………………………………………………… ① ② ③ ④

48. 욕심이 없는 편이라고 생각한다. …………………………………………… ① ② ③ ④

49. 활동력이 별로 없다. …………………………………………………………… ① ② ③ ④

50. 많은 사람들과 어울릴 수 있는 모임에 가는 것을 좋아한다. ……… ① ② ③ ④

51. 많은 친구랑 사귀는 편이다. ………………………………………………… ① ② ③ ④

52. 목표 달성에 별로 구애받지 않는다. ……………………………………… ① ② ③ ④

53. 평소에 걱정이 많은 편이다. ………………………………………………… ① ② ③ ④

54. 체험을 중요하게 여기는 편이다. …………………………………………… ① ② ③ ④

55. 정이 두터운 사람을 좋아한다. ……………………………………………… ① ② ③ ④

56. 도덕적인 사람을 좋아한다. …………………………………………………… ① ② ③ ④

57. 성격이 규칙적이고 꼼꼼한 편이다. ………………………………………… ① ② ③ ④

58. 결과보다 과정이 중요하다. ·· ① ② ③ ④

59. 쉬는 날은 집에서 보내고 싶다. ·· ① ② ③ ④

60. 무리한 도전을 할 필요는 없다고 생각한다. ····························· ① ② ③ ④

61. 공상적인 편이다. ··· ① ② ③ ④

62. 계획을 정확하게 세워서 행동하는 것을 못한다. ······················ ① ② ③ ④

63. 감성이 풍부한 사람이 되고 싶다고 생각한다. ························· ① ② ③ ④

64. 주변의 일을 여유 있게 해결한다. ··· ① ② ③ ④

65. 물건은 계획적으로 산다. ·· ① ② ③ ④

66. 돈이 없으면 걱정이 된다. ··· ① ② ③ ④

67. 하루 종일 책상 앞에 앉아 있는 일은 잘 하지 못한다. ·········· ① ② ③ ④

68. 너무 진중해서 자주 기회를 놓치는 편이다. ···························· ① ② ③ ④

69. 실용적인 것을 추구하는 경향이 있다. ······································· ① ② ③ ④

70. 거래처 접대에 자신 있다. ··· ① ② ③ ④

71. 어려움에 처해 있는 사람을 보면 동정한다. ···························· ① ② ③ ④

72. 같은 일을 계속해서 잘 하지 못한다. ··· ① ② ③ ④

73. 돈이 없어도 어떻게든 되겠지 생각한다. ··································· ① ② ③ ④

74. 생각날 때 물건을 산다. ··· ① ② ③ ④

75. 신문사설을 주의 깊게 읽는다. ··· ① ② ③ ④

76. 한 가지 일에 매달리는 편이다. ··· ① ② ③ ④

77. 연구는 실용적인 결실을 만들어 내는데 의미가 있다. ············ ① ② ③ ④

78. 남의 주목을 받고 싶어 하는 편이다. ··· ① ② ③ ④

79. 사람을 돕는 일이라면 규칙을 벗어나도 어쩔 수 없다. ·········· ① ② ③ ④

80. 연극 같은 문화생활을 즐기는 것을 좋아한다. ························· ① ② ③ ④

81. 모험이야말로 인생이라고 생각한다. ··· ① ② ③ ④

82. 일부러 위험에 접근하는 것은 어리석다고 생각한다. ············· ① ② ③ ④

83. 남의 눈에 잘 띄지 않은 편이다. ··· ① ② ③ ④

84. 연구는 이론체계를 만들어 내는데 의의가 있다. ····················· ① ② ③ ④

85. 결과가 과정보다 중요하다. ··· ① ② ③ ④

86. 이론만 내세우는 일을 싫어한다. ··· ① ② ③ ④

87. 타인의 감정을 존중한다. ··· ① ② ③ ④

88. 사람 사귀는 일에 자신 있다. ·· ① ② ③ ④

89. 식사시간이 정해져 있지 않다. ·· ① ② ③ ④

90. 좋아하는 문학 작가가 많다. ··· ① ② ③ ④

91. 평소 자연과학에 관심 있다. ··· ① ② ③ ④

92. 인라인 스케이트 타는 것을 좋아한다. ·· ① ② ③ ④

93. 재미있는 것을 추구하는 경향이 있다. ·· ① ② ③ ④

94. 잘 웃는 편이다. ··· ① ② ③ ④

95. 소외된 이웃들에 항상 관심을 갖고 있다. ·· ① ② ③ ④

96. 자동차 구조에 흥미를 갖고 있다. ·· ① ② ③ ④

97. 좋아하는 스포츠팀을 응원하는 것을 즐긴다. ·································· ① ② ③ ④

98. 줄기배아세포 연구에 관심 있다. ·· ① ② ③ ④

99. 일을 처리함에 있어 계획표를 작성하는 것을 좋아한다. ·················· ① ② ③ ④

100. 고장 난 라디오를 수리한 적이 있다. ·· ① ② ③ ④

|1~50| 다음 주어진 문장에 대하여 응답요령에 따라 응답하시오.

[응답요령]
• 응답Ⅰ : 제시된 문항을 읽고 각각의 문항에 대하여 자신이 동의하는 정도를 표시하시오. ① 전혀 그렇지 않다, ② 그렇지 않다, ③ 보통이다, ④ 그렇다, ⑤ 매우 그렇다
• 응답Ⅱ : 제시된 문항들을 비교하여 상대적으로 자신의 성격과 가장 가까운 문항(Most)과 가장 거리가 먼 문항(Least)을 하나씩 선택하시오.

1

문항예시	응답 Ⅰ					응답 Ⅱ	
	①	②	③	④	⑤	Most	Least
A. 모임에서 리더에 어울리지 않는다고 생각한다.							
B. 착실한 노력으로 성공한 이야기를 좋아한다.							
C. 어떠한 일에도 의욕적으로 임하는 편이다.							
D. 학급에서는 존재가 두드러졌다.							

2

문항예시	응답 Ⅰ					응답 Ⅱ	
	①	②	③	④	⑤	Most	Least
A. 아무것도 생각하지 않을 때가 많다.							
B. 스포츠는 하는 것보다는 보는 것이 좋다.							
C. 게으른 편이라고 생각한다.							
D. 비가 오지 않으면 우산을 가지고 가지 않는다.							

3

문항예시	응답 I					응답 II	
	①	②	③	④	⑤	Most	Least
A. 1인자보다는 조력자의 역할을 좋아한다.							
B. 의리를 지키는 타입이다.							
C. 리드를 하는 편이다.							
D. 신중함이 부족해서 후회한 적이 많다.							

4

문항예시	응답 I					응답 II	
	①	②	③	④	⑤	Most	Least
A. 모든 일을 여유 있게 대비하는 타입이다.							
B. 업무가 진행 중이라도 야근은 하지 않는다.							
C. 타인에게 방문하는 경우 상대방이 부재중인 때가 많다.							
D. 노력하는 과정이 중요하고 결과는 중요하지 않다.							

5

문항예시	응답 I					응답 II	
	①	②	③	④	⑤	Most	Least
A. 무리해서 행동하지 않는다.							
B. 유행에 민감한 편이다.							
C. 정해진 대로 움직이는 것이 안심이 된다.							
D. 현실을 직시하는 편이다.							

6

문항예시	응답 I					응답 II	
	①	②	③	④	⑤	Most	Least
A. 자유보다는 질서를 중요시 한다.							
B. 잡담하는 것을 좋아한다.							
C. 경험에 비추어 판단하는 편이다.							
D. 영화나 드라마는 각본의 완성도나 화면구성에 주목한다.							

7

문항예시	응답 I					응답 II	
	①	②	③	④	⑤	Most	Least
A. 타인의 일에는 별로 관심이 없다.							
B. 다른 사람의 소문에 관심이 많다.							
C. 실용적인 일을 할 때가 많다.							
D. 정이 많은 편이다.							

8

문항예시	응답 I					응답 II	
	①	②	③	④	⑤	Most	Least
A. 협동은 중요하다고 생각한다.							
B. 친구의 휴대폰 번호는 모두 외운다.							
C. 정해진 틀은 깨라고 있는 것이다.							
D. 이성적인 사람이고 싶다.							

9

문항예시	응답 I					응답 II	
	①	②	③	④	⑤	Most	Least
A. 환경은 변하지 않는 것이 좋다고 생각한다.							
B. 성격이 밝다.							
C. 반성하는 편이 아니다.							
D. 활동범위가 좁은 편이다.							

10

문항예시	응답 I					응답 II	
	①	②	③	④	⑤	Most	Least
A. 시원시원한 성격을 가진 사람이다.							
B. 좋다고 생각하면 바로 행동한다.							
C. 좋은 사람으로 기억되고 싶다.							
D. 한 번에 많은 일을 떠맡는 것은 골칫거리이다.							

11

문항예시	응답 I					응답 II	
	①	②	③	④	⑤	Most	Least
A. 사람과 만날 약속은 늘 즐겁다.							
B. 질문을 받으면 그때의 느낌으로 대답한다.							
C. 땀을 흘리는 것보다 머리를 쓰는 일이 좋다.							
D. 이미 결정된 것이라면 다시 생각하지 않는다.							

12

문항예시	응답 I					응답 II	
	①	②	③	④	⑤	Most	Least
A. 외출 시 문을 잠갔는지 몇 번씩 확인한다.							
B. 지위가 사람을 만든다고 생각한다.							
C. 안전책을 고르는 타입이다.							
D. 사교적인 사람이다.							

13

문항예시	응답 I					응답 II	
	①	②	③	④	⑤	Most	Least
A. 사람은 도리를 지키는 것이 당연하다고 생각한다.							
B. 착하다는 소릴 자주 듣는다.							
C. 단념을 하는 것도 중요하다고 생각한다.							
D. 누구도 예상치 못한 일을 하고 싶다.							

14

문항예시	응답 I					응답 II	
	①	②	③	④	⑤	Most	Least
A. 평범하고 평온하게 행복한 인생을 살고 싶다.							
B. 움직이는 일을 좋아하지 않는다.							
C. 소극적인 사람이라고 생각한다.							
D. 이것저것 평가하는 것이 싫다.							

15

문항예시	응답 I					응답 II	
	①	②	③	④	⑤	Most	Least
A. 성격이 급하다.							
B. 꾸준히 노력하는 것을 잘 못한다.							
C. 내일의 계획은 미리 세운다.							
D. 혼자 일을 하는 것이 편하다.							

16

문항예시	응답 I					응답 II	
	①	②	③	④	⑤	Most	Least
A. 열정적인 사람이라고 생각하지 않는다.							
B. 다른 사람 앞에서 이야기를 잘한다.							
C. 행동력이 강한 사람이다.							
D. 엉덩이가 무거운 편이다.							

17

문항예시	응답 I					응답 II	
	①	②	③	④	⑤	Most	Least
A. 특별히 구애받는 것이 없다.							
B. 돌다리는 두들겨 보고 건너는 편이다.							
C. 나에게는 권력욕이 없는 것 같다.							
D. 업무를 할당받으면 부담스럽다.							

18

문항예시	응답 I					응답 II	
	①	②	③	④	⑤	Most	Least
A. 보수적인 편이다.							
B. 계산적인 사람이다.							
C. 규칙을 잘 지키는 타입이다.							
D. 무기력함을 많이 느낀다.							

19

문항예시	응답 I					응답 II	
	①	②	③	④	⑤	Most	Least
A. 사람을 사귀는 범위가 넓다.							
B. 상식적인 판단을 할 수 있는 편이라고 생각한다.							
C. 너무 객관적이어서 실패한 적이 많다.							
D. 보수보다는 진보라고 생각한다.							

20

문항예시	응답 I					응답 II	
	①	②	③	④	⑤	Most	Least
A. 내가 좋아하는 사람은 주변사람들이 모두 안다.							
B. 가능성보다 현실을 중요시한다.							
C. 상대에게 꼭 필요한 선물을 잘 알고 있다.							
D. 여행은 계획을 세워서 추진하는 편이다.							

21

문항예시	응답 I					응답 II	
	①	②	③	④	⑤	Most	Least
A. 무슨 일이든 구체적으로 파고드는 편이다.							
B. 일을 할 때는 착실한 편이다.							
C. 괴로워하는 사람을 보면 우선 이유부터 묻는다.							
D. 가치 기준이 확고하다.							

22

문항예시	응답 I					응답 II	
	①	②	③	④	⑤	Most	Least
A. 밝고 개방적인 편이다.							
B. 현실직시를 잘 하는 편이다.							
C. 공평하고 공정한 상사를 만나고 싶다.							
D. 시시해도 계획적인 인생이 좋다.							

23

문항예시	응답 I					응답 II	
	①	②	③	④	⑤	Most	Least
A. 분석력이 뛰어나다.							
B. 논리적인 편이다.							
C. 사물에 대해 가볍게 생각하는 경향이 강하다.							
D. 계획을 세워도 지키지 못한 경우가 많다.							

24

문항예시	응답 I					응답 II	
	①	②	③	④	⑤	Most	Least
A. 생각했다고 해서 반드시 행동으로 옮기지 않는다.							
B. 목표 달성에 별로 구애받지 않는다.							
C. 경쟁하는 것을 즐기는 편이다.							
D. 정해진 친구만 만나는 편이다.							

25

문항예시	응답 I					응답 II	
	①	②	③	④	⑤	Most	Least
A. 활발한 성격이라는 소릴 자주 듣는다.							
B. 기회를 놓치는 경우가 많다.							
C. 학창시절 체육수업을 싫어했다.							
D. 과정보다 결과를 중요시한다.							

26

문항예시	응답 I					응답 II	
	①	②	③	④	⑤	Most	Least
A. 내 능력 밖의 일은 하고 싶지 않다.							
B. 새로운 사람을 만나는 것은 두렵다.							
C. 차분하고 사려가 깊은 편이다.							
D. 주변의 일에 나서는 편이다.							

27

문항예시	응답 I					응답 II	
	①	②	③	④	⑤	Most	Least
A. 글을 쓸 때에는 미리 구상을 하고 나서 쓴다.							
B. 여러 가지 일을 경험하고 싶다.							
C. 스트레스를 해소하기 위해 집에서 조용히 지낸다.							
D. 기한 내에 일을 마무리 짓지 못한 적이 많다.							

28

문항예시	응답 I					응답 II	
	①	②	③	④	⑤	Most	Least
A. 무리한 도전은 할 필요가 없다고 생각한다.							
B. 남의 앞에 나서는 것을 좋아하지 않는다.							
C. 납득이 안 되면 행동이 안 된다.							
D. 약속시간에 여유 있게 도착하는 편이다.							

29

문항예시	응답 I					응답 II	
	①	②	③	④	⑤	Most	Least
A. 매사 유연하게 대처하는 편이다.							
B. 휴일에는 집에 있는 것이 좋다.							
C. 위험을 무릅쓰고 까지 성공하고 싶지는 않다.							
D. 누군가가 도와주기를 하며 기다린 적이 많다.							

30

문항예시	응답 I					응답 II	
	①	②	③	④	⑤	Most	Least
A. 친구가 적은 편이다.							
B. 결론이 나도 여러 번 다시 생각하는 편이다.							
C. 미래가 걱정이 되어 잠을 설친 적이 있다.							
D. 같은 일을 반복하는 것은 지겹다.							

31

문항예시	응답 I					응답 II	
	①	②	③	④	⑤	Most	Least
A. 움직이지 않고 생각만 하는 것이 좋다.							
B. 하루종일 잠만 잘 수 있다.							
C. 오늘 하지 않아도 되는 일은 하지 않는다.							
D. 목숨을 걸 수 있는 친구가 있다.							

32

문항예시	응답 I					응답 II	
	①	②	③	④	⑤	Most	Least
A. 체험을 중요하게 생각한다.							
B. 도리를 지키는 사람이 좋다.							
C. 갑작스런 상황에 부딪혀도 유연하게 대처한다.							
D. 쉬는 날은 반드시 외출해야 한다.							

33

문항예시	응답 I					응답 II	
	①	②	③	④	⑤	Most	Least
A. 쇼핑을 좋아하는 편이다.							
B. 불필요한 물건을 마구 사드리는 편이다.							
C. 이성적인 사람을 보면 동경의 대상이 된다.							
D. 초면인 사람과는 대화를 잘 하지 못한다.							

34

문항예시	응답 I					응답 II	
	①	②	③	④	⑤	Most	Least
A. 재미있는 일을 추구하는 편이다.							
B. 어려움에 처한 사람을 보면 도와주어야 한다.							
C. 돈이 없으면 외출을 하지 않는다.							
D. 한 가지 일에 몰두하는 타입이다.							

35

문항예시	응답 I					응답 II	
	①	②	③	④	⑤	Most	Least
A. 손재주가 뛰어난 편이다.							
B. 규칙을 벗어나는 일은 하고 싶지 않다.							
C. 위험을 무릅쓰고 도전하고 싶은 일이 있다.							
D. 남의 주목을 받는 것을 즐긴다.							

36

문항예시	응답 I					응답 II	
	①	②	③	④	⑤	Most	Least
A. 조금이라도 나쁜 소식을 들으면 절망에 빠진다.							
B. 다수결의 의견에 따르는 편이다.							
C. 혼자 식당에서 밥을 먹는 일은 어렵지 않다.							
D. 하루하루 걱정이 늘어가는 타입이다.							

37

문항예시	응답 I					응답 II	
	①	②	③	④	⑤	Most	Least
A. 승부근성이 매우 강하다.							
B. 흥분을 자주하며 흥분하면 목소리가 커진다.							
C. 지금까지 한 번도 타인에게 폐를 끼친 적이 없다.							
D. 남의 험담을 해 본 적이 없다.							

38

문항예시	응답 I					응답 II	
	①	②	③	④	⑤	Most	Least
A. 남들이 내 험담을 할까봐 걱정된다.							
B. 내 자신을 책망하는 경우가 많다.							
C. 변덕스런 사람이라는 소릴 자주 듣는다.							
D. 자존심이 강한 편이다.							

39

문항예시	응답 I					응답 II	
	①	②	③	④	⑤	Most	Least
A. 고독을 즐기는 편이다.							
B. 착한 거짓말은 필요하다고 생각한다.							
C. 신경질적인 날이 많다.							
D. 고민이 생기면 혼자서 끙끙 앓는 편이다.							

40

문항예시	응답 I					응답 II	
	①	②	③	④	⑤	Most	Least
A. 나를 싫어하는 사람은 없다.							
B. 과감하게 행동하는 편이다.							
C. 쓸데없이 고생을 사서 할 필요는 없다.							
D. 기계를 잘 다루는 편이다.							

41

문항예시	응답 I					응답 II	
	①	②	③	④	⑤	Most	Least
A. 문제점을 해결하기 위해 많은 사람과 상의하는 편이다.							
B. 내 방식대로 일을 처리하는 편이다.							
C. 영화를 보면서 눈물을 흘린 적이 많다.							
D. 타인에게 화를 낸 적이 없다.							

42

문항예시	응답 I					응답 II	
	①	②	③	④	⑤	Most	Least
A. 타인의 사소한 충고에도 걱정을 많이 한다.							
B. 타인에게 도움이 안 되는 사람이라고 생각한다.							
C. 싫증을 잘 내는 편이다.							
D. 개성이 강하는 소릴 자주 듣는다.							

43

문항예시	응답 I					응답 II	
	①	②	③	④	⑤	Most	Least
A. 주장이 강한 편이다.							
B. 고집이 센 사람을 보면 짜증이 난다.							
C. 예의 없는 사람하고는 말을 섞지 않는다.							
D. 학창시절 결석을 한 적이 한 번도 없다.							

44

문항예시	응답 I					응답 II	
	①	②	③	④	⑤	Most	Least
A. 잘 안 되는 일도 될 때까지 계속 추진하는 편이다.							
B. 남에 대한 배려심이 강하다.							
C. 끈기가 약하다.							
D. 인생의 목표는 클수록 좋다고 생각한다.							

45

문항예시	응답 I					응답 II	
	①	②	③	④	⑤	Most	Least
A. 무슨 일이든 바로 시작하는 타입이다.							
B. 복잡한 문제가 발생하면 포기하는 편이다.							
C. 생각하고 행동하는 편이다.							
D. 야망이 있는 사람이라고 생각한다.							

46

문항예시	응답 I					응답 II	
	①	②	③	④	⑤	Most	Least
A. 비판적인 성향이 강하다.							
B. 감수성이 풍부한 편이다.							
C. 남을 비판할 때는 무섭게 비판한다.							
D. 하나의 취미에 열중하는 편이다.							

47

문항예시	응답 I					응답 II	
	①	②	③	④	⑤	Most	Least
A. 성격이 매우 급하다.							
B. 입신출세의 이야기를 좋아한다.							
C. 잘하는 스포츠가 하나 이상은 있다.							
D. 다룰 수 있는 악기가 하나 이상은 있다.							

48

문항예시	응답 I					응답 II	
	①	②	③	④	⑤	Most	Least
A. 흐린 날은 반드시 우산을 챙긴다.							
B. 즉흥적으로 결정하는 경우가 많다.							
C. 공격적인 타입이다.							
D. 남에게 리드를 받으면 기분이 상한다.							

49

문항예시	응답 I					응답 II	
	①	②	③	④	⑤	Most	Least
A. 누군가를 방문할 때는 사전에 반드시 확인을 한다.							
B. 노력해도 결과가 따르지 않으면 의미가 없다.							
C. 유행에 크게 신경을 쓰지 않는다.							
D. 질서보다는 자유를 중요시 한다.							

50	문항예시	응답 I					응답 II	
		①	②	③	④	⑤	Most	Least
	A. 영화나 드라마를 보면 주인공의 감정에 이입된다.							
	B. 가십거리를 좋아한다.							
	C. 창조적인 일을 하고 싶다.							
	D. 눈물이 많은 편이다.							

PART

03

면접

01 면접의 기본

1 면접준비

(1) 면접의 기본 원칙

① **면접의 의미** … 면접이란 다양한 면접기법을 활용하여 지원한 직무에 필요한 능력을 지원자가 보유하고 있는지를 확인하는 절차라고 할 수 있다. 즉, 지원자의 입장에서는 채용 직무수행에 필요한 요건들과 관련하여 자신의 환경, 경험, 관심사, 성취 등에 대해 기업에 직접 어필할 수 있는 기회를 제공받는 것이며, 기업의 입장에서는 서류전형만으로 알 수 없는 지원자에 대한 정보를 직접적으로 수집하고 평가하는 것이다.

② **면접의 특징** … 면접은 기업의 입장에서 서류전형이나 필기전형에서 드러나지 않는 지원자의 능력이나 성향을 볼 수 있는 기회로, 면대면으로 이루어지며 즉흥적인 질문들이 포함될 수 있기 때문에 지원자가 완벽하게 준비하기 어려운 부분이 있다. 하지만 지원자 입장에서도 서류전형이나 필기전형에서 모두 보여주지 못한 자신의 능력 등을 기업의 인사담당자에게 어필할 수 있는 추가적인 기회가 될 수도 있다.

[서류 · 필기전형과 차별화되는 면접의 특징]

- 직무수행과 관련된 다양한 지원자 행동에 대한 관찰이 가능하다.
- 면접관이 알고자 하는 정보를 심층적으로 파악할 수 있다.
- 서류상의 미비한 사항과 의심스러운 부분을 확인할 수 있다.
- 커뮤니케이션 능력, 대인관계 능력 등 행동·언어적 정보도 얻을 수 있다.

③ **면접의 유형**

㉠ **구조화 면접**: 구조화 면접은 사전에 계획을 세워 질문의 내용과 방법, 지원자의 답변 유형에 따른 추가 질문과 그에 대한 평가 역량이 정해져 있는 면접 방식으로 표준화 면접이라고도 한다.
- 표준화된 질문이나 평가요소가 면접 전 확정되며, 지원자는 편성된 조나 면접관에 영향을 받지 않고 동일한 질문과 시간을 부여받을 수 있다.

- 조직 또는 직무별로 주요하게 도출된 역량을 기반으로 평가요소가 구성되어, 조직 또는 직무에서 필요한 역량을 가진 지원자를 선발할 수 있다.
- 표준화된 형식을 사용하는 특성 때문에 비구조화 면접에 비해 신뢰성과 타당성, 객관성이 높다.

ⓒ 비구조화 면접 : 비구조화 면접은 면접 계획을 세울 때 면접 목적만을 명시하고 내용이나 방법은 면접관에게 전적으로 일임하는 방식으로 비표준화 면접이라고도 한다.
- 표준화된 질문이나 평가요소 없이 면접이 진행되며, 편성된 조나 면접관에 따라 지원자에게 주어지는 질문이나 시간이 다르다.
- 면접관의 주관적인 판단에 따라 평가가 이루어져 평가 오류가 빈번히 일어난다.
- 상황 대처나 언변이 뛰어난 지원자에게 유리한 면접이 될 수 있다.

④ 경쟁력 있는 면접 요령

ⓐ 면접 전에 준비하고 유념할 사항
- 예상 질문과 답변을 미리 작성한다.
- 작성한 내용을 문장으로 외우지 않고 키워드로 기억한다.
- 지원한 회사의 최근 기사를 검색하여 기억한다.
- 지원한 회사가 속한 산업군의 최근 기사를 검색하여 기억한다.
- 면접 전 1주일간 이슈가 되는 뉴스를 기억하고 자신의 생각을 반영하여 정리한다.
- 찬반토론에 대비한 주제를 목록으로 정리하여 자신의 논리를 내세운 예상답변을 작성한다.

ⓑ 면접장에서 유념할 사항
- 질문의 의도 파악 : 답변을 할 때에는 질문 의도를 파악하고 그에 충실한 답변이 될 수 있도록 질문사항을 유념해야 한다. 많은 지원자가 하는 실수 중 하나로 답변을 하는 도중 자기 말에 심취되어 질문의 의도와 다른 답변을 하거나 자신이 알고 있는 지식만을 나열하는 경우가 있는데, 이럴 경우 의사소통능력이 부족한 사람으로 인식될 수 있으므로 주의하도록 한다.
- 답변은 두괄식 : 답변을 할 때에는 두괄식으로 결론을 먼저 말하고 그 이유를 설명하는 것이 좋다. 미괄식으로 답변을 할 경우 용두사미의 답변이 될 가능성이 높으며, 결론을 이끌어 내는 과정에서 논리성이 결여될 우려가 있다. 또한 면접관이 결론을 듣기 전에 말을 끊고 다른 질문을 추가하는 예상치 못한 상황이 발생될 수 있으므로 답변은 자신이 전달하고자 하는 바를 먼저 밝히고 그에 대한 설명을 하는 것이 좋다.

- 지원한 회사의 기업정신과 인재상을 기억 : 답변을 할 때에는 회사가 원하는 인재라는 인상을 심어주기 위해 지원한 회사의 기업정신과 인재상 등을 염두에 두고 답변을 하는 것이 좋다. 모든 회사에 해당되는 두루뭉술한 답변보다는 지원한 회사에 맞는 맞춤형 답변을 하는 것이 좋다.
- 나보다는 회사와 사회적 관점에서 답변 : 답변을 할 때에는 자기중심적인 관점을 피하고 좀 더 넓은 시각으로 회사와 국가, 사회적 입장까지 고려하는 인재임을 어필하는 것이 좋다. 자기중심적 시각을 바탕으로 자신의 출세만을 위해 회사에 입사하려는 인상을 심어줄 경우 면접에서 불이익을 받을 가능성이 높다.
- 난처한 질문은 정직한 답변 : 난처한 질문에 답변을 해야 할 때에는 피하기보다는 정면 돌파로 정직하고 솔직하게 답변하는 것이 좋다. 난처한 부분을 감추고 드러내지 않으려 회피하려는 지원자의 모습은 인사담당자에게 입사 후에도 비슷한 상황에 처했을 때 회피할 수도 있다는 우려를 심어줄 수 있다. 따라서 직장생활에 있어 중요한 덕목 중 하나인 정직을 바탕으로 솔직하게 답변을 하도록 한다.

(2) 면접의 종류 및 준비 전략

① 인성면접

   ㉠ 면접 방식 및 판단기준
- 면접 방식 : 인성면접은 면접관이 가지고 있는 개인적 면접 노하우나 관심사에 의해 질문을 실시한다. 주로 입사지원서나 자기소개서의 내용을 토대로 지원동기, 과거의 경험, 미래 포부 등을 이야기하도록 하는 방식이다.
- 판단기준 : 면접관의 개인적 가치관과 경험, 해당 역량의 수준, 경험의 구체성·진실성 등

   ㉡ 특징 : 인성면접은 그 방식으로 인해 역량과 무관한 질문들이 많고 지원자에게 주어지는 면접질문, 시간 등이 다를 수 있다. 또한 입사지원서나 자기소개서의 내용을 토대로 하기 때문에 지원자별 질문이 달라질 수 있다.

ⓒ 예시 문항 및 준비전략

• 예시 문항

> • 3분 동안 자기소개를 해 보십시오.
> • 자신의 장점과 단점을 말해 보십시오.
> • 학점이 좋지 않은데 그 이유가 무엇입니까?
> • 최근에 인상 깊게 읽은 책은 무엇입니까?
> • 회사를 선택할 때 중요시하는 것은 무엇입니까?
> • 일과 개인생활 중 어느 쪽을 중시합니까?
> • 10년 후 자신은 어떤 모습일 것이라고 생각합니까?
> • 휴학 기간 동안에는 무엇을 했습니까?

• 준비전략 : 인성면접은 입사지원서나 자기소개서의 내용을 바탕으로 하는 경우가 많으므로 자신이 작성한 입사지원서와 자기소개서의 내용을 충분히 숙지하도록 한다. 또한 최근 사회적으로 이슈가 되고 있는 뉴스에 대한 견해를 묻거나 시사상식 등에 대한 질문을 받을 수 있으므로 이에 대한 대비도 필요하다. 자칫 부담스러워 보이지 않는 질문으로 가볍게 대답하지 않도록 주의하고 모든 질문에 입사 의지를 담아 성실하게 답변하는 것이 중요하다.

② 발표면접

㉠ 면접 방식 및 판단기준
• 면접 방식 : 지원자가 특정 주제와 관련된 자료를 검토하고 그에 대한 자신의 생각을 면접관 앞에서 주어진 시간 동안 발표하고 추가 질의를 받는 방식으로 진행된다.
• 판단기준 : 지원자의 사고력, 논리력, 문제해결력 등

㉡ 특징 : 발표면접은 지원자에게 과제를 부여한 후, 과제를 수행하는 과정과 결과를 관찰·평가한다. 따라서 과제수행 결과뿐 아니라 수행과정에서의 행동을 모두 평가할 수 있다.

ⓒ 예시 문항 및 준비전략

• 예시 문항

[신입사원 조기 이직 문제]

※ 지원자는 아래에 제시된 자료를 검토한 뒤, 신입사원 조기 이직의 원인을 크게 3가지로 정리하고 이에 대한 구체적인 개선안을 도출하여 발표해 주시기 바랍니다.

※ 본 과제에 정해진 정답은 없으나 논리적 근거를 들어 개선안을 작성해 주십시오.

> • A기업은 동종업계 유사기업들과 비교해 볼 때, 비교적 높은 재무안정성을 유지하고 있으며 업무강도가 그리 높지 않은 것으로 외부에 알려져 있음.
> • 최근 조사결과, 동종업계 유사기업들과 연봉을 비교해 보았을 때 연봉 수준도 그리 나쁘지 않은 편이라는 것이 확인되었음.
> • 그러나 지난 3년간 1~2년차 직원들의 이직률이 계속해서 증가하고 있는 추세이며, 경영진 회의에서 최우선 해결과제 중 하나로 거론되었음.
> • 이에 따라 인사팀에서 현재 1~2년차 사원들을 대상으로 개선되어야 하는 A기업의 조직문화에 대한 설문조사를 실시한 결과, '상명하복식의 의사소통'이 36.7%로 1위를 차지했음.
> • 이러한 설문조사와 함께, 신입사원 조기 이직에 대한 원인을 분석한 결과 파랑새 증후군, 셀프홀릭 증후군, 피터팬 증후군 등 3가지로 분류할 수 있었음.
>
> 〈동종업계 유사기업들과의 연봉 비교〉   〈우리 회사 조직문화 중 개선되었으면 하는 것〉
>
>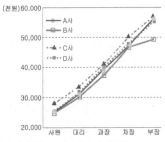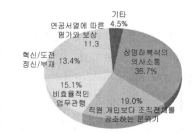
>
> 〈신입사원 조기 이직의 원인〉
>
> • 파랑새 증후군
> -현재의 직장보다 더 좋은 직장이 있을 것이라는 막연한 기대감으로 끊임없이 새로운 직장을 탐색함.
> -학력 수준과 맞지 않는 '하향지원', 전공과 적성을 고려하지 않고 일단 취업하고 보자는 '묻지마 지원'이 파랑새 증후군을 초래함.
> • 셀프홀릭 증후군
> -본인의 역량에 비해 가치가 낮은 일을 주로 하면서 갈등을 느낌.
> • 피터팬 증후군
> -기성세대의 문화를 무조건 수용하기보다는 자유로움과 변화를 추구함.
> -상명하복, 엄격한 규율 등 기성세대가 당연시하는 관행에 거부감을 가지며 직장에 답답함을 느낌.

• 준비전략 : 발표면접의 시작은 과제 안내문과 과제 상황, 과제 자료 등을 정확하게 이해하는 것에서 출발한다. 과제 안내문을 침착하게 읽고 제시된 주제 및 문제와 관련된 상황의 맥락을 파악한 후 과제를 검토한다. 제시된 기사나 그래프 등을 충분히 활용하여 주어진 문제를 해결할 수 있는 해결책이나 대안을 제시하며, 발표를 할 때에는 명확하고 자신 있는 태도로 전달할 수 있도록 한다.

③ 토론면접

㉠ 면접 방식 및 판단기준

• 면접 방식 : 상호갈등적 요소를 가진 과제 또는 공통의 과제를 해결하는 내용의 토론 과제를 제시하고, 그 과정에서 개인 간의 상호작용 행동을 관찰하는 방식으로 면접이 진행된다.

• 판단기준 : 팀워크, 적극성, 갈등 조정, 의사소통능력, 문제해결능력 등

㉡ 특징 : 토론을 통해 도출해 낸 최종안의 타당성도 중요하지만, 결론을 도출해 내는 과정에서의 의사소통능력이나 갈등상황에서 의견을 조정하는 능력 등이 중요하게 평가되는 특징이 있다.

㉢ 예시 문항 및 준비전략

• 예시 문항

> • 군 가산점제 부활에 대한 찬반토론
> • 담뱃값 인상에 대한 찬반토론
> • 비정규직 철폐에 대한 찬반토론
> • 대학의 영어 강의 확대 찬반토론
> • 워크숍 장소 선정을 위한 토론

• 준비전략 : 토론면접은 무엇보다 팀워크와 적극성이 강조된다. 따라서 토론과정에 적극적으로 참여하며 자신의 의사를 분명하게 전달하며, 갈등상황에서 자신의 의견만 내세울 것이 아니라 다른 지원자의 의견을 경청하고 배려하는 모습도 중요하다. 갈등상황을 일목요연하게 정리하여 조정하는 등의 의사소통능력을 발휘하는 것도 좋은 전략이 될 수 있다.

④ 상황면접

㉠ 면접 방식 및 판단기준

• 면접 방식 : 상황면접은 직무 수행 시 접할 수 있는 상황들을 제시하고, 그러한 상황에서 어떻게 행동할 것인지를 이야기하는 방식으로 진행된다.

• 판단기준 : 해당 상황에 적절한 역량의 구현과 구체적 행동지표

ⓛ 특징 : 실제 직무 수행 시 접할 수 있는 상황들을 제시하므로 입사 이후 지원자의 업무수행능력을 평가하는 데 적절한 면접 방식이다. 또한 지원자의 가치관, 태도, 사고방식 등의 요소를 통합적으로 평가하는 데 용이하다.

ⓒ 예시 문항 및 준비전략

• 예시 문항

> 당신은 생산관리팀의 팀원으로, 생산팀이 기한에 맞춰 효율적으로 제품을 생산할 수 있도록 관리하는 역할을 맡고 있습니다. 3개월 뒤에 제품A를 정상적으로 출시하기 위해 생산팀의 생산 계획을 수립한 상황입니다. 그러나 원가가 곧 실적으로 이어지는 구매팀에서는 최대한 원가를 줄여 전반적 단가를 낮추려고 원가절감을 위한 제안을 하였으나, 연구개발팀에서는 구매팀이 제안한 방식으로 제품을 생산할 경우 대부분이 구매팀의 실적으로 산정될 것이므로 제대로 확인도 해보지 않은 채 적합하지 않은 방식이라고 판단하고 있습니다. 당신은 어떻게 하겠습니까?

• 준비전략 : 상황면접은 먼저 주어진 상황에서 핵심이 되는 문제가 무엇인지를 파악하는 것에서 시작한다. 주질문과 세부질문을 통하여 질문의 의도를 파악하였다면, 그에 대한 구체적인 행동이나 생각 등에 대해 응답할수록 높은 점수를 얻을 수 있다.

⑤ 역할면접

㉠ 면접 방식 및 판단기준

• 면접 방식 : 역할면접 또는 역할연기 면접은 기업 내 발생 가능한 상황에서 부딪히게 되는 문제와 역할을 가상적으로 설정하여 특정 역할을 맡은 사람과 상호작용하고 문제를 해결해 나가도록 하는 방식으로 진행된다. 역할연기 면접에서는 면접관이 직접 역할연기를 하면서 지원자를 관찰하기도 하지만, 역할연기 수행만 전문적으로 하는 사람을 투입할 수도 있다.

• 판단기준 : 대처능력, 대인관계능력, 의사소통능력 등

㉡ 특징 : 역할면접은 실제 상황과 유사한 가상 상황에서의 행동을 관찰함으로서 지원자의 성격이나 대처 행동 등을 관찰할 수 있다.

㉢ 예시 문항 및 준비전략

• 예시 문항

> [금융권 역할면접의 예]
> 당신은 ○○은행의 신입 텔러이다. 사람이 많은 월말 오전 한 할아버지(면접관 또는 역할담당자)께서 ○○은행을 사칭한 보이스피싱으로 500만 원을 피해 보았다며 소란을 일으키고 있다. 실제 업무상황이라고 생각하고 상황에 대처해 보시오.

• 준비전략 : 역할연기 면접에서 측정하는 역량은 주로 갈등의 원인이 되는 문제를 해결 하고 제시된 해결방안을 상대방에게 설득하는 것이다. 따라서 갈등해결, 문제해결, 조정 · 통합, 설득력과 같은 역량이 중요시된다. 또한 갈등을 해결하기 위해서 상대방에 대한 이해도 필수적인 요소이므로 고객 지향을 염두에 두고 상황에 맞게 대처해야 한다.

역할면접에서는 변별력을 높이기 위해 면접관이 압박적인 분위기를 조성하는 경우가 많기 때문에 스트레스 상황에서 불안해하지 않고 유연하게 대처할 수 있도록 시간과 노력을 들여 충분히 연습하는 것이 좋다.

2 면접 이미지 메이킹

(1) 성공적인 이미지 메이킹 포인트

① 복장 및 스타일

  ㉠ 남성

• 양복 : 양복은 단색으로 하며 넥타이나 셔츠로 포인트를 주는 것이 효과적이다. 짙은 회색이나 감청색이 가장 단정하고 품위 있는 인상을 준다.
• 셔츠 : 흰색이 가장 선호되나 자신의 피부색에 맞추는 것이 좋다. 푸른색이나 베이지색은 산뜻한 느낌을 줄 수 있다. 양복과의 배색도 고려하도록 한다.
• 넥타이 : 의상에 포인트를 줄 수 있는 아이템이지만 너무 화려한 것은 피한다. 지원자의 피부색은 물론, 정장과 셔츠의 색을 고려하며, 체격에 따라 넥타이 폭을 조절하는 것이 좋다.
• 구두 & 양말 : 구두는 검정색이나 짙은 갈색이 어느 양복에나 무난하게 어울리며 깔끔하게 닦아 준비한다. 양말은 정장과 동일한 색상이나 검정색을 착용한다.
• 헤어스타일 : 머리스타일은 단정한 느낌을 주는 짧은 헤어스타일이 좋으며 앞머리가 있다면 이마나 눈썹을 가리지 않는 선에서 정리하는 것이 좋다.

ⓛ 여성

- 의상 : 단정한 스커트 투피스 정장이나 슬랙스 슈트가 무난하다. 블랙이나 그레이, 네이비, 브라운 등 차분해 보이는 색상을 선택하는 것이 좋다.
- 소품 : 구두, 핸드백 등은 같은 계열로 코디하는 것이 좋으며 구두는 너무 화려한 디자인이나 굽이 높은 것을 피한다. 스타킹은 의상과 구두에 맞춰 단정한 것으로 선택한다.
- 액세서리 : 액세서리는 너무 크거나 화려한 것은 좋지 않으며 과하게 많이 하는 것도 좋은 인상을 주지 못한다. 착용하지 않거나 작고 깔끔한 디자인으로 포인트를 주는 정도가 적당하다.
- 메이크업 : 화장은 자연스럽고 밝은 이미지를 표현하는 것이 좋으며 진한 색조는 인상이 강해 보일 수 있으므로 피한다.
- 헤어스타일 : 커트나 단발처럼 짧은 머리는 활동적이면서도 단정한 이미지를 줄 수 있도록 정리한다. 긴 머리의 경우 하나로 묶거나 단정한 머리망으로 정리하는 것이 좋으며, 짙은 염색이나 화려한 웨이브는 피한다.

② 인사

㉠ 인사의 의미 : 인사는 예의범절의 기본이며 상대방의 마음을 여는 기본적인 행동이라고 할 수 있다. 인사는 처음 만나는 면접관에게 호감을 살 수 있는 가장 쉬운 방법이 될 수 있기도 하지만 제대로 예의를 지키지 않으면 지원자의 인성 전반에 대한 평가로 이어질 수 있으므로 각별히 주의해야 한다.

㉡ 인사의 핵심 포인트

- 인사말 : 인사말을 할 때에는 밝고 친근감 있는 목소리로 하며, 자신의 이름과 수험번호 등을 간략하게 소개한다.
- 시선 : 인사는 상대방의 눈을 보며 하는 것이 중요하며 너무 빤히 쳐다본다는 느낌이 들지 않도록 주의한다.
- 표정 : 인사는 마음에서 우러나오는 존경이나 반가움을 표현하고 예의를 차리는 것이므로 살짝 미소를 지으며 하는 것이 좋다.
- 자세 : 인사를 할 때에는 가볍게 목만 숙인다거나 흐트러진 상태에서 인사를 하지 않도록 주의하며 절도 있고 확실하게 하는 것이 좋다.

③ 시선처리와 표정, 목소리

  ㉠ 시선처리와 표정 : 표정은 면접에서 지원자의 첫인상을 결정하는 중요한 요소이다. 얼굴표정은 사람의 감정을 가장 잘 표현할 수 있는 의사소통 도구로 표정 하나로 상대방에게 호감을 주거나, 비호감을 사기도 한다. 호감이 가는 인상의 특징은 부드러운 눈썹, 자연스러운 미간, 적당히 볼록한 광대, 올라간 입 꼬리 등으로 가볍게 미소를 지을 때의 표정과 일치한다. 따라서 면접 중에는 밝은 표정으로 미소를 지어 호감을 형성할 수 있도록 한다. 시선은 면접관과 고르게 맞추되 생기 있는 눈빛을 띄도록 하며, 너무 빤히 쳐다본다는 인상을 주지 않도록 한다.

  ㉡ 목소리 : 면접은 주로 면접관과 지원자의 대화로 이루어지므로 목소리가 미치는 영향이 상당하다. 답변을 할 때에는 부드러우면서도 활기차고 생동감 있는 목소리로 하는 것이 면접관에게 호감을 줄 수 있으며 적당한 제스처가 더해진다면 상승효과를 얻을 수 있다. 그러나 적절한 답변을 하였음에도 불구하고 콧소리나 날카로운 목소리, 자신감 없는 작은 목소리는 답변의 신뢰성을 떨어뜨릴 수 있으므로 주의하도록 한다.

④ 자세

  ㉠ 걷는 자세
  • 면접장에 입실할 때에는 상체를 곧게 유지하고 발끝은 평행이 되게 하며 무릎을 스치듯 11자로 걷는다.
  • 시선은 정면을 향하고 턱은 가볍게 당기며 어깨나 엉덩이가 흔들리지 않도록 주의한다.
  • 발바닥 전체가 닿는 느낌으로 안정감 있게 걸으며 발소리가 나지 않도록 주의한다.
  • 보폭은 어깨넓이만큼이 적당하지만, 스커트를 착용했을 경우 보폭을 줄인다.
  • 걸을 때도 미소를 유지한다.

  ㉡ 서있는 자세
  • 몸 전체를 곧게 펴고 가슴을 자연스럽게 내민 후 등과 어깨에 힘을 주지 않는다.
  • 정면을 바라본 상태에서 턱을 약간 당기고 아랫배에 힘을 주어 당기며 바르게 선다.
  • 양 무릎과 발뒤꿈치는 붙이고 발끝은 11자 또는 V형을 취한다.
  • 남성의 경우 팔을 자연스럽게 내리고 양손을 가볍게 쥐어 바지 옆선에 붙이고, 여성의 경우 공수자세를 유지한다.

ⓒ 앉은 자세

• 남성

> • 의자 깊숙이 앉고 등받이와 등 사이에 주먹 1개 정도의 간격을 두며 기대듯 앉지 않도록 주의한다. (남녀 공통 사항)
> • 무릎 사이에 주먹 2개 정도의 간격을 유지하고 발끝은 11자를 취한다.
> • 시선은 정면을 바라보며 턱은 가볍게 당기고 미소를 짓는다. (남녀 공통 사항)
> • 양손은 가볍게 주먹을 쥐고 무릎 위에 올려놓는다.
> • 앉고 일어날 때에는 자세가 흐트러지지 않도록 주의한다. (남녀 공통 사항)

• 여성

> • 스커트를 입었을 경우 왼손으로 뒤쪽 스커트 자락을 누르고 오른손으로 앞쪽 자락을 누르며 의자에 앉는다.
> • 무릎은 붙이고 발끝을 가지런히 하며, 다리를 왼쪽으로 비스듬히 기울이면 단정해 보이는 효과가 있다.
> • 양손을 모아 무릎 위에 모아 놓으며 스커트를 입었을 경우 스커트 위를 가볍게 누르듯이 올려놓는다.

(2) 면접 예절

① 행동 관련 예절

ⓒ **지각은 절대금물** : 시간을 지키는 것은 예절의 기본이다. 지각을 할 경우 면접에 응시할 수 없거나, 면접 기회가 주어지더라도 불이익을 받을 가능성이 높아진다. 따라서 면접장소가 결정되면 교통편과 소요시간을 확인하고 가능하다면 사전에 미리 방문해 보는 것도 좋다. 면접 당일에는 서둘러 출발하여 면접 시간 20~30분 전에 도착하여 회사를 둘러보고 환경에 익숙해지는 것도 성공적인 면접을 위한 요령이 될 수 있다.

ⓒ **면접 대기 시간** : 지원자들은 대부분 면접장에서의 행동과 답변 등으로만 평가를 받는다고 생각하지만 그렇지 않다. 면접관이 아닌 면접진행자 역시 대부분 인사실무자이며 면접관이 면접 후 지원자에 대한 평가에 있어 확신을 위해 면접진행자의 의견을 구한다면 면접진행자의 의견이 당락에 영향을 줄 수 있다. 따라서 면접 대기 시간에도 행동과 말을 조심해야 하며, 면접을 마치고 돌아가는 순간까지도 긴장을 늦춰서는 안 된다. 면접 중 압박적인 질문에 답변을 잘 했지만, 면접장을 나와 흐트러진 모습을 보이거나 욕설을 한다면 면접 탈락의 요인이 될 수 있으므로 주의해야 한다.

ⓒ 입실 후 태도 : 본인의 차례가 되어 호명되면 또렷하게 대답하고 들어간다. 만약 면접장 문이 닫혀 있다면 상대에게 소리가 들릴 수 있을 정도로 노크를 두세 번 한 후 대답을 듣고 나서 들어가야 한다. 문을 여닫을 때에는 소리가 나지 않게 조용히 하며 공손한 자세로 인사한 후 성명과 수험번호를 말하고 면접관의 지시에 따라 자리에 앉는다. 이 경우 착석하라는 말이 없는데 먼저 의자에 앉으면 무례한 사람으로 보일 수 있으므로 주의한다. 의자에 앉을 때에는 끝에 앉지 말고 무릎 위에 양손을 가지런히 얹는 것이 예절이라고 할 수 있다.

ⓓ 옷매무새를 자주 고치지 마라. : 일부 지원자의 경우 옷매무새 또는 헤어스타일을 자주 고치거나 확인하기도 하는데 이러한 모습은 과도하게 긴장한 것 같아 보이거나 면접에 집중하지 못하는 것으로 보일 수 있다. 남성 지원자의 경우 넥타이를 자꾸 고쳐 맨다거나 정장 상의 끝을 너무 자주 만지작거리지 않는다. 여성 지원자는 머리를 계속 쓸어 올리지 않고, 특히 짧은 치마를 입고서 신경이 쓰여 치마를 끌어 내리는 행동은 좋지 않다.

ⓔ 다리를 떨거나 산만한 시선은 면접 탈락의 지름길 : 자신도 모르게 다리를 떨거나 손가락을 만지는 등의 행동을 하는 지원자가 있는데, 이는 면접관의 주의를 끌 뿐만 아니라 불안하고 산만한 사람이라는 느낌을 주게 된다. 따라서 가능한 한 바른 자세로 앉아 있는 것이 좋다. 또한 면접관과 시선을 맞추지 못하고 여기저기 둘러보는 듯한 산만한 시선은 지원자가 거짓말을 하고 있다고 여겨지거나 신뢰할 수 없는 사람이라고 생각될 수 있다.

② 답변 관련 예절

ⓐ 면접관이나 다른 지원자와 가치 논쟁을 하지 않는다. : 질문을 받고 답변하는 과정에서 면접관 또는 다른 지원자의 의견과 다른 의견이 있을 수 있다. 특히 평소 지원자가 관심이 많은 문제이거나 잘 알고 있는 문제인 경우 자신과 다른 의견에 대해 이의가 있을 수 있다. 하지만 주의할 것은 면접에서 면접관이나 다른 지원자와 가치 논쟁을 할 필요는 없다는 것이며 오히려 불이익을 당할 수도 있다. 정답이 정해져 있지 않은 경우에는 가치관이나 성장배경에 따라 문제를 받아들이는 태도에서 답변까지 충분히 차이가 있을 수 있으므로 굳이 면접관이나 다른 지원자의 가치관을 지적하고 고치려 드는 것은 좋지 않다.

ⓛ 답변은 항상 정직해야 한다. : 면접이라는 것이 아무리 지원자의 장점을 부각시키고 단점을 축소시키는 것이라고 해도 절대로 거짓말을 해서는 안 된다. 거짓말을 하게 되면 지원자는 불안하거나 꺼림칙한 마음이 들게 되어 면접에 집중을 하지 못하게 되고 수많은 지원자를 상대하는 면접관은 그것을 놓치지 않는다. 거짓말은 그 지원자에 대한 신뢰성을 떨어뜨리며 이로 인해 다른 스펙이 아무리 훌륭하다고 해도 채용에서 탈락하게 될 수 있음을 명심하도록 한다.

ⓒ 경력직을 경우 전 직장에 대해 험담하지 않는다. : 지원자가 전 직장에서 무슨 업무를 담당했고 어떤 성과를 올렸는지는 면접관이 관심을 둘 사항일 수 있지만, 이전 직장의 기업문화나 상사들이 어땠는지는 그다지 궁금해 하는 사항이 아니다. 전 직장에 대해 험담을 늘어놓는다든가, 동료와 상사에 대한 악담을 하게 된다면 오히려 지원자에 대한 부정적인 이미지만 심어줄 수 있다. 만약 전 직장에 대한 말을 해야 할 경우가 생긴다면 가능한 한 객관적으로 이야기하는 것이 좋다.

ⓔ 자기 자신이나 배경에 대해 자랑하지 않는다. : 자신의 성취나 부모 형제 등 집안사람들이 사회 · 경제적으로 어떠한 위치에 있는지에 대한 자랑은 면접관으로 하여금 지원자에 대해 오만한 사람이거나 배경에 의존하려는 나약한 사람이라는 이미지를 갖게 할 수 있다. 따라서 자기 자신이나 배경에 대해 자랑하지 않도록 하고, 자신이 한 일에 대해서 너무 자세하게 얘기하지 않도록 주의해야 한다.

3 면접 질문 및 답변 포인트

(1) 가족 및 대인관계에 관한 질문

① 당신의 가정은 어떤 가정입니까?
면접관들은 지원자의 가정환경과 성장과정을 통해 지원자의 성향을 알고 싶어 이와 같은 질문을 한다. 비록 가정 일과 사회의 일이 완전히 일치하는 것은 아니지만 '가화만사성'이라는 말이 있듯이 가정이 화목해야 사회에서도 화목하게 지낼 수 있기 때문이다. 그러므로 답변 시에는 가족사항을 정확하게 설명하고 집안의 분위기와 특징에 대해 이야기하는 것이 좋다.

② 친구 관계에 대해 말해 보십시오.

지원자의 인간성을 판단하는 질문으로 교우관계를 통해 답변자의 성격과 대인관계능력을 파악할 수 있다. 새로운 환경에 적응을 잘하여 새로운 친구들이 많은 것도 좋지만, 깊고 오래 지속되어온 인간관계를 말하는 것이 더욱 바람직하다.

(2) 성격 및 가치관에 관한 질문

① 당신의 PR포인트를 말해 주십시오.

PR포인트를 말할 때에는 지나치게 겸손한 태도는 좋지 않으며 적극적으로 자기를 주장하는 것이 좋다. 앞으로 입사 후 하게 될 업무와 관련된 자기의 특성을 구체적인 일화를 더하여 이야기하도록 한다.

② 당신의 장·단점을 말해 보십시오.

지원자의 구체적인 장·단점을 알고자 하기 보다는 지원자가 자기 자신에 대해 얼마나 알고 있으며 어느 정도의 객관적인 분석을 하고 있나, 그리고 개선의 노력 등을 시도하는지를 파악하고자 하는 것이다. 따라서 장점을 말할 때는 업무와 관련된 장점을 뒷받침할 수 있는 근거와 함께 제시하며, 단점을 이야기할 때에는 극복을 위한 노력을 반드시 포함해야 한다.

③ 가장 존경하는 사람은 누구입니까?

존경하는 사람을 말하기 위해서는 우선 그 인물에 대해 알아야 한다. 잘 모르는 인물에 대해 존경한다고 말하는 것은 면접관에게 바로 지적당할 수 있으므로, 추상적이라도 좋으니 평소에 존경스럽다고 생각했던 사람에 대해 그 사람의 어떤 점이 좋고 존경스러운지 대답하도록 한다. 또한 자신에게 어떤 영향을 미쳤는지도 언급하면 좋다.

(3) 학교생활에 관한 질문

① 지금까지의 학교생활 중 가장 기억에 남는 일은 무엇입니까?

가급적 직장생활에 도움이 되는 경험을 이야기하는 것이 좋다. 또한 경험만을 간단하게 말하지 말고 그 경험을 통해서 얻을 수 있었던 교훈 등을 예시와 함께 이야기하는 것이 좋으나 너무 상투적인 답변이 되지 않도록 주의해야 한다.

② 성적은 좋은 편이었습니까?

면접관은 이미 서류심사를 통해 지원자의 성적을 알고 있다. 그럼에도 불구하고 이 질문을 하는 것은 지원자가 성적에 대해서 어떻게 인식하느냐를 알고자 하는 것이다. 성적이 나빴던 이유에 대해서 변명하려 하지 말고 담백하게 받아드리고 그것에 대한 개선노력을 했음을 밝히는 것이 적절하다.

③ 학창시절에 시위나 집회 등에 참여한 경험이 있습니까?

기업에서는 노사분규를 기업의 사활이 걸린 중대한 문제로 인식하고 거시적인 차원에서 접근한다. 이러한 기업문화를 제대로 인식하지 못하여 학창시절의 시위나 집회 참여 경험을 자랑스럽게 답변할 경우 감점요인이 되거나 심지어는 탈락할 수 있다는 사실에 주의한다. 시위나 집회에 참가한 경험을 말할 때에는 타당성과 정도에 유의하여 답변해야 한다.

(4) 지원동기 및 직업의식에 관한 질문

① 왜 우리 회사를 지원했습니까?

이 질문은 어느 회사나 가장 먼저 물어보고 싶은 것으로 지원자들은 기업의 이념, 대표의 경영능력, 재무구조, 복리후생 등 외적인 부분을 설명하는 경우가 많다. 이러한 답변도 적절하지만 지원 회사의 주력 상품에 관한 소비자의 인지도, 경쟁사 제품과의 시장점유율을 비교하면서 입사동기를 설명한다면 상당히 주목 받을 수 있을 것이다.

② 만약 이번 채용에 불합격하면 어떻게 하겠습니까?

불합격할 것을 가정하고 회사에 응시하는 지원자는 거의 없을 것이다. 이는 지원자를 궁지로 몰아넣고 어떻게 대응하는지를 살펴보며 입사 의지를 알아보려고 하는 것이다. 이 질문은 너무 깊이 들어가지 말고 침착하게 답변하는 것이 좋다.

③ 당신이 생각하는 바람직한 사원상은 무엇입니까?

직장인으로서 또는 조직의 일원으로서의 자세를 묻는 질문으로 지원하는 회사에서 어떤 인재상을 요구하는 가를 알아두는 것이 좋으며, 평소에 자신의 생각을 미리 정리해 두어 당황하지 않도록 한다.

④ 직무상의 적성과 보수의 많음 중 어느 것을 택하겠습니까?

이런 질문에서 회사 측에서 원하는 답변은 당연히 직무상의 적성에 비중을 둔다는 것이다. 그러나 적성만을 너무 강조하다 보면 오히려 솔직하지 못하다는 인상을 줄 수 있으므로 어느 한 쪽을 너무 강조하거나 경시하는 태도는 바람직하지 못하다.

⑤ 상사와 의견이 다를 때 어떻게 하겠습니까?

과거와 다르게 최근에는 상사의 명령에 무조건 따르겠다는 수동적인 자세는 바람직하지 않다. 회사에서는 때에 따라 자신이 판단하고 행동할 수 있는 직원을 원하기 때문이다. 그러나 지나치게 자신의 의견만을 고집한다면 이는 팀원 간의 불화를 야기할 수 있으며 팀 체제에 악영향을 미칠 수 있으므로 선호하지 않는다는 것에 유념하여 답해야 한다.

⑥ 근무지가 지방인데 근무가 가능합니까?

근무지가 지방 중에서도 특정 지역은 되고 다른 지역은 안 된다는 답변은 바람직하지 않다. 직장에서는 순환 근무라는 것이 있으므로 처음에 지방에서 근무를 시작했다고 해서 계속 지방에만 있는 것은 아님을 유의하고 답변하도록 한다.

(5) 여가 활용에 관한 질문

① 취미가 무엇입니까?

기초적인 질문이지만 특별한 취미가 없는 지원자의 경우 대답이 애매할 수밖에 없다. 그래서 가장 많이 대답하게 되는 것이 독서, 영화감상, 혹은 음악감상 등과 같은 흔한 취미를 말하게 되는데 이런 취미는 면접관의 주의를 끌기 어려우며 설사 정말 위와 같은 취미를 가지고 있다하더라도 제대로 답변하기는 힘든 것이 사실이다. 가능하면 독특한 취미를 말하는 것이 좋으며 이제 막 시작한 것이라도 열의를 가지고 있음을 설명할 수 있으면 그것을 취미로 답변하는 것도 좋다.

(6) 지원자를 당황하게 하는 질문

① 성적이 좋지 않은데 이 정도의 성적으로 우리 회사에 입사할 수 있다고 생각합니까?

비록 자신의 성적이 좋지 않더라도 이미 서류심사에 통과하여 면접에 참여하였다면 기업에서는 지원자의 성적보다 성적 이외의 요소, 즉 성격·열정 등을 높이 평가했다는 것이라고 할 수 있다. 그러나 이런 질문을 받게 되면 지원자는 당황할 수 있으나 주눅 들지 말고 침착하게 대처하는 면모를 보인다면 더 좋은 인상을 남길 수 있다.

② 우리 회사 회장님 함자를 알고 있습니까?

회장이나 사장의 이름을 조사하는 것은 면접일을 통고받았을 때 이미 사전 조사되었어야 하는 사항이다. 단답형으로 이름만 말하기보다는 그 기업에 입사를 희망하는 지원자의 입장에서 답변하는 것이 좋다.

③ 당신은 이 회사에 적합하지 않은 것 같군요.

이 질문은 지원자의 입장에서 상당히 곤혹스러울 수밖에 없다. 질문을 듣는 순간 그렇다면 면접은 왜 참가시킨 것인가 하는 생각이 들 수도 있다. 하지만 당황하거나 흥분하지 말고 침착하게 자신의 어떤 면이 회사에 적당하지 않은지 겸손하게 물어보고 지적당한 부분에 대해서 고치겠다는 의지를 보인다면 오히려 자신의 능력을 어필할 수 있는 기회로 사용할 수도 있다.

④ 다시 공부할 계획이 있습니까?

이 질문은 지원자가 합격하여 직장을 다니다가 공부를 더 하기 위해 회사를 그만 두거나 학습에 더 관심을 두어 일에 대한 능률이 저하될 것을 우려하여 묻는 것이다. 이때에는 당연히 학습보다는 일을 강조해야 하며, 업무 수행에 필요한 학습이라면 업무에 지장이 없는 범위에서 야간학교를 다니거나 회사에서 제공하는 연수 프로그램 등을 활용하겠다고 답변하는 것이 적당하다.

⑤ 지원한 분야가 전공한 분야와 다른데 여기 일을 할 수 있겠습니까?

수험생의 입장에서 본다면 지원한 분야와 전공이 다르지만 서류전형과 필기전형에 합격하여 면접을 보게 된 경우라고 할 수 있다. 이는 결국 해당 회사의 채용 방침상 전공에 크게 영향을 받지 않는다는 것이므로 무엇보다 자신이 전공하지는 않았지만 어떤 업무도 적극적으로 임할 수 있다는 자신감과 능동적인 자세를 보여주도록 노력하는 것이 좋다.

CHAPTER

02 면접기출

1 사무 · 영업

① 코레일에 입사한 후 비전은 무엇인가?

② 친구 중 가장 친한 친구 한 명에 대해 소개하고 그 이유를 말하시오.

③ 여자 친구와의 약속이 먼저인가? 회사일이 먼저인가?

④ 코레일의 이미지는 어떠한가?

⑤ 입사 후 해외 발령 시 하고 싶은 일은 무엇인가?

⑥ 코레일 광고 제작 시 어떤 방향으로 했으면 좋겠는가?

⑦ KTX 이용 시 개선방안에 대해 말해보시오.

⑧ (인턴과정 중 정규직 전환면접에서) 인턴으로 근무했을 때 느낀 점은 무엇인가?

⑨ 코레일에 입사한 후 자신의 포부에 대해 말해보시오.

⑩ 코레일의 미래청사진에 대해 말해보시오.

⑪ 면접을 보고 난 후 주변사람들에게 코레일에 대해 뭐라고 소개(설명)할 것인지 말해보시오.

⑫ 유라시아 대륙횡단프로젝트에 대해 자신의 생각을 자유롭게 말해보시오.

⑬ 이번에 있었던 노조 이슈(철도파업)에 대해 어떻게 생각하는가?

⑭ 서울역 주변 유휴지를 수익창출을 위해 어떻게 활용할 것인가?

⑮ 진심을 담아 내가 왜 코레일에 입사해야 하는지, 입사를 결심하게 된 동기는 무엇인지 말해보시오.

⑯ 본인이 생각하는 직장과 가정의 이상적인 비율은 몇 대 몇인지 말해보고 그 이유를 설명하시오.

⑰ 개인과 조직의 발전을 위해 어떻게 자기계발을 할 것인가?

⑱ 자신을 볼 때 사람들이 어떤 걸 본다고 생각하는가?

⑲ 대인관계에서 친하다와 친하지 않다는 기준을 어떻게 두는가?

⑳ 파업에 대해 어떻게 생각하는가?

㉑ 성취도가 높았던 사례에 대해 말해보시오.

㉒ 정보검색을 잘 하는가?

㉓ 전문가로서 어떠한 노력을 했고, 어떠한 마음가짐을 가지는가?

㉔ (상황면접) (주어진 시간, 경제성 등을 조건으로 제시하고) 역무원으로서 코레일 열차상품을 어떻게 홍보할 것인가?

2 차량

① 어머니와 딸 둘 다 급류에 빠져 구해야 한다면 누구부터 구할 것인가?

② 가장 감명 깊게 읽은 책은 무엇인가?

③ 가장 친한 친구 5명이 같이 면접을 보러왔는데 떨어진 친구가 1명일 때 그 친구에게 당신은 무엇을 해줄 것인가?

④ 10명이 짐이 든 수레를 끄는데 7명은 힘을 쓰고 3명이 놀고 있다면 그 3명에게 어떻게 할 것인가?

⑤ 꿈이 무엇인가?

⑥ 노동조합에 대해 어떻게 생각하는가?

⑦ 회사 조직 문화에 있어 무엇이 가장 중요하다고 생각하는가?

⑧ 철도의 역사에 대해 말해보시오.

⑨ 자동차를 주로 이용하는 사람에게 KTX를 이용하라고 어떻게 설득하겠는가?

⑩ 서울에서 부산까지의 KTX요금이 적정하다고 생각하는가?

⑪ 코레일에서 하고 싶은 일이 무엇인가?

⑫ 왜 차량직에 지원하였는가?

⑬ 본인의 사명감은 무엇인가?

⑭ (토론) 코레일은 당일 티켓 환불이 가능한데, 설날에 70%가 환불하여 손해를 봤다. 어떻게 해야 하는가?

⑮ 안 맞는 사람과 프로젝트 해본 경험이 있는가?

⑯ 다른 사람의 도움을 받은 경험이 있는가?

⑰ (상황면접) 당신은 현장직이랑 구매부 사이에서 차량직 지원해주는 업무를 맡았다. 부품조달이 지연되고 있는 상황에서 어떻게 대처하겠는가?

⑱ (전자차량) 철도정비에서 제일 중요한 것이 뭐라고 생각하는가?

⑲ (전자차량) 전자차량 직무가 무슨 일을 하는지 아는가?

⑳ (전자차량) 스마트팩토리가 미래철도에 어떤 기여를 할 수 있는가?

㉑ (전자차량) 가장 힘들었던 경험을 어떻게 해결하였는가?

㉒ (전자차량 상황면접) 당신은 차량정비사들 업무를 분담·배치하는 스텝이다. 본인보다 경험과 지식이 많은 선배들이 업무 배치를 바꿔달라고 한다. 이런 경우 전체 업무 분장에 해를 끼치는데 어떻게 대처하겠는가?

3 토목

① 1분 동안 자기소개를 해보시오.

② 만약 동료가 돈을 빌려달라고 한다면 빌려 줄 것인가?

③ 노조에 대하여 어떻게 생각하는가?

④ 토목 인턴이 되면 무슨 일을 하는지 알고 있는가?

⑤ 동아리 활동 경험을 자세히 말해보시오.

⑥ 천직과 이직에 대하여 말해보시오.

⑦ 몇 년 동안 현장사무실에서 일하는지 알고 있는가?

⑧ 2교대 근무와 명절에도 근무를 해야 한다면 어떻게 하겠는가?

⑨ 철도공사 토목분야 업무에 관해 알고 있는 것이 있는가?

⑩ 앞으로의 포부를 말해보시오.

⑪ 현금 100만 원이 들어있는 지갑을 줍게 된다면 어떻게 하겠는가?

⑫ 인턴사원이 된다면 어떤 점에 기여할 수 있는가?

⑬ 토목분야에 지원하게 된 계기가 있는가?

⑭ 만약 자신이 노조에 가입되어 있는데 노조가 파업을 원한다면 어떻게 할 것인가?

⑮ 조직에서 개인의 희생을 요구할 때 어떻게 하겠는가?

4 운전

① 철도차량이 탈선하여 12시간정도 운행할 수 없는 상황에서 당신이 기관사라면 어떻게 조치하겠는가?

② 기관사로서 갖추어야 한다고 생각하는 역량 두 가지는 무엇인가?

③ 노조에 대해 어떻게 생각하는가?

④ 살면서 가장 즐거웠던 기억은 무엇인가?

⑤ (토론) 부정승차에 대해 토론해보시오.

PART

04

실전 모의고사

제1회 모의고사

1 다음 중 ㉠에 들어갈 단어로 적절한 것은?

> 수원 화성(華城)은 조선의 22대 임금 정조가 강력한 왕도 정치를 실현하고 수도 남쪽의 국방요새로 활용하기 위하여 축성한 것이었다. 규장각 문신 정약용은 동서양의 기술서를 참고하여 성화주략(1793년)을 만들었고, 이것은 화성 축성의 지침서가 되었다. 화성은 재상을 지낸 영중추부사 채제공의 ㉠_____하에 조심태의 지휘로 1794년 1월에 착공에 들어가 1796년 9월에 완공되었다. 축성과정에서 거중기, 녹로 등 새로운 장비를 특수하게 고안하여 장대한 석재 등을 옮기며 쌓는 데 이용하였다. 축성 후 1801년에 발간된 화성성역의궤에는 축성계획, 제도, 법식뿐 아니라 동원된 인력의 인적사항, 재료의 출처 및 용도, 예산 및 임금계산, 시공기계, 재료가공법, 공사일지 등이 상세히 기록되어 있어 건축 기록으로서 역사적 가치가 큰 것으로 평가되고 있다.
>
> 화성은 서쪽으로는 팔달산을 끼고 동쪽으로는 낮은 구릉의 평지를 따라 쌓은 평산성인데, 종래의 중화문명권에서는 찾아볼 수 없는 형태였다. 성벽은 서쪽의 팔달산 정상에서 길게 이어져 내려와 산세를 살려가며 쌓았는데 크게 타원을 그리면서 도시 중심부를 감싸는 형태를 띠고 있다. 화성의 둘레는 5,744m, 면적은 130ha로 동쪽 지형은 평지를 이루고 서쪽은 팔달산에 걸쳐 있다. 화성의 성곽은 문루 4개, 수문 2개, 공심돈 3개, 장대 2개, 노대 2개, 포(鋪)루 5개, 포(砲)루 5개, 각루 4개, 암문 5개, 봉돈 1개, 적대 4개, 치성 9개, 은구 2개의 시설물로 이루어져 있었으나, 이 중 수해와 전쟁으로 7개 시설물(수문 1개, 공심돈 1개, 암문 1개, 적대 2개, 은구 2개)이 소멸되었다. 화성은 축성 당시의 성곽이 거의 원형대로 보존되어 있다. 북수문을 통해 흐르던 수원천이 현재에도 그대로 흐르고 있고, 팔달문과 장안문, 화성행궁과 창룡문을 잇는 가로망이 현재에도 성안 도시의 주요 골격을 유지하고 있다. 창룡문·장안문·화서문·팔달문 등 4대문을 비롯한 각종 방어시설들을 돌과 벽돌을 섞어서 쌓은 점은 화성만의 특징이라 하겠다.

① 총괄(總括)
② 활주(滑走)
③ 판서(板書)
④ 감한(憾恨)
⑤ 도둔(逃遁)

2 다음 내용을 순서에 맞게 배열한 것으로 적절한 것은?

> (가) 종교력인 '촐킨'은 신성한 순환이라고도 불리는데 주로 종교적이고 예언적인 기능을 담당하였다. 촐킨의 날짜는 1에서 13까지의 숫자와 신의 이름을 나타내는 그림문자 20개를 조합하여 만들었으며, 각각의 날은 다른 명칭을 가지고 있다. 예를 들면 '1이믹스' 다음 날은 '2이크'였다. 20개의 신의 이름의 순서는 이믹스−이크−아크발−칸−치칸−키미−마니크−라마트−물루크−오크−추웬−에브−벤−익스−멘−킵−카반−에츠납−카와크−아하우 이다. 1~13까지의 숫자는 목, 어깨 등 인간의 중요 신체부위 13군데를 의미하였는데, 특히 13이란 숫자는 신체에너지와 우주에너지가 통하는 교점을 상징하였다.
>
> (나) 마야인은 시간의 최소단위를 하루라고 보았고, 시간이 형상화된 것이 신이라고 생각했다. 이 신이 활동하기 위해서는 신에게 제례의식을 올려야 했다. 마야의 왕들은 제례의식을 자신과 신을 연결하는 기회라고 보고, 제례의식을 독점적으로 진행하였다.
>
> (다) 마야에서는 통치자의 위엄과 달력의 권위가 운명적으로 결합해 있다고 보아 달력에 조그만 실수도 용납하지 않았으며, 만일 달력에 실수가 있으면 백성들이 왕위계승을 인정하지 않을 정도였다. 따라서 달력을 제작했던 역법학자나 천문관들은 선발된 특수계층으로서 자의식이 강했다. 이들은 태양계의 운행에 대한 정확한 관측자료 및 수학과 천문학에 의존하여 두 종류의 달력을 만들었다.
>
> (라) 촐킨과 하아브의 주기를 조합하는 계산방식을 역법순환이라고 한다. 역법순환이 새롭게 시작하는 해가 되면 대대적인 축하행사가 열렸다. 역법순환 방식으로 날짜를 표기한다면, '4아하우 8쿰쿠'식이 된다. 이들은 이러한 역법순환을 이용하여 만든 긴 주기의 달력을 통해 우주의 창조와 소멸을 이야기하였다.
>
> (마) '하아브'는 지구의 공전을 근거로 만든 달력이다. 하아브는 20일씩 날짜가 꽉 채워진 18개의 달인 위날과 5일로 이루어진 짧은 달인 와옙으로 이루어져 있다. 위날의 이름 순서는 포프−우오−시프−소츠−세크−슐−약스킨−몰−캔−약스−사크−케흐−마크−칸킨−무완−팍스−카얍−쿰쿠 이다. 위날의 매 달은 '1'일로 시작하지만, 마지막 날은 그 다음 달 이름에 '0'을 붙인다. 한해의 마지막 달인 와옙은 아주 불운한 달이라고 생각해서 단식을 하고 많은 제물을 바쳤다. 그리고 하아브 첫 날을 기다리며 되도록 집을 나가지 않는 등 행동을 삼갔다. 하아브 첫 날에는 성대한 축제가 열렸다.

① (가)(나)(마)(라)(다) ② (가)(마)(라)(나)(다)

③ (나)(다)(가)(마)(라) ④ (나)(마)(라)(다)(가)

⑤ (다)(가)(마)(라)(나)

3 다음 글과 어울리는 사자성어로 적절한 것은?

> 어지러운 시기, 20대 중반 한 청년은 사법고시에 도전했다. 젊은이의 도전은 1차 시험 합격의 기쁨도 잠시, 안타깝게도 이 시기에 그는 동생을 잃었고, 아버지는 마음의 상처로 몸을 제대로 가누지 못했다. 그는 그대로 고시와 출세라는 상념에 빠져 잠을 이루지 못했다.
> 반복된 3번의 낙방으로 청년의 자신감은 바닥을 치고 있었고 건강에도 이상이 와 시골로 내려오게 되었다. 아버지는 눈과 귀가 어두워 몸이 불편했지만 한마디 불평 없이 뒷바라지하며 아들의 성공을 의심치 않았다.
> 그렇게 젊음의 패기로 도전했던 4번째 시험에 마침내 합격했다. 마을은 일주일 내도록 잔치를 벌였다. 살면서 그 순간만큼 행복을 느낀 적은 없었던 것 같다.

① 유비무환   ② 토사구팽
③ 맥수지탄   ④ 와신상담
⑤ 경국지색

4 다음은 K기업의 기간제 근로자 채용 공고문이다. 이에 대한 설명으로 바른 것은?

> • 접수기간 : 20xx. 8. 23.(월) ~ 20xx. 8. 27.(금), 08:00~20:00
> • 접수방법 : 온라인접수(bestk@mail.co.kr)
> • 제출서류
>   －이력서 및 자기소개서 1부(하단 첨부 양식에 따라 작성)
>   －자격증 사본(해당자에 한함)
> • 서류전형발표 : 20xx. 8. 31.(화) 15:00 이후(합격자에게만 개별 문자통보)
> • 면접전형 : 20xx. 9. 3.(수), 장소는 합격자에게 개별 통보
> • 최종합격자 발표 : 20xx. 9. 5.(금) 오전(합격자에게만 개별 유선통보)
>   ※ 채용일정은 채용사정에 따라 변동 가능
> • 근로조건
>   －근무지 : K기업 본사
>   －근무조건 : 1일 8시간(10~19시, 휴게시간 13~14시), 주 5일 근무
>   －임금 : 월 190만원 수준(수당포함)
>   －계약기간 : 1년(최대 2년 미만)
>   －4대 보험 가입
>   ※ 최초 1년 이후 업무능력에 따라 추가 계약 가능
>   ※ 예산, 업무량 감소 등으로 인원 감축이 필요하거나 담당 업무가 종료되었을 경우에는 그 시기까지를 계약기간으로 함(최소 계약기간은 보장)

① 접수가 가능한 시간은 근로자의 근무시간대와 동일하다.

② 제출서류는 양식에 맞춰서 작성해야 하며, 피치 못할 경우 자유양식도 허용한다.

③ 서류전형 합격자는 문자, 최종합격자는 유선으로 확인이 가능하다.

④ 최종합격자는 대전 본사에서 근무하게 된다.

⑤ 계약기간인 1년 안에 해당 업무가 종료될 경우 계약도 종료된다.

5 다음은 □□기관 A 사원이 작성한 '도농(都農)교류 활성화 방안'이라는 보고서의 개요이다. 본론 Ⅰ을 바탕으로 구성한 본론Ⅱ의 항목들로 적절하지 않은 것은?

A. 서론
 1. 도시와 농촌의 현재 상황과 미래 전망
 2. 생산적이고 쾌적한 농촌 만들기를 위한 도농교류의 필요성

B. 본론Ⅰ : 현재 실시되고 있는 도농교류제도의 문제점
 1. 행정적 차원
  1) 소규모의 일회성 사업 난립
  2) 지속적이고 안정적인 예산 확보 미비
  3) □□기관 내 일원화된 추진체계 미흡
 2. 소통적 차원
  1) 도시민들의 농촌에 대한 부정적 인식
  2) 농민들의 시장상황에 대한 정보 부족

C. 본론Ⅱ : 도농교류 활성화를 위한 추진과제

D. 결론

① 지역별 브랜드화 전략을 통한 농촌 이미지 제고

② 도농교류사업 추진 건수에 따른 예산 배정

③ 1사1촌(1社1村) 운동과 같은 교류 프로그램 활성화

④ 도농교류 책임기관으로서 □□기관 산하에 도농교류센터 신설

⑤ 농촌 기초지자체와 대도시 자치구의 연계사업을 위한 장기적 지원금 확보

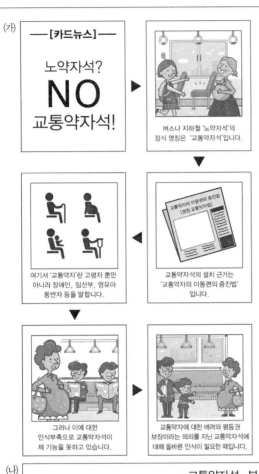

(가)

[카드뉴스]

노약자석?
NO
교통약자석!

버스나 지하철 '노약자석'의
정식 명칭은 '교통약자석'입니다.

교통약자석의 설치 근거는
'교통약자의 이동편의 증진법'
입니다.

여기서 '교통약자'란 고령자 뿐만
아니라 장애인, 임산부, 영유아
동반자 등을 말합니다.

그러나 이에 대한
인식부족으로 교통약자석이
제 기능을 못하고 있습니다.

교통약자에 대한 배려와 평등권
보장이라는 의의를 지닌 교통약자석에
대해 올바른 인식이 필요한 때입니다.

(나)

– 교통약자석, 본래의 기능 다하고 있나? –

좌석에 대한 올바른 인식 필요

요즘 대중교통 교통약자석이 논란이 되고 있다. 실제로 서울 지하철 교통약자석 관련 민원이 2014년 117건에서 2016년 400건 이상으로 대폭 상승했다. 다음은 교통약자석과 관련된 인터뷰 내용이다.

"저는 출근 전 아이를 시댁에 맡길 때 지하철을 이용해요. 가끔 교통약자석에 앉곤 하는데, 그 자리가 어르신들을 위한 자리 같아 마음이 불편해요. 자리다툼이 있었다는 뉴스를 본 후 앉는 것이 더 망설여져요." (회사원 김○○ 씨(여, 32세))

'교통약자의 이동편의 증진법'에 따라 설치된 교통약자석은 장애인, 고령자, 임산부, 영유아를 동반한 사람, 어린이 등 일상생활에서 이동에 불편을 느끼는 사람이라면 누구나 이용할 수 있다. 그러나 위 인터뷰에서처럼 시민들이 교통약자석에 대해 제대로 알지 못해 교통약자석이 본래의 기능을 다하고 있지 못하는 실정이다. 교통약자석이 제 기능을 다하기 위해서는 이에 대한 시민들의 올바른 인식이 필요하다. 　　　　　　　　　– 2017. 10. 24. ○○신문, □□□기자

6 (가)에 대한 이해로 적절하지 않은 것은?

① 의문을 드러내고 그에 답하는 방식을 통해 교통약자석에 대한 잘못된 통념을 환기하고 있다.

② 교통약자석과 관련된 법을 제시하여 글의 정확성과 신뢰성을 높이고 있다.

③ 용어에 대한 설명을 통해 '교통약자'의 의미를 이해하도록 돕고 있다.

④ 교통약자석에 대한 인식 부족으로 인해 발생하는 문제점들을 원인에 따라 분류하고 있다.

⑤ 교통약자석의 설치 의의를 언급함으로써 글의 주제에 대해 공감할 수 있도록 유도하고 있다.

7 (가)와 (나)를 비교한 내용으로 적절한 것은?

① (가)와 (나)는 모두 다양한 통계 정보를 활용하여 주제를 뒷받침하고 있다.

② (가)는 (나)와 달리 글과 함께 그림들을 비중 있게 제시하여 의미 전달을 용이하게 하고 있다.

③ (가)는 (나)와 달리 제목을 표제와 부제의 방식으로 제시하여 뉴스에 담긴 의미를 강조하고 있다.

④ (나)는 (가)와 달리 비유적이고 함축적인 표현들을 주로 사용하여 주제 전달의 효과를 높이고 있다.

⑤ (나)는 (가)와 달리 표정이나 몸짓 같은 비언어적 요소를 활용하여 내용을 실감 나게 전달하고 있다.

8 아래 각 문장의 빈칸에 들어갈 말을 순서대로 나열한 것은?

> • 화요일에는 선약이 있어서 모임에 (　　)이/가 힘들다.
> • 이벤트 홍보기간이 짧아서 사람들의 (　　)이/가 적었다.
> • 초등학생 아이의 공개수업에 (　　)할 예정이다.
> • 자기 일은 알아서 하라고 했으면 (　　)을/를 말아라.
> • 다음 회의에는 (　　)하는 데에 의의를 두자.

① 참여, 참석, 참가, 참견, 참관
② 참석, 참가, 참관, 참견, 참여
③ 참석, 참여, 참관, 참견, 참가
④ 참가, 참여, 참석, 참견, 참관
⑤ 참여, 참가, 참석, 참견, 참관

9 다음은 2021년도 에어컨 매출액 상위 10개 업체와 매출액 증가에 관한 자료이다. 이를 참고하여 2022년도 에어컨 매출액 중 세 번째로 높은 업체는?

〈2021년도 에어컨 매출액 상위 10개 업체〉

(단위 : 십억 원)

업체명	매출액
A	1,139
B	1,097
C	285
D	196
E	154
F	149
G	138
H	40
I	30
J	27

〈2022년도 전년 대비 에어컨 매출액 증가율〉

(단위 : %)

업체명	전년 대비 매출액 증가율
A	15
B	19
C	10
D	80
E	25
F	90
G	46
H	61
I	37
J	58

① B

② D

③ F

④ H

⑤ J

10 다음은 H국의 연도별 청소기 매출에 관한 자료이다. 다음의 조건에 따를 때, 2014년과 2022년의 청소기 매출액의 차이는?

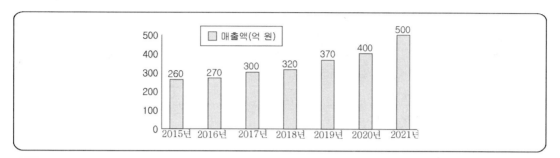

〈조건〉
㉠ 2018년 대비 2022년의 청소기 매출액 증가율은 62.5%
㉡ 2014년 대비 2016년의 청소기 매출액 감소율은 10%

① 190억 원   ② 200억 원
③ 210억 원   ④ 220억 원
⑤ 230억 원

11 갑, 을, 병, 정, 무, 기 6명의 승진 시험 결과를 보고 평균 점수를 구해 편차를 계산한 결과가 아래 표와 같다. 이에 대한 분산과 표준편차를 합한 값은 얼마인가?

직원	갑	을	병	정	무	기
편차	-3	1	-2	( )	0	3

① 2   ② 3
③ 4   ④ 5
⑤ 6

12 다음은 연도별 ICT산업 생산규모 관한 자료이다. 다음 상황을 참고하여 ㈐에 들어갈 값으로 적절한 것은?

(단위 : 천억 원)

구분 / 연도		2019	2020	2021	2022
정보 통신 방송 서비스	통신서비스	37.4	38.7	40.4	42.7
	방송서비스	8.2	9.0	9.7	9.3
	융합서비스	3.5	㈎	4.9	6.0
	소계	49.1	㈏	55.0	58.0
정보 통신 방송 기기	통신기기	43.4	43.3	47.4	61.2
	정보기기	14.5	㈐	㈑	9.8
	음향기기	14.2	15.3	13.6	㈒
	소계	72.1	㈓	71.1	85.3
합계		121.2	㈐	126.1	143.3

〈상황〉
㉠ 2020년 융합서비스의 생산규모는 전년대비 1.2배가 증가하였다.
㉡ 2021년 정보기기의 생산규모는 전년대비 3천억 원이 감소하였다.

① 121.4 ② 122.8
③ 123.6 ④ 124.9
⑤ 125.2

13 다음은 두 회사의 주가에 관한 자료이다. 다음 중 B사 주가의 최댓값과 주가지수의 최솟값은?

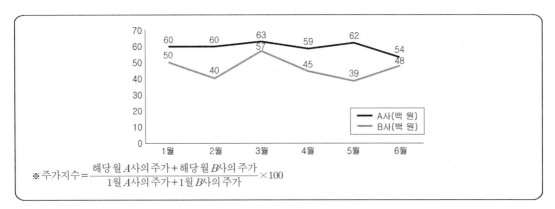

$$※ 주가지수 = \frac{해당 월\ A사의\ 주가 + 해당 월\ B사의\ 주가}{1월\ A사의\ 주가 + 1월\ B사의\ 주가} \times 100$$

	B사 주가의 최댓값	주가지수의 최솟값
①	57	90.9
②	50	91.8
③	48	94.5
④	45	100.0
⑤	40	109.1

14 두 정육면체 A, B의 닮음비가 1 : 2일 때, 큰 정육면체 B의 부피는 작은 정육면체 A의 부피의 몇 배인가?

① 2배 ② 4배
③ 6배 ④ 8배
⑤ 10배

15 다음은 E국의 연도별 연령별 인구에 관한 자료이다. 다음 중 옳지 않은 것들로 묶인 것은?

연령＼연도	2012년	2017년	2022년
전체 인구	85,553,710	89,153,187	90,156,842
0~30세	36,539,914	35,232,370	33,257,192
0~10세	6,523,524	6,574,314	5,551,237
11~20세	11,879,849	10,604,212	10,197,537
21~30세	18,136,541	18,053,844	17,508,418

ㄱ 11~20세 인구의 10년간 흐름은 전체 인구의 흐름과 일치한다.
ㄴ 20세 이하의 인구는 2012, 2017, 2022년 중 2012년에 가장 많다.
ㄷ 2022년의 21~30세의 인구가 전체 인구에서 차지하는 비율은 20% 이상이다.
ㄹ 2012년 대비 2022년의 30세 이하 인구는 모두 감소하였다.

① ㄱㄴ   ② ㄱㄷ
③ ㄴㄷ   ④ ㄴㄹ
⑤ ㄷㄹ

16 그림은 ∠B = 90°인 직각삼각형 ABC의 세 변을 각각 한 변으로 하는 정사각형을 그린 것이다. □ADEB의 넓이는 9이고 □BFGC의 넓이가 4일 때, □ACHI의 넓이는?

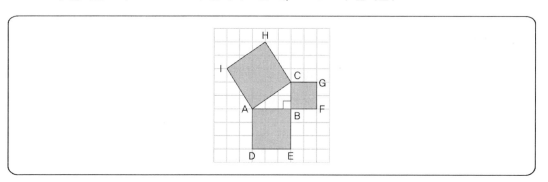

① 13   ② 14
③ 15   ④ 16
⑤ 17

17 P행사에 참석한 학생들은 여러 성씨로 구성되어있다. 다음의 조건대로 일렬로 앉을 때, 앞에서 다섯 번째에 앉는 사람의 성씨는?

- 일렬로 앉은 학생은 김씨가 2명, 송씨가 2명이고 박씨, 정씨, 이씨는 모두 1명이다.
- 정씨는 맨 앞 또는 맨 뒤에 앉는다.
- 김씨는 서로 이웃하게 앉는다.
- 박씨는 앞에서 세 번째에 앉는다.
- 송씨 사이에는 다른 성씨 1명이 있다.
- 송씨 사이에 있는 성씨는 박씨가 아니다.

① 김씨　　　　　　　　② 송씨
③ 이씨　　　　　　　　④ 박씨
⑤ 정씨

18 갑, 을, 병, 정, 무 5명은 같은 건물에 살고 있다. 아래의 조건을 만족할 때, 1층에 사는 사람은 누구인가?

- 건물의 제일 위층인 5층에는 적어도 1명이 살고 있다.
- 2명이 함께 사는 층은 4층이며, 나머지는 모두 각기 다른 층에 살고 있다.
- 을의 위층에는 아무도 살지 않는다.
- 무는 정의 바로 아래층에 살고 있다.
- 갑과 을은 1층에 살지 않는다.

① 갑　　　　　　　　② 을
③ 병　　　　　　　　④ 정
⑤ 무

19 다음 명제를 보고 거짓인 것을 고르면?

> • 선택할 수 있으면 노력할 수 있다.
> • 생각을 하면 판단력이 생긴다.
> • 교육자는 도덕적이다.
> • 판단력이 생기면 선택할 수 있다.
> • 도덕적이면 생각을 한다.
> • 노력할 수 있으면 만족할 수 있다.

① 교육자는 선택할 수 있다.
② 판단력이 생기면 생각을 한다.
③ 생각을 하면 선택할 수 있다.
④ 도덕적이면 판단력이 생긴다.
⑤ 선택할 수 있으면 만족할 수 있다.

20 현경이네 가족은 주말을 맞아 집안 청소를 하기로 하였다. 현경이네 가족은 현경, 현수, 현우, 현아, 현성, 현진이다. 다음 조건에 따라 청소 당번을 정하기로 할 때, 청소 당번이 아닌 사람으로 짝지어진 것은?

> 〈조건〉
> ㉠ 현경이 당번이 되지 않는다면, 현아가 당번이 되어야 한다.
> ㉡ 현경이 당번이 된다면, 현우도 당번이 되어야 한다.
> ㉢ 현우와 현성이 당번이 되면, 현아는 당번이 되어서는 안 된다.
> ㉣ 현아나 현성이 당번이 된다면, 현진도 당번이 되어야 한다.
> ㉤ 현수가 당번이 되지 않는다면, 현우와 현성이 당번이 되어야 한다.
> ㉥ 현수는 당번이 되지 않는다.

① 현수, 현아
② 현경, 현수
③ 현우, 현아, 현진
④ 현수, 현우, 현진, 현성
⑤ 현경, 현우, 현아, 현성, 현진

▌21~22 ▌ 인사팀에 근무하는 S는 2023년도에 새롭게 변경된 사내 복지 제도에 따라 경조사 지원 내역을 정리하는 업무를 담당하고 있다. 다음을 바탕으로 물음에 답하시오.

❑ 2017년도 변경된 사내 복지 제도

종류	주요 내용
주택 지원	• 사택 지원(가~사 총 7동 175가구) 최소 1년 최장 3년 • 지원 대상 – 입사 3년 차 이하 1인 가구 사원 중 무주택자(가~다동 지원) – 입사 4년 차 이상 본인 포함 가구원이 3인 이상인 사원 중 무주택자(라~사동 지원)
경조사 지원	• 본인/가족 결혼, 회갑 등 각종 경조사 시 • 경조금, 화환 및 경조휴가 제공
학자금 지원	• 대학생 자녀의 학자금 지원
기타	• 상병 휴가, 휴직, 4대 보험 지원

❑ 2023년도 1/4분기 지원 내역

이름	부서	직위	내역	변경 전	변경 후	금액 (천원)
A	인사팀	부장	자녀 대학진학	지원 불가	지원 가능	2,000
B	총무팀	차장	장인상	변경 내역 없음		100
C	연구1팀	차장	병가	실비 지급	추가 금액 지원	50(실비 제외)
D	홍보팀	사원	사택 제공(가-102)	변경 내역 없음		–
E	연구2팀	대리	결혼	변경 내역 없음		100
F	영업1팀	차장	모친상	변경 내역 없음		100
G	인사팀	사원	사택 제공(바-305)	변경 내역 없음		–
H	보안팀	대리	부친 회갑	변경 내역 없음		100
I	기획팀	차장	결혼	변경 내역 없음		100
J	영업2팀	과장	생일	상품권	기프트 카드	50
K	전략팀	사원	생일	상품권	기프트 카드	50

21 당신은 S가 정리해 온 2023년도 1/4분기 지원 내역을 확인하였다. 다음 중 잘못 구분된 사원은?

지원 구분	이름
주택 지원	D, G
경조사 지원	B, E, H, I, J, K
학자금 지원	A
기타	F, C

① B   ② D
③ F   ④ H
⑤ K

22 S는 2023년도 1/4분기 지원 내역 중 변경 사례를 참고하여 새로운 사내 복지 제도를 정리해 추가로 공시하려 한다. 다음 중 S가 정리한 내용으로 옳지 않은 것은?

① 복지 제도 변경 전후 모두 생일에 현금을 지급하지 않습니다.
② 복지 제도 변경 후 대학생 자녀에 대한 학자금을 지원해드립니다.
③ 변경 전과 달리 미혼 사원의 경우 입주 가능한 사택동 제한이 없어집니다.
④ 변경 전과 같이 경조사 지원금은 직위와 관계없이 동일한 금액으로 지원됩니다.
⑤ 변경 전과 달리 병가 시 실비 외에 5만 원을 추가로 지원합니다.

23 다음은 1년간 판매율이 가장 높았던 제품 4종에 대한 소비자 평가 점수이다. 이 자료를 참고할 때, 제시된 네 명의 구매자에게 선택받지 못한 제품은?

⟨제품에 대한 소비자 평가 점수⟩

(단위 : 점)

평가기준＼제품명	B	D	K	M
원료	10	8	5	8
가격	4	9	10	7
인지도	8	7	9	10
디자인	5	10	9	7

⟨구매 기준⟩

㉠ 제인 : 나는 제품을 고를 때, 가격과 원료를 꼼꼼히 확인하겠어.

㉡ 데이먼 : 고민 없이 소비자 평가 총점이 높은 제품을 구매하겠어.

㉢ 밀러 : 내 기준에서 제품의 인지도와 디자인이 중요하다고 봐.

㉣ 휴즈 : 화장품은 원료, 가격, 인지도 모두가 중요한 요소라고 생각해.

① B

② D

③ K

④ M

⑤ 없음

24 토요일 오후 한 금은방에서 목걸이를 도난당했다. 용의자로 유력한 네 사람이 다음과 같은 진술을 했다고 할 때, 거짓말을 하고 있는 사람은? (단, 거짓말은 한 명만 하고 있다.)

• 조정 : 나는 범인이 아니다.

• 근석 : 명기는 범인이다.

• 명기 : 근석이는 범인이다.

• 용준 : 명기는 범인이다.

① 조정

② 명기

③ 근석

④ 용준

⑤ 없음

25 다음 설명을 참고할 때, 대출금 지급이 조기에 만료되는 경우를 〈보기〉에서 모두 고른 것은? (단, 모두 주택연금 대출자로 가정한다)

[대출금 지급의 조기 만료]

주택담보노후연금대출을 받고 본인에게 다음 각 항목의 사유 중 하나라도 발생한 경우 은행으로부터 독촉, 통지 등이 없어도 본인은 당연히 은행에 대한 당해 채무의 기한의 이익을 상실하여 곧 이를 갚아야 할 의무를 지며, 대출 기한일과 관계없이 대출금 지급이 조기에 종료됩니다.

- 본인 및 배우자가 모두 사망한 경우
- 본인이 사망한 후 배우자가 6월 이내에 담보주택의 소유권이전등기 및 채권자에 대한 보증부 대출 채무의 인수를 마치지 아니한 경우
- 본인 및 배우자 담보주택에서 다른 장소로 이사한 경우
- 본인 및 배우자가 1년 이상 계속하여 담보주택에서 거주하지 아니한 경우. 다만, 입원 등 은행이 정하여 인터넷 홈페이지에 공고하는 불가피한 사유로 거주하지 아니한 경우는 제외한다.
- 본인이 담보주택의 소유권을 상실한 경우
- 주택담보노후연금대출 원리금이 근저당권의 설정 최고액을 초과할 것으로 예상되는 경우로서 채권자의 설정 최고액 변경 요구에 응하지 아니하는 경우
- 그밖에 은행의 주택금융운영위원회가 정하는 일정한 사유가 발생한 경우

〈보기〉

㈎ 7개월 전 대출 명의자인 남편이 사망하였으며, 은행에 보증부대출 채무 인수를 두 달 전 완료하여 소유권이전등기는 하지 않은 배우자 A씨

㈏ 5/1일부터 이듬해 4/30일까지의 기간 중 본인 및 배우자 모두 병원 입원 기간이 각각 1년을 초과하는 B씨 부부

㈐ 주택연금대출을 받고 3개월 후 살고 있던 집을 팔고 더 큰 집을 사서 이사한 C씨

㈑ 연금 대출금과 수시 인출금의 합이 담보주택에 대해 은행에서 행사할 수 있는 근저당권 최고금액을 초과하여 은행의 설정 최고액 변경 요구에 따라 필요한 절차를 수행하고 있는 D씨

① ㈎, ㈐
② ㈏, ㈑
③ ㈎, ㈏, ㈑
④ ㈎, ㈐, ㈑
⑤ ㈏, ㈐, ㈑

제2회 모의고사

1 다음은 상담원 A와 고객 B의 대화이다. 밑줄 친 ⊙~⑩ 중 어법이 틀린 것은?

A : 안녕하세요. 코레일 고객 상담실 담당 직원입니다. ⊙고객님, 무엇을 도와드릴까요?

B : 3시 30분에 ⓒ용산에서 목포로 가는 KTX를 놓쳤습니다. 어떻게 환불받아야 하나요?

A : 네. 고객님. 출발시각 이전에는 홈페이지나 모바일에서 환불 신청이 가능하고, 출발시각 이
후에는 역에서 환불 신청 가능합니다.

– 중략 –

A : 고객님, ⓒ확인해 보니 해당 차량이 출발 후 15분이 지났습니다. ⓒ기차가 출발 후 20분 이전이
시면 연체료가 결제금액의 10% 부과되십니다.

B : ⑩고작 15분 지난 것 가지고 너무하신 거 아닙니까?

A : 죄송합니다만 이 부분은 위약금에 관련된 규정입니다.

① ⊙

② ⓒ

③ ⓒ

④ ⓒ

⑤ ⑩

2 다음의 문장 ⊙~⑩을 문맥에 맞도록 알맞게 배치한 것은?

> ⊙ 그동안 에너지복지와 관련한 연구의 대부분은 기존 지원사업의 문제점을 검토하고 개선방안을 제시하거나, 필요한 새로운 사업을 개발하고 설계하는데 중점을 두고 수행되어 왔다.
>
> ⓒ 에너지지원사업의 효과와 효율성을 제고하기 위해서는 에너지복지의 상태는 어떠한지 그리고 지원 사업을 통해 어떤 성과가 있었는지를 체계적이고 합리적으로 평가할 수 있는 다양한 지표의 개발이 필요함에도 불구하고, 이러한 분야에 대한 연구는 상대적으로 미흡하였던 것이 사실이다.
>
> ⓒ 에너지지원사업의 규모도 지속적으로 확대되어 왔는데, 최근 에너지바우처 도입으로 현재 총 지원규모는 연간 5천억 원을 넘는 것으로 추정된다.
>
> ⓔ 저소득층을 비롯한 취약가구에 대한 에너지지원사업은 크게 소득지원, 가격할인, 효율개선 등의 세 가지 범주로 구분할 수 있으며, 현재 다양한 사업들이 시행되고 있다.
>
> ⑩ 이처럼 막대한 지원규모에도 불구하고 에너지지원사업의 성과를 종합적으로 평가할 수 있는 지표는 부재한 실정이다.

① ⓒ - ⊙ - ⓒ - ⑩ - ⓔ
② ⓔ - ⓒ - ⊙ - ⓒ - ⑩
③ ⓒ - ⓒ - ⊙ - ⑩ - ⓔ
④ ⓔ - ⓒ - ⑩ - ⊙ - ⓒ
⑤ ⓒ - ⓒ - ⑩ - ⊙ - ⓔ

3 다음 글의 내용과 일치하는 것은?

> 클래식 음악에는 보통 'Op.'로 시작하는 작품번호가 붙는다. 이는 '작품'을 의미하는 라틴어 Opus의 약자에서 비롯되었다. 한편 몇몇 작곡가들의 작품에는 다른 약자로 시작하는 작품 번호가 붙기도 한다. 예를 들면 하이든의 작품에는 통상적으로 'Hob.'로 시작하는 작품번호가 붙는다. 이는 네덜란드의 안토니 판 호보켄이 1957년과 1971년 하이든의 음악을 정리하여 낸 두 권의 카탈로그에서 유래한 것이다.
>
> 'RV.'는 Ryom-Verzeichnis(리옹번호를 뜻하는 독일어)의 약자이다. 이는 1977년 프랑스의 피터 리옹이 비발디의 방대한 작품들을 번호순으로 정리하여 출판한 목록에서 비롯되었다. 비발디의 작품에 대해서는 그 전에도 마르크 핀케를(P.)이나 안토니오 파나(F.)에 의한 번호목록이 출판되었으나, 리옹의 작품번호가 가장 포괄적이며 많이 쓰인다.
>
> 바흐 역시 작품마다 고유의 작품번호가 붙어 있는데 이것은 바흐의 작품을 구분하여 정리한 볼프강 슈미더에 의한 것이다. 'BWV'는 Bach-Werke-Verzeichnis(바흐의 작품번호를 뜻하는 독일어)의 첫 글자를 따온 것으로, 정리한 순서대로 아라비아 숫자가 붙어서 바흐의 작품번호가 되었다. 'BWV'는 총 1,080개의 바흐의 작품에 붙어 있다.

① 'K.'은 모차르트 작품에 자주 사용된다.
② 'RV.'는 오스트리아의 모차르트 연구가 루드비히 폰 쾨헬의 이니셜을 딴 것이다.
③ 하이든의 작품에는 통상적으로 'Hob.'로 시작하는 작품번호가 붙는다.
④ 'BWV'는 종종 'Bach-Verzeichnis의 약자인 'BV.'로 표기되기도 한다.
⑤ 'D.'로 시작하는 작품번호는 슈베르트에 관한 권위자인 오토 에리히 도이치의 이름을 따서 붙여진 것이다.

4 다음 글을 읽은 독자의 반응으로 적절하지 않은 것은?

조선시대 사족(士族)은 그들의 위세를 과시하고 이익을 지켜나가기 위한 조직을 만들어 나가는 데에 관심을 기울였다. 그들은 스스로 유향소(留鄕所)를 만들어 중앙 정부가 군현에 파견한 수령을 견제하는 한편, 향리세력에 대한 우위를 확보하고 향촌민을 원활히 통제하고자 하였다. 이 때문에 조선 초기에 유향소의 사족이 과도하게 권익을 추구하다가 수령과 마찰을 빚는 경우가 많았다. 그래서 태종이 유향소를 혁파하자 수령과 향리의 비리와 탐학이 늘어나는 부작용이 발생했다. 이에 중앙정부는 서울에 경재소(京在所)란 통제기구를 마련한 뒤 유향소를 부활시키고, 유향소의 폐단을 막고자 노력하였다. 그런데 이번에는 유향소의 사족과 수령이 결탁하여 백성들을 괴롭히자 세조는 이를 구실로 다시 유향소를 혁파하였다.

유향소는 사림파가 중앙정계에 진출하는 성종대에 다시 설치되었는데, 사족이 유향소를 통해 불효 등으로 향촌 질서를 깨트리는 자들을 규율하는 데 중점을 두었다. 이는 사림파가 유향소를 통해 성리학적 질서를 확고히 하여 백성들을 다스리고, 이를 바탕으로 당시 집권세력인 훈구파에 대항하려는 것이었다. 하지만 사림파의 의도가 관철된 곳은 사림파의 세력이 강한 영남 일부 지역뿐이었고, 그 밖의 대부분 지역은 훈구파에 의해 좌지우지되었다. 훈구파가 유향소의 임원에 대한 인사권을 가진 경재소를 대부분 장악했기 때문이었다. 이로써 향촌 자치는 중앙의 정치논리에 의해 쉽게 제약당할 수 있었다. 이렇게 되자 사림들은 그들이 세력기반으로 삼으려 했던 유향소를 혁파하자고 주장하였다. 그 대신 향약보급을 통해 향촌질서를 바로잡고자 하였다. 임진왜란 이후에는 수령권이 강화되면서 유향소의 지위가 격하되고, 그에 따라 이를 통할 하던 경재소도 1603년 영구히 폐지되었다.

⊙ 유정 : 조선시대 정부는 유향소를 만들어 수령을 견제하는 한편, 향리세력에 대한 우위를 확 보하고 향촌민을 원활히 통제하고자 했어.
ⓒ 진희 : 사림파는 유향소를 통해 성리학적 질서를 확고히 하여, 대부분의 지역에서 훈구파에 대항할 수 있었지.
ⓒ 영수 : 유향소의 사족과 수령이 결탁하여 백성들을 괴롭히자 세조는 이를 구실로 다시 유향 소를 혁파했어.
ⓔ 민준 : 임진왜란 이후에는 수령권이 강화되면서 유향소의 지위가 격하되었구나.

① ⊙ⓒ
② ⓒⓒ
③ ⓒⓔ
④ ⓒⓒⓔ
⑤ ⊙ⓒⓒⓔ

5 다음은 K방송국 신입사원 甲이 모니터링 업무를 하던 중 문제가 될 수 있는 보도 자료들을 수집한 것이다. 다음 중 그 문제의 성격이 다른 하나는?

(가) 2004년 성매매특별법이 도입되었다. 한 지방경찰청의 범죄통계에 따르면 특별법 도입 직후 한 달 동안 성폭력 범죄 신고 및 강간사건의 수치가 지난 5년 동안의 월 평균보다 약간 높게 나타났다. 성범죄 수치는 계절과 주기별로 다르게 나타난다. K방송국 이 통계에 근거해 "성매매특별법 시행 이후 성범죄 급속히 늘어"라는 제목의 기사를 내었다.

(나) 1994~1996년 사이 항공 사고로 인한 사망자가 적은 해에는 10명 미만, 많은 해에는 200~300명 발생하였다. 같은 기간 산업재해로 인한 사망자는 매년 5,000명 이상, 상해자는 700만 명 가량 발생하였다. 이 시기 K방송국은 항공 사고에 대한 보도를 50편 가량 발표했다. 반면, 위험한 장비와 관련한 안전사고, 비위생적 노동조건으로 인한 질병 등 산업재해로 인한 사망 사건에 대한 보도는 거의 없었다.

(다) 1996~1997년 사이 통계를 보면 미국 사회 전체에서 폭력사건으로 인한 사망자 수는 5,400명이었다. 이 가운데 학교에서 발생한 폭력사건으로 인한 사망자 수는 19명이었으며 10개 공립학교에서 발생했다. 이로부터 K방송국은 "시한폭탄 같은 10대들"이라는 제하에 헤드라인 기사로 청소년 폭력문제를 다루었고, 뉴스 프로그램을 통해 청소년들의 흉악한 행동이 미국 전역의 학교와 도시에서 만연하고 있다고 보도했다.

(라) 1990~1997년 사이 교통사고로 인한 사망자 25만 명 중 난폭 운전에 의해 사망한 사람은 218명이었다. 그리고 같은 시기 부상을 당한 2,000만 명의 자동차 운전자들 가운데 난폭 운전자에 의해 사고를 당했다고 추정되는 사람은 전체 부상자의 0.1% 미만이었다. 이에 대해 K방송국은 "교통사고의 주범 난폭운전"이란 제하에 난폭운전으로 인한 인명피해가 최근 전국적으로 넘쳐나고 있다고 보도했다.

(마) 1996년 한 연구기관에서 미국사회의 질병에 관한 통계 조사를 실시했다. 그 결과에 따르면 미국인 가운데 비만에 걸린 사람은 190만 명으로 미국인 전체 성인 중 약 1.5%를 차지했다. 이로부터 K방송국은 미국 성인의 대부분이 비만에 걸려 있으며 앞으로 비만이 미국사회의 가장 심각한 사회문제가 될 것이라는 내용의 기사를 실었다.

① (가)

② (나)

③ (다)

④ (라)

⑤ (마)

6 다음 글에 나타나지 않은 내용은?

꿀벌은 나무 둥지나 벌통에서 군집생활을 한다. 암컷인 일벌과 여왕벌은 침이 있으나 수컷인 수벌은 침이 없다. 여왕벌과 일벌은 모두 산란하지만 여왕벌의 알만이 수벌의 정자와 수정되어 암벌인 일벌과 여왕벌로 발달하고, 일벌이 낳은 알은 미수정란이므로 수벌이 된다. 여왕벌의 수정란은 3일 만에 부화하여 유충이 되는데 로열젤리를 먹는 기간의 정도에 따라서 일벌과 여왕벌로 성장한다.

꿀벌 집단에서 일어나는 모든 생태 활동은 매우 복잡하기 때문에 이를 이해하는 관점도 다르게 형성되었다. 꿀벌 집단을 하나로 모으는 힘이 일벌을 지배하는 전지적인 여왕벌에서 비롯된다는 믿음은 아리스토텔레스 시대부터 시작되어 오늘에 이르고 있다. 이러한 믿음은 여왕벌이 다수의 수벌을 거느리고 결혼비행을 하며 공중에서 교미를 한 후에 산란을 하는 모습에 연원을 두고 있다. 꿀벌 집단의 노동력을 유지하기 위하여 매일 수천여 개의 알을 낳거나, 다른 여왕벌을 키우지 못하도록 억제하는 것도 이러한 믿음을 강화시켰다. 또한 새로운 여왕벌의 출현으로 여왕벌들의 싸움이 일어나서 여왕벌을 중심으로 한 곳에 있던 벌떼가 다른 곳으로 옮겨가서 새로운 사회를 이루는 과정도 이러한 믿음을 갖게 하였다.

그러나 꿀벌의 모든 생태 활동이 이러한 견해를 뒷받침하는 것은 아니다. 요컨대 벌집의 실질적인 운영은 일벌에 의하여 집단적으로 이루어진다. 일벌은 꽃가루와 꿀 그리고 입에서 나오는 로열젤리를 유충에게 먹여서 키운다. 일벌은 꽃가루를 모으고, 파수병의 역할을 하며, 벌집을 새로 만들거나 청소하는 등 다양한 역할을 수행한다. 일벌은 또한 새로운 여왕벌의 출현을 최대한 억제하는 역할도 수행한다. 여왕벌에서 '여왕 물질'이라는 선분비물이 나오고 여왕벌과 접촉하는 일벌은 이 물질을 더듬이에 묻혀 벌집 곳곳에 퍼뜨린다. 이 물질의 전달을 통해서 여왕벌의 건재함이 알려져서 새로운 여왕벌을 키울 필요가 없다는 사실이 집단에게 알려지는 것이다.

① 여왕벌과 일벌은 모두 산란하지만 여왕벌의 알만이 수벌의 정자와 수정된다.
② 꿀벌 집단을 하나로 모으는 힘은 일벌에서 비롯된다는 믿음은 오늘날까지 이어지고 있다.
③ 여왕벌의 수정란은 유충이 되어 로열젤리를 먹는 기간의 정도에 따라서 일벌과 여왕벌로 성장한다.
④ 일벌은 꽃가루와 꿀 그리고 입에서 나오는 로열젤리를 유충에게 먹여서 키운다.
⑤ 일벌은 꽃가루를 모으고, 파수병의 역할을 하는 등 다양한 역할을 수행한다.

7 다음 중 ㉠~㉤의 한자 표기로 적절하지 않은 것은?

> 특허출원 및 특허권 관련 수수료는 다음 각 호와 같다.
>
> 1. 특허출원료
>   가. 출원서를 서면으로 제출하는 경우 : 매건 5만 8천 원
>   (단, 출원서의 첨부서류 중 명세서, ㉠도면 및 요약서의 합이 20면을 초과하는 경우 초과하는 1면마다 1천 원을 가산한다)
>   나. 출원서를 전자문서로 ㉡제출하는 경우 : 매건 3만 8천 원
> 2. 출원인변경신고료
>   가. 상속에 의한 경우 : 매건 6천 5백 원
>   나. 법인의 ㉢분할 · 합병에 의한 경우 : 매건 6천 5백 원
>   다. 가목 내지 나목 외의 사유에 의한 경우 : 매건 1만 3천 원
> 3. 특허권의 이전등록료
>   가. 상속에 의한 경우 : 매건 1만 4천 원
>   나. 법인의 분할 · 합병에 의한 경우 : 매건 1만 4천 원
>   다. 기업구조조정 촉진법에 따른 약정을 ㉣체결한 기업이 경영정상화계획의 이행을 위하여 행하는 영업양도의 경우 : 매건 1만 4천 원
>   라. 가목 내지 다목 외의 사유에 의한 경우 : 매건 5만 3천 원
> 4. 등록사항의 경정 · 변경(행정구역 또는 지번의 ㉤변경으로 인한 경우 및 등록명의인의 표시변경 또는 경정으로 인한 경우는 제외한다) · 취소 · 말소 또는 회복등록료 : 매건 5천 원

① 圖案   ② 提出

③ 分割   ④ 締結

⑤ 變更

8 다음은 ○○문화회관 전시기획팀의 주간회의록이다. 자료에 대한 내용으로 옳은 것은?

주 간 회 의 록					
회의일시	2022. 7. 2(월)	부서	전시기획팀	작성자	사원 甲
참석자	戊 팀장, 丁 대리, 丙 사원, 乙 사원				
회의 안건	1. 개인 주간 스케줄 및 업무 점검 2. 2022년 하반기 전시 일정 조정				

	내용	비고
회의 내용	1. 개인 주간 스케줄 및 업무 점검 • 戊 팀장 : 하반기 전시 참여 기관 미팅, 외부 전시장 섭외 • 丁 대리 : 하반기 전시 브로슈어 작업, 브로슈어 인쇄 업체 선정 • 丙 사원 : 홈페이지 전시 일정 업데이트 • 乙 사원 : 2022년 상반기 전시 만족도 조사 2. 2022년 하반기 전시 일정 조정 • 하반기 전시 기간 : 9~11월, 총 3개월 • 전시 참여 기관 : A~I 총 9팀 　－관내 전시장 6팀, 외부 전시장 3팀 • 전시 일정 : 관내 2팀, 외부 1팀으로 3회 진행	• 7월 7일 AM 10:00 외부 전시장 사전답사 (戊 팀장, 丁 대리) • 회의 종료 후, 전시 참여 기관에 일정 안내 (7월 4일까지 변경 요청 없을 시 그대로 확정)

기간＼장소	관내 전시장	외부 전시장
9월	A, B	C
10월	D, E	F
11월	G, H	I

결정 사항	내용	작업자	진행일정
	브로슈어 표지 이미지 샘플조사	丙 사원	2022. 7. 2~7. 3
	상반기 전시 만족도 설문조사	乙 사원	2022. 7. 2~7. 5

특이 사항	다음 회의 일정 : 7월 9일 • 2022년 상반기 전시 만족도 확인 • 브로슈어 표지 결정, 내지 1차 시안 논의

① 이번 주 금요일 외부 전시장 사전 답사에는 戊 팀장과 丁 대리만 참석한다.
② 丙 사원은 이번 주에 홈페이지 전시 일정 업데이트만 하면 된다.
③ 7월 4일까지 전시 참여 기관에서 별도의 연락이 없었다면, H팀의 전시는 2022년 11월 관내 전시장에 볼 수 있다.
④ 2022년 하반기 전시는 ○○문화회관 관내 전시장에서만 열릴 예정이다.
⑤ 乙 사원은 이번 주 금요일까지 상반기 전시 만족도 설문조사를 진행할 예정이다.

9 다음 중 밑줄 친 어휘의 사용이 올바르지 않은 것은?

① <u>가늠이</u> 안 되는 건물의 높이에 웃음으로 놀라움에 표현을 <u>갈음하였다.</u>
② 그렇게 여러 번 당해서 <u>데고도</u> 또 시간에 <u>대서</u> 오질 못했다.
③ 그녀는 잠자리에서 몸을 <u>추켜세우고는</u> 화장대에서 눈썹을 <u>치켜세우기</u> 시작하였다.
④ 콩이 <u>붓기</u> 시작하니 어머니는 가마솥에 물을 <u>붇고</u> 끓이기 시작하였다.
⑤ 잡은 물고기에 알이 가득 <u>배어서</u> 차마 칼로 <u>베지를</u> 못하였다.

10 다음은 일자별 교통사고에 관한 자료이다. 이를 참고로 보고서를 작성할 때, 알 수 없는 정보는?

〈일자별 하루 평균 전체교통사고 현황〉

(단위 : 건, 명)

구분	1일	2일	3일	4일
사고	822.0	505.3	448.0	450.0
부상자	1,178.0	865.0	1,013.3	822.0
사망자	17.3	15.3	10.0	8.3

〈보고서〉

㉠ 1~3일의 교통사고 건당 입원자 수

㉡ 평소 주말 평균 부상자 수

㉢ 1~2일 평균 교통사고 증가량

㉣ 4일간 교통사고 부상자 증감의 흐름

① ㉠㉡

② ㉢㉣

③ ㉠㉡㉢

④ ㉡㉢㉣

⑤ ㉠㉡㉢㉣

11 그림과 같이 가로의 길이가 2, 세로의 길이가 1인 직사각형이 있다. 이 직사각형과 넓이가 같은 정사각형의 한 변의 길이는?

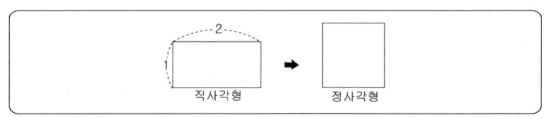

① $\sqrt{2}$

② $\sqrt{3}$

③ 2

④ 3

④ $\sqrt{5}$

12 다음은 서원이가 매일하는 운동에 관한 기록지이다. 1회당 정문에서 후문을 왕복하여 달리는 운동을 할 때, 정문에서 후문까지의 거리 ㉠과 후문에서 정문으로 돌아오는데 걸린 시간 ㉡은? (단, 매회 달리는 속도는 일정하다고 가정한다.)

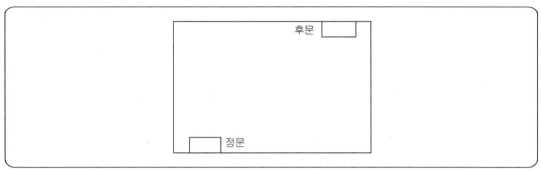

회차	속도		시간
1회	정문→후문	20m/초	5분
	후문→정문		
⋮			
5회			70분

※ 총 5회 반복, 마지막 바퀴는 10분을 쉬고 출발

	㉠	㉡
①	6,000m	7분
②	5,000m	8분
③	4,000m	9분
④	3,000m	10분
⑤	2,000m	11분

13 다음은 시민들을 대상으로 한 '카페·블로그의 정보성 글에 대한 신뢰도'를 조사한 자료이다. 다음 자료를 잘못 이해한 것은?

(단위 : %, 10점 만점)

구분		신뢰하지 않음	보통	신뢰함	평균(10점)
전체		18.9	41.1	40.0	5.54
성별	남성	18.5	42.2	39.3	5.54
	여성	19.2	40.1	40.7	5.54
연령대별	10대	22.6	38.9	38.5	5.41
	20대	21.8	41.6	36.5	5.35
	30대	18.9	42.8	38.2	5.48
	40대	18.8	42.4	38.8	5.51
	50대	17.0	42.0	41.1	5.65
	60대 이상	17.2	38.2	44.6	5.70

① 시민 10명 중 4명은 정보성 글을 신뢰한다.

② 정보성 글을 신뢰하는 사람의 비중과 평점의 연령별 증감 추이는 동일하지 않다.

③ 20대 이후 연령층에서는 고령자일수록 정보성 글을 신뢰하는 사람의 비중이 더 높다.

④ 남성과 여성은 같은 평점을 주었으나, 정보성 글을 신뢰하는 사람의 비중은 남성이 1%p 이상 낮다.

⑤ 정보성 글을 신뢰하지 않는 사람의 비중은 10대에서 가장 높게 나타나고 있다.

14 다음은 C지역의 알코올 질환 환자 동향에 관한 자료이다. 이를 참고하여 글로 정리할 때, 다음 빈칸에 들어갈 적절한 것을 구하면?

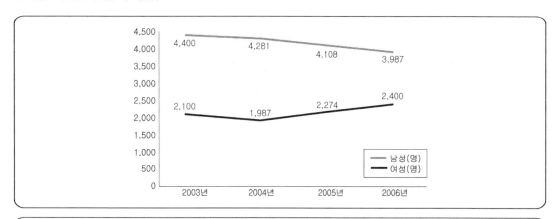

　　C지역의 음주 관련 범죄가 날로 심해지자 시 차원에서 알코올 질환 환자를 대상으로 프로그램을 실시했다. 프로그램 시행 첫 해인 2003년의 알코올 질환 환자는 남성이 여성보다 ㉠___ 명 더 많았다. 2004년의 알코올 질환 환자 수는 전년 대비 남성과 여성 모두 100명 이상 ㉡___하였다. 2005년의 알코올 질환 환자 수는 남성은 전년 대비 173명이 감소하였지만, 여성은 전년 대비 287이 ㉢___하였다. 2003년부터 2006년까지 4년간 알코올 질환 환자 동향을 평가하면, 2003년 대비 2006년의 남성 알코올 질환 환자는 413명 감소하였지만, 여성 알코올 질환 환자는 ㉣___명 증가하였다. 따라서 이 프로그램은 남성에게는 매년 효과가 있었지만 여성에게는 두 번째 해를 제외하면 효과가 없었다고 볼 수 있다.

	㉠	㉡	㉢	㉣
①	2,200	감소	증가	200
②	2,300	감소	증가	300
③	2,400	감소	감소	400
④	2,500	증가	감소	500
⑤	2,600	증가	감소	600

15 다음은 문화산업부문 예산에 관한 자료이다. 다음 중 <u>출판 분야의 예산 ㈎</u>와 <u>예산의 총합 ㈑</u>를 구하면?

분야	예산(억 원)	비율(%)
출판	㈎	㈐
영상	40.85	19
게임	51.6	24
광고	㈏	31
저작권	23.65	11
총합	㈑	100

	출판 분야의 예산 ㈎	예산의 총합 ㈑
①	29.25	185
②	30.25	195
③	31.25	205
④	32.25	215
⑤	33.25	225

16 박 사원은 30장의 문서를 워드로 옮기는데 2시간 30분이 걸리고, 최 사원은 4시간이 걸린다. 최 사원이 다른 문서 60장을 워드로 옮기는 시간에 박 사원은 동일한 문서 몇 장을 워드로 옮길 수 있을까?

① 48장 ② 60장

③ 72장 ④ 84장

⑤ 96장

17 다음은 업무 평가 점수 평균이 같은 다섯 팀의 표준편차를 나타낸 것이다. 직원들의 평가 점수가 평균에 가장 가깝게 분포되어 있는 팀은?

팀	인사팀	영업팀	총무팀	홍보팀	관리팀
표준편차	$\sqrt{23}$	$\sqrt{10}$	5	$\sqrt{15}$	3

① 인사팀
② 영업팀
③ 총무팀
④ 홍보팀
⑤ 관리팀

18 다음은 동석이의 7월 보수 지급 명세서이다. 이에 대한 설명으로 옳지 않은 것은?

〈보수 지급 명세서〉

(단위 : 원)

실수령액 : ( )			
보수		공제	
보수항목	보수액	공제항목	공제액
봉급	( )	소득세	150,000
중요직무급	130,000	지방소득세	15,000
시간외수당	320,000	일반기여금	184,000
정액급식비	120,000	건강보험료	123,000
직급보조비	200,000	장기요양보험료	9,800
보수총액	( )	공제총액	( )

① 소득세는 지방소득세의 8배 이상이다.
② 소득세가 공제총액에서 차지하는 비율은 30% 이상이다.
③ 봉급이 193만 원 이라면 보수총액은 공제총액의 6배 이상이다.
④ 시간외수당은 정액급식비와 15만 원 이상 차이난다.
⑤ 공제총액에서 차지하는 비율이 가장 낮은 것은 장기요양보험료이다.

19 다음의 기사는 CRM에 대한 것이다. 이를 읽고 밑줄 친 부분에 관련해서 가장 옳지 않은 사항을 추론하면?

어딜 가든 고객에게 필요한 것을 생각하고 사소한 부분이라도 챙기기 위해 노력한다고 말하는 이용덕 전무는 타고난 영업맨이다.

이 전무는 대구상고 졸업 후 지난 1979년 스무 살의 나이로 입행했다. 대구 지점에서 영업으로 기반을 닦았고, 2008년 범일동 지점장과 2010년 본리동 지점장을 역임했다. 이후 2012년 대구지점 수석지점장을 거쳐 1년 만에 2013년 동대구지역 본부장으로 승진, 2015년에는 중소기업금융그룹 대표로 자리를 잡았다. 그는 자신의 평소 좋아하는 문구로 '천운·지운·인운'을 꼽았다.

이 전무는 "천운은 하늘의 뜻이고 지운은 부모로부터 재능을 의미한다면 인운은 자기 스스로 맺는 인간관계를 말한다"라며 "셋 중에 인운이 가장 중요하다"라고 말했다. 이어 "사람을 대할 때 당장의 이익보다는 마음으로 대하고 순간의 이득을 위해서 배신하지 않는다면 결과는 돌아오게 된다"라고 덧붙였다.

실제로 그는 서울 본사로 부임한 이후에도 여전히 대구에 있는 기존 고객관리도 소홀히 하지 않는다. 유익한 경제 정보가 있으면 신문을 스크랩해 카톡 등으로 지인들에게 보내주거나 지병에 좋은 음식을 현지에서 직배송하여 감사의 마음을 표하는 방식이다. 이 전무는 "몸에 좋은 음식이나 정보를 보내는 것은 제 자신이 늘 고객을 생각하고 있다는 것을 드러내는 가장 중요한 수단 중 하나다"라며 "고가의 상품이 아니더라도 사소한 관심이 사람들에게 예상외로 크게 다가간다는 걸 깨달았다"라고 말했다.

그는 "경북 영천에 놀러 간 적이 있었는데 거기서 당뇨병에 누에고치가 좋다고 하여 당뇨를 앓고 있는 대구 고객이 생각나 현지에서 배송한 적이 있다"라며 "이후 <u>영업적으로만 대하던 고객과의 관계가 인간적인 관계로 발전했다</u>"라고 회상했다.

① CRM은 소비자에 대한 이해가 선행되어야 한다.
② CRM이 효과적으로 정착되게 되면 추후 고객들에 대한 광고비를 감소시킬 수 있다.
③ CRM은 기술보다 소비자에 우선적인 초점을 두어야 한다.
④ CRM은 가격을 통해 고객을 얻을 수 있고 그로 인해 자사의 경쟁력 확보가 가능하다.
⑤ CRM은 고객중심이어야 한다.

20 다음 진술이 모두 참일 때, 두 번째로 번지점프를 하는 사람은?

> ㉠ 준서 : 저는 이정, 성도보다 늦게 도착했습니다.
> ㉡ 이정 : 저는 가장 먼저 도착했습니다.
> ㉢ 가인 : 저보다 세 명이 먼저 도착했습니다.
> ㉣ 성도 : 저는 가인이보다 먼저 도착했습니다.
> ㉤ 유진 : 제가 가장 마지막에 도착했습니다.

※ 번지점프 탑승 순서는 도착한 순서의 역순으로 먼저 하기로 한다.

① 이정   ② 성도
③ 준서   ④ 가인
⑤ 유진

21 다음 조건을 통해 추론을 할 때, 서로 대화가 가능한 사람끼리 짝지어진 것은?

> • 갑, 을, 병, 정은 사용가능한 언어만으로 대화를 할 수 있다.
> • 갑, 을, 병, 정은 모두 2개 국어를 사용한다.
> • 갑은 영어와 한국어를 사용한다.
> • 을은 한국어와 프랑스를 사용한다.
> • 병은 독일어와 영어를 사용한다.
> • 정은 프랑스어와 중국어를 사용한다.
> • 무는 태국어와 한국어를 사용한다.

① 갑, 정   ② 을, 병
③ 병, 무   ④ 정, 병
⑤ 무, 갑

22 다음 명제를 보고 항상 참인 것을 고르면?

> • '갑, 을, 병, 정, 무, 기, 경'은 모두 동일한 모양의 동전을 가지고 있다.
> • 무와 기가 가지고 있는 동전의 합은 경이 가지고 있는 동전의 수와 같다.
> • 기가 가지고 있는 동전의 수는 갑과 정이 가지고 있는 동전의 합보다 많다.
> • 병이 가지고 있는 동전의 수는 무, 기, 경이 가지고 있는 동전의 합보다 많다.
> • 갑과 정이 가지고 있는 동전의 수는 같다.
> • 무와 기가 가지고 있는 동전의 수는 같다.
> • 갑은 을보다 동전을 많이 가지고 있다.

① 병은 을이 가지고 있는 동전의 수보다 적다.

② 갑이 가지고 있는 동전의 수는 을과 정이 가지고 있는 동전의 합보다 많다.

③ 무가 가지고 있는 동전의 수를 2배한 것보다 병이 가지고 있는 동전의 수가 적다.

④ 정이 가지고 있는 동전의 수는 기가 가지고 있는 동전의 수보다 적다.

⑤ 경이 가지고 있는 동전의 수는 갑이 가지고 있는 동전의 수를 2배한 것보다 적다.

23 영호, 준희, 담비, 사연이는 모두 배드민턴, 골프, 낚시, 자전거 동호회 4개 중 2개에 가입하고 있다. 3명은 배드민턴 동호회에 가입하여 활동 중이고, 2명은 골프 동호회에서, 2명은 낚시 동호회에서 활동 중이다. 준희는 자전거 동호회에, 담비는 낚시 동호회에, 사연이는 배드민턴과 골프 동호회에 가입한 것을 알았을 때, 다음 중 항상 옳지 않은 것은?

① 영호와 준희가 배드민턴 동호회에 가입되어 있다면 담비는 배드민턴 동호회에 가입하지 않았다.

② 담비가 골프 동호회에 가입되어 있다면 배드민턴 동호회에 가입하지 않았다.

③ 준희가 낚시 동호회에 가입되어 있다면 영호도 낚시 동호회에 가입되어 있다.

④ 사연이는 낚시 동호회에 가입하지 않았다.

⑤ 영호는 자전거 동호회에 가입하지 않았다.

24 H대학에서는 학과선배 3명(김, 이, 박)을 신입생 6명(A, B, C, D, E, F)의 멘토로 배정, 학교생활에 적응하는 것을 돕도록 했다. 아래의 조건을 만족할 때, 선배와 신입생에 대한 설명이 올바른 것은 어느 것인가?

> • 선배 1명 당 신입생 2명을 맡는다.
> • B와 F는 같은 조이다.
> • '김'은 A를 담당하는 선배이다.
> • '이'는 C와 F를 담당하는 선배가 아니다.

① '박'은 A의 멘토이다.

② D는 '이'에게 도움을 받지 않는다.

③ C는 '김'에게 도움을 받는다.

④ '이'는 C의 멘토이다.

⑤ '김'과 '박' 중에 E를 담당하는 사람이 있다.

25 H호텔 관리팀에 근무하는 甲은 올해 하반기 새로 오픈하는 별관 스위트룸 중 방1에 가구를 배치하고자 한다. 방1은 가로 3,000mm, 세로 3,400mm의 크기의 직사각형으로, 다음의 조건의 조건에 따른다고 할 때, 가능한 가구 배치는?

- 방문을 여닫는데 1,000 mm의 간격이 필요함
- 서랍장의 서랍(●로 표시하며 가로면 전체에 위치)을 열려면 400mm의 간격이 필요(침대, 테이블, 화장대는 서랍 없음)하며 반드시 여닫을 수 있어야 함
- 붙박이 장롱 문을 열려면 앞면 전체에 550mm의 간격이 필요하며 반드시 여닫을 수 있어야 함
- 가구들은 쌓을 수 없음
- 각각의 가구는 방에 넣을 수 있는 것으로 가정함
- 침대 (가로)1,500mm × (세로)2,110mm
- 테이블 (가로)450mm × (세로)450mm
- 서랍장 (가로)1,100mm × (세로)500mm
- 화장대 (가로)1,000mm × (세로)300mm
- 붙박이 장롱의 깊이는 650mm이며, 벽 한 면 전체를 남김없이 차지한다.

CHAPTER

03

제3회 모의고사

1 다음 중 ㉠과 동일한 의미로 쓰인 것은?

> 화학반응이 일어나기 위해서는 반드시 어느 정도의 에너지 장벽을 넘어야만 한다. 반응물의 에너지가 생성물의 에너지보다 작은 경우는 당연히 말할 것도 없거니와 반응물의 에너지가 생성물의 에너지보다 큰 경우에도 마찬가지다. 에너지 장벽을 낮추는 것은 화학반응의 속도를 증가시키고 에너지 장벽을 높이는 것은 화학반응의 속도를 감소시킨다. 에너지 장벽의 높이를 조절하는 물질을 화학반응의 촉매라고 한다. 촉매에는 에너지 장벽을 낮추는 정촉매도 있지만 장벽을 높이는 부촉매도 있다.
>
> 촉매는 산업 생산에서 요긴하게 활용된다. 특히, 수요가 큰 화학제품을 생산하는 경우 충분히 빠른 화학반응 속도를 얻는 것이 중요하다. 반응 속도가 충분히 빠르지 않으면 생산성이 떨어져 경제성이 악화된다. 생산 공정에서는 반응로의 온도를 높여서 반응 속도를 증가시킨다. 이때 적절한 촉매를 사용하면, 그런 비용을 획기적으로 절감하면서 생산성을 ㉠높이는 것이 가능하다.
>
> 그러나 반응하는 분자들이 복잡한 구조를 지닐 경우에는 반응에 얽힌 상황도 더 복잡해져서 촉매의 투입만으로는 반응 속도를 조절하기 어려워진다. 그런 분자들 간의 반응에서는 분자들이 서로 어떤 방향으로 충돌하는가도 문제가 된다. 즉 에너지 장벽을 넘어설 수 있을 만큼의 에너지가 주어지더라도 반응이 일어날 수 있는 올바른 방향으로 충돌하지 못할 경우에는 화학반응이 일어나지 않는다.

① 우리 회사는 제품의 관심도를 <u>높이는</u> 데 주력하고 있다.

② 회사에서 그의 직급을 과장으로 <u>높여</u> 주었다.

③ 자동차 타이어의 압력을 지나치게 <u>높이면</u> 사고의 가능성이 커진다.

④ 그녀는 우울한 기분을 떨쳐 버리려고 애써 목소리를 <u>높여</u> 말했다.

⑤ 아군의 사기를 <u>높여야</u> 이 싸움에 승산이 있다.

03. 제3회 모의고사 » 259

2 다음 중 밑줄 친 단어를 교체하기에 가장 적절한 것은?

프랑스의 과학기술학자인 브루노 라투르는 아파트 단지 등에서 흔히 보이는 과속방지용 둔덕을 통해 기술이 인간에게 어떤 역할을 수행하는지를 흥미롭게 설명한다. 운전자들은 둔덕 앞에서 자연스럽게 속도를 줄인다. 그런데 운전자가 이렇게 하는 이유는 이웃을 생각해서가 아니라, 빠른 속도로 둔덕을 넘었다가는 차에 무리가 가기 때문이다. 즉 둔덕은 "타인을 위해 과속을 하면 안 된다."는 (사람들이 잘 지키지 않는) 도덕적 심성을 "과속을 하면 내 차에 고장이 날 수 있다."는 (사람들이 잘 지키는) 이기적 태도로 바꾸는 역할을 한다. 라투르는 과속방지용 둔덕을 "잠자는 경찰"이라고 부르면서, 이것이 교통경찰의 역할을 대신한다고 보았다. 이렇게 라투르는 인간이 했던 역할을 기술이 대신 수행함으로써 우리 사회의 훌륭한 행위자가 된다고 하였다.

라투르는 총기의 예도 즐겨 사용한다. 총기 사용 규제를 주장하는 사람들은 총이 없으면 일어나지 않을 살인 사건이 총 때문에 발생한다고 주장한다. 반면에 총기 사용 규제에 반대하는 그룹은 살인은 사람이 <u>저지르는</u> 것이며, 총은 중립적인 도구일 뿐이라고 주장한다. 라투르는 전자를 기술결정론, 후자를 사회결정론으로 분류하면서 이 두 가지 입장을 모두 비판한다. 그의 주장은 사람이 총을 가짐으로써 사람도 바뀌고 총도 바뀐다는 것이다. 즉 총과 사람의 합체라는 잡종이 새로운 행위자로 등장하며, 이 잡종 행위자는 이전에 가졌던 목표와는 다른 목표를 가지게 된다. 예를 들어, 원래는 다른 사람에게 겁만 주려 했는데, 총이 손에 쥐어져 있어 살인을 저지르게 되는 식이다.

라투르는 서양의 학문이 자연, 사회, 인간만을 다루어 왔다고 강하게 비판한다. 라투르에 따르면 서양의 학문은 기술과 같은 '비인간'을 학문의 대상에서 제외했다. 과학이 자연을 탐구하려면 기술이 바탕이 되는 실험기기에 의존해야 하지만, 과학은 기술을 학문 대상이 아닌 도구로 취급했다. 사회 구성 요소 중에 가장 중요한 것은 기술이지만, 사회과학자들은 기술에는 관심이 거의 없었다. 철학자들은 인간을 주체/객체로 나누면서, 기술을 저급하고 수동적인 대상으로만 취급했다. 그 결과 기술과 같은 비인간이 제외된 자연과 사회가 근대성의 핵심이 되었다. 결국 라투르는 행위자로서 기술의 능동적 역할에 주목하면서, 이를 통해 서구의 근대적 과학과 철학이 범했던 자연/사회, 주체/객체의 이분법을 극복하고자 하였다.

① 반하는　　　　　　　　　② 범하는
③ 전달하는　　　　　　　　④ 중립적인
⑤ 이용하는

3 보기의 문장이 들어갈 위치로 적절한 것은?

> 백 명의 학생들을 두 집단으로 나누어 그 중 한 집단에게는 실제로 동전을 백 번 던져서 그 결과를 종이에 기록하라고 하고, 다른 집단에게는 동전을 백 번 던진다고 상상하여 그 결과가 최대한 실제로 던진 것처럼 보이도록 기록하라고 지시했다. ㉠ 전자를 '실제 기록', 후자를 '상상 기록'이라고 하자. 기록을 작성한 학생 말고는 누구도 어느 것이 실제 기록이고 어느 것이 상상 기록인지 모른다. ㉡ 우리의 과제는 기록의 내용을 보고 실제 기록 집단과 상상 기록 집단을 구분해내는 것이다. 그런데 다음과 같은 점들을 염두에 둔다면, 우리는 이 과제를 꽤 성공적으로 수행할 수 있다. ㉢
> 정상적인 동전을 실제로 던졌을 때 앞면이 나올 확률과 뒷면이 나올 확률은 모두 1/2이다. 그 동전을 두 번 던져 모두 앞면이 나올 확률은 1/4이다. 동전 던지기 횟수를 늘렸을 때 확률이 어떻게 변하는지 보려면 그저 계속 곱하기만하면 된다. ㉣ 결과는 1/64, 즉 2%도 되지 않는다. 그렇지만 이런 낮은 확률은 던진 횟수가 여섯 번일 때에만 해당하는 수치이다. 동전을 던지는 횟수를 증가시키면 같은 면이 여섯 번 연속으로 나올 확률이 높아진다. ㉤

> 〈보기〉
> 따라서 여섯 번 연속 앞면이 나올 확률은 1/2을 여섯 번 곱하면 된다.

① ㉠

② ㉡

③ ㉢

④ ㉣

⑤ ㉤

4 다음 글에 대한 이해로 적절하지 않은 것은?

외국 통화에 대한 자국 통화의 교환 비율을 의미하는 환율은 장기적으로 한 국가의 생산성과 물가 등 기초 경제 여건을 반영하는 수준으로 수렴된다. 그러나 단기적으로 환율은 이와 괴리되어 움직이는 경우가 있다. 만약 환율이 예상과는 다른 방향으로 움직이거나 또는 비록 예상과 같은 방향으로 움직이더라도 변동 폭이 예상보다 크게 나타날 경우 경제 주체들은 과도한 위험에 노출될 수 있다. 환율이나 주가 등 경제 변수가 단기에 지나치게 상승 또는 하락하는 현상을 오버슈팅(overshooting)이라고 한다. 이러한 오버슈팅은 물가 경직성 또는 금융 시장 변동에 따른 불안 심리 등에 의해 촉발되는 것으로 알려져 있다. 여기서 물가 경직성은 시장에서 가격이 조정되기 어려운 정도를 의미한다.

물가 경직성에 따른 환율의 오버슈팅을 이해하기 위해 통화를 금융 자산의 일종으로 보고 경제 충격에 대해 장기와 단기에 환율이 어떻게 조정되는지 알아보자. 경제에 충격이 발생할 때 물가나 환율은 충격을 흡수하는 조정 과정을 거치게 된다. 물가는 단기에는 장기 계약 및 공공요금 규제 등으로 인해 경직적이지만 장기에는 신축적으로 조정된다. 반면 환율은 단기에서도 신축적인 조정이 가능하다. 이러한 물가와 환율의 조정 속도 차이가 오버슈팅을 초래한다. 물가와 환율이 모두 신축적으로 조정되는 장기에서의 환율은 구매력 평가설에 의해 설명되는데, 이에 의하면 장기의 환율은 자국 물가 수준을 외국 물가 수준으로 나눈 비율로 나타나며, 이를 균형 환율로 본다. 가령 국내 통화량이 증가하여 유지될 경우 장기에서는 자국 물가도 높아져 장기의 환율은 상승한다. 이때 통화량을 물가로 나눈 실질 통화량은 변하지 않는다.

그런데 단기에는 물가의 경직성으로 인해 구매력 평가설에 기초한 환율과는 다른 움직임이 나타나면서 오버슈팅이 발생할 수 있다. 가령 국내 통화량이 증가하여 유지될 경우, 물가가 경직적이어서 실질 통화량은 증가하고 이에 따라 시장 금리는 하락한다. 국가 간 자본 이동이 자유로운 상황에서, 시장 금리 하락은 투자의 기대 수익률 하락으로 이어져, 단기성 외국인 투자 자금이 해외로 빠져나가거나 신규 해외 투자 자금 유입을 위축시키는 결과를 초래한다. 이 과정에서 자국 통화의 가치는 하락하고 환율은 상승한다. 통화량의 증가로 인한 효과는 물가가 신축적인 경우에 예상되는 환율 상승에, 금리 하락에 따른 자금의 해외 유출이 유발하는 추가적인 환율 상승이 더해진 것으로 나타난다. 이러한 추가적인 상승 현상이 환율의 오버슈팅인데, 오버슈팅의 정도 및 지속성은 물가 경직성이 클수록 더 크게 나타난다. 시간이 경과함에 따라 물가가 상승하여 실질 통화량이 원래 수준으로 돌아오고 해외로 유출되었던 자금이 시장 금리의 반등으로 국내로 복귀하면서, 단기에 과도하게 상승했던 환율은 장기에는 구매력 평가설에 기초한 환율로 수렴된다.

① 환율의 오버슈팅이 발생한 상황에서 물가 경직성이 클수록 구매력 평가설에 기초한 환율로 수렴되는 데 걸리는 기간이 길어질 것이다.

② 환율의 오버슈팅이 발생한 상황에서 외국인 투자 자금이 국내 시장 금리에 민감하게 반응할수록 오버슈팅 정도는 커질 것이다.

③ 물가 경직성에 따른 환율의 오버슈팅은 물가의 조정 속도보다 환율의 조정 속도가 빠르기 때문에 발생하는 것이다.

④ 물가가 신축적인 경우가 경직적인 경우에 비해 국내 통화량 증가에 따른 국내 시장 금리 하락 폭이 작을 것이다.

⑤ 국내 통화량이 증가하여 유지될 경우 장기에는 실질 통화량이 변하지 않으므로 장기의 환율도 변함이 없을 것이다.

디지털 통신 시스템은 송신기, 채널, 수신기로 구성되며, 전송할 데이터를 빠르고 정확하게 전달하기 위해 부호화 과정을 거쳐 전송한다. 영상, 문자 등인 데이터는 기호 집합에 있는 기호들의 조합이다. 예를 들어 기호 집합 {a, b, c, d, e, f}에서 기호들을 조합한 add, cab, beef 등이 데이터이다. 정보량은 어떤 기호가 발생했다는 것을 알았을 때 얻는 정보의 크기이다. 어떤 기호 집합에서 특정 기호의 발생 확률이 높으면 그 기호의 정보량은 적고, 발생 확률이 낮으면 그 기호의 정보량은 많다. 기호 집합의 평균 정보량(각 기호의 발생 확률과 정보량을 서로 곱하여 모두 더한 것)을 기호 집합의 엔트로피라고 하는데 모든 기호들이 동일한 발생 확률을 가질 때 그 기호 집합의 엔트로피는 최댓값을 갖는다.

송신기에서는 소스 부호화, 채널 부호화, 선 부호화를 거쳐 기호를 부호로 변환한다. 소스 부호화는 데이터를 압축하기 위해 기호를 0과 1로 이루어진 부호로 변환하는 과정이다. 어떤 기호가 110과 같은 부호로 변환되었을 때 0 또는 1을 비트라고 하며 이 부호의 비트 수는 3이다. 이때 기호 집합의 엔트로피는 기호 집합에 있는 기호를 부호로 표현하는 데 필요한 평균 비트 수의 최솟값이다. 전송된 부호를 수신기에서 원래의 기호로 복원하려면 부호들의 평균 비트 수가 기호 집합의 엔트로피보다 크거나 같아야 한다. 기호 집합을 엔트로피에 최대한 가까운 평균 비트 수를 갖는 부호들로 변환하는 것을 엔트로피 부호화라 한다. 그중 하나인 '허프만 부호화'에서는 발생 확률이 높은 기호에는 비트 수가 적은 부호를, 발생 확률이 낮은 기호에는 비트 수가 많은 부호를 할당한다.

채널 부호화는 오류를 검출하고 정정하기 위하여 부호에 잉여 정보를 추가하는 과정이다. 송신기에서 부호를 전송하면 채널의 잡음으로 인해 오류가 발생하는데 이 문제를 해결하기 위해 잉여 정보를 덧붙여 전송한다. 채널 부호화 중 하나인 '삼중 반복 부호화'는 0과 1을 각각 000과 111로 부호화한다. 이때 수신기에서는 수신한 부호에 0이 과반수인 경우에는 0으로 판단하고, 1이 과반수인 경우에는 1로 판단한다. 즉 수신기에서 수신된 부호가 000, 001, 010, 100 중 하나라면 0으로 판단하고, 그 이외에는 1로 판단한다. 이렇게 하면 000을 전송했을 때 하나의 비트에서 오류가 생겨 001을 수신해도 0으로 판단하므로 오류는 정정된다. 채널 부호화를 하기 전 부호의 비트 수를, 채널 부호화를 한 후 부호의 비트 수로 나눈 것을 부호율이라 한다. 삼중 반복 부호화의 부호율은 약 0.33이다.

채널 부호화를 거친 부호들을 채널을 통해 전송하려면 부호들을 전기 신호로 변환해야 한다. 0 또는 1에 해당하는 전기 신호의 전압을 결정하는 과정이 선 부호화이다. 전압의 결정 방법은 선 부호화 방식에 따라 다르다. 선 부호화 중 하나인 '차동 부호화'는 부호의 비트가 0이면 전압을 유지하고 1이면 전압을 변화시킨다. 차동 부호화를 시작할 때는 기준 신호가 필요하다. 예를 들어 차동 부호화 직전의 기준 신호가 양(+)의 전압이라면 부호 0110은 '양, 음, 양, 양'의 전압을 갖는 전기 신호로 변환된다. 수신기에서는 송신기와 동일한 기준 신호를 사용하여, 전압의 변화가 있으면 1로 판단하고 변화가 없으면 0으로 판단한다.

5 윗글에서 알 수 있는 내용으로 적절한 것은?

① 소스 부호화는 전송할 기호에 정보를 추가하여 오류에 대비하는 과정이다.
② 영상을 전송할 때는 잡음으로 인한 오류가 발생하지 않는다.
③ 잉여 정보는 데이터를 압축하기 위해 추가한 정보이다.
④ 수신기에는 부호를 기호로 복원하는 기능이 있다.
⑤ 영상 데이터는 채널 부호화 과정에서 압축된다.

6 윗글을 바탕으로, 2가지 기호로 이루어진 기호 집합에 대해 이해한 내용으로 적절하지 않은 것은?

① 기호들의 발생 확률이 모두 1/2인 경우, 각 기호의 정보량은 동일하다.
② 기호들의 발생 확률이 각각 1/4, 3/4인 경우의 평균 정보량이 최댓값이다.
③ 기호들의 발생 확률이 각각 1/4, 3/4인 경우, 기호의 정보량이 더 많은 것은 발생 확률이 1/4인 기호이다.
④ 기호들의 발생 확률이 모두 1/2인 경우, 기호를 부호화하는 데 필요한 평균 비트 수의 최솟값이 최대가 된다.
⑤ 기호들의 발생 확률이 각각 1/4, 3/4인 기호 집합의 엔트로피는 발생 확률이 각각 3/4, 1/4인 기호 집합의 엔트로피와 같다.

7 윗글의 '부호화'에 대한 내용으로 적절한 것은?

① 선 부호화에서는 수신기에서 부호를 전기 신호로 변환한다.
② 허프만 부호화에서는 정보량이 많은 기호에 상대적으로 비트 수가 적은 부호를 할당한다.
③ 채널 부호화를 거친 부호들은 채널로 전송하기 전에 잉여 정보를 제거한 후 선 부호화한다.
④ 채널 부호화 과정에서 부호에 일정 수준 이상의 잉여 정보를 추가하면 부호율은 1보다 커진다.
⑤ 삼중 반복 부호화를 이용하여 0을 부호화한 경우, 수신된 부호에서 두 개의 비트에 오류가 있으면 오류는 정정되지 않는다.

저금리가 유지되고 있는 사회에서는 저축에 대한 사람들의 인식이 상당히 회의적이다. 저축은 미래의 소비를 위해 현재의 소비를 억제하는 것을 의미하는데, 이때 그 대가로 주어지는 것이 이자이다. 하지만 저금리 상황에서는 현재의 소비를 포기하는 대가로 보상받는 비용인 이자가 적기 때문에 사람들은 저축을 신뢰하지 못하게 되는 것이다.

화폐의 효용성과 합리적인 손익을 따져 본다면 저금리 시대의 저축률은 줄어드는 것이 당연하다. 물가 상승에 비해 금리가 낮을 때에는 시간이 경과할수록 화폐의 가치가 떨어지게 되어 저축으로부터 얻을 수 있는 실질적인 수익이 낮아지거나 오히려 손해를 입을 수 있기 때문이다.

그런데 한국은행이 발표한 최근 자료를 보면, 금리가 낮은 수준에 머물고 있을 때에도 저축률이 상승하였음을 알 수 있다. 2012년에 3.4%였던 가계 저축률이 2014년에는 6.1%로 상승한 것이다. 왜 그럴까? 사람들이 저축을 하는 데에는 단기적인 금전상의 이익 이외에 또 다른 요인이 작용하기 때문이다. 살아가다 보면 예기치 않은 소득 감소나 질병 등으로 인해 갑자기 돈이 필요한 상황이 생길 수 있다. 이자율이 낮다고 해서 돈이 필요한 상황에 대비할 필요가 없어지는 것은 아니다. 이런 점에서 볼 때 금리가 낮음에도 불구하고 사람들이 저축을 하는 것은 장래에 닥칠 위험을 대비하기 위한 적극적인 의지의 반영인 것이다.

저금리 상황 속에서 저축을 하지 않는 것이 당장은 경제적인 이득을 얻는 것처럼 보일 수 있다. 하지만 이는 미래에 쓸 수 있는 경제 자원을 줄어들게 만들고 개인의 경제적 상황을 오히려 악화시킬 수도 있다. 또한 고령화가 급격하게 진행되는 추세 속에서 노후 생활을 위한 소득 보장의 안전성을 저해하는 등 사회 전반의 불안감을 높일 수도 있다. 따라서 눈앞에 보이는 이익에만 치우쳐서 저축이 가지는 효용 가치를 단기적인 측면으로 한정해서 바라보아서는 안 된다.

우리의 의사 결정은 대개 미래가 불확실한 상황에서 이루어지며 우리가 직면하는 불확실성은 확률적으로도 파악하기 힘든 것이 대부분이다. 따라서 저축의 효용성은 단기적 이익보다 미래의 불확실성에 대비하기 위한 거시적 관점에서 그 중요성을 생각해야 한다.

8 윗글에 대한 평가로 가장 적절한 것은?

① 핵심 개념을 소개한 후 관련 이론을 제시하고 있다.
② 주장을 여러 항목으로 나누어 순차적으로 제시하고 있다.
③ 전문 기관의 자료를 활용하여 논의의 근거로 삼고 있다.
④ 다양한 계층의 시각으로 균형 있는 정보를 제공하고 있다.
⑤ 유사한 사례를 비교하여 공통점과 차이점을 부각하고 있다.1

9 윗글의 글쓴이가 다음에 대해 보일 수 있는 반응으로 적절하지 않은 것은?

> 요즘 저축 이자율은 떨어지고 물가 상승률은 증가하고 있다. 그래서 A는 저축을 하지 않고 있다. 하지만 B는 A에게 저축을 하는 것이 좋겠다고 조언한다.

① A가 저축을 하지 않는 이유는 화폐 가치의 하락을 우려하고 있기 때문이군.
② A가 저축을 하지 않는 이유는 당장의 경제적인 이익을 중요하게 생각하기 때문이군.
③ B가 저축을 해야 한다고 조언하는 이유는 단기적인 금전상의 이익이 아닌 또 다른 요인을 고려하기 때문이군.
④ B가 저축을 해야 한다고 조언하는 이유는 저축을 미래의 불확실성에 대비하기 위한 방안이라고 보기 때문이군.
⑤ B가 저축을 해야 한다고 조언하는 이유는 현재 소비를 포기한 대가로 받는 이자를 더 중요하게 생각하기 때문이군.

10 다음은 P사의 계열사 중 철강과 지원 분야에 관한 자료이다. 다음을 이용하여 A, B, C 중 두 번째로 큰 값은? (단, 지점은 역할에 따라 실, 연구소, 공장, 섹션, 사무소 등으로 구분되며, 하나의 지점은 1천 명의 직원으로 조직된다.)

구분	그룹사	편제	직원 수(명)
철강	PO강판	1지점	1,000
	PONC	2지점	2,000
지원	PO메이트	실 10지점, 공장 A지점	( )
	PO터미널	실 5지점, 공장 B지점	( )
	PO기술투자	실 7지점, 공장 C지점	( )
	PO휴먼스	공장 6지점, 연구소 1지점	( )
	PO인재창조원	섹션 1지점, 사무소 1지점	2,000
	PO경영연구원	1지점	1,000
	계	45지점	45,000

- PO터미널과 PO휴먼스의 직원 수는 같다.
- PO메이트의 공장 수는 PO휴먼스의 공장 수의 절반이다.
- PO메이트의 공장 수와 PO터미널의 공장 수를 합하면 PO기술투자의 공장 수와 같다.

① 3
② 4
③ 5
④ 6
⑤ 7

11 다음은 코레일의 2022년도 철도서비스 모니터링에 대한 시행결과를 나타낸 그래프이다. 아래의 그래프를 분석한 내용으로 가장 적절하지 않은 것을 고르면?

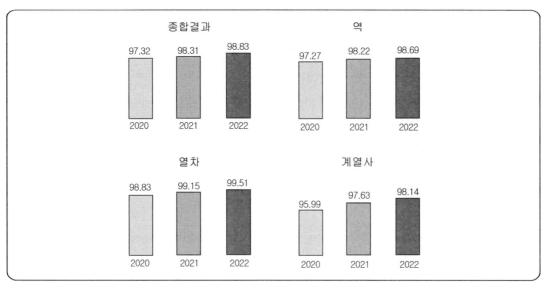

구분	'18	'19	'20	'21	'22
종합결과	97.69	96.87	97.32	98.31	98.83
역	97.19	97.06	97.27	98.22	98.69
열차	98.36	97.33	98.83	99.15	99.51
계열사	97.11	96.23	95.99	97.63	98.14

① 철도서비스 모니터링 결과에서 역 부문의 경우 2022년은 2020년에 비해 1.42 정도 상승함을 알 수 있다.

② 철도서비스 모니터링 결과, 2022년도 열차 부문은 2022년도 계열사 부문에 비해 무려 5.57 정도 높음을 알 수 있다.

③ 2022년에 열차서비스 모니터링 3개 부문에서 열차부문이 시행결과 중 가장 높음을 알 수 있다.

④ 표를 참조하였을 시에 2018년~2022년까지 철도서비스 모니터링 3개 부문(역, 열차, 계열사) 중 열차부문이 가장 높으며, 그 다음으로는 역 부문, 마지막으로 계열사 부문의 순서임을 알 수 있다.

⑤ 종합결과의 막대그래프에서 보면 철도서비스 모니터링에서 2022년은 2020년에 비해 1.51 상승함을 알 수 있다.

┃12~13┃ 다음은 우리나라의 다문화 신혼부부의 남녀 출신국적별 비중을 나타낸 자료이다. 다음 자료를 보고 이어지는 물음에 답하시오.

❏ 2017~2018년도 다문화 신혼부부 현황

(단위 : 쌍, %)

남편	2021년	2022년	아내	2021년	2022년
결혼건수	94,962(100.0)	88,929(100.0)	결혼건수	94,962(100.0)	88,929(100.0)
한국국적	72,514(76.4)	66,815(75.1)	한국국적	13,789(14.5)	13,144(14.8)
외국국적	22,448(23.6)	22,114(24.9)	외국국적	81,173(85.5)	75,785(85.2)

❏ 부부의 출신국적별 구성비

(단위 : %)

남편		2021년	2022년	아내		2021년	2022년
출신국적별구성비	중국	44.2	43.4	출신국적별구성비	중국	39.1	38.4
	미국	16.9	16.8		베트남	32.3	32.6
	베트남	5.0	6.9		필리핀	8.4	7.8
	일본	7.5	6.5		일본	3.9	4.0
	캐나다	4.8	4.6		캄보디아	3.7	3.4
	대만	2.3	2.3		미국	2.3	2.6
	영국	2.1	2.2		태국	1.8	2.3
	파키스탄	2.2	1.9		우즈벡	1.3	1.4
	호주	1.8	1.7		대만	1.0	1.2
	프랑스	1.1	1.3		몽골	1.0	1.1
	뉴질랜드	1.1	1.1		캐나다	0.7	0.8
	기타	10.9	11.1		기타	4.4	4.6
계		99.9	99.8	계		99.9	100.2

12 위의 자료를 바르게 해석한 것을 모두 고르면?

> ㈎ 2022년에는 우리나라 남녀 모두 다문화 배우자와 결혼하는 경우가 전년보다 감소하였다.
> ㈏ 다문화 신혼부부 전체의 수는 2022년에 전년대비 약 6.35%의 증감률을 보여, 증가하였음을 알 수 있다.
> ㈐ 전년대비 2022년에 출신국적별 구비가성 남녀 모두 증가한 나라는 베트남과 기타 국가이다.
> ㈑ 다문화 신혼부부 중, 중국인과 미국인 남편, 중국인과 베트남인 아내는 두 시기 모두 50% 이상의 비중을 차지한다.

① ㈎, ㈏, ㈐   ② ㈎, ㈏, ㈑
③ ㈎, ㈐, ㈑   ④ ㈏, ㈐, ㈑
⑤ ㈎, ㈏, ㈐, ㈑

13 다음 중 일본인이 남편인 다문화 신혼부부의 수가 비교 시기 동안 변동된 수치는 얼마인가? (단, 신혼부부의 수는 소수점 이하 절삭하여 정수로 표시함)

① 246쌍   ② 235쌍
③ 230쌍   ④ 223쌍
⑤ 330쌍

14 다음은 서울 및 수도권 지역의 가구를 대상으로 난방방식 현황 및 난방연료 사용현황에 대해 조사한 자료이다. 이에 대한 설명 중 옳은 것을 모두 고르면?

〈표1〉 난방방식 현황

(단위 : %)

종류	서울	인천	경기 남부	경기 북부	전국 평균
중앙난방	22.3	13.5	6.3	11.8	14.4
개별난방	64.3	78.7	26.2	60.8	58.2
지역난방	13.4	7.8	67.5	27.4	27.4

〈표2〉 난방연료 사용현황

(단위 : %)

종류	서울	인천	경기 남부	경기 북부	전국 평균
도시가스	84.5	91.8	33.5	66.1	69.5
LPG	0.1	0.1	0.4	3.2	1.4
등유	2.4	0.4	0.8	3.0	2.2
열병합	12.6	7.4	64.3	27.1	26.6
기타	0.4	0.3	1.0	0.6	0.3

㉠ 경기 북부지역의 경우, 도시가스를 사용하는 가구 수가 등유를 사용하는 가구 수의 20배 이상이다.
㉡ 서울과 인천지역에서는 다른 난방연료보다 도시가스를 사용하는 비율이 높다.
㉢ 지역난방을 사용하는 가구 수는 서울이 인천의 2배 이하이다.
㉣ 경기지역은 남부가 북부보다 지역난방을 사용하는 비율이 낮다.

① ㉠㉡
② ㉠㉢
③ ㉠㉣
④ ㉡㉣
⑤ ㉡㉢

15 다음은 L공사의 토지판매 알선장려금 산정 방법에 대한 표와 알선장려금을 신청한 사람들의 정보이다. 이를 바탕으로 지급해야 할 알선장려금이 잘못 책정된 사람을 고르면?

[토지판매 알선장려금 산정 방법]

□ 일반토지(산업시설용지 제외) 알선장려금(부가가치세 포함된 금액)

계약기준금액	수수료율(중개알선장려금)	한도액
4억 원 미만	계약금액 × 0.9%	360만 원
4억 원 이상~8억 원 미만	360만 원 + (4억 초과 금액 × 0.8%)	680만 원
8억 원 이상~15억 원 미만	680만 원 + (8억 초과 금액 × 0.7%)	1,170만 원
15억 원 이상~40억 원 미만	1,170만 원 + (15억 초과 금액 × 0.6%)	2,670만 원
40억 원 이상	2,670만 원 + (40억 초과 금액 × 0.5%)	3,000만 원(최고한도)

□ 산업 · 의료시설용지 알선장려금(부가가치세 포함된 금액)

계약기준금액	수수료율(중개알선장려금)	한도액
해당 없음	계약금액 × 0.9%	5,000만 원(최고한도)

□ 알선장려금 신청자 목록
– 김유진 : 일반토지 계약금액 3억 5천만 원
– 이영희 : 산업용지 계약금액 12억 원
– 심현우 : 일반토지 계약금액 32억 8천만 원
– 이동훈 : 의료시설용지 계약금액 18억 1천만 원
– 김원근 : 일반용지 43억 원

① 김유진 : 315만 원
② 이영희 : 1,080만 원
③ 심현우 : 2,238만 원
④ 이동훈 : 1,629만 원
⑤ 김원근 : 3,000만 원

16 다음 자료를 통해 알 수 있는 사항을 바르게 설명하지 못한 것은 어느 것인가?

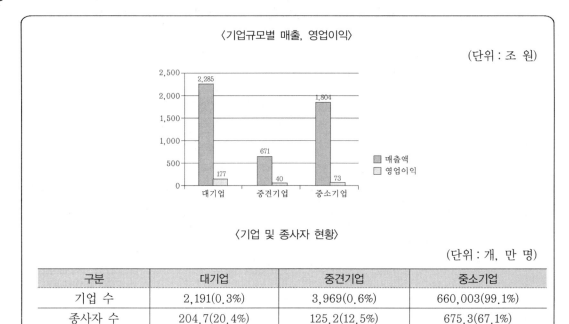

〈기업규모별 매출, 영업이익〉

(단위 : 조 원)

〈기업 및 종사자 현황〉

(단위 : 개, 만 명)

구분	대기업	중견기업	중소기업
기업 수	2,191(0.3%)	3,969(0.6%)	660,003(99.1%)
종사자 수	204.7(20.4%)	125.2(12.5%)	675.3(67.1%)

① 1개 기업당 매출액과 영업이익 실적은 대기업에 속한 기업이 가장 우수하다.

② 기업규모별 매출액 대비 영업이익률은 대기업, 중견기업, 중소기업 순으로 높다.

③ 전체 기업 수의 약 99%에 해당하는 기업이 전체 매출액의 40% 이상을 차지한다.

④ 전체 기업 수의 약 1%에 해당하는 기업이 전체 영업이익의 70% 이상을 차지한다.

⑤ 1개 기업 당 종사자 수는 대기업이 중견기업의 3배에 육박한다.

17 A생산라인을 먼저 32시간 가동한 후, B생산라인까지 두 생산라인을 모두 가동하여 최종 10,000개의 정상제품을 납품하였다면 두 생산라인을 모두 가동한 시간은 얼마인가?

〈생산성 조건〉
- 불량률 체크 전 단계의 시제품 100개를 만드는 데 A생산라인만을 이용할 때는 4시간, B생산라인만을 이용할 때는 2시간이 걸린다.
- 두 라인을 동시에 가동하면 시간 당 정상제품 생산량이 각각 20%씩 상승한다.

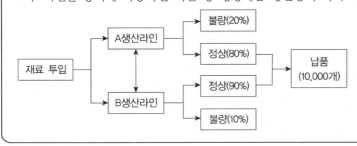

① 105시간   ② 110시간

③ 115시간   ④ 120시간

⑤ 125시간

18 다음에 제시되는 두 개의 명제를 전제로 할 때, 결론 A, B에 대한 주장으로 알맞은 것은?

명제 1. 등산을 좋아하는 사람 중에는 낚시를 좋아하는 사람도 있다.
명제 2. 골프를 좋아하는 사람은 등산을 좋아하지만, 낚시는 좋아하지 않는다.

결론 A. 등산을 좋아하는 사람 모두가 골프를 좋아하는 사람일 수 있다.
결론 B. 낚시를 좋아하는 사람 모두가 등산을 좋아하는 사람일 수 있다.

① A만 옳다.
② B만 옳다.
③ A, B 모두 옳다.
④ A, B 모두 옳지 않다.
⑤ 옳은지 그른지 알 수 없다.

▌19~20▐ 다음은 TV 매뉴얼의 일부이다. 물음에 답하시오.

〈문제해결〉

본 제품이 켜지지 않거나 화면이 나오지 않을 경우, 아래 기술된 항목을 먼저 확인하세요. 또한 본 제품이 작동이 제대로 되지 않을 경우에는 'e-설명서의 문제 진단 및 확인'을 참고하세요. 문제가 해결되지 않는다면, 가까운 서비스센터나 홈페이지로 문의하세요.

문제점	해결 방법
전원이 갑자기 꺼져요.	• 취침 예약이 설정되어 있는지 확인하세요. • 자동 전원 끄기 예약이 설정되어 있는지 확인하세요. • 자동 꺼짐 시간 예약이 설정되어 있는지 확인하세요.
전원이 켜지지 않아요.	• 안테나 케이블의 연결을 확인하세요. • 케이블 방송 수신기의 전원을 켜세요. • 위성 리시버의 전원을 켜세요.
제품에서 똑똑 소리가 나요.	TV 외관의 기구적 수축이나 팽창 때문에 나타날 수 있는 현상입니다. 제품의 고장이 아니므로 안심하고 사용하세요.
제품이 뜨거워요.	• 패널의 열이 제품 상부의 통풍구로 방출되므로, 장시간 사용 시 제품 상단을 만졌을 때 뜨겁게 느낄 수 있으므로 주의하세요. • 특히, 아이와 함께 시청할 때는 제품 상단을 만지지 않도록, 보호자의 주의가 필요합니다. • 열이 발생하는 것은 제품의 결함이나 동작 사용상의 문제가 되는 것이 아니므로 안심하고 사용하세요.
리모컨 동작이 안돼요.	• 새 건전지로 교체해 보세요. • TV와 스마트 리모컨을 재 연결해보세요.

※ 본 제품의 패널은 제조 공정상의 기술적인 한계로 인하여 1PPM 정도의 픽셀이 밝게 보이거나 어둡게 보일 수 있으나, 이것은 제품의 성능에 영향을 주지 않습니다.

※ 소프트웨어 업데이트를 자주 하여 최적의 상태로 유지하세요. 업데이트에 관한 자세한 사항은 'e-설명서 내 일반설정→소프트웨어 업데이트하기'를 참고하세요.

19 다음 글에 나타난 문제점을 해결하기 위한 영준이의 행동으로 옳은 것은?

> 영준이는 퇴근 후 월드컵 예선전을 시청하기 위해 TV를 켜서 채널을 돌리던 도중 갑자기 화면이 꺼지는 현상을 경험했다. 대수롭지 않게 다시 TV 전원을 켜서 축구 경기를 한 시간 가량 보고 있는데, 다시 TV가 꺼지고 말았다.

① 케이블 방송 수신기의 전원을 킨다.
② TV와 스마트 리모컨을 재 연결한다.
③ 취침 예약이 되어있는지 확인한다.
④ 안테나 케이블의 연결을 확인한다.
⑤ 리모컨을 새 건전지로 교체한다.

20 위 매뉴얼을 참고하여 해결할 수 없는 문제점은?

① LED 램프에 불이 들어오지 않는 경우   ② 전원이 켜지지 않는 경우
③ 전원이 갑자기 꺼지는 경우   ④ 제품에서 뚝뚝 소리가 나는 경우
⑤ 리모컨 작동이 안되는 경우

21 〈보기〉에 제시된 네 개의 명제가 모두 참일 때, 다음 중 거짓인 것은?

> 〈보기〉
> ㉠ 甲 지역이 1급 상수원이면 乙 지역은 1급 상수원이 아니다.
> ㉡ 丙 지역이 1급 상수원이면 乙 지역도 1급 상수원이다.
> ㉢ 丁 지역이 1급 상수원이면 甲 지역도 1급 상수원이다.
> ㉣ 丙 지역이 1급 상수원이 아니면 戊 지역도 1급 상수원이 아니다.

① 甲 지역이 1급 상수원이면 丙 지역도 1급 상수원이다.
② 丁 지역이 1급 상수원이면 丙 지역은 1급 상수원이 아니다.
③ 丙 지역이 1급 상수원이면 甲 지역은 1급 상수원이 아니다.
④ 戊 지역이 1급 상수원이면 丁 지역은 1급 상수원이 아니다.
⑤ 戊 지역이 1급 상수원이면 丁 지역은 1급 상수원이 아니다.

22 100명의 근로자를 고용하고 있는 ○○기관 인사팀에 근무하는 S는 고용노동법에 따라 기간제 근로자를 채용하였다. 제시된 법령의 내용을 참고할 때, 기간제 근로자로 볼 수 없는 경우는?

제10조

① 이 법은 상시 5인 이상의 근로자를 사용하는 모든 사업 또는 사업장에 적용한다. 다만 동거의 친족만을 사용하는 사업 또는 사업장과 가사사용인에 대하여는 적용하지 아니한다.

② 국가 및 지방자치단체의 기관에 대하여는 상시 사용하는 근로자의 수에 관계없이 이 법을 적용한다.

제11조

① 사용자는 2년을 초과하지 아니하는 범위 안에서(기간제 근로계약의 반복갱신 등의 경우에는 계속 근로한 총 기간이 2년을 초과하지 아니하는 범위 안에서) 기간제 근로자※를 사용할 수 있다. 다만 다음 각 호의 어느 하나에 해당하는 경우에는 2년을 초과하여 기간제 근로자로 사용할 수 있다.

  1. 사업의 완료 또는 특정한 업무의 완성에 필요한 기간을 정한 경우
  2. 휴직·파견 등으로 결원이 발생하여 당해 근로자가 복귀할 때까지 그 업무를 대신할 필요가 있는 경우
  3. 전문적 지식·기술의 활용이 필요한 경우와 박사 학위를 소지하고 해당 분야에 종사하는 경우

② 사용자가 제1항 단서의 사유가 없거나 소멸되었음에도 불구하고 2년을 초과하여 기간제 근로자로 사용하는 경우에는 그 기간제 근로자는 기간의 정함이 없는 근로계약을 체결한 근로자로 본다.

※ 기간제 근로자라 함은 기간의 정함이 있는 근로계약을 체결한 근로자를 말한다.

---

① 수습기간 3개월을 포함하여 1년 6개월간 A를 고용하기로 근로계약을 체결한 경우

② 근로자 E의 휴직으로 결원이 발생하여 2년간 B를 계약직으로 고용하였는데, E의 복직 후에도 B가 계속해서 현재 3년 이상 근무하고 있는 경우

③ 사업 관련 분야 박사학위를 취득한 C를 계약직(기간제) 연구원으로 고용하여 C가 현재 3년간 근무하고 있는 경우

④ 국가로부터 도급받은 3년간의 건설공사를 완성하기 위해 D를 그 기간 동안 고용하기로 근로계약을 체결한 경우

⑤ 근로자 F가 해외 파견으로 결원이 발생하여 돌아오기 전까지 3년간 G를 고용하기로 근로계약을 체결한 경우

┃23~24┃ 당신은 영업사원이다. 오늘 안에 외근을 하며 들러야 할 지점의 목록은 다음과 같다. 교통수단으로는 지하철을 이용하는데, 한 정거장을 이동할 때는 3분이 소요되며, 환승하는 경우 환승시간은 10분이 소요된다. 각 물음에 답하시오.

---

(1) 업체목록

① A증권
   주소 : 서울 성동구 행당로 87
② B인쇄소
   주소 : 서울 강남구 학동로 508
③ C서점
   주소 : 서울 중랑구 면목로 330-1
④ D본사
   주소 : 서울 영등포구 여의대로 56

⑤ E마트
   주소 : 서울 동작구 남부순환로 2089
⑥ F은행
   주소 : 서울 성동구 동호로 21

(2) 지하철 노선도

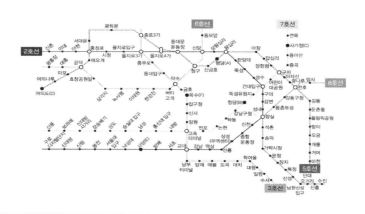

---

23 당신은 신당역에서 10시에 출발하여 먼저 F은행에 들러서 서류를 받아 C서점에 전달해야 한다. 소요시간을 고려할 때, 가장 효율적으로 이동할 수 있는 순서를 고르면?

① 신당 – 을지로3가 – 옥수 – 고속터미널 – 사가정
② 신당 – 을지로3가 – 옥수 – 교대 – 건대입구 – 사가정
③ 신당 – 약수 – 옥수 – 고속터미널 – 사가정
④ 신당 – 약수 – 옥수 – 교대 – 건대입구 – 사가정
⑤ 신당 – 약수 – 교대 – 옥수 – 건대입구 – 사가정

24 C서점에 주문한 책이 아직 나오지 않아 금일 방문하지 않게 되었다. 또한, 한 팀이 합세하여, 그 팀이 D본사와 A증권을 방문하기로 했다. 당신은 F은행에서 출발해서 남은 지점만 방문하면 된다. 소요시간을 최소로 하여 이동할 때 이동하는 정거장 수와 환승하는 횟수를 짝지은 것으로 적절한 것을 고르시면?

	이동하는 정거장 수	환승하는 횟수
①	20	2
②	18	2
③	20	3
④	17	3
⑤	21	4

25 공무원연금공단은 다음 기준에 따라 사망조위금을 지급하고 있다. 기준을 근거로 판단할 때 옳게 판단한 직원을 모두 고르면? (단, 사망조위금은 최우선 순위의 수급권자 1인에게만 지급한다)

〈사망조위금 지급기준〉

사망자	수급권자 순위	
공무원의 배우자·부모 (배우자의 부모 포함)·자녀	해당 공무원이 1인인 경우	해당 공무원
	해당 공무원이 2인 이상인 경우	1. 사망한 자의 배우자인 공무원 2. 사망한 자를 부양하던 직계비속인 공무원 3. 사망한 자의 최근친 직계비속인 공무원 중 최연장자 4. 사망한 자의 최근친 직계비속의 배우자인 공무원 중 최연장자 직계비속의 배우자인 공무원
공무원 본인	1. 사망한 공무원의 배우자 2. 사망한 공무원의 직계비속 중 공무원 3. 장례와 제사를 모시는 자 중 아래의 순위 가. 사망한 공무원의 최근친 직계비속 중 최연장자 나. 사망한 공무원의 최근친 직계존속 중 최연장자 다. 사망한 공무원의 형제자매 중 최연장자	

- 甲 : A와 B는 비(非)공무원 부부이며 공무원 C(37세)와 공무원 D(32세)를 자녀로 두고 있다. 공무원 D가 부모님을 부양하던 상황에서 A가 사망하였다면, 사망조위금 최우선 순위 수급권자는 D이다.
- 乙 : A와 B는 공무원 부부로 비공무원 C를 아들로 두고 있으며, 공무원 D는 C의 아내이다. 만약 C가 사망하였다면, 사망조위금 최우선 순위 수급권자는 A이다.
- 丙 : 공무원 A와 비공무원 B는 부부이며 비공무원 C(37세)와 비공무원 D(32세)를 자녀로 두고 있다. A가 사망하고 C와 D가 장례와 제사를 모시는 경우, 사망조위금 최우선 순위 수급권자는 C이다.

① 甲
② 乙
③ 丙
④ 甲, 乙
⑤ 甲, 丙

제4회 모의고사

1 다음 글을 읽고 독자의 반응으로 옳지 않은 것으로 짝지어진 것은?

> 1918년 캘리포니아의 요세미티 국립공원에 인접한 헤츠헤치 계곡에 댐과 저수지를 건설하자는 제안을 놓고 중요한 논쟁이 벌어졌다. 샌프란시스코 시에 물이 부족해지자 헤츠헤치 계곡을 수몰시키는 댐을 건설하여 샌프란시스코에 물을 안정적으로 공급하자는 계획이 등장한 것이다. 이 계획안을 놓고 핀쇼와 뮤어 사이에 중요한 논쟁이 벌어지는데, 이는 이후 환경문제에 대한 유력한 두 가지 견해를 상징적으로 드러낸다.
>
> 핀쇼는 당시 미국 산림청장으로서 미국에서 거의 최초로 전문적인 교육과 훈련을 받은 임업전문가 중의 한 사람이었다. 또한 핀쇼는 환경의 보호관리(conservation) 운동의 창시자였다. 이 운동은 산림 지역을 지혜롭게 이용하기 위해서는 이를 보호하는 동시에 적절하게 관리해야 한다는 주장을 폈다. 핀쇼는 국유림을 과학적으로 경영, 관리해야 한다고 생각하였다. 그의 기본 방침은 국유지는 대중의 필요와 사용을 위해 존재한다는 것이었다. 그는 "어떤 사람은 산림이 아름답고 야생 생물의 안식처라는 이유를 들어 이를 보존해야 한다고 주장한다. 하지만 우리의 산림 정책의 목표는 산림을 보존하는 것이 아니라 이를 활용하여 행복한 가정을 꾸미고 대중의 복지를 추구하는 것"이라고 말하였다. 핀쇼는 계곡에 댐을 건설하려는 샌프란시스코시의 계획을 지지하였는데 그 근거는 계곡의 댐 건설이 수백만의 사람들이 필요로 하는 물을 제공할 수 있다는 점이었다. 그는 이것이 자연자원을 가장 효과적으로 사용하는 방법이라고 생각하였다.
>
> 반면 시에라 클럽의 창립자이며 자연보존(preservation) 운동의 대변자인 뮤어는 계곡의 보존을 주장하였다. 그는 자연을 인간의 소비를 위한 단순한 상품으로만 간주하는 보호관리주의가 심각한 문제점을 지닌다고 생각하였다. 그는 야생 자연의 정신적이고 심미적인 가치를 강조했으며, 모든 생명체의 내재적 가치를 존중하였다. 그는 헤츠헤치 계곡이 원형대로 보존되어야 하며 댐을 건설하여 계곡을 파괴하는 인간의 행위는 막아야 한다고 주장하였다.

> ㉠ 정아 : 위 글에는 환경문제에 대한 두 가지 견해가 나타나있어.
> ㉡ 연수 : 두 명의 전문가의 의견은 서로 대립되고 있어
> ㉢ 인아 : 당시 미국 산림청장이던 뮤어는 계곡의 보존을 주장하였어.
> ㉣ 우리 : 핀쇼는 산림정책의 목표를 산림을 활용해서 대중의 복지를 추구하는 것으로 보았어.

① ㉠

② ㉡

③ ㉢

④ ㉣

⑤ ㉠㉡

2 다음 중 ㉠의 의미로 적절한 것은?

우리 민족은 고유한 성(姓)과 더불어 성씨 앞에 특정지역의 명칭을 붙여 사용하고 있다. 이를 본관이라고 하는데, 본관의 사용은 고려시대부터 시작되었다. 고려전기 본관제(本貫制)의 기능은 무엇보다 민(民)에 대한 통제책과 밀접하게 관련되어 있었다. 민의 거주지를 파악하기 위한 수단이었음은 물론 신분, 계층, 역(役) 등을 파악하고 통제하는 수단이 되었다. 운영원리로 볼 때 지역 간 또는 지역 내의 위계적인 지배방식과도 관련되어 있었다. 그리고 그것은 국가권력의 의사가 개별 민에게 일방적으로 관철되는 방식이 아니라 향촌사회에 존재하고 있던 공동체적 관계를 통해 관철되는 방식이었다.

12세기부터 향촌사회에서 향촌민이 몰락하여 계급분화가 심화되고 유망(流亡) 현상이 극심하게 ㉠일어나면서, 본관제를 통한 거주지 통제정책은 느슨해져 갔다. 이러한 상황에 대처하여 고려 정부는 민이 거주하고 있는 현재의 거주지를 인정하고 그 거주지의 민을 호적에 올려 수취를 도모하는 정책을 시도하게 되었다. 이에 따라 지역 간 위계를 두는 지배방식을 유지하기 어렵게 되었다. 향소·부곡과 같은 특수행정구역이 감소되었으며, 부곡민도 일반 군현민과 서로 교류하고 이동할 정도로 군현민과의 신분적인 차이가 미미해졌다.

향촌사회의 변동은 많은 변화를 초래하였다. 먼저 향리층이 이전처럼 향촌질서를 주도하기 어려워졌다. 향리층은 본관을 떠나 이동하였고, 토착적 성격이 희박해진 속성(續姓)이 증가하였다. 이들은 살기 좋은 곳을 찾아 이주하거나 외향(外鄕)이나 처향(妻鄕)에서 지역 기반을 마련하는 경우가 많았다. 향리층은 아전층인 이족(吏族)과 재지품관층인 사족(士族)으로 분화하기 시작하였고, 이후 사족은 지방관과 함께 향촌사회 지배의 일부를 담당했다. 또한 본관이 점차 관념적인 혈연을 의미하는 것으로 바뀌게 되었고, 동성(同姓)은 본래 동본(同本)이었다는 관념이 커지게 되었다. 동성동본 관념은 성관(姓貫)의 통합을 촉진시켰고, 군소 성관들이 본래의 본관을 같은 성(姓)의 유력 본관에 따라 고치는 현상을 확대시켰다.

본관제의 성격이 변화함에 따라, 죄지은 자를 자기 본관으로 돌려보내는 귀향형(歸鄕刑)이나 특정한 역에 편입시키는 충상호형(充常戶刑)과 같은 법제는 폐지되었다. 그러한 법제는 본관제의 기능과 관련해서만 유의미한 것이었기 때문이다.

① 어떤 일이 생기다.

② 어떤 마음이 생기다.

③ 누웠다가 앉거나 앉았다가 서다.

④ 잠에서 깨어나다.

⑤ 약하거나 희미하던 것이 성하여지다.

3 밑줄 친 부분과 바꾸어 쓰기에 가장 적절한 것은?

> 전 지구적인 해수의 연직 순환은 해수의 밀도 차이에 의해 발생한다. 바닷물은 온도가 낮고 염분 농도가 높아질수록 밀도가 높아져 <u>아래로 가라앉는다</u>. 이 때문에 북대서양의 차갑고 염분 농도가 높은 바닷물은 심층수를 이루며 적도로 천천히 이동한다.
>
> 그런데 지구 온난화로 인해 북반구의 고위도 지역의 강수량이 증가하고 극지방의 빙하가 녹은 물이 대량으로 바다에 유입되면 어떻게 될까? 북대서양의 염분 농도가 감소하여 바닷물이 가라앉지 못하는 일이 벌어질 수 있다. 과학자들은 컴퓨터 시뮬레이션을 통해 차가운 북대서양 바닷물에 빙하가 녹은 물이 초당 십만 톤 이상 들어오면 전 지구적인 해수의 연직 순환이 느려져 지구의 기후가 변화한다는 사실을 알아냈다

① 침강(沈降)
② 침식(侵蝕)
③ 침체(沈滯)
④ 침범(侵犯)
⑤ 침해(침害)

4 다음은 컨퍼런스에 참가한 어느 발표자의 발표문이다. 이 발표자가 효과적으로 의사전달을 하기 위해 사용한 전략이 아닌 것은?

여러분, '희토류'에 대해 들어 본 적이 있으신가요? (별로 들어 본 적이 없다는 대답을 듣고) 네. 그러시군요. 희토류는 우리 생활 속에서 쉽게 접할 수 있는 제품들에 널리 사용되고 있습니다. 하지만 희토류에 대해 잘 알지 못하는 분들이 많은 것 같아 이번 시간에는 희토류가 무엇이고 어떻게 쓰이는지 등에 대해 알려 드리고자 합니다.

원소에 대해서는 잘 아시죠? (그렇다는 대답을 듣고) 잘 아시는군요. 희토류는 원소 주기율표에서 원자 번호 57부터 71까지의 원소와 그 외의 2개 원소를 합친 17개의 원소를 가리킵니다. 희토류는 다른 물질과 함께 화합물을 형성하여 다양한 산업 분야에서 주요 소재로 널리 활용되고 있습니다. 이제 희토류에 대해 이해되셨나요? (그렇다는 대답을 듣고) 그럼 다음으로, 희토류의 실제 활용 사례를 살펴보겠습니다. (영상을 보여 주며) 희토류 중 하나인 이트륨이 활용된 사례입니다. 이 희토류를 포함한 화합물은 LED나 TV 스크린 등에 발광 재료로 쓰이는데 이 경우에 발광 효율이 높아 에너지 절약 효과를 가져올 수 있습니다. 다음은 역시 희토류 중의 하나인 네오디뮴이 활용된 사례입니다. 이 희토류를 포함한 화합물 중에서 강한 자성을 갖는 것은 하이브리드 자동차나 전기 자동차의 모터용 자석에 널리 사용됩니다.

최근에는 첨단 산업 분야에서 희토류에 대한 수요가 늘면서 희토류의 생산량이 증가하고 있습니다. (표를 제시하며) 여기를 보시면 2010년의 전 세계 희토류 생산량은 약 13만 톤이었는데요. 1986년부터 2010년까지 25년 동안 희토류 생산량이 꾸준히 증가했다는 것을 알 수 있습니다. 최근 한 전문가의 연구에 따르면, 2050년에는 전 세계 희토류 수요량이 약 80만 톤에 이를 것이라고 합니다. 그런데 희토류는 특정 광석에만 존재하며, 광석에서 분리하여 정제하기가 매우 까다롭다고 합니다. 이러한 이유로 최근 여러 국가에서는 희토류의 생산 확대를 위한 기술을 적극적으로 개발하고 있습니다.

지금까지 희토류에 대한 여러분의 이해를 돕기 위해 희토류의 개념과 산업 분야에서의 활용 사례 등을 중심으로 발표를 하였습니다. 앞서 말씀드린 바와 같이 희토류는 여러 산업 분야에 걸쳐 주요 소재로 활용되고 있어서 '산업의 비타민'이라고 불립니다. 제 발표를 통해 여러분이 희토류에 대해 잘 이해하셨길 바랍니다. 더불어 생활 속에서 희토류가 실제로 얼마나 다양하게 활용되고 있는지 관심을 갖고 찾아보셨으면 합니다. 이상으로 발표를 마치겠습니다. 감사합니다.

① 발표 목적을 청중들에게 환기시키고 있다.
② 산업 분야에서 희토류의 역할을 비유적 표현으로 제시하였다.
③ 희토류와 관련된 우리 삶에 대한 긍정적인 전망을 제시하였다.
④ 도표 및 영상 자료를 효과적으로 활용하고 있다.
⑤ 희토류에 대해 청중이 관심을 갖기를 권하고 있다.

5 다음의 내용을 읽고 문맥상 괄호 안에 들어갈 말로 가장 적절한 것을 고르면?

'특정 종교의 행사'라는 이유로 전주역 광장에 기원 탑 설치를 불허했던 코레일 전북본부가 입장을 철회했다. 부처님 오신 날 봉축기간에 맞춰 기원 탑을 설치하려던 지역 불교계의 거센 반발에 부딪히자 긍정적 입장에서의 재검토를 약속한 것이다.

코레일 전북본부는 4월 18일 전라북도 부처님 오신 날 봉축위원회(이하 전북 봉축위)에 보낸 공문을 통해 '기원 탑 설치를 위한 전주역 광장 사용 요청에 관해 긍정적으로 승인을 재검토하겠다'고 회신했다. 코레일 전북본부는 "전주역과 귀 위원회 간 '남북평화통일 기원 탑' 설치와 관련 발생된 이견은 전주역과의 구두협의 과정에서 상호이해가 부족했던 사항으로 판단된다"며 "다시 요청을 해주시면 긍정적으로 승인을 재검토 할 수 있다"고 전해왔다. 이어 "귀 위원회에서 추진 중인 '연등회'행사는 국가무형문화재로서 전통문화와 민족정서를 계승하고 있다는 점에 공감하며 성공적으로 마칠 수 있기를 기원한다"고 전해왔다.

코레일 전북본부 관계자는 법보신문과의 통화에서 "전북 봉축위에서 보낸 공식 공문을 17일에야 접수했다. 전주역에서 코레일 전북본부 쪽으로 온 문의는 시설물 설치 안전에 관한 문의였고 '연등회' 행사라는 이야기도 없었다. 안전 등을 생각해 전주역에서 판단할 사항으로 결정했다"며 "공문 접수 후 전주역 광장 사용 허가를 긍정적으로 검토해 전북봉축위에 전달했으나 현재 시일이 촉박하여 이미 다른 장소에 기원 탑을 설치하고 있는 만큼 안전에 문제가 없는 상황에서 내년부터는 전주역 광장을 사용하는 것으로 일단락 지었다"고 말했다. 이와 관련 전북 봉축위 이원일 사무국장은 "행사 일정상 올해에는 전주역에 기원 탑을 설치하는 것이 힘들어 내년부터 전주역 광장을 사용하도록 할 계획"이라며 "하지만 연등회 행사를 특정종교 행사로 인식하고 있는 관계기관의 인식을 바로잡고 잘못된 전례를 남기지 않기 위해서라도 코레일 전북본부의 명확한 답변을 받아냈다"고 말했다.

전북 불교연합대책위 등 지역불교 단체들은 코레일 전북본부의 (   )을/를 긍정적으로 평가하며 "이러한 사태에 엄중히 대응함으로써 후대에 오점을 남기는 일이 없도록 해야 한다"며 "이번 일을 계기로 연등회 준비를 더 빠르게 계획하고 추진해 더욱 내실 있는 행사로 발전시켜 나가겠다"고 입을 모았다.

① 배송(配送)　　　　　　　　② 면담(面談)

③ 발송(發送)　　　　　　　　④ 발전(發展)

⑤ 회신(回信)

6 다음과 같이 작성된 기후변화에 따른 수자원 전망 보고서 내용을 검토한 팀장의 반응으로 적절하지 않은 것은 다음 보기 중 어느 것인가?

부문		기후변화 영향(2050년)
자연 환경	산림 식생대	• 소나무 식생지역→경기북부, 강원 지역에만 분포 • 동백나무 등 난대 수종→서울에서 관찰 가능
	육상 생태계	• 생태계 변화, 서식지 축소→생물다양성 감소 • 꽃매미 등 남방계 외래 곤충 증가 • 멧돼지 개체수 증가로 농작물 피해 확산
	해양 생태계	• 제주 산호 군락지→백화현상 • 난대성 어종 북상(여름), 한대성 어종 남하(겨울) -꽃게어장 : 연평도 부근→북한 영해 -참조기, 갈치 : 제주→전남 경남 연안 -대구 : 동해, 경남 진해→전남 고흥, 여수
생활 환경	물관리	• 집중호우로 하천 유역, 도심지 홍수발생 가능성 증가 • 가뭄 발생, 생활·농업용수 수요 증가→물 부족
	해수면 상승	• 해수면·해일고 상승→해안 저지대 범람, 침식 -해수면 상승으로 여의도 면적 7.7배 범람(2020년) • 일부 방조제·항구 등 범람에 취약
	건강	• 폭염·열대야 1개월간 지속→노인, 환자 등 취약 • 말라리아, 뎅기열 등 아열대성 질병 증가 -기온 1℃ 상승→말라리아(3%), 쯔쯔가무시병(6%) 증가
산업	농업	• 쌀, 과수·채소 등 품질저하, 생산성 감소 -매년 2~4만ha 경작지 감소 -기온 2℃ 상승→사과 생산량(34%), 고랭지 배추 재배 면적(70% 이상) 감소 • 품종개량 및 신품종 재배 기회 창출
	수산업	• 수온 상승으로 인한 하천 밑바닥 저산소 현상 확대, 대형 해파리 증가→어업·양식업 피해 발생 • 참치 등 난대성 어종 양식 기회 제공
	산업전반	• 산업생산 차질, 전력 수급 불안정 등 발생 • 기후친화형 산업, 관광·레저 부문 활성화

① "한파로 인한 겨울철 저수온 현상 때문에 내가 좋아하는 대구가 인천 부근에서도 잡히겠는걸."

② "여름철 폭염과 집중호우가 잦아진다는 얘기군. 대책이 필요하겠어."

③ "제방의 홍수방어 능력도 감소할 것 같고, 가뭄과 홍수가 보다 빈번해질 것 같아 걱정이 되는군."

④ "수온 상승으로 참치 가격이 내려가겠지만, 하천 밑바닥 저산소 현상으로 어류 생태계도 위험해질 수 있겠네."

⑤ "아프리카로 출장 가는 사람들의 예방 접종률이나 경각심 고취 등에는 도움이 될 만한 변화군."

7 甲의 견해에 근거할 때 정치적으로 가장 불안정할 것으로 예상되는 정치체제의 유형은?

민주주의 정치체제 분류는 선거제도와 정부의 권력구조(의원내각제 혹은 대통령제)를 결합시키는 방식에 따라 크게 A, B, C, D, E 다섯 가지 유형으로 나눌 수 있다. A형은 의원들이 비례대표제에 의해 선출되는 의원내각제의 형태다. 비례대표제는 총 득표수에 비례해서 의석수를 배분하는 방식이다. B형은 단순다수대표제 방식으로 의원들을 선출하는 의원내각제의 형태다. 단순다수대표제는 지역구에서 1인의 의원을 선출하는 방식이다. C형은 의회 의원들을 단순다수대표 선거제도에 의해 선출하는 대통령제 형태다. D형의 경우 의원들은 비례대표제 방식을 통해 선출하며 권력구조는 대통령제를 선택하고 있는 형태다. 마지막으로 E형은 일종의 혼합형으로 권력구조에서는 상당한 권한을 가진 선출직 대통령과 의회에 기반을 갖는 수상이 동시에 존재하는 형태다. 의회 의원은 단순다수대표제에 의해 선출된다.

한편 甲은 "한 국가의 정당체제는 선거제도에 의해 영향을 받는다. 민주주의 국가들에 대한 비교 연구 결과에 의하면 비례대표제를 의회 선거제도로 운용하고 있는 국가들의 정당체제는 대정당과 더불어 군소정당이 존립하는 다당제 형태가 일반적이다. 전국을 다수의 지역구로 나누고 그 지역구별로 1인을 선출하는 단순다수대표제의 경우 군소정당 후보자들에게 불리하며, 따라서 두 개의 지배적인 정당이 출현하는 양당제의 형태가 자리 잡게 된다. 또한 정치적 안정 여부는 정당체제가 어떤 권력 구조와 결합하는가에 따라 결정된다. 의원내각제는 양당제와 다당제 모두와 조화되어 정치적 안정을 도모할 수 있는 반면 혼합형과 대통령제의 경우 정당체제가 양당제일 경우에만 정치적으로 안정되는 현상을 보인다."라고 주장하였다.

① A형
② B형
③ C형
④ D형
⑤ E형

┃8~9┃ 다음 글을 읽고 물음에 답하시오.

지레는 받침과 지렛대를 이용하여 물체를 쉽게 움직일 수 있는 도구이다. 지레에서 힘을 주는 곳을 힘점, 지렛대를 받치는 곳을 받침점, 물체에 힘이 작용하는 곳을 작용점이라 한다. 받침점에서 힘점까지의 거리가 받침점에서 작용점까지의 거리에 비해 멀수록 힘점에 작은 힘을 주어 작용점에서 물체에 큰 힘을 가할 수 있다. 이러한 지레의 원리에는 돌림힘의 개념이 숨어있다.

물체의 회전 상태에 변화를 일으키는 힘의 효과를 돌림힘이라고 한다. 물체에 회전 운동을 일으키거나 물체의 회전 속도를 변화시키려면 물체에 힘을 가해야 한다. 같은 힘이라도 회전축으로부터 얼마나 멀리 떨어진 곳에 가해 주느냐에 따라 회전 상태의 변화 양상이 달라진다. 물체에 속한 점 X와 회전축을 최단 거리로 잇는 직선과 직각을 이루는 동시에 회전축과 직각을 이루도록 힘을 X에 가한다고 하자. 이때 물체에 작용하는 돌림힘의 크기는 회전축에서 X까지의 거리와 가해 준 힘의 크기의 곱으로 표현되고 그 단위는 N · m(뉴턴미터)이다.

동일한 물체에 작용하는 두 돌림힘의 합을 알짜 돌림힘이라 한다. 두 돌림힘의 방향이 같으면 알짜 돌림힘의 크기는 두 돌림힘의 크기의 합이 되고 그 방향은 두 돌림힘의 방향과 같다. 두 돌림힘의 방향이 서로 반대이면 알짜 돌림힘의 크기는 두 돌림힘의 크기의 차가 되고 그 방향은 더 큰 돌림힘의 방향과 같다. 지레의 힘점에 힘을 주지만 물체가 지레의 회전을 방해하는 힘을 작용점에 주어 지레가 움직이지 않는 상황처럼, 두 돌림힘의 크기가 같고 방향이 반대이면 알짜 돌림힘은 0이 되고 이때를 돌림힘의 평형이라고 한다.

회전 속도의 변화는 물체에 알짜 돌림힘이 일을 해 주었을 때에만 일어난다. 돌고 있는 팽이에 마찰력이 일으키는 돌림힘을 포함하여 어떤 돌림힘도 작용하지 않으면 팽이는 영원히 돈다. 일정한 형태의 물체에 일정한 크기와 방향의 알짜 돌림힘을 가하여 물체를 회전시키면, 알짜 돌림힘이 한 일은 알짜 돌림힘의 크기와 회전 각도의 곱이고 그 단위는 J(줄)이다.

> 가령, 마찰이 없는 여닫이문이 정지해 있다고 하자. 갑은 지면에 대하여 수직으로 서 있는 문의 회전축에서 1m 떨어진 지점을 문의 표면과 직각으로 300N의 힘으로 밀고, 을은 문을 사이에 두고 갑의 반대쪽에서 회전축에서 2m 만큼 떨어진 지점을 문의 표면과 직각으로 200N의 힘으로 미는 상태에서 문이 90° 즉, 0.5π 라디안을 돌면, 알짜 돌림힘이 문에 해 준 일은 50π J이다.

알짜 돌림힘이 물체를 돌리려는 방향과 물체의 회전 방향이 일치하면 알짜 돌림힘이 양(+)의 일을 하고 그 방향이 서로 반대이면 음(-)의 일을 한다. 어떤 물체에 알짜 돌림힘이 양의 일을 하면 그만큼 물체의 회전 운동 에너지는 증가하고 음의 일을 하면 그만큼 회전 운동 에너지는 감소한다. 형태가 일정한 물체의 회전 운동 에너지는 회전 속도의 제곱에 정비례한다. 그러므로 형태가 일정한 물체에 알짜 돌림힘이 양의 일을 하면 회전 속도가 증가하고, 음의 일을 하면 회전 속도가 감소한다.

8 윗글의 내용과 일치하지 않는 것은?

① 물체에 힘이 가해지지 않으면 돌림힘은 작용하지 않는다.

② 물체에 가해진 알짜 돌림힘이 0이 아니면 물체의 회전 상태가 변화한다.

③ 회전 속도가 감소하고 있는, 형태가 일정한 물체에는 돌림힘이 작용한다.

④ 힘점에 힘을 받는 지렛대가 움직이지 않으면 돌림힘의 평형이 이루어져 있다.

⑤ 형태가 일정한 물체의 회전 속도가 2배가 되면 회전 운동 에너지는 2배가 된다.

9 박스 안의 예에서 문이 90° 회전하는 동안의 상황에 대한 이해로 적절한 것은?

① 갑의 돌림힘의 크기는 을의 돌림힘의 크기보다 크다.

② 알짜 돌림힘과 갑의 돌림힘은 방향이 같다.

③ 문에는 돌림힘의 평형이 유지되고 있다.

④ 문의 회전 운동 에너지는 점점 증가한다.

⑤ 알짜 돌림힘의 크기는 점점 증가한다.

10 다음은 사무용 물품의 조달단가와 구매 효용성을 나타낸 것이다. 20억 원 이내에서 구매예산을 집행한다고 할 때, 정량적 기대효과 총합의 최댓값은? (단, 각 물품은 구매하지 않거나, 1개만 구매 가능하며 구매효용성 $= \dfrac{정량적\ 기대효과}{조달단가}$ 이다.)

구분＼물품	A	B	C	D	E	F	G	H
조달단가(억 원)	3	4	5	6	7	8	10	16
구매 효용성	1	0.5	1.8	2.5	1	1.75	1.9	2

① 35   ② 36

③ 37   ④ 38

⑤ 39

11 다음은 최근 5년간 혼인형태별 평균연령에 관한 자료이다. A~E에 들어갈 값으로 옳지 않은 것은? (단, 남성의 나이는 여성의 나이보다 항상 많다)

(단위 : 세)

연도	평균 초혼연령			평균 이혼연령			평균 재혼연령		
	여성	남성	남녀차	여성	남성	남녀차	여성	남성	남녀차
2018	24.8	27.8	3.0	C	36.8	4.1	34.0	38.9	4.9
2019	25.4	28.4	A	34.6	38.4	3.8	35.6	40.4	4.8
2020	26.5	29.3	2.8	36.6	40.1	3.5	37.5	42.1	4.6
2021	27.0	B	2.8	37.1	40.6	3.5	37.9	E	4.3
2022	27.3	30.1	2.8	37.9	41.3	D	38.3	42.8	4.5

① A - 3.0
② B - 29.8
③ C - 32.7
④ D - 3.4
⑤ E - 42.3

12 바른 항공사는 서울-상해 직항 노선에 50명이 초과로 예약 승객이 발생하였다. 승객 모두는 비록 다른 도시를 경유해서라도 상해에 오늘 도착하기를 바라고 있다. 아래의 그림이 경유 항공편의 여유 좌석 수를 표시한 항공로일 때, 타 도시를 경유하여 상해로 갈 수 있는 최대의 승객 수는 구하면?

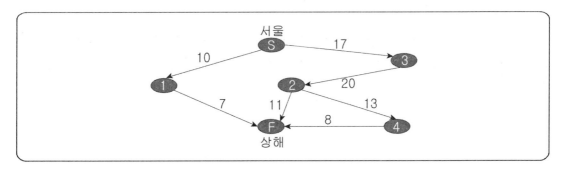

① 26
② 29
③ 30
④ 33
⑤ 37

13 다음은 코레일에서 제공하는 통계자료 중 철도통계연보(1994~1999년)의 일부를 발췌한 것이다. 아래의 자료를 참조하여 바르게 설명하지 않은 항목을 고르면?

수송량(Traffic)

가. 수송총괄추이(Growth of Traffic Total)

　　단위 : 수송량 – 천　　　　　　　　　　　　Unit : Traffic – Thousand

　　수송밀도 – 인 · 톤키로/철도키로　　　　　　Traffic Density – Passenger & Ton-km

연도	철도키로	역수	여객수송 Passenger Traffic		화물수송 Freight Traffic		수송밀도
	Railway –km		인원	인키로	톤수	톤키로	Traffic
Year		Stations	Passenger	Passenger – km	Tons	Ton – km	Density
1994	3,101.2	610	729,003	28,858,887	57,866	14,070,366	13,842,788
1995	3,101.2	611	790,380	29,292,053	57,469	13,837,969	13,907,527
1996	3,120.4	624	819,542	29,579,653	53,527	12,946,839	13,628,539
1997	3,118.3	626	832,999	30,072,758	53,828	12,710,083	13,719,925
1998	3,124.7	630	829,050	32,976,466	43,345	10,372,301	13,872,937
1999	3,118.6	632	825,563	28,605,926	42,081	10,071,972	12,402,327

① 1995년부터 1999년까지 철도키로(Railway-km)는 증감을 반복하고 있다.

② 1994년부터 1999년까지 여객수송 인원(Passenger)은 감소하고 있는 반면에 화물수송의 톤수(Tons)는 매우 증가하고 있다.

③ 1994년부터 1999년 화물수송에 있어서의 톤 키로(Ton-km)는 3,998,394 정도 감소하고 있음을 알 수 있다.

④ 1994년부터 1999년 사이의 수송밀도는 1,440,461 정도 감소되는 결과를 나타내고 있다.

⑤ 1994년부터 1999년까지 역의 수는 점차적으로 증가추세에 있다.

┃14~15┃ 기술보증기금 ○○지점에서 근무하는 박 차장은 보증서를 발급하면서 고객의 보증료를 산출하고 있다. 보증료 산출에 관한 주요 규정이 다음과 같을 때, 물음에 답하시오.

■ 보증료 계산 : 보증금액 × 보증료율 × 보증기간/365
  −계산은 십원단위로 하고 10원 미만 단수는 버림

■ 기준보증료율 기술사업평가등급에 따라 다음과 같이 적용한다.

등급	적용요율	등급	적용요율	등급	적용요율
AAA	0.8%	BBB	1.4%	CCC	1.7%
AA	1.0%	BB	1.5%	CC	1.8%
A	1.2%	B	1.6%	C	2.2%

■ 아래에 해당되는 경우 기준보증료율에서 해당 감면율을 감면할 수 있다.

가산사유	가산요율
1. 벤처 · 이노비즈기업	−0.2%p
2. 장애인기업	−0.3%p
3. 국가유공자기업	−0.3%p
4. 지방기술유망기업	−0.3%p
5. 지역주력산업 영위기업	−0.1%p

※ 감면은 항목은 중복해서 적용할 수 없으며, 감면율이 가장 큰 항목을 우선 적용한다.
※ 사고기업(사고유보기업 포함)에 대해서는 보증료율의 감면을 적용하지 아니한다.

■ 아래에 해당되는 경우 산출된 보증료율에 해당 가산율을 가산한다.

가산사유	가산요율
1. 고액보증기업	
가. 보증금액이 15억 원 초과 30억 원 이하 기업	+0.1%p
나. 보증금액이 30억 원 초과 기업	+0.2%p
2. 장기이용기업	
가. 보증이용기간이 5년 초과 10년 이하 기업	+0.1%p
나. 보증이용기간이 10년 초과 15년 이하 기업	+0.2%p
다. 보증이용기간이 15년 초과 기업	+0.3%p

※ 가산사유가 중복되는 경우에는 사유별 가산율을 모두 적용한다.
※ 경영개선지원기업으로 확정된 기업에 대해서는 가산요율을 적용하지 않는다.

■ 감면사유와 가산사유에 모두 해당되는 경우 감면사유를 먼저 적용한 후 가산사유를 적용한다.

14 ㈜ 서원의 회계과장인 이 과장은 보증서 발급에 앞서 보증료가 얼마나 산출되었는지 박 차장에게 다음과 같이 이메일로 문의하였다. 문의에 따라 보증료를 계산한다면 ㈜ 서원의 보증료는 얼마인가?

> 안녕하세요, 박 차장님.
> ㈜ 서원의 회계과장인 이ㅁㅁ입니다. 대표님께서 오늘 보증서(보증금액 5억 원, 보증기간 365일)를 발급받으러 가시는데, 보증료가 얼마나 산출되었는지 궁금하여 문의드립니다.
> 저희 회사의 기술사업평가등급은 BBB등급이고, 지방기술사업을 영위하고 있으며 작년에 벤처기업 인증을 받았습니다. 다른 특이사항은 없습니다.

① 4,000천 원   ② 4,500천 원

③ 5,000천 원   ④ 5,500천 원

⑤ 6,000천 원

15 박 차장은 아래 자료들을 토대로 갑, 을, 병 3개 회사의 보증료를 산출하였다. 보증료가 높은 순서대로 정렬한 것은?

구분	기술사업 평가등급	특이사항	보증금액(신규)	보증기간
갑	BBB	• 국가유공자기업 • 지역주력산업영위기업 • 신규보증금액 포함한 총보증금액 100억 원 • 보증이용기간 7년	10억 원	365일
을	BB	• 벤처기업 • 이노비즈기업 • 보증이용기간 20년 • 경영개선지원기업	10억 원	365일
병	BB	• 장애인기업 • 이노비즈기업 • 보증이용기간 1년	10억 원	365일

① 갑 - 을 - 병   ② 갑 - 병 - 을

③ 을 - 갑 - 병   ④ 을 - 병 - 갑

⑤ 병 - 갑 - 을

16 다음은 K공사의 직원 채용 절차와 모집 결과이다. 다음과 같은 조건을 참고할 때, L공사 채용의 총 응시자 수는 모두 몇 명인가?

- 채용절차 : 1차 서류전형 → 2차 필기시험 → 3차 인적성 테스트 → 4차 최종 면접 → 최종 500명 선발
- 각 전형의 선발 인원은 다음 전형 통과 인원의 3배수, 3차 인적성 테스트는 최종 합격자의 1.5배 수
- 1차 서류전형 통과 인원은 총 응시자의 45%
- 최종 선발 인원의 3%는 사회적 약자 집단으로 배분하여 별도 모집
- 인원수는 소수 첫 자리에서 반올림하여 정수로 기산한다.

① 13,950명   ② 14,020명

③ 14,320명   ④ 14,560명

⑤ 14,800명

17 다음은 A사에서 사원에게 지급하는 수당에 대한 자료이다. 2022년 7월 현재 부장 甲의 근무연수는 12년 2개월이고, 기본급은 300만 원이다. 2022년 7월 甲의 월급은 얼마인가? (단, A사 사원의 월급은 기본급과 수당의 합으로 계산되고 제시된 수당 이외의 다른 수당은 없으며, 10년 이상 근무한 직원의 정근수당은 기본급의 50%를 지급한다.)

구분	지급 기준	비고
정근수당	근무연수에 따라 기본급의 0~50% 범위 내 차등 지급	매년 1월, 7월 지급
명절 휴가비	기본급의 60%	매년 2월(설), 10월(추석) 지급
가계 지원비	기본급의 40%	매년 홀수 월에 지급
정액 급식비	130,000원	매월 지급
교통 보조비	• 부장 : 200,000원 • 과장 : 180,000원 • 대리 : 150,000원 • 사원 : 130,000원	매월 지급

① 5,830,000원   ② 5,880,000원

③ 5,930,000원   ④ 5,980,000원

⑤ 6,030,000원

▎18~19▎ 다음은 블루투스 이어폰을 구매하기 위하여 전자제품 매장을 찾은 K씨가 제품 설명서를 보고 점원과 나눈 대화와 설명서 내용의 일부이다. 다음을 보고 이어지는 물음에 답하시오.

K씨 : "블루투스 이어폰을 좀 사려고 합니다."

점원 : "네 고객님, 어떤 조건을 원하시나요?"

K씨 : "제 것과 친구에게 선물할 것 두 개를 사려고 하는데요, 두 개 모두 가볍고 배터리 사용시간이 좀 길었으면 합니다. 무게는 42g까지가 적당할 거 같고요, 저는 충전시간이 짧으면서도 통화시간이 긴 제품을 원해요. 선물하려는 제품은요, 일주일에 한 번만 충전해도 통화시간이 16시간은 되어야 하고, 음악은 운동하면서 매일 하루 1시간씩만 들을 수 있으면 돼요. 스피커는 고감도인 게 더 낫겠죠."

점원 : "그럼 고객님께는 ( )모델을, 친구 분께 드릴 선물로는 ( )모델을 추천해 드립니다."

〈제품 설명서〉

구분	무게	충전시간	통화시간	음악재생시간	스피커 감도
A모델	40.0g	2.2H	15H	17H	92db
B모델	43.5g	2.5H	12H	14H	96db
C모델	38.4g	3.0H	12H	15H	94db
D모델	42.0g	2.2H	13H	18H	85db

※ A, B모델 : 통화시간 1시간 감소 시 음악재생시간 30분 증가

※ C, D모델 : 음악재생시간 1시간 감소 시 통화시간 30분 증가

18 다음 중 위 네 가지 모델에 대한 설명으로 옳은 것을 〈보기〉에서 모두 고르면?

〈보기〉

㈎ 충전시간 당 통화시간이 긴 제품일수록 음악재생시간이 길다.

㈏ 충전시간 당 통화시간이 5시간 이상인 것은 A, D모델이다.

㈐ A모델은 통화에, C모델은 음악재생에 더 많은 배터리가 사용된다.

㈑ B모델의 통화시간을 10시간으로 제한하면 음악재생시간을 C모델과 동일하게 유지할 수 있다.

① ㈎, ㈏   ② ㈏, ㈑

③ ㈐, ㈑   ④ ㈎, ㈐

⑤ ㈏, ㈐

19 다음 중 점원이 K씨에게 추천한 빈칸의 제품이 순서대로 올바르게 짝지어진 것은 어느 것인가?

	K씨	선물
①	C모델	A모델
②	C모델	D모델
③	A모델	C모델
④	A모델	B모델
⑤	A모델	D모델

20 다음은 이야기 내용과 그에 관한 설명이다. 이야기에 관한 설명 중 이야기 내용과 일치하는 것은 모두 몇 개인가?

> [이야기 내용] A국의 역사를 보면 갑, 을, 병, 정의 네 나라가 시대 순으로 연이어 존재했다. 네 나라의 수도는 각각 달랐는데 관주, 금주, 평주 한주 중 하나였다. 한주가 수도인 나라는 평주가 수도인 나라의 바로 전 시기에 있었고, 금주가 수도인 나라는 관주가 수도인 나라의 바로 다음 시기에 있었으나, 정보다는 이전 시기에 있었다. 병은 가장 먼저 있었던 나라는 아니지만, 갑보다 이전 시기에 있었다. 병과 정은 시대 순으로 볼 때 연이어 존재하지 않았다.
>
> [이야기에 관한 설명]
> 1. 금주는 갑의 수도이다.
> 2. 관주는 병의 수도이다.
> 3. 평주는 정의 수도이다.
> 4. 을은 갑의 다음 시기에 존재하였다.
> 5. 평주는 가장 마지막에 존재한 나라의 수도이다.
> 6. 을과 병은 연이어 존재했다.

① 0개   ② 1개

③ 2개   ④ 3개

⑤ 4개

21 M사의 총무팀에서는 A 부장, B 차장, C 과장, D 대리, E 대리, F 사원이 각각 매 주말마다 한 명씩 사회봉사활동에 참여하기로 하였다. 이들이 다음 〈보기〉에 따라 사회봉사활동에 참여할 경우, 두 번째 주말에 참여할 수 있는 사람으로 짝지어진 것은 어느 것인가?

〈보기〉
1. B 차장은 A 부장보다 먼저 봉사활동에 참여한다.
2. C 과장은 D 대리보다 먼저 봉사활동에 참여한다.
3. B 차장은 첫 번째 주 또는 세 번째 주에 봉사활동에 참여한다.
4. E 대리는 C 과장보다 먼저 봉사활동에 참여하며, E 대리와 C 과장이 참여하는 주말 사이에는 두 번의 주말이 있다.

① A 부장, B 차장
② D 대리, E 대리
③ E 대리, F 사원
④ B 차장, C 과장, D 대리
⑤ E 대리

22 H공사에 다니는 乙 대리는 우리나라 근로자의 근로 시간에 관한 다음의 보고서를 작성하였는데 이 보고서를 검토한 甲 국장이 〈보기〉와 같은 추가사항을 요청하였다. 乙 대리가 추가로 작성해야 할 자료로 적절한 것은?

우리나라의 법정근로시간은 1953년 제정된 근로기준법에서는 주당 48시간이었지만, 이후 1989년 44시간으로, 그리고 2003년에는 40시간으로 단축되었다. 주당 40시간의 법정근로시간은 산업 및 근로자 규모별로 경과규정을 두어 연차적으로 실시하였지만, 2011년 7월 1일 이후는 모든 산업의 5인 이상 근로자에게로 확대되었다. 실제 근로시간은 법정근로시간에 주당 12시간까지 가능한 초과근로시간을 더한 시간을 의미한다.

2000년 이후 우리나라 근로자의 근로시간은 지속적으로 감소되어 2016년 5인 이상 임금근로자의 주당 근로시간이 40.6시간으로 감소했다. 이 기간 동안 2004년, 2009년, 2015년 비교적 큰 폭으로 증가했으나 전체적으로는 뚜렷한 감소세를 보인다. 사업체규모별·근로시간별로 살펴보면, 정규직인 경우 5~29인, 300인 이상 사업장의 근로시간이 42.0시간으로 가장 짧고, 비정규직의 경우 시간제 근로자의 비중의 영향으로 5인 미만 사업장의 근로시간이 24.8시간으로 가장 짧다. 산업별로는 광업, 제조업, 부동산업 및 임대업의 순으로 근로시간이 길고, 건설업과 교육서비스업의 근로시간이 가장 짧다.

국제비교에 따르면 널리 알려진 바와 같이 한국의 연간 근로시간은 2,113시간으로 멕시코의 2,246시간 다음으로 길다. 이는 OECD 평균의 1.2배, 근로시간이 가장 짧은 독일의 1.54배에 달한다.

〈보기〉
"乙 대리, 보고서가 너무 개괄적이군. 이번 안내 자료 작성을 위해서는 2016년 사업장 규모에 따른 정규직과 비정규직 근로자의 주당 근로시간을 비교할 수 있는 자료가 필요한데, 쉽게 알아볼 수 있는 별도 자료를 도표로 좀 작성해 주겠나?"

①

구분	근로형태(2016년) (단위 : 시간)			
	정규직	비정규직	재택	파견
주당 근로시간	42.5	29.8	26.5	42.7

② (단위 : 시간)

구분	2012	2013	2014	2015	2016
주당 근로시간	42.0	40.6	40.5	42.4	40.6

③ (단위 : 시간)

구분	산업별 근로시간(2016년)			
	광업	제조업	부동산업	운수업
주당 근로시간	43.8	43.6	43.4	41.8

④ (단위 : 시간)

구분	국가별 근로시간(2016년)				
	멕시코	한국	그리스	칠레	OECD
연간 근로시간	2,246	2,113	2,032	1,950	1,761

⑤ (단위 : 시간)

구분		사업장 규모(2016년)			
		5인 미만	5~29인	30~299인	300인 이상
주당 근로시간	정규직	42.8	42.0	43.2	42.0
	비정규직	24.8	30.2	34.7	35.8

23 호텔 연회부에 근무하는 A는 연회장 예약일정 관리를 담당하고 있다. 다음과 같이 예약이 되어 있는 상황에서 "12월 첫째 주 또는 둘째 주에 회사 송년의 밤 행사를 위해서 연회장을 예약하려고 합니다. 총 인원은 250명이고 월, 화, 수요일은 피하고 싶습니다. 예약이 가능할까요?"라는 고객의 전화를 받았을 때, A의 판단으로 옳지 않은 것은?

〈12월 예약 일정〉

※ 예약 : 연회장 이름(시작시간)

월	화	수	목	금	토	일
1 실버(13) 블루(14)	2 레드(16)	3 블루(13) 골드(14)	4 골드(13) 블루(17)	5 골드(14) 실버(17)	6 실버(13) 골드(15)	7 레드(10) 블루(16)
8	9 실버(13) 블루(16)	10 레드(16)	11 골드(14) 블루(17)	12 레드(13) 골드(17)	13 골드(12)	14 실버(10) 레드(15)

〈호텔 연회장 현황〉

연회장 구분	수용 가능 인원	최소 투입인력	연회장 이용시간
레드	200명	25명	3시간
블루	300명	30명	2시간
실버	200명	30명	3시간
골드	300명	40명	3시간

※ 오후 9시에 모든 업무를 종료함
※ 연회부의 동 시간대 투입 인력은 총 70명을 넘을 수 없음
※ 연회시작 전, 후 1시간씩 연회장 세팅 및 정리

① 인원을 고려했을 때 블루 연회장과 골드 연회장이 적합하겠군.
② 송년의 밤 행사이니 저녁 시간대 중 가능한 일자를 확인해야 해.
③ 목요일부터 일요일까지 일정을 확인했을 때 평일은 예약이 불가능해.
④ 모든 조건을 고려했을 때 가능한 연회장은 13일 블루 연회장뿐이구나.
⑤ 5일에 실버 연회장 예약이 취소된다면 그 날 예약이 가능하겠군.

24 다음은 「보안업무규칙」의 일부이다. A연구원이 이 내용을 보고 알 수 있는 사항이 아닌 것은?

제3장 인원보안

제7조 인원보안에 관한 업무는 인사업무 담당부서에서 관장한다.

제8조 ① 비밀취급인가 대상자는 별표 2에 해당하는 자로서 업무상 비밀을 항상 취급하는 자로 한다.

② 원장, 부원장, 보안담당관, 일반보안담당관, 정보통신보안담당관, 시설보안담당관, 보안심사위원회 위원, 분임보안담당관과 문서취급부서에서 비밀문서 취급담당자로 임용되는 자는 II급 비밀의 취급권이 인가된 것으로 보며, 비밀취급이 불필요한 직위로 임용되는 때에는 해제된 것으로 본다.

제9조 각 부서장은 소속 직원 중 비밀취급인가가 필요하다고 인정되는 때에는 별지 제1호 서식에 의하여 보안담당관에게 제청하여야 한다.

제10조 보안담당관은 비밀취급인가대장을 작성·비치하고 인가 및 해제사유를 기록·유지한다.

제11조 다음 각 호의 어느 하나에 해당하는 자에 대하여는 비밀취급을 인가해서는 안 된다.

1. 국가안전보장, 연구원 활동 등에 유해로운 정보가 있음이 확인된 자

2. 3개월 이내 퇴직예정자

3. 기타 보안 사고를 일으킬 우려가 있는 자

제12조 ① 비밀취급을 인가받은 자에게 규정한 사유가 발생한 경우에는 그 비밀취급인가를 해제하고 해제된 자의 비밀취급인가증은 그 소속 보안담당관이 회수하여 비밀취급인가권자에게 반납하여야 한다.

① 비밀취급인가 대상자에 관한 내용
② 취급인가 사항에 해당되는 비밀의 분류와 내용
③ 비밀취급인가의 절차
④ 비밀취급인가의 제한 조건 해당 사항
⑤ 비밀취급인가의 해제 및 취소

25 조향사인 수호는 여러 가지 향기 시료를 조합하여 신상품을 개발하고 있다. 다음을 근거로 판단할 때, 수호가 시료 조합을 통해 만들 수 있는 향기로 옳지 않은 것은?

> • 수호는 현재 딸기향, 바다향, 바닐라향, 파우더향, 커피향 시료를 10㎖씩 가지고 있다.
> • 시료는 한 번 조합할 때 10㎖를 사용하며, 이미 조합한 시료를 다시 조합할 수 있다.
> • 시료는 2개씩만 조합할 수 있고, 서로 다른 향기의 시료를 조합하면 다음과 같이 향이 변한다.
>   – 딸기향 시료와 바다향 시료를 조합하면, 모두 숲속향 시료가 된다.
>   – 딸기향 시료와 바닐라향 시료를 조합하면 두 층으로 분리되며 각각 딸기향 시료와 베리향 시료가 된다.
>   – 바다향 시료와 바닐라향 시료를 조합하면 두 층으로 분리되며 각각 바다향 시료와 나무향 시료가 된다.
>   – 파우더향 시료를 다른 향기의 시료와 조합하면, 모두 그 다른 향기의 시료가 된다.
>   – 커피향 시료를 다른 향기의 시료와 조합하면, 모두 커피향 시료가 된다.

① 딸기향 10㎖, 바다향 10㎖, 숲속향 20㎖, 커피향 10㎖
② 베리향 10㎖, 바다향 10㎖, 바닐라향 10㎖, 커피향 20㎖
③ 딸기향 10㎖, 베리향 10㎖, 바다향 20㎖, 커피향 10㎖
④ 숲속향 30㎖, 나무향 10㎖, 커피향 10㎖
⑤ 딸기향 20㎖, 나무향 10㎖, 커피향 20㎖

제5회 모의고사

1 다음 밑줄 친 단어의 의미와 동일하게 쓰인 것을 고르시오.

> 김동연 경제부총리 겸 기획재정부 장관은 26일 최근 노동이슈 관련 "다음 주부터 시행되는 노동시간 단축 관련 올해 말까지 계도기간을 설정해 단속보다는 제도 정착에 초점을 두고 추진할 것"이라고 밝혔다.
>
> 김동연 부총리는 이날 정부서울청사에서 노동현안 관련 경제현안간담회를 주재하고 "7월부터 노동시간 단축제도가 시행되는 모든 기업에 대해 시정조치 기간을 최장 6개월로 <u>늘리고</u>, 고소·고발 등 법적인 문제의 처리 과정에서도 사업주의 단축 노력이 충분히 참작될 수 있도록 하겠다."라며 이같이 말했다.
>
> 김 부총리는 "노동시간 단축 시행 실태를 면밀히 조사해 탄력 근로단위기간 확대 등 제도개선 방안도 조속히 마련하겠다."라며 "불가피한 경우 특별 연장근로를 인가받아 활용할 수 있도록 구체적인 방안을 강구할 것"이라고 밝혔다.

① 우리는 10년 만에 넓은 평수로 <u>늘려</u> 이사했다.

② 그 집은 알뜰한 며느리가 들어오더니 금세 재산을 <u>늘려</u> 부자가 되었다.

③ 적군은 세력을 <u>늘린</u> 후 다시 침범하였다.

④ 실력을 <u>늘려서</u> 다음에 다시 도전해 보아라.

⑤ 대학은 학생들의 건의를 받아들여 쉬는 시간을 <u>늘리는</u> 방안을 추진 중이다.

2 다음 글을 읽고 이에 관련한 내용으로 보기 가장 어려운 것을 고르면?

> 현대는 소비의 시대다. 소비가 하나의 이데올로기가 된 세상이다. 소비자들은 쏟아져 나오는 여러 상품들을 선택하는 행위를 통해 욕구 충족을 할 뿐 아니라 개인의 개성과 정체성을 형성한다. 소비가 인간을 만드는 것이다. 그뿐 아니다. 다른 사람의 소비를 보면서 그를 평가하기도 한다. 그 사람이 무엇을 소비하느냐에 따라 그 사람의 값을 매긴다.
>
> 거기서 자연스럽게 배태되는 게 바로 유행이다. 온통 소비에 신경을 쓰다 보니 유명인이나 트렌드 세터들이 만들어내는 소비패턴에 민감하다. 옷이든 장신구든 아니면 먹거리든 간에 이런 유행을 타지 않은 게 드물 정도다. 유행을 따르지 않으면 어딘지 시대에 뒤지고 소외되는 것 같은 강박관념이 사람들을 짓누르고 있다.
>
> 문제는 유행이 무척 짧은 수명을 갖는다는 것이다. 옷 같은 경우는 일 년이 멀다하고 새로운 패션이 밀려온다. 소비시장이 그만큼 다양화, 개성화, 전문화됐다는 뜻이다. 제대로 유행의 첨단에 서자면 정신이 달아날 지경일 것이다.
>
> 원래 제품 수명주기이론에서는 제품이 태어나 사라질 때까지를 보통 3–5년 정도로 본다. 즉 도입기와 성장기-성숙기-쇠퇴기를 거치는 데 몇 년 정도는 걸린다는 설명이다. 상품의 생명력이 이 정도 유지되는 게 정상이다. 그래야 생산자들도 어느 정도 이 속도에 맞춰 신상품을 개발하는 등 마케팅 전략을 세울 수 있다.
>
> 그런데 최근 풍조는 상품 수명이 1년을 넘기지 못하는 경우가 잦다고 한다. 소득이 늘면서 유행에 목을 매다보니 남보다 한 발짝이라도 빨리 가고 싶은 욕망이 생기고 그것이 유행의 주기를 앞당기는 것이다. 한 때 온 나라를 떠들썩하게 했던 아웃도어 열풍이 급격히 식어가고 있다는 보도다. 업계에 따르면 국내 아웃도어 시장 규모는 2014년 7조 4000억 원을 정점으로 급격한 내림세에 접어들었다. 작년 백화점 등 유통업체들은 아웃도어에서 6~9% 마이너스 성장을 했다. 업체들은 일부 브랜드를 접고 감원에 들어가는가 하면 백화점에서도 퇴점하는 사례가 증가하고 있다. 과거에도 하얀국물 라면 등 음식이나 패션 등 일부 상품에서 빠른 트렌드 변화가 읽혔다. 소비자 요구는 갈수록 복잡다단해지고 기업이 이에 적응하는 데는 한계가 있는 것이다. 피곤한 것은 기업 쪽이다. 한편으로는 갈수록 부박해지는 소비문화가 걱정스럽기도 하다. 환경보호 등 여러 측면에서 소비가 미덕인 시대는 아닌 것 같기 때문이다.

① 사람들은 제품구매를 통해 니즈를 충족하고 그들의 개성을 형성하게 된다.

② 현대에 들어 분야를 막론하고 유행을 좇지 않는 게 거의 없다.

③ 제품수명주기는 도입기 – 성장기 – 성숙기 – 쇠퇴기의 4단계를 겪게 된다.

④ 소득이 증가하면서 제품의 유행주기가 점차적으로 느리게 된다.

⑤ 빠른 트렌드의 변화로 인해 소비자들의 욕구충족이 되는 반면에 기업의 경우에는 이에 맞추기 위해 상당히 피곤해진다.

3 2022년 8월 1일 축구로 인해 세계적으로 친해진 지단, 메시, 클로제, 호날두, 앙리는 한국여행을 하기 위해 비행기를 타고 열차를 갈아타서 서울역에 도착하였다. 역에 입성한 이들을 위해 아래의 약관은 역 직원들이 코레일의 광명역 도심공항버스(KTX 리무진) 운송약관 제정(안)의 일부를 발췌하여 제공한 것인이다. 다음 중 이를 읽고 내용을 잘못 이해하고 있는 사람을 고르면?

제2장 승차권과 운임

제10조(KTX 리무진 승차권의 발행)

① 철도공사는 출발 1개월 전 07:00부터 승차권을 발권하며 제9조에 의하거나 원활한 여객 수송을 위해 필요한 경우 발권방법 · 범위 · 시각 · 순서 · 장소 · 매수 · 횟수 등을 제한 또는 조정할 수 있다.

② 승차권은 예약과 함께 결제 및 발권을 해야 하며, 결제 또는 발권하지 않는 경우 예약사항은 자동 취소된다.

③ 승차권을 발권 받은 사람은 승차일시 · 승차구간 등의 운송조건을 확인하여야 한다.

④ 여객이 휴대폰으로 전송받을 수 있는 승차권 매수는 1인 1회에 9매까지 가능하다.

⑤ 승차권의 취소, 변경은 다음 각 호에 의한다.

1. 날짜 지정 출발 일까지 한하여 역 매표창구, 모바일 매체 등을 통하여 미사용 승차권을 취소할 수 있다.

2. KTX 무진 승차권 변경 시에는 기 발행된 KTX 리무진 승차권을 취소 후, 다시 승차권 발매 서비스를 통하여 발행하여야 한다.

제12조(승차권의 사용)

① 승차권은 기재사항을 준수하여 사용해야 하며, 기재사항을 임의로 말소 개조 또는 승차권을 분실한 경우 철도공사는 해당 승차권을 무효로 한다.

③ 모바일승차권은 지정한 모바일 앱을 통하여 모바일로 전송받은 승차권만 유효하다.

④ 승차권의 임의변경, 복사, 위변조 및 효력이 상실된 승차권을 사용하여, 적발된 경우 형법 제214조(유가증권의 위조 등), 제231조(사문서등의 위조 · 변조), 제236조(사문서의 부정행사)등 관련 법에 따라 고발 조치할 수 있다.

⑤ 승차권의 유효기간은 적용일 당회에 한하여 유효함을 기본 원칙으로 한다. 단, 승차권의 기재사항 대로 사용하지 못한 경우 제15조 규정에 의하여 반환 받을 수 있다.

제13조(무임운송과 할인)

① 여객이 동반하는 6세 미만의 소아 1인은 무임으로 운송한다. 다만, 여객이 동반하는 소아가 1인을 초과하거나 좌석을 점유하고자 하는 경우 할인 운임을 적용할 수 있다.

② 제24조의 수하물은 무임으로 운송한다.

③ 13세 미만의 어린이(초등학생)는 할인할 수 있다.

④ 10인 이상의 단체는 할인할 수 있다.

⑤ 제③항 및 제④항에 따라 운임을 할인하는 경우 회사에서 제공하는 다른 할인과는 중복 할인하지 않는다.

① 지단 : 약관을 보면 오늘부터 9월 1일 강릉행 열차 티켓을 발권 받을 수 있어.

② 메시 : 승차권 예약과 더불어 결제나 발권을 하지 못하면 자동적으로 취소한다는군.

③ 클로제 : 내 조카는 13세이니까 할인혜택을 받을 수 있어.

④ 호날두 : 한국에 내 친구들이 17명 정도 있으니 이 친구들과 함께하면 할인혜택을 받을 수 있어.

⑤ 앙리 : 내 조카는 현재 4살인데 열차 이용 시 무임으로 운송이 가능하다고 하네.

4 다음은 H공단에서 공지한 공고문의 내용이다. 이 공고문의 수정사항을 지적한 〈보기〉와 내용 중, 적절한 것을 모두 고른 것은 어느 것인가?

〈2022년 지정측정기관 평가 실시 공고〉

산업안전보건법 제42조제9항, 시행규칙 제97조, 고용노동부고시 제2021-27호에 따라 「2022년 지정측정기관 평가」 실시계획을 다음과 같이 공고합니다.

1. 평가방법 : 기관별 방문평가
2. 평가표 : 지정측정기관 평가 설명회 시(3월 8일) 배포
3. 평가대상기관 : 산업안전보건법 시행령 제32조의3에 따른 지정측정기관
4. 평가자 : 안전보건공단 직원 및 외부전문가
5. 평가대상 업무 : 2020년도 평가일 기준 최근 2년간 업무
   (2020.1.27.~2021.12.31.)
   ※ 평가대상 기관 중 2020.1.27. 이후 지정받은 기관인 경우에는 지정측정기관 지정일로부터 2021.12.31.까지 수행한 업무에 대하여 평가
6. 평가일정
• 평가실시 : 2022. 3월 26일(월)~7월 13일(금) 중 1~2일
   ※ 기관평가 방문일은 평가반별로 해당 기관과 유선 협의 후 확정
• 평가결과(절대점수) 통보 : 2022. 7월 중
• 이의신청 접수 및 처리 : 2022. 8월 중
   ※ 이의신청 내용이 타당한 경우에 한하여 재평가 실시
• 최종 평가결과 평가등급 공표 : 2022. 8월 중

2022년 2월 23일
한국 H공단

㉮ 개별 통보기관에 대한 설명이 없어 자사가 대상기관에 해당되는지 알 수 없다.
㉯ 날짜를 숫자로 표기할 경우, '일'을 표기하는 숫자 뒤에 마침표를 쓰지 않아야 한다.
㉰ 문의사항과 관련한 연락처를 제공하지 않아 불편함이 예상된다.
㉱ 평가방법과 평가표에 대한 내용을 먼저 작성하는 것은 순서에 맞지 않는다.

① ㉯, ㉰, ㉱　　　　　　　　　　② ㉮, ㉰, ㉱
③ ㉮, ㉯, ㉱　　　　　　　　　　④ ㉮, ㉯, ㉰
⑤ ㉮, ㉯, ㉰, ㉱

5 다음 글의 내용과 일치하지 않는 것은?

우리는 흔히 나무와 같은 식물이 대기 중에 이산화탄소로 존재하는 탄소를 처리해 주는 것으로 알고 있지만, 바다 또한 중요한 역할을 한다. 예를 들어 수없이 많은 작은 해양생물들은 빗물에 섞인 탄소를 흡수한 후에 다른 것들과 합쳐서 껍질을 만드는 데 사용한다. 결국 해양생물들은 껍질에 탄소를 가두어 둠으로써 탄소가 대기 중으로 다시 증발해서 위험한 온실가스로 축적되는 것을 막아 준다. 이들이 죽어서 바다 밑으로 가라앉으면 압력에 의해 석회석이 되는데, 이런 과정을 통해 땅속에 저장된 탄소의 양은 대기 중에 있는 것보다 수만 배나 되는 것으로 추정된다. 그 석회석 속의 탄소는 화산 분출로 다시 대기 중으로 방출되었다가 빗물과 함께 땅으로 떨어진다. 이 과정은 오랜 세월에 걸쳐 일어나는데, 이것이 장기적인 탄소 순환과정이다. 특별한 다른 장애 요인이 없다면 이 과정은 원활하게 일어나 지구의 기후는 안정을 유지할 수 있다.

그러나 불행하게도 인간의 산업 활동은 자연이 제대로 처리할 수 없을 정도로 많은 양의 탄소를 대기 중으로 방출한다. 영국 기상대의 피터 쿡스에 따르면, 자연의 생물권이 우리가 방출하는 이산화탄소의 영향을 완충할 수 있는 데에는 한계가 있기 때문에, 그 한계를 넘어서면 이산화탄소의 영향이 더욱 증폭된다. 지구 온난화가 걷잡을 수 없이 일어나게 되는 것은 두려운 일이다. 지구 온난화에 적응을 하지 못한 식물들이 한꺼번에 죽어 부패해서 그 속에 가두어져 있는 탄소가 다시 대기로 방출되면 문제는 더욱 심각해질 것이기 때문이다.

① 식물이나 해양생물은 기후 안정성을 유지하는 데에 기여한다.
② 생명체가 지니고 있던 탄소는 땅속으로 가기도 하고 대기로 가기도 한다.
③ 탄소는 화산 활동, 생명체의 부패, 인간의 산업 활동 등을 통해 대기로 방출된다.
④ 극심한 오염으로 생명체가 소멸되면 탄소의 순환 고리가 끊겨 대기 중의 탄소도 사라진다.
⑤ 자연의 생물권은 대기 중 이산화탄소의 영향을 어느 정도 완충할 수 있다.

6 다음 (가)~(다)에 공통으로 나타나는 설명 방식이 사용된 문장은?

> (가) 호랑이는 가축을 해치고 사람을 다치게 하는 일이 많았던 모양이다. 그래서 설화 중에는 사람이나 가축이 호랑이한테 해를 당하는 이야기가 많이 있다. 사냥을 하던 아버지가 호랑이에게 해를 당하자 아들이 원수를 갚기 위해 그 호랑이와 싸워 이겼다는 통쾌한 이야기가 있는가 하면, 밤중에 변소에 갔던 신랑이 호랑이한테 물려 가는 것을 본 신부가 있는 힘을 다하여 호랑이의 꼬리를 붙잡고 매달려 신랑을 구했다는 흐뭇한 이야기도 있다. 이러한 이야기들은 호랑이의 사납고 무서운 성질을 바탕으로 하여 꾸며진 것이다.
>
> (나) 설화 속에서 호랑이는 산신 또는 산신의 사자로 나타나기도 하고, 구체적인 설명 없이 신이한 존재로 나타나기도 한다. '효녀와 산신령' 이야기에서 산신령은 호랑이의 모습으로 나타나, 겨울철 눈 속에서 병든 어머니께 드릴 잉어를 찾는 소녀에게 잉어를 잡아 준다. 또한 '장화홍련전'에서 계모의 아들 장쇠는 장화를 재촉하여 물에 빠지게 하고 돌아오는 길에 호랑이한테 물려 죽는데 이때의 호랑이는 징벌자 역할을 하고 있다.
>
> (다) 설화 속에서 호랑이는 사람과 마찬가지로 따뜻한 정과 의리를 지니고 있는 것으로 나타나기도 하는데, 인간의 효성에 감동한 호랑이 이야기가 많이 있다. 여름철에 홍시를 구하려는 효자를 등에 태워 홍시가 있는 곳으로 데려다 준 호랑이 이야기, 고개를 넘어 성묘 다니는 효자를 날마다 태워다 준 호랑이 이야기 등이 그 예다.

① 자동차는 엔진, 바퀴, 배기 장치 등으로 구성된다.
② 팬에 기름을 두른 후 멸치를 넣고 볶은 다음, 양념을 한다.
③ 지문은 손가락 안쪽 끝에 있는 피부의 무늬나 그것이 남긴 흔적을 말한다.
④ 지구의 기온이 상승하면 남극과 북극의 빙하가 녹게 되어 해수면이 상승한다.
⑤ 한국의 철새 중 여름새의 대표적인 예로는 뻐꾸기, 꾀꼬리, 백로, 제비 등이 있다.

7 다음 글에 대한 평가로 가장 적절한 것은?

> 요즘에는 낯선 곳을 찾아갈 때, 지도를 해석하며 어렵게 길을 찾지 않아도 된다. 기술력의 발달에 따라, 제공되는 공간 정보를 바탕으로 최적의 경로를 탐색할 수 있게 되었기 때문이다. 이는 어떤 곳의 위치 좌표나 지리적 형상에 대한 정보뿐만 아니라 시간에 따른 공간의 변화를 포함한 공간 정보를 이용할 수 있게 되면서 가능해진 것이다. 이처럼, 공간 정보가 시간에 따른 변화를 반영할 수 있게 된 것은 정보를 수집하고 분석하는 정보 통신 기술의 발전과 밀접한 관련이 있다.
>
> 공간 정보의 활용은 '위치정보시스템(GPS)'과 '지리정보시스템(GIS)' 등의 기술적 발전과 휴대 전화나 태블릿 PC 등 정보 통신 기기의 보급을 기반으로 한다. 위치정보시스템은 공간에 대한 정보를 수집하고 지리정보시스템은 정보를 저장, 분류, 분석한다. 이렇게 분석된 정보는 사용자의 요구에 따라 휴대 전화나 태블릿 PC 등을 통해 최적화되어 전달된다.
>
> 길 찾기를 예로 들어 이 과정을 살펴보자. 휴대 전화 애플리케이션을 이용해 사용자가 가려는 목적지를 입력하고 이동 수단으로 버스를 선택하였다면, 우선 사용자의 현재 위치가 위치정보시스템에 의해 실시간으로 수집된다. 그리고 목적지와 이동 수단 등 사용자의 요구와 실시간으로 수집된 정보에 따라 지리정보시스템은 탑승할 버스 정류장의 위치, 다양한 버스 노선, 최단 시간 등을 분석하여 제공한다. 더 나아가 교통 정체와 같은 돌발 상황과 목적지에 이르는 경로의 주변 정보까지 분석하여 제공한다.
>
> 공간 정보의 활용 범위는 계속 확대되고 있다. 예를 들어, 여행지와 관련한 공간 정보는 여행자의 요구와 선호에 따라 선별적으로 분석되어 활용된다. 나아가 유동 인구를 고려한 상권 분석과 교통의 흐름을 고려한 도시 계획 수립에도 공간 정보 활용이 가능하게 되었다. 획기적으로 발전되고 있는 첨단 기술이 적용된 공간 정보가 국가 차원의 자연재해 예측 시스템에도 활발히 활용된다면 한층 정밀한 재해 예방 및 대비가 가능해질 것이다. 이로 인해 우리의 삶도 더 편리하고 안전해질 것으로 기대된다.

① 공간 정보 활용 범위의 확대 사례를 제시하여 내용을 타당성 있게 뒷받침하고 있다.
② 전문 기관의 자료를 바탕으로 공간 정보 활용에 대한 믿을 만한 근거를 제시하고 있다.
③ 위치 정보에 접근하는 방식의 차이점을 지역별로 비교하여 균형 있는 주장을 하고 있다.
④ 구체적 수치 자료를 근거로 하여 공간 정보 활용 비율을 신뢰성 있게 제시하고 있다.
⑤ 설문 조사 결과를 활용하여 공간 정보의 영향력에 대해 타당성 있는 주장을 하고 있다.

8 다음 글의 내용을 사실과 의견으로 구분할 때, 사실인 것은?

> ㉠ 우리 지역 축제에 유명 연예인을 초청해야 한다고 생각합니다. ㉡ 그 이유는 지역 주민의 축제 참여율을 높일 필요가 있기 때문입니다. ㉢ 지난 3년간 축제 참여 현황을 보면 지역 주민의 참여율이 전체 주민의 10% 미만으로 매우 저조하고, 이마저도 계속 낮아지는 추세입니다. ㉣ 우리 지역에서는 연예인을 직접 볼 기회가 많지 않으므로 유명 연예인을 초청하면 지역 주민들이 축제에 더 많은 관심을 보일 것입니다. ㉤ 따라서 유명 연예인을 초청하여 지역 주민의 축제 참여를 유도할 필요가 있습니다.

① ㉠

② ㉡

③ ㉢

④ ㉣

⑤ ㉤

9 빅데이터에 대한 이해로 적절하지 않은 것은?

> 빅데이터는 그 규모가 매우 큰 데이터를 말하는데, 이는 단순히 데이터의 양이 매우 많다는 것뿐 아니라 데이터의 복잡성이 매우 높다는 의미도 내포되어 있다. 데이터의 복잡성이 높다는 말은 데이터의 구성 항목이 많고 그 항목들의 연결 고리가 함께 수록되어 있다는 것을 의미한다. 데이터의 복잡성이 높으면 다양한 파생 정보를 끌어낼 수 있다. 데이터로부터 정보를 추출할 때에는, 구성 항목을 독립적으로 이용하기도 하고, 두 개 이상의 항목들의 연관성을 이용하기도 한다. 일반적으로 구성 항목이 많은 데이터는 한 번에 얻기 어렵다. 이런 경우에는, 따로 수집되었지만 연결 고리가 있는 여러 종류의 데이터들을 연결하여 사용한다.
> 가령 한 집단의 구성원의 몸무게와 키의 데이터가 있다면, 각 항목에 대한 구성원의 평균 몸무게, 평균 키 등의 정보뿐만 아니라 몸무게와 키의 관계를 이용해 평균 비만도 같은 파생 정보도 얻을 수 있다. 이때는 반드시 몸무게와 키의 값이 동일인의 것이어야 하는 연결 고리가 있어야 한다. 여기에다 구성원들의 교통 카드 이용 데이터를 따로 얻을 수 있다면, 이것을 교통 카드의 사용자 정보를 이용해 사용자의 몸무게와 키의 데이터를 연결할 수 있다. 이렇게 연결된 데이터 세트를 통해 비만도와 대중교통의 이용 빈도 간의 파생 정보를 추출할 수 있다. 연결할 수 있는 데이터가 많을수록 얻을 수 있는 파생 정보도 늘어난다.

① 빅데이터 구성 항목을 독립적으로 이용하여 정보를 추출하기도 한다.

② 빅데이터를 구성하는 데이터의 양은 매우 많다.

③ 빅데이터를 구성하는 데이터의 복잡성은 매우 높다.

④ 빅데이터에는 구성 항목들 간의 연결 고리가 함께 포함되어 있다.

⑤ 빅데이터에서는 파생 정보를 얻을 수 없다.

10 다음은 2020~2022년도의 지방자치단체 재정력지수에 대한 자료이다. 매년 지방자치단체의 기준재정수입액이 기준재정수요액에 미치지 않는 경우, 중앙정부는 그 부족분만큼의 지방교부세를 당해년도에 지급한다고 할 때, 3년간 지방교부세를 지원받은 적이 없는 지방자치단체는 모두 몇 곳인가?

$$\left(\text{재정력지수} = \frac{\text{기준재정수입액}}{\text{기준재정수요액}}\right)$$

연도 지방 자치단체	2020	2021	2022	평균
서울	1.106	1.088	1.010	1.068
부산	0.942	0.922	0.878	0.914
대구	0.896	0.860	0.810	0.855
인천	1.105	0.984	1.011	1.033
광주	0.772	0.737	0.681	0.730
대전	0.874	0.873	0.867	0.871
울산	0.843	0.837	0.832	0.837
경기	1.004	1.065	1.032	1.034
강원	0.417	0.407	0.458	0.427
충북	0.462	0.446	0.492	0.467
충남	0.581	0.693	0.675	0.650
전북	0.379	0.391	0.408	0.393
전남	0.319	0.330	0.320	0.323
경북	0.424	0.440	0.433	0.432
경남	0.653	0.642	0.664	0.653

① 0곳　　　　　　② 1곳
③ 2곳　　　　　　④ 3곳
⑤ 5곳

11 다음은 어느 나라의 성별 흡연율과 금연계획률에 관한 자료이다. 이에 대한 설명으로 옳은 것은?

〈표1〉 성별 흡연율

(단위 : %)

성별 \ 연도	2016	2017	2018	2019	2020	2021	2022
남성	45.0	47.7	46.9	48.3	47.3	43.7	42.1
여성	5.3	7.4	7.1	6.3	6.8	7.9	6.1
전체	20.6	23.5	23.7	24.6	25.2	24.9	24.1

〈표2〉 금연계획률

(단위 : %)

구분 \ 연도	2016	2017	2018	2019	2020	2021	2022
금연계획률	59.8	( )	57.4	53.5	(㉠)	55.2	56.5
단기 금연계획률	19.4	17.7	18.2	20.8	20.2	19.6	19.3
장기 금연계획률	40.4	39.2	( )	32.7	36.1	35.6	37.2

※ 흡연율(%) = $\dfrac{\text{흡연자 수}}{\text{인구 수}} \times 100$

※ 금연계획률(%) = $\dfrac{\text{금연계획자 수}}{\text{흡연자 수}} \times 100$

= 단기 금연계획률 + 장기 금연계획률

① 매년 전체 흡연율은 증가하고 있다.
② 매년 남성 흡연율은 여성 흡연율의 7배 이상이다.
③ 금연계획률은 매년 50% 이상이다.
④ ㉠에 들어갈 수치는 55.3이다.
⑤ 매년 단기 금연계획률은 장기 금연계획률보다 높다.

12 다음 자료는 A회사의 버스 종류별 1대당 1일 총운송비용을 나타낸 자료이다. 이에 대한 설명으로 옳지 않은 것은?

(단위 : 원)

부문	항목	일반버스	굴절버스	저상버스
가동비	운전직 인건비	331,400	331,400	331,400
	연료비	104,649	160,709	133,133
	타이어비	3,313	8,282	4,306
	소계	439,362	500,391	468,839
보유비	관리직 인건비	42,638	42,638	42,638
	차량보험료	16,066	21,641	16,066
	차량 감가상각비	23,944	104,106	24,057
	차고지비	3,029	4,544	3,029
	기타관리비	40,941	40,941	40,941
	정비비	9,097	45,484	13,645
	소계	135,715	259,354	140,376
총운송비용		575,077	759,745	609,215

① 버스의 종류와 상관없이 기타관리비와 인건비는 동일하다.

② 일반버스와 굴절버스 간의 운송항목 비용 중 비용 차이가 가장 큰 항목은 연료비이다.

③ 굴절버스는 다른 버스 종류에 비해 총운송비용에서 보유비가 차지하는 비중이 크다.

④ 굴절버스 정비비는 일반버스 정비비의 약 5배이다.

⑤ 일반버스와 저상버스의 차고지비는 동일하다.

13 다음은 A 회사의 2012년과 2022년의 출신 지역 및 직급별 임직원 수에 대한 자료이다. 이에 대한 설명으로 옳지 않은 것은?

〈표1〉 2012년의 출신 지역 및 직급별 임직원 수

(단위 : 명)

지역 직급	서울·경기	강원	충북	충남	경북	경남	전북	전남	합계
이사	0	0	1	1	0	0	1	1	4
부장	0	0	1	0	0	1	1	1	4
차장	4	4	3	3	2	1	0	3	20
과장	7	0	7	4	4	5	11	6	44
대리	7	12	14	12	7	7	5	18	82
사원	19	38	41	37	11	12	4	13	175
합계	37	54	67	57	24	26	22	42	329

〈표2〉 2022년의 출신 지역 및 직급별 임직원 수

(단위 : 명)

지역 직급	서울·경기	강원	충북	충남	경북	경남	전북	전남	합계
이사	3	0	1	1	0	0	1	2	8
부장	0	0	2	0	0	1	1	0	4
차장	3	4	3	4	2	1	1	2	20
과장	8	1	14	7	6	7	18	14	75
대리	10	14	13	13	7	6	2	12	77
사원	12	35	38	31	8	11	2	11	148
합계	36	54	71	56	23	26	25	41	332

① 출신 지역을 고려하지 않을 때, 2012년 대비 2022년에 직급별 인원의 증가율은 이사 직급에서 가장 크다.

② 출신 지역별로 비교할 때, 2022년의 경우 해당 지역 출신 임직원 중 과장의 비율은 전라북도가 가장 높다.

③ 2012년에 비해 2022년에 과장의 수는 증가하였다.

④ 2012년에 비해 2022년에 대리의 수가 늘어난 출신 지역은 대리의 수가 줄어든 출신 지역에 비해 많다.

⑤ 2012년에 비해 2022년의 전라북도의 전체 임직원 수의 합계는 증가하였다.

다음은 사원 6명의 A~E항목 평가 자료의 일부이다. 이에 대한 설명 중 옳은 것은?

(단위 : 점)

과목 사원	A	B	C	D	E	평균
김영희	( )	14	13	15	( )	( )
이민수	12	14	( )	10	14	13.0
박수민	10	12	9	( )	18	11.8
최은경	14	14	( )	17	( )	( )
정철민	( )	20	19	17	19	18.6
신상욱	10	( )	16	( )	16	( )
계	80	( )	( )	84	( )	( )
평균	( )	14.5	14.5	( )	( )	( )

※ 항목별 평가 점수 범위는 0~20점이고, 모든 항목 평가에서 누락자는 없음

※ 사원의 성취수준은 5개 항목 평가 점수의 산술평균으로 결정함
- 평가 점수 평균이 18점 이상 20점 이하 : 우월수준
- 평가 점수 평균이 15점 이상 18점 미만 : 우수수준
- 평가 점수 평균이 12점 이상 15점 미만 : 보통수준
- 평가 점수 평균이 12점 미만 : 기초수준

① 김영희 사원의 성취수준은 E항목 평가 점수가 17점 이상이면 '우수수준'이 될 수 있다.
② 최은경 사원의 성취수준은 E항목 시험 점수에 따라 '기초수준'이 될 수 있다.
③ 신상욱 사원의 평가 점수는 B항목은 13점, D항목은 15점으로 성취수준은 '우수수준'이다.
④ 이민수 사원의 C항목 평가 점수는 정철민 사원의 A항목 평가 점수보다 높다.
⑤ 박수민 사원의 D항목 평가 점수는 신상욱 사원의 평균보다 높다.

15 다음은 2022년 6월 10일 오전 인천공항 제1여객터미널의 공항 예상 혼잡도에 대한 자료이다. 자료를 잘못 분석한 것은?

(단위 : 명)

시간	입국장				출국장			
	A/B	C	D	E/F	1/2	3	4	5/6
0~1시	0	714	0	0	0	0	471	0
1~2시	0	116	0	0	0	0	350	0
2~3시	0	0	0	0	0	0	59	0
3~4시	0	0	0	0	0	0	287	0
4~5시	0	998	0	0	0	0	1,393	0
5~6시	0	1,485	1,298	0	0	0	3,344	0
6~7시	1,573	1,327	1,081	542	714	488	2,261	739
7~8시	3,126	549	132	746	894	1,279	1,166	1,778
8~9시	978	82	82	1,067	1,110	1,432	1,371	1,579
9~10시	1,187	376	178	1,115	705	955	1,374	1,156
10~11시	614	515	515	140	724	911	1,329	1,344
11~12시	1,320	732	1,093	420	747	851	1,142	1,024
합계	8,798	6,894	4,379	4,030	4,894	5,916	14,547	7,620

① 이날 오전 가장 많은 사람이 이용한 곳은 출국장 4이다.

② 이날 오전 출국장을 이용한 사람은 입국장을 이용한 사람보다 많다.

③ 9~12시 사이에 출국장 1/2를 이용한 사람 수는 이날 오전 출국장 1/2를 이용한 사람 수의 50% 이상이다.

④ 입국장 A/B와 출국장 5/6은 가장 혼잡한 시간대가 동일하다.

⑤ 10~11시 사이 가장 혼잡했던 입국장 이용객 수는 7~8시 사이에 가장 혼잡했던 출국장 이용객 수의 30% 이상이다.

16 다음은 ○○손해보험에서 화재손해 발생 시 지급 보험금 산정방법과 피보험물건(A~E)의 보험금액 및 보험가액을 나타낸 자료이다. 화재로 입은 손해액이 A~E 모두 6천만 원으로 동일할 때, 지급 보험금이 많은 것부터 순서대로 나열하면?

〈표1〉 지급 보험금 산정방법

피보험물건 유형	조건	지급 보험금
일반물건, 창고물건, 주택	보험금액 ≥ 보험가액의 80%	손해액 전액
	보험금액 < 보험가액의 80%	손해액 $\times \dfrac{\text{보험금액}}{\text{보험가액의 } 80\%}$
공장물건, 동산	보험금액 ≥ 보험가액	손해액 전액
	보험금액 < 보험가액	손해액 $\times \dfrac{\text{보험금액}}{\text{보험가액}}$

1) 보험금액 : 보험사고가 발생한 때에 보험회사가 피보험자에게 지급해야 하는 금액의 최고한도
2) 보험가액 : 보험사고가 발생한 때에 피보험자에게 발생 가능한 손해액의 최고한도

〈표2〉 피보험물건의 보험금액 및 보험가액

피보험물건	피보험물건 유형	보험금액	보험가액
A	주택	9천만 원	1억 원
B	일반물건	6천만 원	8천만 원
C	창고물건	7천만 원	1억 원
D	공장물건	9천만 원	1억 원
E	동산	6천만 원	7천만 원

① A − B − D − C − E
② A − D − B − E − C
③ B − A − C − D − E
④ B − D − A − C − E
⑤ D − B − A − E − C

17 다음 〈표〉는 주식매매 수수료율과 증권거래세율에 대한 자료이다. 주식매매 수수료는 주식 매도 시 매도자에게, 매수 시 매수자에게 부과되며 증권거래세는 주식 매도 시에만 매도자에게 부과된다고 할 때, 이에 대한 〈보기〉의 설명 중 옳은 것을 모두 고르면?

〈표 1〉 주식매매 수수료율과 증권거래세율

(단위 : %)

구분 ＼ 연도	2013	2015	2017	2020	2023
주식매매 수수료율	0.1949	0.1805	0.1655	0.1206	0.0993
유관기관 수수료율	0.0109	0.0109	0.0093	0.0075	0.0054
증권사수수료율	0.1840	0.1696	0.1562	0.1131	0.0939
증권거래세율	0.3	0.3	0.3	0.3	0.3

〈표 2〉 유관기관별 주식매매 수수료율

(단위 : %)

유관기관 ＼ 연도	2013	2015	2017	2020	2023
한국거래소	0.0065	0.0065	0.0058	0.0045	0.0032
예탁결제원	0.0032	0.0032	0.0024	0.0022	0.0014
금융투자협회	0.0012	0.0012	0.0011	0.0008	0.0008
합계	0.0109	0.0109	0.0093	0.0075	0.0054

※ 주식거래 비용 = 주식매매 수수료 + 증권거래세
※ 주식매매 수수료 = 주식매매 대금 × 주식매매 수수료율
※ 증권거래세 = 주식매매 대금 × 증권거래세율

㉠ 2013년에 '갑'이 주식을 매수한 뒤 같은 해에 동일한 가격으로 전량 매도했을 경우, 매수 시 주식거래 비용과 매도 시 주식거래 비용의 합에서 증권사 수수료가 차지하는 비중은 50%를 넘지 않는다.
㉡ 2017년에 '갑'이 1,000만원 어치의 주식을 매수할 때 '갑'에게 부과되는 주식매매 수수료는 16,550원이다.
㉢ 모든 유관기관은 2023년 수수료율을 2020년보다 10% 이상 인하하였다.
㉣ 2023년에 '갑'이 주식을 매도할 때 '갑'에게 부과되는 주식거래 비용에서 유관기관 수수료가 차지하는 비중은 2% 이하이다.

① ㉠, ㉡　　　　　　　　② ㉠, ㉢
③ ㉡, ㉢　　　　　　　　④ ㉡, ㉣
⑤ ㉢, ㉣

18 공연기획사인 A사는 이번에 주최한 공연을 보러 오는 관객을 기차역에서 공연장까지 버스로 수송하기로 하였다. 다음의 표와 같이 공연 시작 4시간 전부터 1시간 단위로 전체 관객 대비 기차역에 도착하는 관객의 비율을 예측하여 버스를 운행하고자 하며, 공연 시작 시간 전까지 관객을 모두 수송해야 한다. 다음을 바탕으로 예상한 수송 시나리오 중 옳은 것을 모두 고르면?

▣ 전체 관객 대비 기차역에 도착하는 관객의 비율

시각	전체 관객 대비 비율(%)
공연 시작 4시간 전	a
공연 시작 3시간 전	b
공연 시작 2시간 전	c
공연 시작 1시간 전	d
계	100

- 전체 관객 수는 40,000명이다.
- 버스는 한 번에 대당 최대 40명의 관객을 수송한다.
- 버스가 기차역과 공연장 사이를 왕복하는 데 걸리는 시간은 6분이다.

▣ 예상 수송 시나리오

㉠ a = b = c = d = 25라면, 회사가 전체 관객을 기차역에서 공연장으로 수송하는 데 필요한 버스는 최소 20대이다.

㉡ a = 10, b = 20, c = 30, d = 40이라면, 회사가 전체 관객을 기차역에서 공연장으로 수송하는 데 필요한 버스는 최소 40대이다.

㉢ 만일 공연이 끝난 후 2시간 이내에 전체 관객을 공연장에서 기차역까지 버스로 수송해야 한다면, 이때 회사에게 필요한 버스는 최소 50대이다.

① ㉠

② ㉡

③ ㉠, ㉡

④ ㉠, ㉢

⑤ ㉡, ㉢

19 다음은 국고보조금의 계상과 관련된 법조문이다. 이를 근거로 제시된 상황을 판단할 때, 2022년 정당에 지급할 국고보조금 총액은?

제00조(국고보조금의 계상)

① 국가는 정당에 대한 보조금으로 최근 실시한 임기만료에 의한 국회의원선거의 선거권자 총수에 보조금 계상단가를 곱한 금액을 매년 예산에 계상하여야 한다.

② 대통령선거, 임기만료에 의한 국회의원선거 또는 동시지방선거가 있는 연도에는 각 선거(동시지방선거는 하나의 선거로 본다)마다 보조금 계상단가를 추가한 금액을 제1항의 기준에 의하여 예산에 계상하여야 한다.

③ 제1항 및 제2항에 따른 보조금 계상단가는 전년도 보조금 계상단가에 전전년도와 대비한 전년도 전국소비자물가 변동률을 적용하여 산정한 금액을 증감한 금액으로 한다.

④ 중앙선거관리위원회는 제1항의 규정에 의한 보조금(경상보조금)은 매년 분기별로 균등분할하여 정당에 지급하고, 제2항의 규정에 의한 보조금(선거보조금)은 당해 선거의 후보자등록 마감일 후 2일 이내에 정당에 지급한다.

• 2020년 실시된 임기만료에 의한 국회의원선거의 선거권자 총수는 3천만 명이었고, 국회의원 임기는 4년이다.

• 2021년 정당에 지급된 국고보조금의 보조금 계상단가는 1,000원이었다.

• 전국소비자물가 변동률을 적용하여 산정한 보조금 계상단가는 전년 대비 매년 30원씩 증가한다.

• 2022년에는 5월에 대통령선거가 있고 8월에 임기만료에 의한 동시지방선거가 있다. 각 선거의 한 달 전에 후보자등록을 마감한다.

• 2023년에는 대통령선거, 임기만료에 의한 국회의원선거 또는 동시지방선거가 없다.

---

① 600억 원

② 618억 원

③ 900억 원

④ 927억 원

⑤ 953억 원

20 다음 글을 근거로 판단할 때, 김 과장이 단식을 시작한 첫 주 월요일부터 일요일까지 한 끼만 먹은 요일(끼니때)은?

> 김 과장은 건강상의 이유로 간헐적 단식을 시작하기로 했다. 김 과장이 선택한 간헐적 단식 방법은 월요일부터 일요일까지 일주일 중에 2일을 선택하여 아침 혹은 저녁 한 끼 식사만 하는 것이다. 단, 단식을 하는 날 전후로 각각 최소 2일간은 정상적으로 세 끼 식사를 하고, 업무상의 식사 약속을 고려하여 단식일과 방법을 유동적으로 결정하기로 했다. 또한 단식을 하는 날 이외에는 항상 세 끼 식사를 한다.
>
> 간헐적 단식 2주째인 김 과장은 그동안 단식을 했던 날짜를 기록해두기 위해 아래와 같이 최근 식사와 관련된 기억을 떠올렸다.
>
> • 2주차 월요일에는 단식을 했다.
> • 지난주에 먹은 아침식사 횟수와 저녁식사 횟수가 같다.
> • 지난주 월요일, 수요일, 금요일에는 조찬회의에 참석하여 아침식사를 했다.
> • 지난주 목요일에는 업무약속이 있어서 점심식사를 했다.

① 월요일(저녁), 목요일(저녁)
② 화요일(아침), 금요일(아침)
③ 화요일(아침), 금요일(저녁)
④ 화요일(저녁), 금요일(아침)
⑤ 수요일(점심), 목요일(저녁)

21 김 대리는 지난 여름 휴가 때 선박을 이용하여 '포항 → 울릉도 → 독도 → 울릉도 → 포항' 순으로 여행을 다녀왔다. 다음에 제시된 내용을 바탕으로 김 대리가 휴가를 냈던 기간을 추론하면?

- '포항 → 울릉도' 선박은 매일 오전 10시, '울릉도 → 포항' 선박은 매일 오후 3시에 출발하며, 편도 운항에 3시간이 소요된다.
- 울릉도에서 출발해 독도를 돌아보는 선박은 매주 화요일과 목요일 오전 8시에 출발하여 당일 오전 11시에 돌아온다.
- 최대 파고가 3m 이상인 날은 모든 노선의 선박이 운항되지 않는다.
- 김 대리는 매주 금요일에 술을 마시는데, 술을 마신 다음날은 멀미가 심해서 선박을 탈 수 없다.
- 이번 여행 중 김 대리는 울릉도에서 호박엿 만들기 체험을 했는데, 호박엿 만들기 체험은 매주 월·금요일 오후 6시에만 할 수 있다.

〈2022년 7월 최대 파고〉

🌊 : 최대 파고(단위 : m)

일	월	화	수	목	금	토
16 🌊 1.0	17 🌊 1.4	18 🌊 3.2	19 🌊 2.7	20 🌊 2.8	21 🌊 3.7	22 🌊 2.0
23 🌊 0.7	24 🌊 3.8	25 🌊 2.8	26 🌊 2.7	27 🌊 0.5	28 🌊 3.7	29 🌊 3.3

① 7월 16일(일)~19일(수)
② 7월 19일(수)~22일(토)
③ 7월 20일(목)~23일(일)
④ 7월 21일(금)~24일(월)
⑤ 7월 23일(일)~26일(수)

22 ◇◇자동차그룹 기술개발팀은 수소연료전지 개발과 관련하여 다음의 자료를 바탕으로 회의를 진행하고 있다. 잘못된 분석을 하고 있는 사람은?

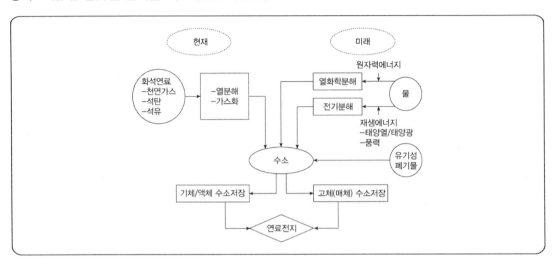

① 甲 : 현재는 석유와 천연가스 등 화석연료에서 수소를 얻고 있지만, 미래에는 재생에너지나 원자력을 활용한 수소 제조법이 사용될 것이다.

② 乙 : 수소는 기체, 액체, 고체 등 저장 상태에 관계없이 연료전지에 활용할 수 있다는 장점을 갖고 있다.

③ 丙 : 수소저장기술은 기체나 액체 상태로 저장하는 방식과 고체(매체)로 저장하는 방식으로 나눌 수 있다.

④ 丁 : 수소를 제조하는 기술에는 화석연료를 전기분해하는 방법과 재생에너지를 이용하여 물을 열분해하는 두 가지 방법이 있다.

⑤ 戊 : 수소는 물, 석유, 천연가스 및 유기성 폐기물 등에 함유되어 있으므로, 다양한 원료로부터 생산할 수 있다는 장점을 갖고 있다.

23 김 사원, 이 사원, 박 사원, 정 사원, 최 사원은 신입사원 오리엔테이션을 받으며 왼쪽부터 순서대로 앉아 강의를 들었다. 각기 다른 부서로 배치된 이들은 4년 후 신규 대리 진급자 시험을 보기 위해 다시 같은 강의실에 모이게 되었다. 다음의 〈조건〉을 모두 만족할 때, 어떤 경우에도 바로 옆에 앉는 두 사람은 누구인가?

〈조건〉
A. 신규 대리 진급자 시험에 응시하는 사람은 김 사원, 이 사원, 박 사원, 정 사원, 최 사원뿐이다.
B. 오리엔테이션 당시 앉았던 위치와 같은 위치에 앉아서 시험을 보는 직원은 아무도 없다.
C. 김 사원과 박 사원 사이에는 1명이 앉아 있다.
D. 이 사원과 정 사원 사이에는 2명이 앉아 있다.

① 김 사원, 최 사원
② 이 사원, 박 사원
③ 김 사원, 이 사원
④ 정 사원, 최 사원
⑤ 박 사원, 정 사원

24 다음은 이야기 내용과 그에 관한 설명이다. 이야기에 관한 설명 중 이야기 내용과 일치하는 것은 모두 몇 개인가?

[이야기 내용] A사에서 올해 출시한 카메라 P와 Q는 시중의 모든 카메라보다 높은 화소를 가졌고, 모든 카메라보다 가볍지는 않다. Q와 달리 P는 셀프카메라가 용이한 틸트형 LCD를 탑재하였으며 LCD 터치 조작이 가능하다. 이처럼 터치조작이 가능한 카메라는 A사에서 밖에 제작되지 않는다. Q는 P에 비해 본체 사이즈가 크지만 여러 종류의 렌즈를 바꿔 끼울 수 있고, 무선 인터넷을 통해 SNS 등으로 바로 사진을 옮길 수 있다.

[이야기에 관한 설명]
1. P와 Q는 서로 다른 화소를 가졌다.
2. 터치조직이 가능한 카메라는 P뿐이다.
3. Q는 다양한 렌즈를 사용할 수 있다.
4. P보다 가벼운 카메라는 존재하지 않는다.
5. P와 Q는 같은 회사에서 출시되었다.
6. Q는 무선 인터넷 접속이 가능하다.

① 0개   ② 1개
③ 2개   ④ 3개
⑤ 4개

25 ○○커피에 근무하는 甲은 신규 매장 오픈을 위한 위치 선정을 하고 있다. 다음은 기존 매장의 위치를 표시한 것으로 아래의 조건에 따라 신규 매장 위치를 선정한다고 할 때, ⓐ~ⓔ 중 신규 매장이 위치할 수 없는 곳은 어디인가?

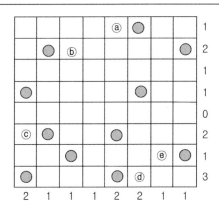

- 신규 매장은 바로 인접한 하나의 기존 매장으로부터 재료를 반드시 공급받아야 하고, 대각선 방향의 기존 매장은 이용할 수 없다.
- 기존 매장 하나는 하나의 신규 매장에만 재료를 공급할 수 있으며, 두 개의 신규 매장은 인접해서 위치하지 않고 대각선으로도 놓여있지 않다.
- 그림 밖의 숫자는 가로, 세로 줄에 위치할 신규 매장 수이다.

① ⓐ

② ⓑ

③ ⓒ

④ ⓓ

⑤ ⓔ

CHAPTER

01

제1회 정답 및 해설

1 ①

'영중추부사 채제공'과 어울리는 단어는 '총괄'이 적절하다.

① 모든 일을 한데 묶어 관할

② 땅이나 물 위를 미끄러져 내닫음)

③ 칠판에 분필로 글을 씀

④ 원망을 느낌

⑤ 몰래 달아나 숨음

2 ③

㈏ 마야인의 시간 개념 및 제례의식

㈐ 마야의 달력의 권위

㈎ 달력의 종류 : 촐킨

㈑ 달력의 종류 : 하아브

㈒ 역법순환(촐킨과 하아브의 주기를 조합하는 계산방식)

3 ④

④ 어떤 목적을 달성하기 위해 온갖 고난을 참고 견디어 심신을 단련함을 비유하는 말

① 미리 준비가 되어 있으면 걱정할 것이 없음을 이르는 말

② 필요할 때는 쓰고 필요 없을 때는 야박하게 버리는 경우를 이르는 말

③ 고국의 멸망을 한탄함을 이르는 말

⑤ 뛰어나게 아름다운 미인을 이르는 말

4 ③

③ 서류전형 합격자는 개별 문자통보, 최종합격자는 개별 유선통보라고 명시되어 있다.

① 접수가능 시간은 08:00~20:00, 근무시간대는 10:00~19:00으로 동일하지 않다.

② 자유양식을 허용한다는 내용은 찾아볼 수 없다.

④ 최종합격자의 근무지는 본사라고 되어 있으나, 본사의 위치가 대전인 것은 알 수 없다.

⑤ 최소 계약기간은 보장한다고 되어 있다.

5 ②

도농교류사업 추진 건수에 따라 예산을 배정할 경우, 소규모의 일회성 사업이 난립하게 된다. 또한 지속적이고 안정적인 예산 확보도 어렵다.

① 본론 I −2−1) 도시민들의 농촌에 대한 부정적 인식을 개선하기 위한 과제로 적절하다.

③ 본론 I −1−1) 소규모의 일회성 사업 난립에 대한 개선책으로 적절하다.

④ 본론 I −1−3) ㅁㅁ기관 내 일원화된 추진체계 미흡을 해결하기 위한 과제로 적절하다.

⑤ 본론 I −1−2) 지속적이고 안정적인 예산 확보 미비에 대한 해결책으로 적절하다.

6 ④

④ 다섯 번째 카드에서 교통약자석에 대한 인식 부족으로 교통약자석이 제 기능을 못하고 있다는 지적은 있지만, 그에 따른 문제점들을 원인에 따라 분류하고 있지는 않다.

① 첫 번째 카드 ② 세 번째 카드 ③ 네 번째 카드 ⑤ 여섯 번째 카드

7 ②

② 카드 뉴스는 신문 기사와 달리 글과 함께 그림을 비중 있게 제시하여 의미 전달을 효과적으로 하고 있다.

① 통계 정보는 (나)에서만 활용되었다.

③ 표제와 부제의 방식으로 제시한 것은 (나)이다.

④ 비유적이고 함축적인 표현들은 (가), (나) 모두에서 사용되지 않았다.

⑤ 신문 기사는 표정이나 몸짓 같은 비언어적 요소를 활용할 수 없다.

8 ③

참여 : 어떤 일에 끼어들어 관계함, 일의 진행 과정에 개입하는 것

참석 : 모임, 회의 따위의 자리에 참여함, 모임이나 회의에 출석하는 것

참가 : 모임, 단체 또는 일에 관계하여 들어감, 단순 출석이 아닌 참여의 단계로 들어가는 과정을 나타내는 것

참견 : 자기와 관계없는 일, 말 등에 끼어들어 쓸데없이 아는 체하거나 이래라저래라 함

참관 : 어떤 자리에 직접 나아가서 봄

9 ②

〈2022년도 에어컨 매출액 상위 10개 업체〉

순위	업체명	매출액(단위 : 십억 원)
1	A	$1139 \times 1.15 = 1309.85$
2	B	$1097 \times 1.19 = 1305.43$
3	D	$196 \times 1.80 = 352.8$
4	C	$285 \times 1.10 = 313.5$
5	F	$149 \times 1.90 = 283.1$
6	G	$138 \times 1.46 = 201.48$
7	E	$154 \times 1.25 = 192.5$
8	H	$40 \times 1.61 = 64.4$
9	J	$27 \times 1.58 = 42.66$
10	I	$30 \times 1.37 = 41.1$

10 ④

㉠ 2018년 대비 2022의 청소기 매출액 증가율이 62.5%이므로,
2022년의 매출액을 x라 하면,

$$\frac{x - 320}{320} \times 100 = 62.5, \quad \therefore x = 520(억 원)$$

㉡ 2014년 대비 2016년의 청소기 매출액 감소율이 10%이므로,
2014년의 매출액을 y라 하면,

$$\frac{270 - y}{y} \times 100 = -10, \quad \therefore y = 300(억 원)$$

∴ 2014년과 2022년의 청소기 매출액의 차이

: $520 - 300 = 220$(억 원)

11 ⑤

편차는 변량에서 평균을 뺀 값이므로 편차의 총합은 항상 0이 된다. 따라서 '정'의 편차를 구해보면 수식 -3+1-2+( )+0+3=0의 결과, '-1'이 됨을 알 수 있다.

분산은 편차를 제곱한 값들의 합을 변량의 개수로 나눈 값이므로 (9+1+4+1+0+9)÷6=4가 된다. 분산의 양의 제곱근이 표준편차가 되므로 표준편차는 2가 된다. 따라서 분산과 표준편차를 합한 값은 4+2=6이 된다.

12 ③

㉠ 융합서비스의 생산규모 2020년에 전년대비 1.2배가 증가하였으므로,

- (가)는 $3.5 \times 1.2 = 4.2$가 되고
- (나)는 $38.7 + 9.0 + 4.2 = 51.9$가 된다.

㉡ 2021년 정보기기의 생산규모는 전년대비 3천억 원이 감소하였으므로,

- (바)는 $71.1 - (47.4 + 13.6) = 10.1$이고
- (다)는 $10.1 + 3 = 13.1$이고,
- (라)는 $43.3 + 13.1 + 15.3 = 71.7$이다.

따라서 (마)는 (나) + (라) $= 51.9 + 71.7 = 123.6$이다.

13 ①

㉠ B사 주가의 최댓값은 57(백 원)

㉡ 월별 주가지수는

- 1월 주가지수 $= \dfrac{5000 + 6000}{5000 + 6000} \times 100 = 100.0$

- 2월 주가지수 $= \dfrac{4000 + 6000}{5000 + 6000} \times 100 ≒ 90.9$

- 3월 주가지수 $= \dfrac{5700 + 6300}{5000 + 6000} \times 100 ≒ 109.1$

- 4월 주가지수 $= \dfrac{4500 + 5900}{5000 + 6000} \times 100 ≒ 94.5$

- 5월 주가지수 $= \dfrac{3900 + 6200}{5000 + 6000} \times 100 ≒ 91.8$

- 6월 주가지수 $= \dfrac{5600 + 5400}{5000 + 6000} \times 100 = 100.0$

∴ 주가지수의 최솟값은 90.9(2월)이다.

14 ④

닮음비란 서로 닮은 두 도형에서 대응하는 변의 길이의 비이다. 정육면체의 부피는 (한 밑변의 넓이) × (높이) = (한 모서리의 길이) × (한 모서리의 길이) × (한 모서리의 길이)이므로, 큰 정육면체 B의 부피는 작은 정육면체 A의 부피의 $2^3 = 8$배이다.

15 ②

㉠ 11~20세 인구의 10년간 흐름은 5년마다 감소하고 있지만 전체 인구의 흐름은 증가하고 있다.

㉢ $\dfrac{17508418}{90156842} \times 100 \fallingdotseq 19.42\%$

㉡ 20세 이하의 인구는 2012(18,403,373명), 2017년(17,178,526명), 2022년(15,748,774명)이다.

㉣ 2012년 대비 2022년의 30세 이하 인구는 모두 감소하였다.

• 0~10세 인구 : 972,287명 감소

• 11~20세 인구 : 1,682,312명 감소

• 21~30세 인구 : 628,123명 감소

16 ①

□ADEB의 넓이는 9이고 □BFGC의 넓이가 4이므로, $\overline{AB}$ 의 길이는 3이고 $\overline{BC}$ 의 길이는 2이다. 피타고라스의 정리에 의하면 직각삼각형에서 직각을 끼고 있는 두 변의 제곱의 합은 빗변의 길이의 제곱과 같으므로, $\overline{AC}$ 의 길이를 x 라고 할 때, $x^2 = 9 + 4 = 13$이다.

17 ③

㉠ 박씨는 앞에서 세 번째에 앉는다.

앞	1	2	3	4	5	6	7	뒤
			박씨					

㉡ 정씨가 맨 앞에 앉는 경우 송씨는 박씨의 뒤 쪽에 앉게 되지만 김씨는 서로 이웃하게 앉아야 하므로 조건에 맞지 않다. 따라서 정씨는 맨 뒤에 앉아야 한다.

앞	1	2	3	4	5	6	7	뒤
			박씨				정씨	

㉢ 송씨가 들어갈 수 있는 자리는 4, 6번이 가능하다.

앞	1	2	3	4	5	6	7	뒤
			박씨	송씨		송씨	정씨	

㉣ 김씨가 서로 이웃하게 앉으려면 1, 2만 가능하다.

앞	1	2	3	4	5	6	7	뒤
	김씨	김씨	박씨	송씨		송씨	정씨	

㉤ 남는 자리는 한 자리이므로 이씨는 5번에 앉게 된다.

앞	1	2	3	4	5	6	7	뒤
	김씨	김씨	박씨	송씨	이씨	송씨	정씨	

18 ③

문제의 내용과 조건을 통해 알 수 있는 것은 다음과 같다.

㉠ 1층, 5층에 각각 1명씩 살고 있고, 4층에는 2명이 살고 있다고 했으므로 2, 3층 중 아무도 살지 않는 층이 한 개 있다.

㉡ 을은 1층에 살지 않는다고 했고, 을의 위층에는 아무도 살지 않는다고 했으므로 을은 2층에 살고 있다. 이를 통해 3층에는 아무도 살지 않는 것을 알 수 있다.

㉢ 무는 정의 바로 아래층에 살고 있다고 했으므로 5층에는 정, 4층에는 무가 살고 있다.

㉣ 갑은 1층에 살고 있지 않다고 했으므로 2명이 함께 사는 4층에 살고 있다는 것을 알 수 있다.

따라서 1층에서 살고 있는 사람은 '병'임을 알 수 있다.

19 ②

명제를 종합해보면,

교육자 → 도덕적 → 생각 → 판단력 → 선택 → 노력 → 만족

20 ①

• 현수는 당번× (㉥)
• 현수가 당번× → 현우와 현성이 당번○ (㉤)
• 현우와 현성이 당번○ → 현아는 당번× (㉢)
• 현아가 당번× → 현경이 당번○ (㉠의 대우)
• 현경이 당번○ → 현우도 당번○ (㉡)
• 현아나 현성이 당번○ → 현진이도 당번○ (㉣)

따라서 청소 당번은 현우, 현성, 현경, 현진이다.
(청소 당번이 아닌 사람은 현수, 현아)

21 ③

지원 구분에 따르면 모친상과 같은 경조사는 경조사 지원에 포함되어야 한다. 따라서 F의 구분이 잘못되었다.

22 ③

③ 2023년 변경된 사내 복지 제도에 따르면 1인 가구 사원에게는 가~사 총 7동 중 가~다동이 지원된다.

23 ①

ⓖ 제인의 기준 : 가격 + 원료

평가기준＼제품명	B	D	K	M
원료	10	8	5	8
가격	4	9	10	7
총점	14	<u>17</u>	15	15

ⓛ 데이먼의 기준 : 소비자 평가 총점

평가기준＼제품명	B	D	K	M
원료	10	8	5	8
가격	4	9	10	7
인지도	8	7	9	10
디자인	5	10	9	7
총점	27	<u>34</u>	33	32

ⓒ 밀러의 기준 : 인지도 + 디자인

평가기준＼제품명	B	D	K	M
인지도	8	7	9	10
디자인	5	10	9	7
총점	13	17	<u>18</u>	17

ⓔ 휴즈의 기준 : 원료 + 가격 + 인지도

평가기준＼제품명	B	D	K	M
원료	10	8	5	8
가격	4	9	10	7
인지도	8	7	9	10
총점	22	24	24	<u>25</u>

ⓜ 구매 결과

제인	데이먼	밀러	휴즈
D	D	K	M

24 ②

한 사람만 거짓말을 하기 때문에 나머지 세 사람은 참말만 해야 한다.

㉠ 조정이가 거짓말을 하는 경우
- 조정 : 나는 범인이다.
- 근석 : 명기는 범인이다. (조정이 범인이어야 하므로 논리적 모순)
- 명기 : 근석이는 범인이다. (조정이 범인이어야 하므로 논리적 모순)
- 용준 : 명기는 범인이다. (조정이 범인이어야 하므로 논리적 모순)

㉡ 근석이가 거짓말을 하는 경우
- 근석 : 명기는 범인이 아니다.
- 조정 : 나는 범인이 아니다.
- 명기 : 근석이는 범인이다.
- 용준 : 명기는 범인이다. (명기는 범인이 아니어야 하므로 논리적 모순)

㉢ 명기가 거짓말을 하는 경우
- 명기 : 근석이는 범인이 아니다.
- 조정 : 나는 범인이 아니다.
- 근석 : 명기는 범인이다.
- 용준 : 명기는 범인이다.

㉣ 용준이가 거짓말을 하는 경우
- 용준 : 명기는 범인이 아니다.
- 조정 : 나는 범인이 아니다.
- 근석 : 명기는 범인이다. (명기는 범인이 아니어야 하므로 논리적 모순)
- 명기 : 근석이는 범인이다.

따라서 ㉢ '명기가 거짓말을 하는 경우'만 논리적으로 모순이 없기 때문에 명기가 거짓말을 하고 있다.

25 ①

⑺ 6개월 이내에 보증부 대출 채무 인수는 마쳤으나 소유권이전등기를 하지 않았으므로 대출금 조기 만료에 해당된다. (O)

⑻ 병원 입원 기간은 해당 사유에서 제외되므로 대출금이 조기 만료되지 않는다. (X)

⑼ 본인이 담보주택의 소유권을 상실한 경우로 대출금 조기 만료에 해당된다. (O)

⑽ S씨의 대출금과 근저당권 상황은 대출금 조기 만료에 해당될 수 있으나, 채권자인 은행의 설정 최고액 변경 요구에 응하고 있으므로 조기 만료에 해당되지 않는다. (X)

제2회 정답 및 해설

1 ④

ⓔ의 주체는 고객이 아니라 연체료이므로 '부과되십니다'가 아닌 '부과됩니다'가 바른 표현이다.

2 ④

에너지 지원 사업에 대한 주제를 꺼내고 그것에 대해 설명하는 내용이므로 ④번의 순서가 적절하다.

3 ③

③ 예를 들면 하이든의 작품에는 통상적으로 'Hob.'로 시작하는 작품번호가 붙는다. 이는 네덜란드의 안토니 판 호보켄이 1957년과 1971년 하이든의 음악을 정리하여 낸 두 권의 카탈로그에서 유래한 것이다.(1문단)

4 ①

㉠ 조선시대 사족은 스스로 유향소(留鄕所)를 만들어 중앙 정부가 군현에 파견한 수령을 견제하는 한편, 향리세 력에 대한 우위를 확보하고 향촌민을 원활히 통제하고자 하였다.(1문단)

㉡ 사림파는 유향소를 통해 성리학적 질서를 확고히 하여 백성들을 다스리고, 이를 바탕으로 훈구파에 대항하려 고 하였다. 그러나 영남 일부 지역을 제외한 대부분 지역은 훈구파에 의해 좌지우지되었다.(2문단)

5 ②

(가), (다), (라), (마)는 통계 조사 등의 결과를 과대 해석하여 보도하였다는 공통적인 문제가 있다. 반면 (나)의 경우는 같 은 기간 훨씬 더 많이 발생한 산업재해 사망사건에 대해서는 거의 보도하지 않으면서, 상대적으로 적은 항공 사고 에 대해서는 많은 보도를 발표하였다는 점에서 문제를 제기할 수 있다.

6 ②

② 꿀벌 집단을 하나로 모으는 힘이 일벌을 지배하는 전지적인 여왕벌에서 비롯된다는 믿음은 아리스토텔레스 시대부터 시작되어 오늘에 이르고 있다.(2문단)

①③ 1문단

④⑤ 3문단

7 ①

① 도안(圖案), 도면(圖面)

② 제출(提出)

③ 분할(分割)

④ 체결(締結)

⑤ 변경(變更)

8 ③

① 외부 전시장 사전 답사일인 7월 7일은 토요일이다.

② 丙 사원은 개인 주간 스케줄인 '홈페이지 전시 일정 업데이트' 외에 7월 2일부터 7월 3일까지 '브로슈어 표지 이미지 샘플조사'를 하기로 결정되었다.

④ 2022년 하반기 전시는 관내 전시장과 외부 전시장에서 열릴 예정이다.

⑤ 乙 사원은 7. 2(월)~7. 5(목)까지 상반기 전시 만족도 설문조사를 진행할 예정이다.

9 ④

④ '액체나 가루 따위를 다른 곳에 담는 것'은 '붓다'이며, '물에 젖어서 부피가 커지는 것'은 '붇다'이다. 따라서 '콩이 불기(ㄷ불규칙)', '물을 붓고'가 올바른 표현이다.

① '가늠'은 '사물을 어림잡아 헤아린다.'는 의미이며, '갈음'은 '다른 것으로 바꾸어 대신하다'는 의미이다.

② '데다'는 '몹시 놀라거나 심한 괴로움을 겪어 진저리가 난다'는 의미이며, '대다'는 '정해진 시간에 닿거나 맞춘다.'는 의미이다.

③ '몸이나 눈썹을 위쪽으로 올리다'는 뜻으로 '추켜세우다'와 '치켜세우다' 모두 사용할 수 있다.

⑤ '물고기 따위의 배 속에 알이 들다'의 의미인 경우 '배다'가 올바른 표현이며, '날이 있는 연장 따위로 무엇을 끊거나 자르거나 가르다'의 의미인 경우 '베다'가 올바른 표현이다.

10 ①

㉠ 1~3일의 교통사고 건당 입원자 수는 알 수 없다.

㉡ 평소 주말 평균 부상자 수는 알 수 없다.

11 ①

직사각형의 넓이는 $1 \times 2 = 2$이다. 정사각형은 네 변의 길이가 모두 동일하므로 한 변의 길이를 x라고 할 때, $x^2 = 2$이므로 $x = \sqrt{2}$이다.

12 ①

㉠ '거리 = 속도 × 시간'이므로,

• 정문에서 후문까지 가는 속도 : 20m/초 = 1,200m/분

• 정문에서 후문까지 가는데 걸리는 시간 : 5분

• 정문에서 후문까지의 거리 : 1200 × 5 = 6,000m

㉡ 5회 왕복 시간이 70분이므로,

• 정문에서 후문으로 가는데 소요한 시간 : 5회 × 5분 = 25분

• 후문에서 정문으로 가는데 소요한 시간 : 5회 × x분

• 쉬는 시간 : 10분

• 5회 왕복 시간 : 25 + 5x + 10분 = 70분

∴ 후문에서 정문으로 가는데 걸린 시간 x = 7분

13 ②

정보성 글을 신뢰하는 사람의 비중은 20대(36.5%)가 10대(38.5%)보다 낮으며, 20대 이후에는 연령이 높아질수록 신뢰도가 비례하여 높아졌다. 이러한 추이는 연령별 평점의 증감 추이와도 일치하고 있음을 알 수 있다.

14 ②

㉠ 4,400 − 2,100 = <u>2,300</u>명

㉡ 남성 : 4,400 − 4,281 = 119, 여성 : 2,100 − 1,987

= 113 → <u>감소</u>

㉢ 2,274 − 1987 = 287 → <u>증가</u>

㉣ 2,400 − 2100 = <u>300</u>

15 ④

㉠ 영상 분야의 예산은 40.85(억 원), 비율은 19(%)이므로, 40.85 : 19 = (가) : (다)

• (다) = 100 − (19 + 24 + 31 + 11) = 15%

• 40.85 × 5 = 19 × (가)

∴ 출판 분야의 예산 (가) = 32.25(억 원)

㉡ 위와 동일하게 광고 분야의 예산을 구하면, 40.85 : 19 = (나) : 31

• 40.85 × 31 = 19 × (나),

∴ 광고 분야의 예산 (나) = 66.65(억 원)

㉢ 예산의 총합 (라)는 32.25 + 40.85 + 51.6 + 66.65 + 23.65 = 215(억 원)

16 ⑤

박 사원의 분당 작업량은 30(장)÷150=0.2장, 최 사원의 분당 작업량은 30(장)÷240(분)=0.125장이다. 이에 따라 등식 $0.2:0.125=x:60$을 만들 수 있고, $x=60×1.6=96$장이 된다.

17 ⑤

표준편차는 자료의 값이 평균으로부터 얼마나 떨어져 있는지, 즉 흩어져 있는지를 나타내는 값이다. 표준편차가 0일 때는 자룟값이 모두 같은 값을 가지고, 표준편차가 클수록 자룟값 중에 평균에서 떨어진 값이 많이 존재한다.

18 ③

③ 봉급이 193만 원 이라면 보수총액은 공제총액의 약 5.6배이다.
① 소득세는 지방소득세의 10배이다.
② 소득세가 공제총액에서 차지하는 비율은 약 31%이다.
④ 시간외수당은 정액급식비와 20만 원 차이난다.
⑤ 공제총액에서 차지하는 비율이 가장 낮은 것은 장기요양보험료(9,800원)이다.

19 ④

CRM은 가격이 아닌 서비스를 통해 자사의 경쟁력 확보가 가능해진다. CRM은 고객니즈를 만족시킴으로써 고객들의 욕구를 충족시켜줌으로써 자사의 이익을 얻고, 고객들과 장기적으로 관계를 유지할 수 있다. 그렇게 됨으로써 고객과의 관계가 돈독해지고 새로운 제품에 대한 프로모션을 하게 될 경우에도 적은 비용으로 최대의 효과를 누릴 수 있다. 밑줄 친 부분 "영업적으로만 대하던 고객과의 관계가 인간적인 관계로 발전"에서 고객을 단지 수익의 원천이라고만 생각하게 되면 그 CRM은 실패하게 되는 것이며 근본적으로 고객이 필요로 하는 니즈를 해결해줌으로써 그들과의 관계가 더욱 발전하게 됨을 알 수 있다.

20 ④

• 도착 순서 : 이정, 성도, 준서, 가인, 유진
• 번지점프 탑승 순서 : 유진, 가인, 준서, 성도, 이정

21 ⑤

	한국어	영어	프랑스어	독일어	중국어	태국어
갑	○	○	×	×	×	×
을	○	×	○	×	×	×
병	×	○	×	○	×	×
정	×	×	○	×	○	×
무	○	×	×	×	×	○

22 ④

제시된 명제를 정리하면,

- 무 + 기 = 경
- 기 > 갑 + 정
- 병 > 무 + 기 + 경
- 갑 = 정
- 무 = 기
- 갑 > 을

결국 '병 > 경 > 무 = 기 > 갑 = 정 > 을' 순으로 이어진다.

① 병은 을이 가지고 있는 동전의 수보다 많다.

② 갑이 가지고 있는 동전의 수는 을과 정이 가지고 있는 동전의 합보다 적다.

③ 무가 가지고 있는 동전의 수를 2배한 것보다 병이 가지고 있는 동전의 수가 많다.

⑤ 경이 가지고 있는 동전의 수는 갑이 가지고 있는 동전의 수를 2배한 것보다 많다.

23 ③

㉠ 조건을 정리하면,

- 4명이 각각 2개의 동호회에 가입되어 있으므로 총 8개의 동호회에 가입되어있다.
- 배드민턴 동호회에는 3명이 가입되어 있다.
- 골프 동호회에는 2명이 가입되어 있다.
- 낚시 동호회에는 2명이 가입되어 있다.

따라서 배드민턴, 골프, 낚시 동호회에 가입된 사람은 7명이기 때문에 자전거 동호회에 가입된 사람은 1명이다.

ⓛ 준희, 담비, 사연이의 가입 현황

	배드민턴(3)	골프(2)	낚시(2)	자전거(1)
영호				
준희				○
담비			○	
사연	○	○		

ⓒ 제시된 보기를 ⓛ에 적용하면,

① '영호와 준희가 배드민턴 동호회에 가입되어 있다면 담비는 배드민턴 동호회에 가입하지 않았다.'

= 3명만 가입한 배드민턴 동호회에 영희, 준희, 사연에 가입되어 있으므로 담비는 배드민턴 동호회에 가입될 수 없다.(옳은 설명)

	배드민턴(3)	골프(2)	낚시(2)	자전거(1)
영호	○			
준희	○			○
담비			○	
사연	○	○		

② '담비가 골프 동호회에 가입되어 있다면 배드민턴 동호회에 가입하지 않았다.'

= 한 사람당 2개의 동호회에 가입이 가능하므로 담비가 골프와 낚시 동호회에 가입되면 더 이상 다른 동호회에 가입할 수 없다.(옳은 설명)

	배드민턴(3)	골프(2)	낚시(2)	자전거(1)
영호				
준희				○
담비		○	○	
사연	○	○		

③ '준희가 낚시 동호회에 가입되어 있다면 영호도 낚시 동호회에 가입되어 있다.'

= 2명이 가입한 낚시 동호회에 준희, 담비가 가입되어 있으므로 영호는 낚시 동호회에 가입될 수 없다. (옳지 않은 설명)

	배드민턴(3)	골프(2)	낚시(2)	자전거(1)
영호				
준희			○	○
담비			○	
사연	○	○		

④ '사연이는 낚시 동호회에 가입하지 않았다.'

= 사연이는 이미 배드민턴과 골프 동호회에 가입되어 있으므로 다른 동호회에 가입될 수 없다. (옳은 설명)

	배드민턴(3)	골프(2)	낚시(2)	자전거(1)
영호				
준희				○
담비			○	
사연	○	○		

⑤ '영호는 자전거 동호회에 가입하지 않았다.'

= 자전거 동호회는 이미 준희가 가입하고 있으므로 더 이상 가입할 수 없다. (옳은 설명)

	배드민턴(3)	골프(2)	낚시(2)	자전거(1)
영호				
준희				○
담비			○	
사연	○	○		

24 ③

주어진 조건에 따라 다음의 표를 그릴 수 있다.

B, F	A, ( )	C, D, E 중 2명
( )	김	( )

세 번째 조건에서 '이'는 C와 F에게 교육을 하지 않았다고 하였으므로 F가 있는 조와 이미 갑이 교육을 하는 조를 맡지 않은 것이 된다. 따라서 맨 오른쪽은 '이'가 되어야 하고 남는 한 조인 B, F조는 '박'이 된다.

또 '이'는 C의 담당선배가 아니라고 했으므로 '이'의 조에는 D와 E가 남게 되며, C는 A와 한 조가 된다.

25 ①

서랍장의 세로 길이가 500mm이고 서랍을 열려면 400mm의 공간이 필요하므로 서랍장의 세로 길이는 총 900mm 라고 할 수 있다. 또한 붙박이 장롱 역시 깊이가 650mm이고 문을 여는 데 550mm의 간격이 필요하므로 붙박이 장롱의 세로 길이는 총 1,200mm라고 할 수 있다.

②④ 붙박이 장롱 문을 열 수 없다.

③ 서랍장과 화장대를 가로로 배치할 경우 방문을 여닫을 수 없으며, 서랍장과 장롱 중 어느 하나는 여닫을 수 없다.

⑤ 방문을 여닫을 수 없으며, 붙박이 장롱 문도 여닫을 수 없다.

제3회 정답 및 해설

1 ①

① 값이나 비율 따위가 보통보다 위에 있다.

② 지위나 신분 따위가 보통보다 위에 있다.

③ 온도, 습도, 압력 따위가 기준치보다 위에 있다.

④ 소리가 음계에서 위쪽에 있거나 진동수가 큰 상태에 있다.

⑤ 기세 따위가 힘차고 대단한 상태에 있다.

2 ②

'저지르다'의 유의어는 '범하다'이다.

• 저지르다 : 죄를 짓거나 잘못이 생겨나게 행동하다.

• 범하다 : 법률, 도덕, 규칙 따위를 어기다.

3 ④

④ ㉣의 앞 문장은 '동전 던지기 횟수를 늘렸을 때 확률이 어떻게 변하는지 보려면 그저 계속 곱하기만하면 된다.'고 하였고, ㉣의 뒤 문장은 '결과는 1/64'라고 하였다. 따라서 보기의 '1/2을 여섯 번 곱하면 된다'는 ㉣에 들어가야 자연스럽다.

4 ⑤

⑤ 국내 통화량이 증가하여 유지될 경우 장기에는 자국의 물가도 높아져 장기의 환율은 상승한다.

5 ④

①⑤ 소스 부호화는 데이터를 압축하기 위해 기호를 0과 1로 이루어진 부호로 변환하는 과정이다. 오류를 검출하고 정정하기 위하여 부호에 잉여 정보를 추가하는 과정은 채널 부호화이다.

② 송신기에서 부호를 전송하면 채널의 잡음으로 인해 오류가 발생한다.

③ 잉여 정보는 오류를 검출하고 정정하기 위하여 부호에 추가하는 정보이다.

6 ②

② 기호 집합의 평균 정보량을 기호 집합의 엔트로피라고 하는데 모든 기호들이 동일한 발생 확률을 가질 때 그 기호 집합의 엔트로피는 최댓값을 갖는다. 기호들의 발생 확률이 서로 다르므로 평균 정보량이 최댓값을 갖지 않는다.

7 ⑤

⑤ 삼중 반복 부호화는 0을 000으로 부호화하는데, 두 개의 비트에 오류가 있으면 110, 101, 011이 되어 1로 판단하므로 오류는 정정되지 않는다.

8 ③

③ 두 번째 문단에서 한국은행이 발표한 최근 자료를 활용하여 자신의 논거의 근거로 삼고 있다.

9 ⑤

⑤ 현재 소비를 포기한 대가로 받는 이자를 더 중요하게 생각한다면, 저축 이자율이 떨어지고 물가 상승률이 증가하는 상황에서 저축을 해야 한다고 조언하지 않을 것이다.

10 ①

• 총 45지점이므로 $A + B + C = 10$

• PO터미날과 PO휴먼스의 직원 수가 같으므로 $5 + B = 6 + 1$, $\therefore B = 2$

• PO메이트의 공장 수는 PO휴먼스의 공장 수의 절반이므로 $\therefore A = 6 \times \dfrac{1}{2} = 3$

• PO메이트의 공장 수와 PO터미날의 공장 수를 합하면 PO기술투자의 공장 수와 같으므로
  $A + B = C$, $\therefore C = 5$

따라서 $A = 3$, $B = 2$, $C = 5$이므로 두 번째로 큰 값은 $3(A)$이다.

11 ②

① 역 부문의 경우 2022년은 2020년에 비해(98.69 − 97.27 = 1.42) 1.42 상승하였다.

② 철도서비스 모니터링 결과에서 2022년도 열차 부문(99.51) 2022년도 계열사 부문(98.14)에 비해 높음을 알 수 있다.

③ 2022년의 경우 철도서비스 모니터링 결과에서 보듯이 역(98.69), 열차(99.51), 계열사(98.14)로 2022년에는 열차부문이 가장 높음을 알 수 있다.

④ 2018년~2022년까지 철도서비스 모니터링 3개 부문을 모두 계산하면 다음과 같은 순서로 나타낼 수 있다. 역 부문이(97.19 + 96.06 + 97.27 + 98.22 + 98.69 = 487.43) 가장 높으며, 그 다음으로는 열차(98.36 + 97.33 + 98.83 + 99.15 + 99.51 = 493.18) 부문이 차지하고 있으며, 그 다음으로는 계열사(97.11 + 96.23 + 95.99 + 97.63 + 98.14 = 485.1) 부문의 순이다.

⑤ 2022년은 2020년에 비해(98.83 - 97.32 = 1.51) 상승함을 알 수 있다.

12 ③

㈎ 남편과 아내가 한국국적인 경우에 해당하는 수치가 되므로 우리나라 남녀 모두 다문화 배우자와 결혼하는 경우가 전년보다 감소하였음을 알 수 있다. → ○

㈏ (88,929 - 94,962) ÷ 94,962 × 100 = 약 -6.35%가 된다. 따라서 다문화 신혼부부 전체의 수는 2022년에 전년대비 감소한 것이 된다. → ×

㈐ 5.0→6.9(남편), 32.2→32.6(아내)로 구성비가 변동된 베트남과 10.9→11.1(남편), 4.4→4.6(아내)로 구성비가 변동된 기타 국가만이 증가하였다. → ○

㈑ 중국인과 미국인 남편의 경우 2021년이 61.1%, 2022년이 60.2%이며, 중국인과 베트남인 아내의 경우 2021년이 71.4%, 2022년이 71.0%로 두 시기에 모두 50% 이상의 비중을 차지한다. → ○

13 ①

일본인이 남편인 경우는 2021년에 22,448쌍 중 7.5%를 차지하던 비중이 2022년에 22,114쌍 중 6.5%의 비중으로 변동되었다. 따라서 22,448 × 0.075 = 1,683쌍에서 22,114 × 0.065 = 1,437쌍으로 변동되어 246쌍이 감소되었다.

14 ①

ⓒ 자료에서는 서울과 인천의 가구 수를 알 수 없다.
ⓔ 남부가 북부보다 지역난방을 사용하는 비율이 높다.

15 ⑤

① 김유진 : 3억 5천만 원 × 0.9% = 315만 원
② 이영희 : 12억 원 × 0.9% = 1,080만 원
③ 심현우 : 1,170만 원 + (32억 8천만 원 - 15억 원) × 0.6% = 2,238만 원
④ 이동훈 : 18억 1천만 원 × 0.9% = 1,629만 원
⑤ 김원근 : 2,670만 원 + (3억 원 × 0.5%) = 2,820만 원

16 ③

③ 전체 기업 수의 약 99%에 해당하는 기업은 중소기업이며, 중소기업의 매출액은 1,804조 원으로 전체 매출액의 약 $1,804 \div 4,760 \times 100 = 약 37.9\%$를 차지하여 40%를 넘지 않는다.

① 매출액과 영업이익을 각 기업집단의 기업 수와 비교해 보면 계산을 하지 않아도 쉽게 확인할 수 있다.

② 매출액 대비 영업이익률은 영업이익 ÷ 매출액 × 100으로 구할 수 있다. 각각을 구하면 대기업이 $177 \div 2,285 \times 100 = 약 7.7\%$로 가장 높고, 그 다음이 $40 \div 671 \times 100 = 약 6.0\%$의 중견기업, 마지막이 $73 \div 1,804 \times 100 = 약 4.0\%$인 중소기업 순이다.

④ 전체 기업 수의 약 1%에 해당하는 대기업과 중견기업이 전체 영업이익인 290조 원의 약 $74.8\%(= 217 \div 290 \times 100)$를 차지한다.

⑤ 대기업은 $2,047,000 \div 2,191 = 약 934$명이며, 중견기업은 $1,252,000 \div 3,969 = 약 315$명이므로 3배에 육박한다고 말할 수 있다.

17 ④

• 첫 번째 생산성 조건에 따르면 A생산라인과 B생산라인을 각각 가동할 때, A생산라인은 1시간에 25개(정상 20개), B생산라인은 1시간에 50개(정상 45개)를 만든다.

• 두 번째 생산성 조건에서 두 라인을 동시에 가동하면 시간 당 정상제품 생산량이 각각 20%씩 상승한다고 하였으므로 A생산라인은 시간당 24개, B생산라인은 시간당 54개의 정상제품을 생산한다.

• A생산라인을 먼저 32시간 가동하였을 때 만들어진 정상제품은 $20 \times 32 = 640$개이므로 최종 10,000개의 납품을 맞추려면 9,360개의 정상제품이 더 필요하다.

• 두 생산라인을 모두 가동한 시간을 x라 할 때, 두 생산라인을 모두 가동하여 9,360개를 생산하는 데 걸리는 시간은 $(24 + 54)x = 9,360$이므로 $x = 120$이다.

18 ②

• 명제 1을 벤다이어그램으로 나타내면 전체 집합 U는 '등산을 좋아하는 사람'이 되고, 그 중 낚시를 좋아하는 사람을 표시할 수 있다.

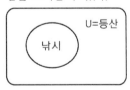

• 명제 2를 벤다이어그램으로 나타내면 다음과 같다.

• 이 두 명제를 결합하여 벤다이어그램으로 나타내면 다음과 같다.

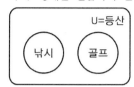

• 등산을 좋아하는 사람 중 등산과 낚시를 둘 다 좋아하는 사람과 등산만 좋아하는 사람은 골프를 좋아하지 않으므로 결론 A는 옳지 않다.
• 낚시를 좋아하는 사람은 모두 등산을 좋아하는 사람이므로 결론 B는 옳다.

19 ③
위 글에 나타난 문제점은 전원이 갑자기 꺼지는 현상이다. 따라서 ③ 취침 예약이 되어있는지 확인하는 것이 적절하다.

20 ①
①은 위 매뉴얼에 나타나있지 않다.

21 ①
제시된 네 개의 명제의 대우명제를 정리하면 다음과 같다.
㉠→乙 지역이 1급 상수원이면 甲 지역은 1급 상수원이 아니다.
㉡→乙 지역이 1급 상수원이 아니면 丙 지역도 1급 상수원이 아니다.
㉢→甲 지역이 1급 상수원이 아니면 丁 지역도 1급 상수원이 아니다.
㉣→戊 지역이 1급 상수원이면 丙 지역은 1급 상수원이다.
戊 지역이 1급 상수원임을 기준으로 원래의 명제와 대우명제를 함께 정리하면 '戊 지역→丙 지역→乙 지역→~甲 지역→~丁 지역'의 관계가 성립하게 되고, 이것의 대우인 '丁 지역→甲 지역→~乙 지역→~丙 지역→~戊 지역'도 성립한다. 따라서 甲 지역이 1급 상수원이면 丙 지역은 1급 상수원이 아니므로 ①은 거짓이다.

22 ②
제11조 제2항에 따르면 사용자가 제1항 단서의 사유가 없거나 소멸되었음에도 불구하고 2년을 초과하여 기간제 근로자로 사용하는 경우에는 그 기간제 근로자는 기간의 정함이 없는 근로계약을 체결한 근로자로 본다. 따라서 ②의 경우 기간제 근로자로 볼 수 없다.
① 2년을 초과하지 않는 범위이므로 기간제 근로자로 볼 수 있다.
③ 제11조 제1항 제3호에 따른 기간제 근로자로 볼 수 있다.
④ 제11조 제1항 제1호에 따른 기간제 근로자로 볼 수 있다.
⑤ 제11조 제1항 제2호에 따른 기간제 근로자로 볼 수 있다.

23 ③

신당에서 6호선을 타고 약수에서 환승한 뒤 3호선으로 갈아타 옥수(F)에 들린 뒤, 다시 3호선을 타고 고속터미널에서 환승한 뒤 7호선으로 갈아타 사가정(C)으로 가는 것이 가장 효율적이다.

24 ④

F→B→E 또는 F→E→B의 순서로 이동할 수 있다.

㉠ F에서 B로 이동할 때 9정거장과 1번의 환승이 필요하고, B에서 E로 이동할 때 9정거장과 2번의 환승이 필요하다.

㉡ F에서 E로 이동할 때 8정거장과 1번의 환승이 필요하고, E에서 B로 이동할 때 9정거장과 2번의 환승이 필요하다.

25 ①

• 甲 : 사망자가 공무원의 부모이고, 해당 공무원이 2인 이상(직계비속인 C와 D)인 경우이므로 사망한 자를 부양하던 직계비속인 공무원인 D가 사망조위금 최우선 순위 수급권자이다.

• 乙 : 사망자 C는 공무원의 배우자이자 자녀이다. 해당 공무원이 2인 이상(직계존속인 A와 B, 배우자인 D)인 경우이므로 사망한 자의 배우자인 공무원인 D가 사망조위금 최우선 순위 수급자이다.

• 丙 : 사망자 A 본인이 공무원인 경우로, 사망조위금 최우선 순위 수급자는 사망한 공무원의 배우자인 B가 된다.

CHAPTER 04

제4회 정답 및 해설

1 ③

ⓒ 당시 미국 산림청장은 핀쇼이다.

2 ①

㉠의 의미는 ①에 해당한다.

3 ①

① **침강(沈降)** : 밑으로 가라앉음
② **침식(侵蝕)** : 외부의 영향으로 세력이나 범위 따위가 점점 줄어듦
③ **침체(沈滯)** : 어떤 현상이나 사물이 진전하지 못하고 제자리에 머무름
④ **침범(侵犯)** : 남의 영토나 권리, 재산, 신분 따위를 침노하여 범하거나 해를 끼침
⑤ **침해(侵害)** : 침범하여 해를 끼침

4 ③

③ 희토류와 관련된 우리 삶에 대한 긍정적인 전망은 제시하고 있지 않다.
① 이 발표의 목적은 '희토류가 무엇이고 어떻게 쓰이는지 등에 대해 알려 드리고자 함'이다.
② 산업 분야에서 희토류의 역할을 '산업의 비타민'이라고 비유적 표현으로 제시하였다.
④ 청자의 이해를 돕기 위해 영상 및 표를 효과적으로 제시하고 있다.
⑤ 발표 마지막에서 희토류가 실제로 얼마나 다양하게 활용되고 있는지 관심을 갖고 찾아보길 촉구하고 있다.

5 ⑤

회신(回信)은 편지, 전신, 전화 따위로 회답을 한다는 의미의 단어로써 괄호 위의 문장에서 전북 불교연합대책위 등 지역불교 단체들은 "코레일 전북본부의 명확한 답변을 받아냈다"는 부분에서 문서(편지)·전화·전신 등의 수단을 통해 답변을 얻었다는 것을 알 수 있으므로 회신(回信)이라는 단어를 유추해 낼 수 있다.

6 ①

① 전반적으로 수온의 상승이 전망되지만 겨울철 이상 기후로 인한 저수온 현상으로 대표적 한대성 어종인 대구가 남하하게 되어, 동해, 경남 진해에서 잡히던 대구가 인천이 아닌 전남 고흥, 여수 등지에서 잡힐 것으로 전망하고 있다.

② 생활환경에 물관리, 건강 부문을 통해 유추할 수 있다.

③ 노후화로 인해 방조제, 항구 등이 범람에 취약해지고, 가뭄과 홍수가 보다 빈번해질 것으로 볼 수 있다.

④ 참치 등 난대성 어종 양식 기회가 제공되어 시중의 참치 가격이 인하된다고 볼 수 있으며, 수온 상승은 하천에 저산소·무산소 현상을 유발할 수 있다.

7 ④

甲은 정치적 안정 여부에 대하여 '정당체제가 어떤 권력 구조와 결합하는가에 따라 결정된다. 의원내각제는 양당제와 다당제 모두와 조화되어 정치적 안정을 도모할 수 있는 반면 혼합형과 대통령제의 경우 정당체제가 양당제일 경우에만 정치적으로 안정되는 현상을 보인다.'고 주장하였으므로, 甲의 견해에 근거할 때 정치적으로 가장 불안정할 것으로 예상되는 정치체제는 대통령제이면서 정당체제가 양당제가 아닌 경우이다. 따라서 권력구조는 대통령제를 선택하고 의원들은 비례대표제 방식을 통해 선출하는(→ 대정당과 더불어 군소정당이 존립하는 다당제 형태) D형이 정치적으로 가장 불안정하다.

8 ⑤

⑤ 형태가 일정한 물체의 회전 운동 에너지는 회전 속도의 제곱에 정비례하므로 물체의 회전 속도가 2배가 되면 회전 운동 에너지는 4배가 된다.

9 ④

① 돌림힘의 크기는 회전축에서 힘을 가하는 점까지의 거리와 가해 준 힘의 크기의 곱으로 표현된다. 따라서 갑의 돌림힘의 크기는 1m × 300N = 300N · m이고, 을의 돌림힘의 크기는 2m × 200N = 400N · m이다. 따라서 갑의 돌림힘의 크기가 을의 돌림힘의 크기보다 작다.

② 두 돌림힘의 방향이 서로 반대이므로 알짜 돌림힘의 방향은 더 큰 돌림힘의 방향과 같다. 따라서 알짜 돌림힘의 방향의 을의 돌림힘의 방향과 같다.

③ 두 돌림힘의 방향이 반대이지만, 돌림힘의 크기가 다르므로 알짜 돌림힘은 0이 아니고, 돌림힘의 평형도 유지되지 않는다.

⑤ 두 돌림힘의 방향이 서로 반대이면 알짜 돌림힘의 크기는 두 돌림힘의 크기의 차가 된다. 따라서 알짜 돌림힘의 크기는 400 − 300 = 100N · m이다.

10 ④

구분＼물품	A	B	C	D	E	F	G	H
조달단가(억 원)	3	4	5	6	7	8	10	16
구매 효용성	1	0.5	1.8	2.5	1	1.75	1.9	2
정량적 기대효과	3	2	9	15	7	14	19	32

따라서 20억 원 이내에서 구매예산을 집행한다고 할 때, 정량적 기대효과 총합이 최댓값이 되는 조합은 C, D, F로 9 + 15 + 14 = 38이다.

11 ⑤

⑤ E에 들어갈 값은 37.9 + 4.3 = 42.2이다.

12 ①

S→1→F 경로로 갈 경우에는 7명, S→3→2→F 경로로 갈 경우에는 11명이며, S→3→2→4→F 경로로 갈 경우에는 8명이므로, 최대 승객 수는 모두 더한 값인 26명이 된다.

13 ②

② 1994년 대비 1999년에 증가한 여객수송 인원은 96,560명이다. 화물수송의 경우에는 15,785톤 정도 감소되었음을 알 수 있다.

14 ④

BBB등급 기준보증료율인 1.4%에서 지방기술사업과 벤처기업 중 감면율이 큰 자방기술사업을 적용하면 ㈜서원의 보증료율은 1.1%이다. 보증료의 계산은 보증금액 × 보증료율 × 보증기간/365이므로 ㈜서원의 보증료는 5억 원 × 1.1% × 365/365 = 5,500천 원이다.

15 ①

갑, 을, 병 3개 회사가 보증금액(신규)과 보증기간이 동일하므로 보증료율이 높은 순서대로 정렬하면 된다.
• 갑 보증료율 : 1.4%(BBB등급) − 0.3%p(감면율이 큰 국가유공자기업 적용) + 0.3%p(고액보증기업 나 + 장기이용기업 가) = 1.4%
• 을 보증료율 : 1.5%(B등급) − 0.2%(벤처·이노비즈기업 중복적용 안 됨) + 0.0%p(장기이용기업 다에 해당하지만 경영개선지원기업으로 가산요율 적용 안 함) = 1.3%
• 병 보증료율 : 1.5%(B등급) − 0.3%p(감면율이 큰 장애인기업 적용) + 0.0%p(가산사유 해당 없음) = 1.2%
따라서 보증료율이 높은 순서인 갑 − 을 − 병 순으로 보증료가 높다.

16 ④

최종 선발 인원이 500명인데 사회적 약자 집단이 3% 포함되어 있으므로 500 × 0.03 = 15명이 별도로 뽑힌 사회적 약자 집단이 된다. 따라서 485명이 4차 최종 면접을 통과한 인원이 된다.

4차 면접 통과 인원이 485명이 되기 위해서는 3차 인적성 테스트에서 485 × 1.5 = 728명이 뽑힌 것이 되며, 2차 필기시험에서는 728 × 3 = 2,184명이, 1차 서류전형에서는 2,184 × 3 = 6,552명이 선발되었음을 알 수 있다. 1차 서류전형 통과 인원인 6,552명은 총 응시자의 45%에 해당하는 수치이므로, 총 응시자 수는 6,552 ÷ 0.45 = 14,560명이 된다.

17 ⑤

2022년 7월 甲의 월급은 기본급 300만 원에 다음의 수당을 합한 급액이 된다.

- 정근수당 : 3,000,000 × 50% = 1,500,000원
- 명절휴가비 : 해당 없음
- 가계지원비 : 3,000,000 × 40% = 1,200,000원
- 정액급식비 : 130,000원
- 교통보조비 : 200,000원

따라서 3,000,000 + 1,500,000 + 1,200,000 + 130,000 + 200,000 = 6,030,000원이다.

18 ②

(가) 충전시간 당 통화시간은 A모델 6.8H > D모델 5.9H > B모델 4.8H > C모델 4.0H 순이다. 음악재생시간은 D모델 > A모델 > C모델 > B모델 순으로 그 순위가 다르다. (X)

(나) 충전시간 당 통화시간이 5시간 이상인 것은 A모델 6.8H과 D모델 5.9H이다. (O)

(다) 통화 1시간을 감소하여 음악재생 30분의 증가 효과가 있다는 것은 음악재생에 더 많은 배터리가 사용된다는 것을 의미하므로 A모델은 음악재생에, C모델은 통화에 더 많은 배터리가 사용된다. (X)

(라) B모델은 통화시간 1시간 감소 시 음악재생시간 30분이 증가한다. 현행 12시간에서 10시간으로 통화시간을 2시간 감소시키면 음악재생시간이 1시간 증가하여 15시간이 되므로 C모델과 동일하게 된다. (O)

19 ③

두 개의 제품 모두 무게가 42g 이하여야 하므로 B모델은 제외된다. K씨는 충전시간이 짧고 통화시간이 길어야 한다는 조건만 제시되어 있으므로 나머지 세 모델 중 A모델이 가장 적절하다.

친구에게 선물할 제품은 통화시간이 16시간이어야 하므로 통화시간을 더 늘릴 수 없는 A모델은 제외되어야 한다. 나머지 C모델, D모델은 모두 음악재생시간을 조절하여 통화시간을 16시간으로 늘릴 수 있으며 이때 음악재생시간 감소는 C, D모델이 각각 8시간(통화시간 4시간 증가)과 6시간(통화시간 3시간 증가)이 된다. 따라서 두 모델의 음악재생 가능시간은 15 − 8 = 7시간, 18 − 6 = 12시간이 된다. 그런데 일주일 1회 충전하여 매일 1시간씩의 음악을 들을 수 있으면 된다고 하였으므로 7시간 이상의 음악재생시간이 필요하지는 않으며, 7시간만 충족될 경우 고감도 스피커 제품이 더 낫다고 요청하고 있다. 따라서 D모델보다 C모델이 더 적절하다는 것을 알 수 있다.

20 ④

한주가 수도인 나라는 평주가 수도인 나라의 바로 전 시기에 있었고, 금주가 수도인 나라는 관주가 수도인 나라 바로 다음 시기에 있었으나 정보다는 이전 시기에 있었으므로 수도는 관주 > 금주 > 한주 > 평주 순임을 알 수 있다. 병은 가장 먼저 있었던 나라는 아니지만, 갑보다 이전 시기에 있었으므로 두 번째나 세 번째가 되는데, 병과 정이 시대 순으로 볼 때 연이어 존재하지 않았으므로 을 > 병 > 갑 > 정이 되어야 한다. 따라서 나라와 수도를 연결해 보면, 을 – 관주, 병 – 금주, 갑 – 한주, 정 – 평주가 되며 [이야기 내용]과 일치하는 것은 3, 5, 6이다.

21 ③

〈보기〉에 주어진 조건대로 고정된 순서를 정리하면 다음과 같다.
• B 차장 > A 부장
• C 과장 > D 대리
• E 대리 > ? > ? > C 과장

따라서 E 대리 > ? > ? > C 과장 > D 대리의 순서가 성립되며, 이 상태에서 경우의 수를 따져보면 다음과 같다.
㉠ B 차장이 첫 번째인 경우라면, 세 번째와 네 번째는 A 부장과 F 사원(또는 F 사원과 A 부장)이 된다.
  • B 차장 > E 대리 > A 부장 > F 사원 > C 과장 > D 대리
  • B 차장 > E 대리 > F 사원 > A 부장 > C 과장 > D 대리
㉡ B 차장이 세 번째인 경우는 E 대리의 바로 다음인 경우와 C 과장의 바로 앞인 두 가지의 경우가 있을 수 있다.
  • E 대리의 바로 다음인 경우 : F 사원 > E 대리 > B 차장 > A 부장 > C 과장 > D 대리
  • C 과장의 바로 앞인 경우 : E 대리 > F 사원 > B 차장 > C 과장 > D 대리 > A 부장
따라서 위에서 정리된 바와 같이 가능한 네 가지의 경우에서 두 번째로 사회봉사활동을 갈 수 있는 사람은 E 대리와 F 사원 밖에 없다.

22 ⑤

甲 국장은 전체적인 근로자의 주당 근로시간 자료 중 정규직과 비정규직의 근로시간이 사업장 규모에 따라 어떻게 다른지를 비교하고자 하는 것을 알 수 있다. 따라서 국가별, 연도별 구분 자료보다는 ⑤와 같은 자료가 요청에 부합하는 적절한 자료가 된다.

23 ④

① 총 인원이 250명이므로 블루 연회장과 골드 연회장이 적합하다.
② 송년의 밤 행사이니 저녁 시간대에 진행되어야 한다.
③ 평일인 4~5일과 11~12일은 업무 종료 시간이나 연회부의 동 시간대 투입 인력 조건 등 제한으로 예약이 불가능하다.
④ 모든 조건을 고려했을 때 예약 가능한 연회장은 6일 블루, 7일 골드, 13일 블루, 14일 블루 또는 골드이다.
⑤ 5일에 실버 연회장 예약이 취소된다면 블루 연회장으로 예약이 가능하다.

24 ②

제시된 제7조~제12조까지의 내용은 각 조항별로 각각 인원보안 업무 취급 부서, 비밀취급인가 대상자, 비밀취급인가 절차, 비밀취급인가대장, 비밀취급인가의 제한 조건, 비밀취급인가의 해제 등에 대하여 언급하고 있다.

② 비밀의 등급이나 비밀에 해당하는 문서, 정보 등 취급인가 사항에 해당되는 비밀의 구체적인 내용에 대해서는 언급되어 있지 않다.

25 ①

②

원래 시료	딸기향 10㎖, 바다향 10㎖, 바닐라향 10㎖, 파우더향 10㎖, 커피향 10㎖
1차 조합 및 결과	바닐라향 10㎖ + 파우더향 10㎖ = 바닐라향 20㎖ 딸기향 10㎖, 바다향 10㎖, 커피향 10㎖
2차 조합 및 결과	딸기향 10㎖ + 바닐라향 10㎖ = 딸기향 10㎖ + 베리향 10㎖ 바닐라향 10㎖, 바다향 10㎖, 커피향 10㎖
3차 조합 및 결과	딸기향 10㎖ + 커피향 10㎖ = 커피향 20㎖ 베리향 10㎖, 바닐라향 10㎖, 바다향 10㎖

③

원래 시료	딸기향 10㎖, 바다향 10㎖, 바닐라향 10㎖, 파우더향 10㎖, 커피향 10㎖
1차 조합 및 결과	딸기향 10㎖ + 바닐라향 10㎖ = 딸기향 10㎖ + 베리향 10㎖ 바다향 10㎖, 파우더향 10㎖, 커피향 10㎖
2차 조합 및 결과	바다향 10㎖ + 파우더향 10㎖ = 바다향 20㎖ 딸기향 10㎖, 베리향 10㎖, 커피향 10㎖

④

원래 시료	딸기향 10㎖, 바다향 10㎖, 바닐라향 10㎖, 파우더향 10㎖, 커피향 10㎖
1차 조합 및 결과	바다향 10㎖ + 바닐라향 10㎖ = 바다향 10㎖ + 나무향 10㎖ 딸기향 10㎖, 파우더향 10㎖, 커피향 10㎖
2차 조합 및 결과	딸기향 10㎖ + 바다향 10㎖ = 숲속향 20㎖ 나무향 10㎖, 파우더향 10㎖, 커피향 10㎖
3차 조합 및 결과	숲속향 10㎖ + 파우더향 10㎖ = 숲속향 20㎖ 숲속향 10㎖, 나무향 10㎖, 커피향 10㎖

⑤

원래 시료	딸기향 10㎖, 바다향 10㎖, 바닐라향 10㎖, 파우더향 10㎖, 커피향 10㎖
1차 조합 및 결과	딸기향 10㎖ + 파우더향 10㎖ = 딸기향 20㎖ 바다향 10㎖, 바닐라향 10㎖, 커피향 10㎖
2차 조합 및 결과	바다향 10㎖ + 바닐라향 10㎖ = 바다향 10㎖ + 나무향 10㎖ 딸기향 20㎖, 커피향 10㎖
3차 조합 및 결과	바다향 10㎖ + 커피향 10㎖ = 커피향 20㎖ 딸기향 20㎖, 나무향 10㎖

제5회 정답 및 해설

1 ⑤

밑줄 친 '늘리고'는 '시간이나 기간이 길어지다.'의 뜻으로 쓰였다. 따라서 이와 의미가 동일하게 쓰인 것은 ⑤이다.
① 물체의 넓이, 부피 따위를 본디보다 커지게 하다.
② 살림이 넉넉해지다.
③ 힘이나 기운, 세력 따위가 이전보다 큰 상태가 되다.
④ 재주나 능력 따위가 나아지다.

2 ④

"소득이 늘면서 유행에 목을 매다보니 남보다 한 발짝이라도 빨리 가고 싶은 욕망이 생기고 그것이 유행의 주기를 앞당기는 것이다."에서 보듯이 유행과 소비자들이 복잡한 욕구가 서로 얽혀 유행 풍조를 앞당기고 있다고 할 수 있다.

3 ③

약관 13조 3항에서 보면 "13세 미만의 어린이(초등학생)는 할인할 수 있다."고 명시되어 있다. 다시 말해 1세~12세까지만 할인율이 해당된다고 할 수 있다. 하지만 ③의 클로제 조카는 13세라고 되어 있으므로 클로제가 운송약관의 내용을 잘못 이해하고 있다.

4 ②

㉮ 이러한 경우, 평가대상 기관 항목 아래 '개별기관별 별도 통보함'이라는 문구를 삽입해 주는 것이 바람직하다.
㉯ 연월일의 표시에서는 모든 아라비아 숫자 뒤에 마침표를 쓰는 것이 문서작성 원칙이다.
㉰ 공고문이나 안내문 등에서는 연락처를 기재하는 것이 원칙이다.
㉱ 1번과 2번 항목이 5번 항목의 뒤로 오는 것이 일반적인 순서에 맞고, 읽는 사람이 알고자 하는 사항을 적절한 순서로 작성한 것으로 볼 수 있다.

5 ④

④ 걷잡을 수 없어진 지구 온난화에 적응을 하지 못한 식물들이 한꺼번에 죽어 부패하면 그 속에 가두어져 있는 탄소가 대기로 방출된다고 언급하고 있다. 따라서 생명체가 소멸되면 탄소 순환 고리가 끊길 수 있지만, 대기 중의 탄소가 사라지는 것은 아니다.

6 ⑤

(가), (나), (다)는 설화 속에서 다양한 성격으로 등장하는 호랑이 모습을 예를 들어 설명하고 있다.

① 분석   ② 과정   ③ 정의   ④ 인과

7 ①

마지막 문단에서 공간 정보 활용 범위의 확대 사례 사례로 여행지와 관련한 공간 정보 활용과 도시 계획 수립을 위한 공간 정보 활용, 자연재해 예측 시스템에서의 공간 정보 활용 등을 제시하여 내용을 타당성 있게 뒷받침하고 있다.

8 ③

ⓒ은 3년간 축제 참여 현황을 통해 나타난 사실에 대한 언급이다. 나머지 ㉠, ㉡, ㉣ ㉤은 화자의 생각이자 예측으로, 사실이 아닌 의견으로 구분할 수 있다.

9 ⑤

빅데이터는 데이터의 양이 매우 많을 뿐 아니라 데이터의 복잡성이 매우 높다. 데이터의 복잡성이 높으면 다양한 파생 정보를 끌어낼 수 있다. 즉, 빅데이터에서는 파생 정보를 얻을 수 있다.

10 ③

재정력지수가 1 이상이면 지방교부세를 지원받지 않는다. 따라서 3년간 지방교부세를 지원받은 적이 없는 지방자치단체는 서울, 경기 두 곳이다.

11 ③

① 2021년과 2022년의 흡연율은 전년에 비해 감소하였다.

② 2016년, 2019년, 2020년만 7배 이상이다.

④ ㉠에 들어갈 수치는 56.3이다.

⑤ 매년 단기 금연계획률은 장기 금연계획률보다 적다.

12 ②

② 일반버스와 굴절버스 간의 운송항목 비용 중 비용 차이가 가장 큰 항목은 차량 감가상각비이다.

13 ④

④ 2000년에 비해 2010년에 대리의 수가 늘어난 출신 지역은 서울·경기, 강원, 충남 3곳이고, 대리의 수가 줄어든 출신 지역은 충북, 경남, 전북, 전남 4곳이다.

14 ①

빈칸 중 추론이 가능한 부분을 채우면 다음과 같다.

과목＼사원	A	B	C	D	E	평균
김영희	(16)	14	13	15	( )	( )
이민수	12	14	(15)	10	14	13.0
박수민	10	12	9	(10)	18	11.8
최은경	14	14	(15)	17	( )	( )
정철민	(18)	20	19	17	19	18.6
신상욱	10	(13)	16	(15)	16	(14)
계	80	(87)	(87)	84	( )	( )
평균	($\frac{80}{6}$)	14.5	14.5	(14)	( )	( )

① 김영희 사원의 성취수준은 E항목 평가 점수가 17점 이상이면 평균이 15점 이상으로 '우수수준'이 될 수 있다.
② 최은경 사원의 성취수준은 E항목 시험 점수가 0점이라고 해도 평균 12점으로 '보통수준'이다. 따라서 '기초수준'이 될 수 없다.
③ 신상욱 사원의 평가 점수는 B항목은 13점, D항목은 15점, 평균 14점으로 성취수준은 '보통수준'이다.
④ 이민수 사원의 C항목 평가 점수는 15점으로, 정철민 사원의 A항목 평가 점수는 18점보다 낮다.
⑤ 박수민 사원의 D항목 평가 점수는 10점으로 신상욱 사원의 평균 14점보다 낮다.

15 ③

③ 9~12시 사이에 출국장 1/2를 이용한 사람 수는 2,176명으로 이날 오전 출국장 1/2를 이용한 사람 수의 50% 이하이다.

16 ①

A~E의 지급 보험금을 산정하면 다음과 같다.

피보험물건	지급 보험금
A	주택, 보험금액 ≥ 보험가액의 80%이므로 손해액 전액 지급→6천만 원
B	일반물건, 보험금액 < 보험가액의 80%이므로 손해액 $\times \dfrac{\text{보험금액}}{\text{보험가액의 80\%}}$ 지급→ $6,000 \times \dfrac{6,000}{6,400} = 5,625$ 만 원
C	창고물건, 보험금액 < 보험가액의 80%이므로 손해액 $\times \dfrac{\text{보험금액}}{\text{보험가액의 80\%}}$ 지급→ $6,000 \times \dfrac{7,000}{8,000} = 5,250$ 만 원
D	공장물건, 보험금액 < 보험가액이므로 손해액 $\times \dfrac{\text{보험금액}}{\text{보험가액}}$ 지급→ $6,000 \times \dfrac{9,000}{10,000} = 5,400$ 만 원
E	동산, 보험금액 < 보험가액이므로 손해액 $\times \dfrac{\text{보험금액}}{\text{보험가액}}$ 지급→ $6,000 \times \dfrac{6,000}{7,000} =$ 약 $5,143$ 만 원

따라서 지급 보험금이 많은 것부터 순서대로 나열하면 A − B − D − C − E이다.

17 ④

㉠ 2013년에 '갑'이 x 원어치의 주식을 매수한 뒤 같은 해에 동일한 가격으로 전량 매도했다고 하면, 주식을 매수할 때의 주식거래 비용은 $0.1949x$ 원이고 주식을 매도할 때의 주식거래 비용은 $0.1949x + 0.3x = 0.4949x$ 원으로 총 주식거래 비용의 합은 $0.6898x$ 원이다. 이 중 증권사 수수료는 $0.3680x$ 원으로 총 주식거래 비용의 50%를 넘는다.

㉢ 금융투자협회의 2023년 수수료율은 0.0008%로 2020년과 동일하다.

18 ⑤

㉠ a = b = c = d = 25라면, 1시간당 수송해야 하는 관객의 수는 40,000 × 0.25 = 10,000명이다. 버스는 한 번에 대당 최대 40명의 관객을 수송하고 1시간에 10번 수송 가능하므로, 1시간 동안 1대의 버스가 수송할 수 있는 관객의 수는 400명이다. 따라서 10,000명의 관객을 수송하기 위해서는 최소 25대의 버스가 필요하다.

㉡ d = 40이라면, 공연 시작 1시간 전에 기차역에 도착하는 관객의 수는 16,000명이다. 16,000명을 1시간 동안 모두 수송하기 위해서는 최소 40대의 버스가 필요하다.

㉢ 공연이 끝난 후 2시간 이내에 전체 관객을 공연장에서 기차역까지 수송하려면 시간당 20,000명의 관객을 수송해야 한다. 따라서 회사에게 필요한 버스는 최소 50대이다.

19 ④

2022년 기준 최근 실시한 임기만료에 의한 국회의원선거의 선거권자 총수는 3천만 명이고 보조금 계상단가는 1,030원(2015년 1,000원+30원)이므로 309억 원을 지급하여야 하는데, 5월 대통령선거와 8월 동시지방선거가 있으므로 각각 309억 원씩을 더하여 총 927억 원을 지급해야 한다.

20 ④

단식을 하는 날 전후로 각각 최소 2일간은 정상적으로 세 끼 식사를 하므로 2주차 월요일에 단식을 하면 전 주 토요일과 일요일은 반드시 정상적으로 세 끼 식사를 해야 한다. 이를 바탕으로 조건에 따라 김 과장의 첫 주 월요일부터 일요일까지의 식사를 정리하면 다음과 같다.

월	화	수	목	금	토	일
○		○	○	○	○	○
○		○	○		○	○
○	○	○	○		○	○

21 ⑤

7월 23일(일)에 포항에서 출발하여 울릉도에 도착한 김 대리는 24일(월) 오후 6시에 호박엿 만들기 체험을 하고, 25일(화) 오전 8시에 울릉도→독도→울릉도 선박에 탑승할 수 있으며 26일(수) 오후 3시에 울릉도에서 포항으로 돌아올 수 있다.

① 16일(일)에 출발하여 19일(수)에 돌아왔다면 매주 화요일과 목요일에 출발하는 울릉도→독도→울릉도 선박에 탑승할 수 없다(18일 화요일 최대 파고 3.2).

② 매주 금요일에 술을 마시는 김 대리는 술을 마신 다음날인 22일(토)에는 멀미가 심해서 돌아오는 선박을 탈 수 없다.

③ 20일(목)에 포항에서 울릉도로 출발하면 오후 1시에 도착하는데, 그러면 오전 8시에 출발하는 울릉도→독도→울릉도 선박에 탑승할 수 없다.

④ 21일(금)과 24(월)은 모두 파고가 3m 이상인 날로 모든 노선의 선박이 운항되지 않는다.

22 ④

④ 수소를 제조하는 시술에는 화석연료를 열분해·가스화 하는 방법과 원자력에너지를 이용하여 물을 열화학분해하는 방법, 재생에너지를 이용하여 물을 전기분해하는 방법, 그리고 유기성 폐기물에서 얻는 방법 등 네 가지 방법이 있다.

23 ①

신입사원 오리엔테이션 당시 다섯 명의 자리 배치는 다음과 같다.

김 사원	이 사원	박 사원	정 사원	최 사원

확정되지 않은 자리를 SB(somebody)라고 할 때, D에 따라 가능한 경우는 다음의 4가지이다.

㉠

이 사원	SB 1	SB 2	정 사원	SB 3

㉡

SB 1	이 사원	SB 2	SB 3	정 사원

㉢

정 사원	SB 1	SB 2	이 사원	SB 3

㉣

SB 1	정 사원	SB 2	SB 3	이 사원

이 중 ㉠, ㉡은 B에 따라 불가능하므로, ㉢, ㉣의 경우만 남는다. 여기서 C에 따라 김 사원과 박 사원 사이에는 1명이 앉아 있어야 하므로 ㉢의 SB 2, SB 3과 ㉣의 SB 1, SB 2가 김 사원과 박 사원의 자리이다. 그런데 B에 따라 김 사원은 ㉣의 SB 1에 앉을 수 없고 박 사원은 ㉢, ㉣의 SB 2에 앉을 수 없으므로 다음의 2가지 경우가 생긴다.

㉢

정 사원	SB 1(최 사원)	김 사원	이 사원	박 사원

㉣

박 사원	정 사원	김 사원	SB 3(최 사원)	이 사원

따라서 어떤 경우에도 바로 옆에 앉는 두 사람은 김 사원과 최 사원이다.

24 ④

1. P와 Q는 시중의 모든 카메라보다 높은 화소를 가졌다고 하였으므로 두 카메라의 화소는 같다. → ×
2. 터치조작이 가능한 카메라는 A사에서 밖에 제작되지 않는다고 하였지만, A사에서 나오는 다른 카메라들 중 P 외에 터치조작이 가능한 다른 카메라가 있을 수 있다. → ×
3. 'Q는 P에 비해 본체 사이즈가 크지만 여러 종류의 렌즈를 바꿔 끼울 수 있고 ~'를 통해 Q는 다양한 렌즈를 사용할 수 있음을 알 수 있다. → ○
4. '모든 카메라보다 가볍지는 않다.'고 하였으므로 P보다 가벼운 카메라가 존재한다. → ×
5. P와 Q는 모두 A사에서 출시되었다. → ○
6. 마지막 문장에서 'Q는 ~ 무선 인터넷을 통해 SNS 등으로 바로 사진을 옮길 수 있다.'라고 하였으므로 일치한다. → ○

25 ⑤

조건에 따라 신규 매장 위치를 표시하면 다음과 같다. 따라서 신규 매장이 위치할 수 없는 곳은 ⓔ이다.

				ⓐ	○			1
	○	ⓑ					○	2
								1
○				○				1
								0
ⓒ	○			○				2
		○				ⓔ	○	1
○				○	ⓓ			3

2 1 1 1 2 2 1 1